A CRÍTICA LITERÁRIA BRASILEIRA
EM PERSPECTIVA

Beneficiário de auxílio financeiro da Coordenação de Aperfeiçoamento de
Pessoal de Nível Superior – CAPES – Brasil

A CRÍTICA LITERÁRIA BRASILEIRA EM PERSPECTIVA

Organizadores
Rogério Cordeiro
Andréa Sirihal Werkema
Claudia Campos Soares
Sérgio Alcides Pereira do Amaral

Ateliê Editorial

Copyright © 2013 by autores

Direitos reservados e protegidos pela Lei 9.610 de 19 de fevereiro de 1998.
É proibida a reprodução total ou parcial sem autorização, por escrito, da editora.

Dados Internacionais de Catalogação na Publicação (CIP)
(Câmara Brasileira do Livro, SP, Brasil)

A Crítica Literária Brasileira em Perspectiva /
organizadores Rogério Cordeiro... [et al.]. –
Cotia, SP: Ateliê Editorial, 2013.

ISBN 978-85-7480-660-0
Vários autores.
Outros organizadores: Andréa Sirihal Werkema,
Claudia Campos Soares, Sérgio Alcides Pereira do
Amaral
Bibliografia.

1. Crítica literária 2. Ensaios brasileiros
3. Literatura – História e crítica 4. Literatura
brasileira – História e crítica I. Cordeiro,
Rogério. II. Werkema, Andréa Sirihal. III. Soares,
Cláudia Campos. IV. Amaral, Sérgio Alcides
Pereira do Amaral.

13-07687	CDD-809

Índices para catálogo sistemático:

1. Ensaios: Literatura: História e crítica
809

Direitos reservados à
ATELIÊ EDITORIAL
Estrada da Aldeia de Carapicuíba, 897
06709-300 – Granja Viana – Cotia – SP
Telefax: (11) 4612-9666
www.atelie.com.br
contato@atelie.com.br

Printed in Brazil   2013
Foi feito o depósito legal

SUMÁRIO

Nota de Apresentação 7

Introdução. 9

Roberto Acízelo de Souza – A Crítica Literária no Brasil Oitocentista:
um Panorama 13

Maria Eunice Moreira – O Brasil em Papel: Ideias e Propostas no Pensamento
Crítico do Romantismo. 29

Eduardo Vieira Martins – Contra José de Alencar: Franklin Távora no Ocaso
do Romantismo 49

Maria Cecília Bruzzi Boechat – Santiago Nunes Ribeiro e a Tradição Crítica
Brasileira 65

José Luís Jobim – Machado de Assis: O Crítico como Romancista 75

João Cezar de Castro Rocha – Sílvio Romero: A Polêmica como Sistema?. 95

Letícia Malard – José Veríssimo: Crítico Literário. 111

Marcus Vinicius de Freitas – Bilac Crítico. 119

Robert Wegner – Criação e Crítica Literária na Trajetória Modernista de
Sérgio Buarque de Holanda (1921-1926) 133

6 ❧ A CRÍTICA LITERÁRIA BRASILEIRA EM PERSPECTIVA

Luiz Roncari – Lúcia/Miguel: Romance e Crítica 157

Luís Bueno – Influência Estrangeira: Augusto Meyer e os Casos de
Machado e Eça 169

*Luís Augusto Fischer – Formação, Hoje: uma Hipótese Analítica, Alguns
Pontos Cegos e seu Vigor.* 181

Luis Alberto Alves – A Dimensão Política da Obra de Afrânio Coutinho 207

Sílvio Augusto de Oliveira Holanda – Benedito Nunes e a Interpretação
Crítica de Guimarães Rosa 231

Dau Bastos – Tensões e Transformações em Luiz Costa Lima. 247

Lino Machado – Crítica e Poética Plurais: Haroldo de Campos 257

Maria Elisa Cevasco – Formas Trabalhando Formas: A Crítica Literária
Segundo Roberto Schwarz 265

Flora Süssekind – A Crítica como Papel de Bala 299

Entrevista com Alfredo Bosi sobre Crítica Literária 307

Biobibliografia. 315

NOTA DE APRESENTAÇÃO

O Núcleo de Estudos de Literatura Brasileira (LIBRA) da Faculdade de Letras da Universidade Federal de Minas Gerais (FALE/UFMG) promoveu nos dias 23, 24 e 25 de março de 2010 o seu III Seminário de Pesquisas, cujo tema era "A Crítica Literária Brasileira", que contou com a participação de professores e pesquisadores ligados a diversas instituições de ensino e pesquisa do país. Este livro inclui a maior parte dos trabalhos apresentados naquela ocasião, além de outros, enviados depois, por outros colegas, que, por algum motivo, não puderam estar presentes. Agradecemos a todos igualmente, bem como à Diretoria da Faculdade de Letras da UFMG, ao Programa de Pós-Graduação em Estudos Literários (Pós-Lit) dessa universidade e ao Programa de Apoio a Projetos Institucionais com a Participação de Recém-Doutores (Prodoc) da Coordenação de Aperfeiçoamento de Pessoal de Nível Superior (Capes).

Os Organizadores

INTRODUÇÃO

Este livro é composto por ensaios que visitam momentos diversos da crítica literária brasileira e algumas de suas figuras mais representativas. Tarefa difícil é expor uma imagem geral do que vamos ler, já que o assunto está marcado por descontinuidades, antagonismos e disputas que afetam a unidade da matéria. Assim, os textos que ora apresentamos revisitam de formas variadas as polêmicas, figuras célebres e questões críticas que vêm conformando o painel da crítica literária brasileira desde o século XIX.

O começo a partir do Romantismo se justifica diante da participação decisiva da crítica no processo que se desenrolava naquele momento, quando a literatura brasileira buscava uma consciência de si mesma. Consciência que se manifesta de maneira mais nítida em Machado de Assis, já na segunda metade do XIX. No século XX, a atividade crítica, que encontrou um ambiente propício na grande imprensa, se consolida e dissemina. O declínio dessa prática se deu *pari passu* com a consolidação das universidades e, com elas, da crítica acadêmica. Assim, a leitura dos artigos deste livro permite vislumbrar traços de uma história da crítica literária no Brasil. No entanto, o próprio adensamento da discussão traz à tona uma variedade de perspectivas – e também de conflitos – que impede a redução dessa história a uma narrativa linear.

O texto de Roberto Acízelo de Souza, que abre o volume, procura traçar um panorama das questões pertinentes à crítica literária brasileira no século XIX. Da "desregulamentação" da crítica ainda com sabores setecentistas, que operava por preceitos retórico-poéticos, ao estabelecimento de uma metacrítica, o autor desenha uma trajetória que percorre tanto o plano do concreto (caso da crítica que escolhe como objeto a obra literária) quanto o da abstração (reflexão da crítica sobre si mes-

10 ❧ A CRÍTICA LITERÁRIA BRASILEIRA EM PERSPECTIVA

ma). No mesmo campo de interesse, isto é, a formação de um pensamento crítico-literário brasileiro, estão os textos de Maria Eunice Moreira e Eduardo Vieira Martins. Ambos tratam de polêmicas literárias, uma das formas mais representativas do debate cultural em nosso Oitocentos. Maria Eunice Moreira centra-se em duas querelas literárias que marcaram o Romantismo nacional: a chamada "Polêmica do *Minerva Brasiliense*" (1835 a 1844) e a alencariana "Polêmica sobre *A Confederação dos Tamoios*" (junho a dezembro de 1856). A partir de sua leitura dos dois episódios, a autora sugere uma reavaliação da importância que "o debate, a querela, a polêmica" têm para a independência política e cultural de uma nação. Eduardo Vieira Martins traz José de Alencar novamente para o debate, ao revisitar a verdadeira campanha de guerra que Franklin Távora moveu contra o romance do autor de *Iracema*. Delineia-se o fim do Romantismo entre nós: as reivindicações de Távora apresentam, além de um retrocesso em relação às liberdades formais românticas, uma clara mudança de padrões estéticos e o retorno da "exigência de fidelidade ao real".

Ainda em torno do Romantismo e de seus debates sobre o nacionalismo literário, o texto de Maria Cecília Bruzzi Boechat centra-se em uma das peças-chave da já citada "Polêmica do *Minerva Brasiliense*": o ensaio de Santiago Nunes Ribeiro, "Da Nacionalidade da Literatura Brasileira" (1843). A sua repercussão é atestada pela continuidade de suas formulações no ainda mais célebre ensaio machadiano, "Instinto de Nacionalidade". Configura-se uma linhagem crítica que atravessa algumas décadas para desaguar na verdadeira virada de paradigmas históricos e críticos que é o cerne do ensaio de Machado de Assis. O autor de *Brás Cubas* se apresenta, é claro, como figura central de ainda outro texto que revisita a crítica literária oitocentista: José Luís Jobim parte da atuação do jovem Machado de Assis como crítico literário para averiguar de que maneira sua obra romanesca aproveita, como "modelo negativo", tudo aquilo que ele condena em suas resenhas críticas; sugere-se no texto, também, que o crítico Machado de Assis não desaparece com os grandes romances, apenas muda os meios com que observa e aprecia o fenômeno literário.

A crítica literária que se escreve da segunda metade do XIX até os inícios do século XX comparece em outros artigos, que ganham se forem lidos em conjunto. O texto de João Cezar de Castro Rocha contextualiza o pensamento de Sílvio Romero, destacando sua faceta de polemista. Vemos que, para além de uma idiossincrasia ou de um temperamento, a ação contínua do crítico nesse campo tem raízes no momento histórico. A polêmica passa, então, a ser considerada como um modo de intervenção e, ao mesmo tempo, de adensamento intelectual. Esse tema se estende por via indireta no artigo de Letícia Malard, que, além de recuperar um aspecto importante da produção do arquirrival de Romero, José Veríssimo, ajuda a pôr a polêmica novamente em pauta, vista agora pelo outro lado.

Com o impacto do Modernismo no âmbito da cultura brasileira, e da literatura em particular, a crítica sofre alterações profundas, que se fazem sentir com maior ou menor ênfase em muitos dos críticos que virão depois. O texto de Robert Wegner se volta para a produção crítica de Sérgio Buarque de Holanda, dando-nos a oportunidade de acompanhar não somente a mudança de contexto que marcou a guinada na trajetória do crítico, mas também o processo de seu amadurecimento. Já Luiz Roncari põe em perspectiva a contribuição de uma das mulheres mais atuantes no campo da literatura e da crítica em meados do século xx no Brasil: Lúcia Miguel Pereira. Sua interpretação vê o exercício de exegese da estudiosa como um desdobramento da sensibilidade aliada à inteligência, do mesmo modo que a criatividade crítica se mostra como contraparte do empenho intelectual implícito em sua obra de ficção.

Essa relativa e fecunda ambiguidade – de ver, no crítico, o escritor, e vice-versa – é tema de outros estudos aqui reunidos, como os de Marcus Vinicius de Freitas, que trata de Olavo Bilac, e de Lino Machado, sobre Haroldo de Campos. Freitas ressalta o humor e a ironia de Bilac e nos leva a repensar a posição do poeta no panorama da crítica literária brasileira. O autor do ensaio nos convida a reler uma conferência de Bilac, da qual surge uma inesperada concepção crítica da criação poética. Quanto ao texto de Lino Machado, a correlação de poesia e crítica vem sob a rubrica da práxis, em cujo âmbito esses termos não se mostram excludentes: antes se completam e se esclarecem mutuamente.

Luís Bueno aborda a obra crítica de Augusto Meyer a partir de um ponto específico: os artigos que o autor dedicou a Eça de Queirós e Machado de Assis, que – como é sabido – foi um duro crítico do escritor português; o texto mostra como Meyer, a despeito da rivalidade existente entre os autores que estudava, soube esquivar-se dos enrijecimentos do cânone para entender o "jogo de forças" próprio a cada obra.

Outros textos aqui incluídos discutem os primeiros críticos que tiveram atuação mais rotineira no interior das universidades. Luis Alberto Alves analisa a obra de Afrânio Coutinho, apontando as contribuições e as limitações do crítico, contextualizando sua produção à luz dos deslocamentos históricos do período. O artigo de Luís Augusto Fischer é dedicado a Antonio Candido, especialmente à *Formação da Literatura Brasileira*, e busca entender as lacunas e possíveis contradições do livro a partir da consideração, inclusive, das críticas que o livro recebeu. Não se exclui de sua abordagem a consideração do posicionamento do crítico também em face da sociedade. Esse aspecto marca ainda o modo de Maria Elisa Cevasco enfocar o trabalho de Roberto Schwarz. O texto mostra as fontes teóricas do crítico (bem como o seu uso particular dessas fontes), a acuidade da análise e, por fim, sua maneira de buscar uma correlação entre forma literária e forma social.

Sílvio Augusto de Oliveira Holanda dedica-se ao estudo da obra de Benedito Nunes explorando uma contraface filosófica da crítica literária, a partir do vínculo do autor estudado com uma perspectiva hermenêutico-fenomenológica. A tentativa de resgatar pontos fundamentais da trajetória intelectual do crítico abordado também marca o artigo de Dau Bastos sobre Luiz Costa Lima, que pretende apresentar uma visão sintética e articulada da vasta produção teórica e crítica do autor.

Encerrando o conjunto de artigos, Flora Süssekind parte da reputação alcançada por Wilson Martins – um crítico que permaneceu atuante na grande imprensa – para problematizar os impasses atuais da crítica no Brasil. A preocupação maior da autora não é tanto avaliar a contribuição específica desse crítico, mas questionar as razões do prestígio de que ele gozou tanto entre seus pares nos jornais quanto entre escritores e críticos universitários. Esse questionamento traz à tona um conservadorismo disseminado em vários campos da crítica literária, que compromete seu envolvimento com a produção contemporânea da literatura brasileira.

Por fim, fecha o livro uma entrevista com um dos críticos brasileiros mais respeitados, Alfredo Bosi. Ele comenta sua atuação tanto como crítico quanto como historiador da literatura, no contexto mais amplo de sua geração e do que ela produziu e tem produzido nesses campos.

Acreditamos que a reflexão mais sistemática sobre a crítica literária e seus modos de circulação na sociedade constitua uma necessidade que se impõe no momento atual. Esta publicação se justifica, assim, como uma contribuição para o adensamento dessa discussão.

Os Organizadores

A CRÍTICA LITERÁRIA NO BRASIL OITOCENTISTA: UM PANORAMA

Roberto Acízelo de Souza

1

No penúltimo capítulo de sua *História da Literatura Brasileira*, intitulado "Publicistas, Oradores, Críticos", José Veríssimo propõe uma sumária caracterização dos períodos em que se teria desenvolvido a crítica literária no Brasil.

Segundo o autor, a crítica nasceu nas academias literárias do século XVIII, sob a forma de "pareceres ou juízos nelas apresentados sobre os trabalhos sujeitos à sua apreciação [tendo como] estalão de estima [...] a pauta da retórica clássica[1]"[2]. Com o romantismo, isto é, a partir da década de 1830, torna-se "estudo das obras com um critério mais largo [...], e já acompanhado de indagações psicológicas e referências mesológicas [e] históricas"[3]. Por fim, a partir de 1870, teria alcançado a plenitude, com o amplo movimento a que chama "modernismo", cujo traço principal teria sido exatamente um "espírito [...] notavelmente crítico"[4].

Como se vê, as diversas modalidades de considerações sobre as letras anteriores ao momento romântico, sempre pautadas por uma regulamentação – a retórica e a poética clássicas – cuja autoridade elas não questionam, a rigor não configuravam "crítica" na acepção moderna do termo, na medida em que nada têm a ver com exame de objetos alheio a ideias preconcebidas, fórmula com que poderíamos sintetizar a noção de crítica conforme firmada pela modernidade. Com efeito, se-

---

1. A rigor, não apenas a retórica, mas também a poética, "artes" clássicas originária e relativamente distintas, embora a segunda, no curso da história, viesse a submeter-se à hegemonia da primeira.
2. Veríssimo, *História da Literatura Brasileira*, p. 270.
3. *Idem*, p. 271.
4. *Idem, ibidem.*

gundo Veríssimo, "os críticos chamavam-se então censores[5]"[6], tratando-se, portanto, antes de letrados peritos em aplicar uma legislação do que de indivíduos livres para o exercício pleno das faculdades de discernir e julgar, afinal constitutivas do que chamamos "crítico" em sentido moderno.

A crítica, assim, segundo a conhecemos no nosso tempo, resulta de um processo de desregulamentação – o abandono da preceptística retórico-poética como pauta para o juízo sobre obras literárias –, traço essencial que lhe definirá os rumos a partir do século XIX.

É usual concebê-la em sentido amplo, isto é, como um conglomerado disciplinar, o conjunto dos estudos literários, e nesse caso ela compreende, para ficarmos na sua conformação oitocentista, além da crítica *stricto sensu*, também a história da literatura. De nossa parte, todavia, preferimos tomá-la em sentido restrito, ou seja, como uma disciplina específica dos estudos literários que, como qualquer ciência da natureza ou da cultura, e diferentemente da lógica e da matemática, além de contar com pressupostos abstratos, não pode prescindir do confronto com fatos, e por isso se sujeita a um ordenamento bipolar: numa ponta, abstrações genéricas; na outra, dados particulares[7].

Concebida assim como disciplina fática, a arquitetura da crítica literária, numa apresentação dedutiva, configura-se como integração de quatro instâncias solidárias: determinação do conceito de literatura; proposição de princípios e procedimentos para a análise de obras literárias; estabelecimento de critérios para a aferição do valor das produções literárias; consideração analítica de composições literárias, visando à estimativa de seus méritos estéticos. É possível, contudo, inverter a ordem de enunciação dessas instâncias, preterindo o critério dedutivo em favor do histórico, pois, ao que parece, como os saberes factuais em geral, a crítica se terá iniciado pela análise de obras, e não pela sistematização apriorística de conceitos, métodos e técnicas. Em ambos os casos, no entanto, revela-se a bipolaridade referida: de um lado, abstrações e generalidades; do outro, o concreto e específico.

Partindo dessas premissas conceituais, consideraremos a seguir a disciplina nas suas manifestações no Brasil oitocentista, levando também em conta, ainda que sumariamente, seus prolongamentos ao longo do século XX. Examinaremos

---

5. Não necessariamente, pois o termo "crítico" também era usado – e talvez com mais frequência do que a palavra "censor" – para designar o analista de produções literárias. No *Morais*, dicionário que codifica usos linguísticos anteriores à fase romântica, acha-se documentada a sinonímia entre os vocábulos "crítico" e "censor", já que lá se registra, como uma das acepções do segundo: "O que critica, censura obras literárias" (vol. 1, p. 372).

6. Veríssimo, *op. cit.*, pp. 270-271.

7. Cf. Bunge, *La Investigación Científica*, pp. 38-42.

assim seus desdobramentos básicos: no plano do concreto, a crítica *tout court* e a autocrítica; no das abstrações, a metacrítica.

2

Comecemos então pelo que propomos chamar crítica *tout court*, isto é, pelo subconjunto constituído por trabalhos dedicados à apreciação de obras ou escritores específicos, modalidade que, por sua vez, comporta diversas gradações, segundo o investimento analítico maior ou menor.

Numa extremidade desse espectro, com analitismo tangente a zero, temos o noticiário jornalístico sobre livros e autores: simples notas de lançamentos literários, artigos ligeiros, menções de passagem em folhetins. Nesse mesmo nível, figuram ainda as homenagens a escritores em cerimônias públicas, por meio de alocuções fúnebres ou comemorativas, bem como os prefácios destinados a apresentações protocolares de jovens ou estreantes, práticas comuns na sociabilidade oitocentista, particularmente durante a época romântica.

Mas a crítica *tout court* também prosperou na época como exercício propriamente analítico, ora sob a forma de comentário sobre novidades literárias, ora na condição de estudo acerca de autores dos tempos coloniais ou de contemporâneos já consagrados. No primeiro caso, de acordo com a natureza de seu objeto, elegeu como veículos jornais e revistas de variedades[8], resolvendo-se em apreciações de mérito vazadas em linguagem pouco técnica, no pressuposto de destinação a um público amplo e heterogêneo. No segundo, ao contrário, consagrou mais espaço à análise do que a estimativas de valor, concentrando-se nos livros ou num periódico mais especializado, a *Revista do Instituto Histórico e Geográfico Brasileiro*.

Numa e noutra modalidade, derrogados os preceitos retórico-poéticos que pautavam o antigo regime da crítica, recorreu ela a disciplinas então emergentes para compor os seus fundamentos operacionais, aproximando-se assim da estética e da história literária. Da primeira assimilou vagamente as noções de "gosto" e "beleza", enquanto da segunda reteve a ideia de "cor local", transformando-a no principal critério para a aferição do merecimento literário das composições. Acrescente-se o princípio romântico de arte como autenticidade emocional, bem como sobrevivências residuais do espírito retórico-poético no apreço por conside-

---

8. Entre os jornais sistematicamente dados à publicação de crítica literária, podemos citar, além de vários outros: *Diário do Rio de Janeiro, Jornal do Comércio, Correio Mercantil, Gazeta de Notícias, O País, Novidades, Correio do Povo*; entre as revistas, *Niterói, Minerva Brasiliense, Revista Popular, Revista da Sociedade Filomática, Revista Mensal, O Acaiaba, Revista Brasileira, A Ilustração Brasileira, Kosmos, Os Anais, Revista Americana*.

16 ✸ A CRÍTICA LITERÁRIA BRASILEIRA EM PERSPECTIVA

rações microanalíticas sobre métrica e estilo, e teremos assim uma imagem razoável do que foi a crítica *tout court* no nosso século XIX.

Não ignoramos, contudo, que a afirmação anterior pode ser objeto de um reparo à primeira vista decisivo: não será essa uma descrição aplicável apenas à crítica romântica, antes que à oitocentista como um todo, considerando que a partir de 1870 esse panorama se reconfigura radicalmente?

Bem, de nossa parte não estamos muito convencidos da radicalidade dessa reconfiguração iniciada na década de 1870. Pois ela terá sido, a nosso ver, mais em traços secundários do que no cerne da concepção. É verdade que, desde então, as microanálises de métrica e estilo de inspiração retórico-poética praticamente desaparecem; é certo também que se suprimem os apelos às noções de "gosto" e "beleza"; procede ainda que, como bem observa Veríssimo, o vezo dos "desmarcados encômios e excessivos louvores, em linguagem [...] túrgida e hiperbólica"[9], cede passo a um tom mais sóbrio e analítico; e sobretudo é verdade que se amplia, para o estudo das obras, o recurso a "indagações psicológicas e referências mesológicas [e] históricas [...], buscando compreender-lhes e explicar-lhes a formação e a essência"[10]. No entanto, persistem a fidelidade à cor local e a autenticidade emocional como critérios solidários para o julgamento da produção literária, e isso é que nos parece crucial como testemunho da unidade básica da crítica oitocentista, dada a vigência de uma mesma concepção de fundo nas suas fases romântica e pós-romântica.

Mas esse conceito de crítica, como também a ideia de literatura que lhe é correlativa, não constituem matéria da crítica *tout court*, que não os explicita nem discute, absorvida que permanece na consideração de casos particulares, e por isso pouco disponível para generalizações e abstrações conceituais. Assim sendo, trataremos dessas questões mais adiante, ao considerarmos o que chamamos metacrítica, instância onde por definição tais questões se colocam.

3

Antes, porém, falemos da autocrítica, iniciando por uma constatação: no período romântico, poetas e prosadores experimentam verdadeira compulsão para autoexplicações, instalando-se assim o que podemos chamar a idade áurea dos prólogos, prefácios, advertências, sem falar no cultivo eventual da metapoesia[11].

---

9. Veríssimo, *op. cit.*, p. 270.
10. *Idem*, p. 271.
11. Por exemplo, de Gonçalves Dias, "A Minha Musa" (*Primeiros Cantos*, 1847) e "Lira Quebrada" (*Últimos Cantos*, 1851); e de Castro Alves, "O Fantasma e a Canção", "Sub tegmine fagi", "Poesia e Mendicidade" (*Espumas Flutuantes*, 1870).

A CRÍTICA LITERÁRIA NO BRASIL OITOCENTISTA: UM PANORAMA ❧ 17

Não é difícil explicar tamanha necessidade de esclarecimentos e satisfações ao público: o romantismo, que no plano da crítica introduziu a desregulamentação antes mencionada, correlativamente instituiu o culto da originalidade no plano da elaboração poética e ficcional, daí resultando um ideal de literatura fluido e dependente do arbítrio individual. Assim os autores passam a julgar-se tão idiossincráticos que se acreditam incompreensíveis sem explicações preliminares. Os romancistas, por seu turno, se sentem duplamente obrigados a preparar previamente a leitura de suas obras: por um lado, como artistas românticos, seus trabalhos teriam o "sigilo do gênio"[12], e, por outro, consideram-se cultores de um gênero novo – e o eram de fato –, razão por que teriam de dirigir a recepção de produções textuais supostamente sem codificação anterior.

No entanto, esse notório empenho dos escritores no sentido de pôr em relevo o caráter individual e singular de suas criações na verdade espelhava concepções coletivas. Seu conjunto constituiu assim uma espécie de compêndio do ideário romântico segundo a feição que ele assumiu entre nós. Desse modo, esses paratextos, na grande maioria dos casos, difundem um entendimento de literatura como celebração e construção da nacionalidade, ao mesmo tempo em que, especialmente no que tange à poesia, consagram uma espécie de desalinho formal programático, proposto como sinal de originalidade e reflexo de espontaneidade emocional. Além disso, em particular no caso dos prefácios a romances e novelas, insistem em fórmulas retóricas destinadas a angariar a benevolência do leitor, tentam reforçar a verossimilhança do enredo, assinalam o caráter ao mesmo tempo leve e edificante das narrativas[13].

Por volta de 1870, entretanto, a prática do que estamos aqui chamando autocrítica começa a perder espaço. Na ficção, a partir da década de 1880 praticamente desaparece, e no campo da poesia as autoexplicações deixam de ser prólogos em prosa, migrando para o próprio texto principal, e assumindo pois a forma de poemas preambulares, destinados a preparar a recepção das composições que se lhe seguem[14].

Parece que o motivo da extinção da praxe dos prólogos se prende à assimilação das modernidades introduzidas pelo romantismo, as quais, uma vez integradas ao repertório do público, já não demandariam mais tanto zelo didático

---

12. Expressão de Fagundes Varela, no poema "Arquétipo", de *Noturnas* (1861).

13. Umas poucas obras logram desviar-se desse modelo, pela inscrição dos prólogos e afins na própria trama da ficção, o que, contudo, altera-lhes o *status* discursivo, pois assim deixam de funcionar como exercícios autocríticos. É o caso, por exemplo, do que ocorre nos romances *Lucíola* (1862) e *Diva* (1864), de José de Alencar.

14. Exemplos bem conhecidos são "Profissão de Fé" (*Poesias*, 1888), de Olavo Bilac, e "Antífona" (*Broquéis*, 1893), de Cruz e Sousa; e entre muitos outros esquecidos, "Pórtico" (*Luar de Inverno*, 1901), de Silveira Neto, e "Cântico do Sangue" (*Sangue*, 1908), de Da Costa e Silva.

18 ❧ A CRÍTICA LITERÁRIA BRASILEIRA EM PERSPECTIVA

da parte dos escritores. Quanto à sua manutenção na poesia, embora no novo formato mencionado, a voga da arte pela arte e o correlativo apreço pelo virtuosismo possivelmente explicam o fato: pois os tais poemas-pórticos, além de se apresentarem como arte pura – poesia sobre poesia –, constituíam demonstrações de perícia técnica, desenvolvendo exposições conceituais com clareza e fluência, não obstante o aparato de métrica e rima por eles acionados.

Para arrematar as observações sobre a autocrítica, assinalemos que talvez se possa fazer objeção ao fato de a termos referido ao concreto e específico, na segmentação da crítica que estamos considerando. Pois as exposições autocríticas não determinam um conceito de literatura, situando-se assim no polo abstrato do campo da crítica? Respondemos que não, uma vez que o próprio dos prólogos e assemelhados não é propor uma ideia de literatura de validade geral, mas tão somente, refletindo sobre a obra particular objeto da apresentação, defender a concepção específica que ali se realiza.

4

Venhamos enfim à metacrítica, tratando inicialmente de sua manifestação como tópico de ensino, certamente a menos conhecida de suas realizações.

Com efeito, "crítica literária", no período que vai de 1850 a 1880 constituiu um ponto nos programas escolares de retórica e poética do antigo bacharelado em ciências e letras, como se constata consultando documentação referente ao Colégio Pedro II (cf. Souza, 1999). Os livros didáticos da época, por conseguinte, dedicavam um capítulo à matéria. Eis a definição da disciplina proposta por um deles:

> *Crítica literária* é o juízo imparcial e esclarecido das obras dos escritores antigos e modernos. Exige retidão de espírito, sentimento vivo e delicado das belezas e defeitos, grande honestidade e elevação de vistas, inteligência profunda da verdade, e erudição sólida e variada[15].

Como se vê, no circuito escolar os mestres permanecem longe de uma concepção moderna de crítica, requentando um entendimento da disciplina cuja ultrapassagem já se iniciara no século XVIII. Insistem em que "o gosto apura-se com o manusear dos grandes modelos"[16], bem como na "necessidade de preceitos para evitar erros"[17], professando assim um autoritarismo inteiramente incompatível com a modernidade e sua ideia de crítica como livre juízo individual.

---

15. Pinheiro, *Postilas de Retórica e Poética*, p. 175.
16. *Idem*, p. 166.
17. *Idem, ibidem.*

5

Por esse mesmo período, quando o romantismo entre nós esteve no apogeu, encontramos, fora do âmbito colegial, algumas outras realizações de metacrítica. Bem poucas, é verdade, pois tudo indica que a crítica é muito mais uma prática casuística do que um saber propenso à teorização. Conseguimos assim localizar apenas três estudos classificáveis na categoria: "Revista Literária" (1859), de Bernardo Guimarães; "Da Crítica Brasileira" (1860), de Macedo Soares; "O Ideal do Crítico" (1865), de Machado de Assis.

Esses esforços apresentam em comum, em primeiro lugar, o fato de referirem à circunstância brasileira os traços universais da crítica que procuram inventariar e definir. Desse modo, compreensivelmente, tendo em vista o espírito geral da época, ressaltam a contribuição que poderia esperar-se da crítica para o desenvolvimento literário nacional. Além disso, convergem também no confronto que promovem entre o certo e o errado em matéria de crítica. Assim, haveria uma crítica "estéril" e outra "fecunda"[18]. Somente esta, naturalmente, disporia de autoridade moral para estabelecer-se como prática "franca, imparcial [...], sincera, [...] judiciosa, [...] severa"[19], "estudiosa"[20], "útil [...], verdadeira"[21], "séria"[22], habilitando-se, por conseguinte, para combater o desvio representado por aquela. Por fim, coincidem ainda esses ensaios na convicção de que a crítica perfeita se realizaria como "análise [...], [e não como] leitura superficial, nem [...] simples reprodução de impressões"[23], credenciando-se pois para "formar e dirigir o gosto literário"[24], fornecendo parâmetros tanto para a criação dos escritores quanto para o julgamento do público.

Como se percebe, a exemplo do que verificamos relativamente ao entendimento vigente no ensino, também aqui não é muito fácil identificar elementos de uma concepção propriamente moderna de crítica. Parece que os ensaístas foram bons alunos, ecoando em seus textos o que se lhes ensinou na escola. Assim, por trás de uma argumentação mais encorpada e menos esquemática do que a encontrada nos livros didáticos, nesses ensaios persiste a ideia autoritária que reduz a crítica a diretora do gosto. Um deles chega a coincidir com a lição escolar, ao substituir uma definição de crítica pelo arrolamento das qualidades

---

18. Assis, "O Ideal do Crítico", p. 1.
19. Guimarães, "Revista Literária", p. 2.
20. Soares, "Da Crítica Brasileira", p. 272.
21. Assis, *op. cit.*, p. 1.
22. Soares, *op. cit.*, p. 276.
23. Assis, *op. cit.*, p. 1.
24. Guimarães, *op. cit.*, p. 2.

20 A CRÍTICA LITERÁRIA BRASILEIRA EM PERSPECTIVA

que se espera do crítico: de fato, enquanto o professor cobra retidão, sensibilidade, honestidade, superioridade moral, capacidade intelectual, erudição[25], o articulista reza pela mesma cartilha, exigindo por outras palavras as mesmas virtudes: ciência, consciência, coerência, independência, imparcialidade, tolerância, urbanidade, perseverança[26].

6

Ora, esse inventário de atributos, decalcado sobre a série de virtudes cardeais da sabedoria antiga – prudência, coragem, temperança –, revela bem a matriz clássica dessa argumentação, que de romântica e moderna talvez só tenha mesmo o gesto de tematizar a ideia de crítica, este, sim, conquista conceitual por excelência da modernidade.

A partir, contudo, da década de 1870, com a emergência do que Veríssimo chama "movimento modernista", o romantismo entra em declínio, bem como os muitos elementos da cultura literária clássica que entre nós com ele conviveram.

No plano da crítica, apesar da insistência de Veríssimo na equação entre "modernismo" e "espírito crítico"[27], o fato é que a atividade crítica permanece fundamentalmente casuística, tamanha a superioridade quantitativa da crítica *tout court* sobre a metacrítica. Efetivamente, salvo pesquisa mais completa, localizamos apenas um número inexpressivo de estudos metacríticos no período: "A Crítica Literária" (1900), de José Veríssimo; "Da Crítica e sua Exata Definição" (1909), de Sílvio Romero; "A Crítica Literária" (1920), de Medeiros e Albuquerque.

Dessa resistência à metacrítica, aliás, constitui um bom documento certa resenha de Araripe Júnior, publicada na *Gazeta da Tarde* em 1882. Nela o articulista, ocupando-se com quatro obras de crítica então recém-lançadas[28], ao perceber que a ocasião praticamente impunha um pronunciamento seu sobre o próprio conceito de crítica, prefere livrar-se do incômodo com uma tirada: "Criticar a crítica é a coisa mais difícil que conheço. O mesmo que saltar por cima da própria sombra"[29]. E fica nisso, passando dessas frases introdutórias direto ao seu interesse, isto é, o comentário das publicações em causa, inviabilizando-se desse modo a possibilidade de incluirmos o artigo no limitado rol de reflexões metacríticas desenvolvidas no período.

---

25. Cf. Pinheiro, *op. cit.*, p. 175.
26. Cf. Assis, *op. cit.*, p. 1.
27. Cf. Veríssimo, *op. cit.*, pp. 229, 235, 271.
28. *Traços de Crítica*, de Pereira Simões; *Vigílias Literárias*, de Clóvis Beviláqua; *Lições de Retórica*, de Velho da Silva; *Introdução à História da Literatura Brasileira*, de Sílvio Romero.
29. Araripe Júnior, "Semana Literária", p. 273.

A CRÍTICA LITERÁRIA NO BRASIL OITOCENTISTA: UM PANORAMA 21

Passemos agora à análise dessas poucas reflexões.

A contribuição de Veríssimo consiste na resenha de um manual universitário publicado em Nova York no ano de 1899 – *Some Principles of Literary Criticism* –, de autoria do professor norte-americano C. T. Winchester. Depois dos elogios à obra, por sua suposta indiscutível pertinência e grande utilidade, apesar da modéstia de seus propósitos didáticos, expende sua definição da disciplina:

A crítica [...] tem já um corpo de doutrina, um conjunto, senão de regras, de princípios derivados do estudo, da meditação, da comparação das grandes obras do espírito humano no domínio da literatura ou no domínio da pura estética. A psicologia, a sociologia, a moral, como ciências do homem e da sociedade, ministram ao estudo de tais obras, e à crítica portanto, dados, explicações, esclarecimentos, noções que acabaram por dar à crítica, mesmo no meio das variações dos critérios pessoais, um certo grau de positividade (Veríssimo, 1978 [1900], p. 13)[30].

Na sequência, toma posição dúbia na controvérsia entre cientificistas e impressionistas, presente na França desde os anos de 1880[31]. Por um lado, "reconhec[e] [...] a parte considerável da impressão individual na crítica"[32], mas, por outro, julga o impressionismo incoerente "quando nega a possibilidade de metodizar a crítica"[33]. Desse pressuposto de que a crítica possui método, poderíamos deduzir que a inscreve na ciência, mas não é bem isso o que postula: "Sem considerar [...] a crítica uma ciência, a verdade é que há nela caracteres de uma ciência"[34]. No entanto, conclui, ao que parece manifestando adesão à corrente cientificista:

Uma das características dos tempos em que vivemos é o espírito científico que [...] buscou penetrar do seu hábito todas as concepções humanas. A mesma arte e a literatura do século XIX estão entranhadas dele. A crítica o está mais ainda, tendo pedido à história, à sociologia, à moral, à fisiologia, à psicologia, o seu concurso, às ciências de observação e experimentação, à biologia [...], como à crítica superior, à exegese religiosa ou clássica, os seus métodos e regras. [...] realmente, a crítica literária escapou já ao vago, ao incoerente e ao discricionário das impressões individuais[35].

Sílvio Romero, por seu turno, dedica um longo ensaio à conceituação da crítica. Assinala desconhecer "respostas sérias e completas"[36] sobre esse ponto, afirmando

---

30. Veríssimo, *José Veríssimo*, p. 13.
31. Assinale-se que o debate entre impressionistas e cientificistas é sintomático não propriamente do surgimento de uma nova regulamentação da crítica – não haverá mais espaço para legislações em matéria literária –, mas de tendência para uma nova sistematização dos seus fundamentos.
32. Veríssimo, *op. cit.*, p. 16.
33. *Idem, ibidem.*
34. *Idem*, p. 14.
35. *Idem*, pp. 16-17.
36. Romero, *História da Literatura Brasileira*, p. 351.

que uma série de reconhecidos e grandes cultores da matéria, de Lessing a Brunetière, não chegaram a lhe "delimit[ar] o terreno, nem [lhe] defini[r] a natureza"[37]. Ele próprio confessa um despertar tardio para o problema, e assim mesmo como que por força de imposição da sua época, e não tanto por um interesse particular dele mesmo: "Depois de exercer a crítica por quarenta anos seguidos, não é muito, num tempo em que tudo se põe em questão, procurar saber a natureza da disciplina"[38].

A partir dessa motivação inicial, procura então demonstrar que por muito tempo a crítica não teve identidade. Primeiro, do classicismo antigo ao moderno, se teria confundido com a retórica, a poética e a gramática, para depois, a partir do século XVIII, absorver-se na estética e na história da arte e da literatura.

Constatados esses supostos desvios, propõe-se enfim caracterizar a "crítica em si, sem mais confusões quaisquer com retórica, ou poética, ou história, ou estética"[39]. Somos assim induzidos a esperar uma definição que, redimindo a crítica, ao mesmo tempo viesse a engrandecê-la. No entanto, exatamente em função do vasto âmbito que julga inerente à disciplina, que se aplicaria "a todas as criações da humanidade, artísticas, religiosas, jurídicas, morais, políticas, econômicas, científicas"[40] – e assim não "se pode[ria] deixar asfixiar no mero estudo das belas-letras"[41] –, conclui pela modéstia do seu estatuto: ela não "pode ser uma ciência à parte, uma nova ciência livre, independente, autônoma"[42]; "não é um sistema, uma teoria, uma doutrina feita e completa"[43]. Ao fim e ao cabo, contudo, acaba-lhe concedendo um lugarzinho honroso, e afinal entre as ciências, no pressuposto de que como tal considere a lógica, em cujo campo inscreve a crítica, que define nos seguintes termos:

> A parte da lógica aplicada, que, estudadas as condições que originam as leis que regem o desenvolvimento de todas as criações do espírito humano, científicas, artísticas, religiosas, políticas, jurídicas, industriais e morais, verifica o bom ou mau emprego feito de tais leis pelos escritores que de tais criações se ocuparam[44].

A definição – convenhamos – não chega a ser um modelo de clareza. O rosário de exemplos fornecidos pelo autor, todavia, assegura a compreensão, como podemos verificar selecionando um dentre eles: "se tratar de Balzac, o farei como

---

37. *Idem, ibidem.*
38. *Idem*, p. 349.
39. *Idem*, p. 369.
40. *Idem*, p. 370.
41. *Idem, ibidem.*
42. *Idem, ibidem.*
43. *Idem, ibidem.*
44. *Idem*, p. 376.

cultor da estética literária e como historiador; se apreciar o estudo de Taine sobre ele, o meu papel será o de mero crítico"[45].

Quanto a Medeiros e Albuquerque, embora seu pequeno ensaio seja de 1920, ainda se situa no debate conforme configurado pela geração de 1870. Empreende defesa explícita do impressionismo, divergindo pois frontalmente das posições assumidas por José Veríssimo e Sílvio Romero, no fundo, como vimos, aderentes ao cientificismo, não obstante as salvaguardas de que se cercam. Considera assim que "a crítica científica [...] não satisfaz o leitor, que quer informações estéticas sobre as obras"[46] – não "de ordem psicológica, de ordem sociológica"[47] –, e conclui: "de todas as formas de crítica [...] a única que convém é realmente a impressionista. Que o apreciador dos trabalhos diga a impressão que eles lhe produziram!"[48] No entanto, afirma que "o crítico deve justificar sua apreciação"[49], o que, porém, só na aparência destoa dos princípios que adota, pois entende as justificativas como manifestação das "preferências habituais do crítico"[50], e não, segundo à primeira vista poderia parecer, como exposição dos fundamentos conceituais dos seus juízos. No mais, coerente com sua identificação com o impressionismo, insiste em que a crítica, cujo ambiente próprio seria o jornal e a revista – e não o livro, e menos ainda a escola –, deve ser sempre ligeira e agradável ao leitor, sugerindo como procedimento ideal: "fazer, a propósito dos livros analisados, artigos sobre os mesmos assuntos de que eles se ocupam. [...] O livro serve apenas de pretexto"[51].

7

Bem, muito haveria a discutir sobre tais concepções, mas, sendo nosso objetivo uma visada panorâmica, preferimos nos concentrar nas suas consequências para o estado de coisas delas decorrente.

Comecemos por observar que, pelas datas dos mencionados ensaios de Romero e de Medeiros e Albuquerque, a ideia de crítica forjada pela geração de 1870 alcançou o século XX. A disciplina permanece assim refratária à teorização, com fundamentos não explicitados e vacilante entre as matrizes cientificista e impressionista. Em geral, toma a forma de comentários prolixos, difusos e digressivos, pouco ou nada interessados em bases conceituais e metodológicas, timbrando-se por um tom autoritário que

---

45. Romero, *idem*, p. 374.
46. Albuquerque, *Páginas de Crítica*, p. 10.
47. *Idem, ibidem*.
48. *Idem, ibidem*.
49. *Idem*, p. 11.
50. *Idem, ibidem*.
51. *Idem*, p. 10.

o recurso frequente à ironia mal disfarça. Nem depois de 1920 haverá grandes mudanças, que se poderiam esperar de eventual influência modernista. Nos anos 1920 e 1930 o padrão da crítica será fornecido pelo conservador Humberto de Campos, e não por um representante da vanguarda, como Mário de Andrade, por exemplo.

O jornal será o seu veículo de eleição, e daí a sua desespecialização e ecletismo assumidos. A crítica se distancia pois do livro, incompatibilizada com os requisitos de solidez, rigor e acabamento inerentes a esse suporte, do qual se servirá apenas em caráter literalmente secundário. O livro de crítica se reduz assim a espaço para publicação em segunda mão de matérias antes aparecidas nos jornais, não passando por conseguinte de um amontoado heterogêneo de ensaios e artigos.

Do mesmo modo que se apartou do livro e suas exigências, a crítica se manteve longe da escola, desde que, a partir da década de 1880, perdera a ponta que fazia no ensino colegial, com a progressiva expansão da história literária e a correlata desativação dos velhos programas de retórica e poética de que fazia parte. No entanto, com a implantação dos cursos superiores de letras a partir da década de 1930, em princípio teria sido possível seu retorno ao âmbito acadêmico, reconfigurada e comprometida com a modernidade, pois que seu descrédito, como vimos, não se deu por presunção de desimportância ou impertinência, mas por sua integração numa disciplina tida por obsoleta. Não foi isso, porém, o que ocorreu: nossas faculdades mantiveram o esquema curricular que se impusera a partir de 1880, em que, banidas a retórica e a poética, o ensino literário virou monopólio da história da literatura nacional. Assim, os estudos de literatura acabaram reduzidos a uma disciplina narrativa e factualista, e como tal desaparelhada e inapetente para uma reflexão abstratizante e universalista sobre seu objeto, meta que, na economia do currículo, poderia muito bem caber à crítica literária, concebida, naturalmente, não conforme sua apropriação pelo jornalismo, mas como disciplina propriamente acadêmica, isto é, constituída como área de conhecimento dotada de contornos conceituais e metodológicos devidamente definidos e articulados.

A crítica então prossegue a sua carreira entre nós nas décadas de 1940 e 1950. Instalada na superficialidade do jornalismo e rejeitada pelo ensino superior, continua a exercer-se como uma espécie de diletantismo erudito e elegante. A partir, contudo, do início dos anos de 1940 esse quadro começa a mudar: Afrânio Coutinho deflagra sua campanha a favor de uma "nova crítica", ou seja, da necessidade de que a crítica literária supere improvisos e amadorismo, transformando-se numa especialidade universitária. Sua militância, como bem se sabe, acabará por conduzi-lo à famosa polêmica com Álvaro Lins, figura que encarnava então o espírito digressivo e generalista da crítica à moda tradicional.

Sintoma do caráter bem-sucedido da pregação de Afrânio Coutinho é o fato de, a partir da década de 1960, ter-se rompido a unidade da crítica em torno das velhas concepções. Com efeito, nos anos subsequentes, tornou-se comum a distinção entre uma crítica chamada "jornalística" – já sem o prestígio de que até então desfrutara – e outra dita "universitária", fadada a rápida ascensão, como decorrência da consolidação institucional dos cursos de letras, primeiro em nível de graduação, e pouco depois de mestrado e doutorado, até o que terá sido – quem sabe – a consumação desse processo, na última década do século passado, quando se estabelece uma formidável e poderosa rede envolvendo universidades, agências de fomento à pesquisa, associações profissionais, publicações especializadas, tudo isso interagindo e viabilizando uma agenda frenética de encontros acadêmicos, que por sinal – diga-se de passagem – parece dar sinais de esgotamento.

Mas esse despontar irresistível da "crítica universitária" trouxe outra consequência que ainda não explicitamos: no início desses mesmos anos de 1960, depois de quase um século alijada do ensino, a crítica de certo modo dá a volta por cima. É que a reforma federal dos currículos de letras aprovada para vigência a partir de 1962, entre as novidades que introduz, recomenda pela primeira vez a inclusão de teoria da literatura no conjunto das disciplinas da área, quebrando-se assim o absolutismo da história da literatura nacional no setor dos estudos literários. Bem – alguém poderá questionar –, mas afinal o que se admitiu como matéria de ensino foi teoria da literatura, não crítica literária. Efetivamente, é isso, mas, seja lá como for, o fato é que o novo espaço disciplinar instituído garantia um lugar para a reflexão abstratizante e universalista sobre o objeto dos estudos literários, o que, como já observamos antes, podia perfeitamente ser confiado à crítica literária, por seu caráter de saber que sempre procurou distinguir-se – é verdade que nem sempre com êxito – da história literária nacionalista. Além disso, na época, era exatamente a chamada "crítica universitária" que advogava a causa da admissão desse saber no plano de estudos para a formação em letras, e ironicamente terá sido por isso que o legislador rejeitou fosse ele designado pelo rótulo *crítica*, desgastado exatamente por sua associação com a "crítica jornalística". Veio a preferir-se assim, para a nova disciplina, um nome com pouca tradição entre nós[52], e mesmo de circulação recente no plano mundial, já que mais difundido apenas a partir do final da década de 1940[53].

---

52. Que seja do nosso conhecimento, usado apenas como título de dois livros, respectivamente de Estêvão Cruz (1935) e Antônio Soares Amora (1944), e, na variante "teoria literária", como subtítulo da obra *Princípios Elementares de Literatura* (1935), de Augusto Magne.

53. A notoriedade da expressão muito provavelmente se deve ao prestígio logo alcançado por uma obra universitária lançada em 1949, intitulada justamente *Teoria da Literatura*, tendo por autores René Wellek e Austin Warren. Parece que sua utilização anterior é eventual: encontra-se, segundo o que nos foi possível apurar até agora, num ensaio de Friedrich Schlegel ("Introdução à História da Literatura Europeia", 1803-1804), e em duas publicações russas, inclusive em seus respectivos títulos: *Notas para uma Teoria da Literatura* (1905), de Alexander Portebnia, e *Teoria da Literatura* (1925), de Boris Tomachevski.

26 ❧ A CRÍTICA LITERÁRIA BRASILEIRA EM PERSPECTIVA

Teoria da literatura desde então passa a dividir com história literária a responsabilidade principal pela formação de especialistas universitários em literatura. Estava destinada a ser uma das disciplinas mais incompreendidas e maltratadas no nosso ensino, figurando, entre os inúmeros problemas que ainda hoje continuam lhe prejudicando a inteligibilidade e o funcionamento na economia dos currículos, precisamente a pouca ou nenhuma atenção concedida às suas relações com a ideia de crítica.

Bem, mas nosso compromisso era apenas apresentar um panorama da crítica literária segundo sua configuração no século XIX, e eis que acabamos ampliando o âmbito da exposição até tangenciar o limiar do século presente. É hora pois de concluir, já que contemplar a fisionomia mais recente do nosso objeto seria naturalmente outra conversa.

REFERÊNCIAS BIBLIOGRÁFICAS

ALBUQUERQUE, Medeiros e [José Joaquim de Campos da Costa]. "A Crítica Literária". *Páginas de Crítica*. Rio de Janeiro, Leite Ribeiro & Maurillo, 1920, pp. 7-12.

ARARIPE JÚNIOR, [Tristão Alencar de]. "Semana Literária". *Obra Crítica*. Direção de Afrânio Coutinho. Rio de Janeiro, Ministério da Educação e Cultura / Casa de Rui Barbosa, 1958. Vol. 1: *1868-1887*, pp. 265-289.

ASSIS, Machado de. "O Ideal do Crítico". *Diário do Rio de Janeiro*. Rio de Janeiro, 8 out. 1865, p. 1.

BOSI, Alfredo. "A Consciência Histórica e Crítica". *História Concisa da Literatura Brasileira*. São Paulo, Cultrix, 1970, pp. 171-178.

BROCA, Brito. "Capítulo XIX". *A Vida Literária no Brasil – 1900* [1956]. 2. ed. Rio de Janeiro, José Olympio, 1960, pp. 216-241.

_____. "Origens da Crítica no Brasil" [1959]. *Românticos, Pré-românticos, Ultra-românticos*. São Paulo, Polis/INL, 1979, pp. 73-75.

BUNGE, Mario. "Las Ramas de la Ciência". *La Investigación Científica; su Estrategia y su Filosofia* [1959]. 5. ed. Barcelona, Ariel, 1976, pp. 38-42.

CANDIDO, Antonio. "A Consciência Literária". *Formação da Literatura Brasileira; Momentos Decisivos* [1959]. 4. ed. São Paulo, Martins, 1971. Vol. 2, pp. 317-369.

_____. *O Método Crítico de Sílvio Romero*. [1945] São Paulo, Edusp, 1988.

COUTINHO, Afrânio. "A Crítica Literária Romântica". In: _____ (dir.). *A Literatura no Brasil*. 2. ed. Rio de Janeiro, Sul Americana, 1968. Vol. 2, pp. 301-323.

_____ & VELINHO, Moisés. "A Crítica Naturalista e a Positivista". In: COUTINHO, Afrânio (dir.). *A Literatura no Brasil*. 2. ed. Rio de Janeiro, Sul Americana, 1968. Vol. 3, pp. 17-61.

GUIMARÃES, Bernardo. "Revista Literária". *A Atualidade*, Rio de Janeiro, Ano I, 54: 2, 1º out. 1859.

LIMA, Luiz Costa. "A Crítica Literária na Cultura Brasileira do Século XIX". *Dispersa Demanda*; Ensaios sobre Literatura e Teoria. Rio de Janeiro, Francisco Alves, 1981, pp. 30-56.

MACHADO, Ubiratan. "Nascimento da Crítica". *A Vida Literária no Brasil Durante o Romantismo*. Rio de Janeiro, Eduerj, 2001, pp. 227-238.

MARTINS, Wilson. *A Crítica Literária no Brasil*. 2. ed. Rio de Janeiro, Francisco Alves, 1983. Vol. 1.

PINHEIRO, Joaquim Caetano Fernandes. *Postilas de Retórica e Poética*; ditadas aos alunos do Imperial Colégio de Pedro II pelo respectivo professor. Rio de Janeiro, B. L. Garnier, [1872].

ROMERO, Sílvio. "Da Crítica e sua Exata Definição" [1909]. *História da Literatura Brasileira* [1888]. 5. ed. Rio de Janeiro, José Oympio, 1953. Vol. 1, pp. 349-377.

_____. "Crítica" [1911]. *História da Literatura Brasileira* [1888]. 5. ed. Rio de Janeiro, José Oympio, 1954. Vol. 5, pp. 1980-1983.

SALES, Germana Maria de Araújo. *Palavra e Sedução*; Uma Leitura dos Prefácios Oitocentistas (*1826-1881*). Campinas (SP), IEL/Unicamp, 2003. Tese de doutorado.

SOARES, Antônio Joaquim de Macedo. "Da Crítica Brasileira". *Revista Popular*, Rio de Janeiro, 8: 272-277, out.-dez. 1860.

SOUZA, Roberto Acízelo de. "Apêndice I: Programas de Ensino do Colégio Pedro II / Ginásio Nacional (1850-1900)". *O Império da Eloquência*; Retórica e Poética no Brasil Oitocentista. Rio de Janeiro/Niterói (RJ), Eduerj/Eduff, 1999, pp. 157-229.

_____. "Crítica Literária" [2003]. *Iniciação aos Estudos Literários; Objetos, Disciplinas, Instrumentos*. São Paulo, Martins Fontes, 2006, pp. 110-119.

SÜSSEKIND, Flora. "Rodapés, Tratados e Ensaios: A Formação da Crítica Brasileira Moderna". *Papéis Colados*. Rio de Janeiro, Ed. UFRJ, 1993, pp. 13-33.

VERÍSSIMO, José. "A Crítica Literária" [1899]. In: BARBOSA, João Alexandre (sel. e apres.) *José Veríssimo: Teoria, Crítica e História*. Rio de Janeiro/São Paulo, Livros Técnicos e Científicos/Edusp, 1978, pp. 11-17.

_____. "Capítulo XV: O Modernismo". *História da Literatura Brasileira* [1916]. 5. ed. Rio de Janeiro, José Olympio, 1969, pp. 228-236.

_____. "Capítulo XVIII: Publicistas, Oradores, Críticos". *História da Literatura Brasileira* [1916]. 5. ed. Rio de Janeiro, José Olympio, 1969, pp. 260-276.

WELLEK, René. "Termo e Conceito de Crítica Literária" [1963]. *Conceitos de Crítica*. São Paulo, Cultrix, s.d., pp. 29-41.

ZILBERMAN, Regina. "Crítica". In: JOBIM, José Luís (org.). *Introdução ao Romantismo*. Rio de Janeiro, Eduerj, 1999, pp. 97-132.

O BRASIL EM PAPEL: IDEIAS E PROPOSTAS NO PENSAMENTO CRÍTICO DO ROMANTISMO

Maria Eunice Moreira

> *A memória não é una e os donos da palavra são muitos e diversos.*
> HUGO ACHUGAR

Se bem que ao poeta Manuel Inácio da Silva Alvarenga, "homem de ideias claras e sãs", se possa creditar o papel pioneiro no exercício da crítica literária no Brasil, com a epístola sobre Basílio da Gama, a história da crítica brasileira, especialmente nos primeiros tempos, é complexa e envolve elementos que dizem respeito não apenas ao próprio conceito de crítica, mas também às circunstâncias políticas e estéticas que colaboram para sombrear esse conceito.

No século XIX, em plena vigência do Romantismo, o exercício da crítica literária toma maior vulto e abre-se por diferentes ramais: variados são os veículos em que os exercícios críticos podem aparecer (o jornal, a revista, os prefácios), igualmente variadas são as tendências que subsidiam os estudos críticos (sociológicas, filosóficas, estéticas, por exemplo), como variados são os nomes que assinam os textos da natureza crítica (jornalistas, poetas, escritores, nomes mais ou menos conhecidos, de maior ou menor projeção emitiram opiniões e julgamentos sobre obras e autores).

Valorizando a frase melodiosa e buscando o elogio, "a tendência ao verbalismo, peculiar à prosa romântica", como anota Brito Broca, "concorria para que os artigos sobre livros e escritores nessa época derivassem, frequentemente, para divagações"[1], sem atingir o essencial das produções artísticas. No entanto, sem restrições e com muita franqueza, os críticos podiam deixar o tom elogioso e emitir opiniões áridas e duras, provocando muitas vezes reações adversas, das quais se originaram querelas literárias de repercussão e de expressivo resultado para a

---

1. Brito Broca, "Origens da Crítica no Brasil", *Românticos, Pré-românticos, Ultra-românticos: Vida Literária e Romantismo Brasileiro*, Rio de Janeiro, Polis/INL, 1979, pp. 73-75.

análise das obras e das ideias do período. A popularidade da polêmica expressava o interesse dos brasileiros pelas novidades e a necessidade de muitas vezes "movimentar" o parco noticiário da imprensa. A seção "a pedido" era a parte mais lida dos jornais e, por qualquer tostão ou vintém, um sujeito podia insultar ou acusar outro, resguardando sua identidade[2].

José de Alencar, Castro Alves, Manuel de Araújo Porto Alegre, Gonçalves Dias, Joaquim Manuel de Macedo e mesmo Machado de Assis, quase todos os escritores de renome e relevância envolveram-se em polêmicas. Gonçalves Dias, por exemplo, encabeçou uma crítica feroz ao poema de Teixeira de Sousa, "Independência do Brasil", em 1847, no ano em que recebeu os aplausos por *Primeiros Cantos*, vindos de Alexandre Herculano. Em 1854, Joaquim Manuel de Macedo, o autor de *A Moreninha*, iniciou a publicação de uma "Revista Bibliográfica", no jornal *Correio Mercantil*, do Rio de Janeiro. A iniciativa era louvável, pois a seção objetivava divulgar obras novas, mas logo no primeiro artigo atingiu, com severidade, o *Ensaio Corográfico do Brasil*, de Melo Morais e Inácio Acioli. Em outro artigo, novamente deu vazão à sua veia mordaz, avaliando os *Exercícios Poéticos*, de Muniz Barreto, famoso repentista baiano. Não contente com isso, dois anos depois acertou de novo a flecha ferina no autor da Bahia, quando apareceu o segundo volume do livro.

Às vezes, o polemista era socorrido por amigos que também se sentiam ofendidos pela acusação dirigida ao confrade. Um caso desses ocorreu com Joaquim Norberto e com Melo Morais. Segundo consta, Joaquim Norberto acusou o historiador Morais de plagiar autores antigos. Gonçalves Dias, que também tinha atritos com Joaquim Norberto, esqueceu a desavença e, saindo em socorro de Norberto, escreveu sátiras em verso contra Melo Morais. Para colocar mais fogo no braseiro, o acusado declarou em uma livraria do Rio de Janeiro que possuía documentos brasileiros importantíssimos e que esses papéis seriam vendidos ao exterior, por causa do desinteresse dos brasileiros na sua aquisição. O poeta de *Y-Juca Pirama* não deixou passar em branco e ironizou a situação:

> Eis que França e Inglaterra
> E americanos também
> Ligam-se e em larga súcia
> Por mar em fora e lá vêm
> A esta terra de mouros,
> E perguntam: "Quem os tem
> Esses divinos tesouros?

---

2. Ubiratan Machado, *A Vida Literária no Brasil durante o Romantismo*, Rio de Janeiro, Eduerj, 2001. p. 240.

Venha aqui o doutor Plágio
A no-los vender ... God dam!"[3]

Os exemplos poderiam se suceder, mas deixando de lado a guerra entre os polemistas, a hipótese que gostaria de propor para discutir a crítica romântica é a de que o Romantismo abre-se com um debate – do *Minerva Brasiliense* – expande-se com a polêmica sobre *A Confederação dos Tamoios* e fecha-se com a discussão entre José de Alencar e Joaquim Nabuco. Literatura e política, nesse quadro, mesclam-se e colaboram para a definição da nação. No espaço de tempo que se movimenta entre os anos de 1835 a 1872, a crítica literária conformou-se no país e definiu os pressupostos teóricos que orientam a literatura brasileira, colaborando, também, para a definição do espaço-nação.

Em função do tempo e da complexidade das discussões, elejo as duas primeiras, que atingem o cerne do Romantismo para movimentar o debate de hoje. A primeira, conhecida hoje como "Polêmica do *Minerva Brasiliense*"[4], de longa duração, pois que se desenvolveu entre 1835 e 1844, nasceu de uma questão política para, mais tarde, tomar uma feição literária. A outra, posteriormente identificada como a "Polêmica sobre *A Confederação dos Tamoios*", de curta duração, porquanto se desenrolou entre junho e dezembro de 1856, revestiu-se, aparentemente de uma roupagem literária, mas foi de maior vulto e de maior repercussão, envolvendo o Império, figuras de proa da cena nacional e até mesmo protagonistas desconhecidos, identificados apenas por pseudônimos. Ambas, porém, tiveram um caráter comum: a discussão literária, que ora tomava maior ou menor importância, encobria (ou revelava) questões de ordem política; mas, sobretudo, apresentaram os fundamentos para a teorização literária e avaliaram autores e obras, dando início ao processo crítico no Brasil.

1. A POLÊMICA DO MINERVA BRASILIENSE

Em 1843, ao lançar uma nova publicação jornalística, que veio a público sob o título de *Minerva Brasiliense*, seu diretor, o jornalista Santiago Nunes Ribeiro, desejoso de apresentar aos leitores matéria nova e candente para o momento, preparou para a edição de lançamento, do dia 1º de novembro de 1843, um artigo que intitulou "Da Nacionalidade da Literatura Brasileira". O estudo de Santiago

---

3. *Idem*, p. 242.
4. No livro *Duelos no Serpentário*, seus autores creditam à polêmica sobre *A Confederação dos Tamoios* a instauração do debate literário no Brasil. Esse debate, contudo, tem origens mais remotas, como na "Polêmica do *Minerva Brasiliense*".

32   A CRÍTICA LITERÁRIA BRASILEIRA EM PERSPECTIVA

Nunes Ribeiro, na verdade, respondia a uma situação anterior, que, iniciada em 1835, repercutira nos anos posteriores e chegava em 1843 com força para estimular o interesse pelo periódico.

Para entender a motivação do problema que originou a polêmica, é necessário recuar no tempo e voltar aos anos de 1835 e de 1842, porque o debate tem origem num livro lançado em 1835, o *Bosquejo Histórico, Político e Literário do Brasil*, de autoria do general José Inácio de Abreu e Lima, e na réplica que o jornalista português José da Gama e Castro lhe dirigiu, em 1842, em artigos publicados no *Jornal do Comércio*, do Rio de Janeiro. Essas duas personalidades, estranhas e litigiosas, trazidas à baila por Santiago Nunes Ribeiro, no artigo que escreve, integram o quadro em que se desenrola a "Polêmica do *Minerva Brasiliense*" – título com que é identificada a querela, em razão do jornal na qual ela tem desenvolvimento.

A posição a favor do governo monárquico é motivo do livro que Abreu e Lima publica em 1835, pois nele defende a família imperial brasileira do ataque que sofrera do deputado Antônio Ferreira França, da Bahia. Contrário à monarquia, o deputado França apresentara a seguinte proposta:

> 1 – O Governo do Brasil deixará de ser patrimônio de uma família;
> 2 – O atual Imperador e suas augustas irmãs cederão de seu privilégio, e receberão por uma vez um subsídio para completar sua educação, e principiarem seu estabelecimento;
> 3 – A Nação será governada opor um chefe eleito de dous em dous anos, no dia 7 de setembro, à maioria de votos dos cidadãos eleitores do Brasil[5].

O *Bosquejo* divulga o "horrível escândalo" da Câmara dos Deputados, expondo o assunto político, com a reprodução integral do projeto de lei Dr. França e inclui a "Denunciação do Corpo Legislativo", em que Abreu e Lima toma a palavra para se posicionar contra o que entende ser perjúrio, aleivosia e traição à pessoa do Imperador e à casa imperial brasileira, formalizando a réplica à petição do deputado baiano.

À matéria eminentemente política, porém, Abreu e Lima adita um capítulo final, intitulado "Nosso Estado Intelectual", em que, apesar de defender o Império, tece considerações negativas em relação ao estágio cultural do país, que não corresponde, em sua opinião, ao "grau atual da ilustração do mundo"[6], nem se ajusta às exigências de uma nação emergente. As causas de tal atraso são atribuídas a

---

5. José Inácio de Abreu e Lima, *Bosquejo Histórico, Político e Literário do Brasil*, Niterói, Niterói de Rego e Cia., 1835, p. 6.
6. *Idem*, p. 71.

Portugal que, segundo ele, estendeu à colônia as condições do continente português. Na opinião de Abreu e Lima, o Brasil, como um país descendente dos portugueses e formado à luz de Portugal, não poderia apresentar um quadro cultural mais desenvolvido, uma vez que "tampouco a Metrópole abundava de homens eruditos"[7] e a prova disso era que a Europa conhecia de Portugal apenas Camões e o abade Corrêa.

Para ele, o quadro cultural brasileiro é agravado por outros fatores: distintamente da América espanhola, o Brasil nunca instituiu uma universidade e o brasileiro mais capaz era mandado estudar em Portugal e, se se destacava pela sua inteligência, "logo se armava uma sacadilha, e o pobre homem era reduzido a uma prisão ou ao abandono da pátria"[8]. Essa precária situação decorre de diversos fatores, especialmente creditados à origem do processo colonizador e que, segundo ainda o autor do *Bosquejo*, resumem-se em dois aspectos principais:

> 1 – Que sendo nós outros descendentes dos portugueses, nos achamos por esta causa muito mais *atrasados* em conhecimento do que os nossos conterrâneos, e somos por isso mesmo *o povo mais ignorante do continente americano*;
> 2 – Que sendo nossa população composta de cinco distintas famílias, *quatro das mais inimigas e rivais umas das outras,* não possuímos verdadeiro *caráter nacional*, o qual consiste na uniformidade de interesses, e na *homogeneidade de todos os caracteres individuais*[9].

Resulta daí a dimensão política da análise de Abreu e Lima que, considerando a posição do Brasil no continente americano, insere-o num processo cultural mais amplo – o quadro das colônias ibéricas – para compará-lo com as outras colônias. A esse fator, agrega outro, específico à administração interna da jovem nação: dividida pelas vantagens concedidas a grupos familiares, a situação não propicia a formação de um ambiente de homogeneidade dos caracteres e uniformidade dos interesses, necessários para a formação do caráter nacional. Na verdade, o País não pode se constituir como nação, porque se apresenta como um aglomerado de disputas e favores, o que impede a constituição de um núcleo aglutinador para lhe dar sentido. Nesse caso, ressente-se a vida cultural e, por extensão, a vida literária.

Com essa concepção, Abreu e Lima considera a expressão literária portuguesa e a brasileira como um único processo, inclusive valendo-se do possessivo "nossa", para aglutinar os dois patrimônios. Alega ele que "ainda ontem éra-

---

7. *Idem*, p. 66.
8. *Idem*, p. 68.
9. *Idem*, p. 74. Grifos do autor do *Bosquejo*.

34 ❧ A CRÍTICA LITERÁRIA BRASILEIRA EM PERSPECTIVA

mos portugueses; e se rejeitarmos a literatura portuguesa ficaremos reduzidos a uma condição quase selvagem"[10]. Abreu e Lima pressentia que seu estudo, como ele mesmo disse, seria uma "seta ervada", pronta a atingir um duplo alvo: o círculo português, pelo ataque que lhe dirige em função das condições de colonização; o brasileiro, pela falta de "crédito literário", necessário como aval à independência política[11].

A réplica ao general Abreu e Lima, se tarda um pouco, chega pela pena do jornalista português José da Gama e Castro, figura contraditória do meio europeu, de onde provém. Gama e Castro era doutor em Filosofia pela Universidade de Coimbra, mas fora expatriado de Portugal por razões políticas e, depois de algumas andanças pela Europa, chega ao Brasil em 1838, dois anos após o lançamento da revista *Niterói*, na qual Gonçalves de Magalhães publicara o texto lido em Paris, agora sob o título de "Ensaio sobre a História da Literatura Brasileira". Vindo do continente europeu, onde o problema das nações colonizadas constituía um tema político e atual, Gama e Castro depara-se no Brasil com uma situação que, para ele, era sinal da época: o empenho de todos em menosprezar ou negar tudo quanto era relativo a Portugal e aos portugueses.

Descendente do tronco lusitano, esse jornalista parecia acumular o repúdio que europeus e americanos destinavam a seus compatriotas e a si próprio. Em janeiro de 1842, movido por esse sentimento, Gama e Castro escreve dois artigos para o *Jornal do Comércio*, no Rio de Janeiro, sob o título "Invento dos Portugueses", publicados nas edições de 19 e 21 de janeiro de 1842. Nesses textos, reivindica para Portugal os inventos atribuídos ao brasileiro pe. Bartolomeu de Gusmão, a quem é creditada a arte de navegar pelos ares. Imediatamente o texto de Gama e Castro foi replicado: em 14 de janeiro, na seção Correspondência, "Um Brasileiro" contesta a usurpação cometida contra seus patrícios e lamenta que a invenção do pe. Gusmão tenha sido incluída no rol dos inventos de Portugal.

Até aqui o assunto não geraria maiores controvérsias, se Gama e Castro não tivesse voltado ao jornal para refutar a posição de "Um Brasileiro". Na réplica que escreve, sob o título "Satisfação a um Escrupuloso", vale-se de um argumento para contestar a ideia do brasileiro e recai na questão da existência da literatura no Brasil, manifestando-se, obviamente, contrário a essa posição. Diz ele que embora o pe. Gusmão seja natural do Brasil, isso não autoriza o reconhecimento de sua invenção como nacional, pois não é a localidade de nascimento do cidadão que

---

10. *Idem*, p. 69.
11. Um ano depois das declarações do general Abreu e Lima, o poeta Gonçalves de Magalhães afirma, em Paris, no "Discurso sobre a Literatura Brasileira", apresentado ao Instituto Histórico e Geográfico da França, que o Brasil já possuía condições para cultivar a "poesia original".

garante sua nacionalidade. Para ele, "a literatura não toma o nome da terra, toma o nome da língua"[12].

Sua meta não é discutir o invento de Gusmão, mas adentrar uma questão nevrálgica e que constituía a preocupação atual da jovem nação: a constituição e o reconhecimento de uma identidade nomeada como literatura brasileira, no momento em que os literatos nacionais, especialmente aqueles vinculados ao Instituto Histórico e Geográfico Brasileiro, sob a tutela do Imperador D. Pedro II, apresentam proposições e teses comprobatórias dessa ideia.

A posição de Gama e Castro deve ser, contudo, entendida dentro da moldura histórica do período. Como lusitano, ele representa o segmento intelectual que ainda deseja a manutenção do vínculo com a metrópole e, seguramente, é adverso a qualquer tese abonadora da separação dos dois patrimônios literários. Referendar a autonomia literária significa, nessa conjuntura, afiançar a autonomia política do Brasil, tese incompatível com sua posição como português. Nessa direção, expressa seu argumento contrário à literatura brasileira: "Fala-se de literatura brasileira por hábito, por vício, talvez por excesso de patriotismo; mas a verdade é que, em todo o rigor da palavra, literatura brasileira é uma entidade que não só não tem existência real, mas que até não pode ter existência possível"[13].

É nesse ponto que literatura e política se imiscuem. Para os nacionalistas, relacionar a literatura ao desenvolvimento do povo, ao espírito de representação da nação, é fórmula não só para declarar a desejada (e necessária) autonomia literária, mas principalmente assegurar a independência. A tese de Gama e Castro, no entanto, enfraquece a separação política recentemente conquistada, ao subordinar a produção literária pela via linguística, uma vez que, por esse fator, as duas nações permaneceriam ainda ligadas.

A reação ao artigo de Gama e Castro chega rapidamente e, para isso, os céus conspiram contra ele: esse é o momento em que Santiago Nunes Ribeiro lança o *Minerva Brasiliense* e, à procura de assunto palpitante para suscitar o interesse dos leitores, traz à arena as ideias contrárias do português sobre a literatura do Brasil. No artigo que escreve para o número de lançamento, intitulado significativamente "Da Nacionalidade da Literatura Brasileira", postula a tese de que o Brasil é uma nação independente e, como tal, sua literatura goza de autonomia em relação à literatura da ex-metrópole. Estava aberto um debate literário que envolveria outros protagonistas, novos argumentos e que, evidentemente, alargou a discussão sobre a nacionalidade.

---

12. *Idem, ibidem.*
13. Um português, pseud. [José da Gama e Castro]. "Correspondência – Satisfação a um Escrupuloso", *Jornal do Comércio*, Rio de Janeiro, 29 jan. 1842.

36   A CRÍTICA LITERÁRIA BRASILEIRA EM PERSPECTIVA

Santiago Nunes Ribeiro era chileno, mas veio para o Brasil ainda criança. Em 1843, assume a direção do *Minerva Brasiliense*, um periódico que circulará até 1845 e que, segundo Antonio Candido, forma junto com a *Niterói* (1836) e a *Guanabara* (1849) a tríade de divulgação do Romantismo brasileiro[14]. A posição francamente nacionalista do novo periódico é marcada desde o primeiro número, quando Santiago Nunes Ribeiro defende a existência da literatura brasileira, refutando os argumentos desfavoráveis à sua tese e que ainda persistiam no país recém-emancipado. Para ele, por exemplo, existe uma literatura portuguesa, como também existe uma literatura brasileira, pois ambas as nações apresentam um elenco de literatos e de obras.

Retomando o argumento de Abreu e Lima, Santiago diz que o militar apoia-se num engano sobre a natureza e a constituição do fenômeno literário, porque não se pode entender como literatura a variedade de obras sobre as ciências exatas e positivas, e considerar a poesia e a história como acessórios.

Quando rebate Gama e Castro, Santiago propõe um elemento que derruba o princípio da unidade literária pela via linguística:

> Não é princípio incontestável que a divisão das literaturas deva ser feita invariavelmente segundo as línguas, em que se acham consignadas. Outra divisão talvez mais filosófica seria a que atendesse ao espírito, que anima, à ideia que preside aos trabalhos intelectuais de um povo, isto é, de um sistema de um centro, de um foco de vida social[15].

Os fatores que identificam e individualizam o processo cultural dizem respeito "às condições sociais e o clima do novo mundo [que] necessariamente devem modificar as obras neles escritas nesta ou naquela velha língua da Europa"[16].

Desse modo, Santiago vai desviando o foco de visão de Gama e Castro e busca um outro índice, capaz de atestar a diferenciação entre as duas nações. O elemento diferenciador resulta justamente do fato de que o Brasil já apresenta um caráter próprio, decorrente de sua história, de seus costumes, de suas condições climáticas e sociais. Nesse caso, o índice linguístico, invocado por Gama e Castro, como fator de identidade entre o patrimônio literário português e brasileiro, cede lugar ao temático, pelo qual a diferenciação seria evidente.

Entendendo a literatura como "expressão da índole, do caráter e da inteligência social de um povo ou de uma época"[17], Santiago explica como se dá a parti-

---

14. Antonio Candido, *Formação da Literatura Brasileira: Momentos Decisivos*, Belo Horizonte/São Paulo, Itatiaia/Ed. da Universidade de São Paulo, 1975, p. 47.
15. Santiago Nunes Ribeiro, "Da Nacionalidade da Literatura Brasileira", *Minerva Brasiliense*, Rio de Janeiro, n. 1, pp. 7-23, nov. 1843.
16. *Idem, ibidem.*
17. *Idem, ibidem.*

cipação desses fatores na constituição das obras, o que possibilita reconhecer a identidade da literatura pátria. Diz ele que "as condições sociais e o clima do novo mundo necessariamente devem modificar as obras nelas escritas nesta ou naquela língua da velha Europa"[18]. Como o Brasil resulta de configuração social, política e étnica diferente, não fica difícil a Santiago Nunes Ribeiro organizar a equação para concluir: "ora, se os brasileiros têm seu caráter nacional, também devem possuir uma literatura pátria"[19]. Com essa premissa, pode rebater aqueles que acusam a literatura do Brasil de imitar as estrangeiras – Almeida Garrett e Gonçalves de Magalhães, por exemplo. Em Garrett, reprova a exigência de que os poetas do Brasil deveriam pintar painéis mais condizentes com sua realidade; em Magalhães, para quem a poesia era uma virgem do Hélicon, responde com mais veemência: aqui, a poesia não é estrangeira, porque se veste à grega ou à francesa, mas é "a filha das florestas, educada na velha Europa, onde a sua inspiração nativa se desenvolveu com o estudo e a contemplação da ciência e natureza estranha"[20].

Na concepção de Santiago, os poetas anteriores à Independência escreveram sob a influência dos padrões clássicos e, apesar disso, conseguiram imprimir marcas locais em seus versos. Assim, diz ele, "se houve imitação houve também reação original, de modo que a acusação de imitadora é mal fundada, injusta e até pouco generosa"[21]. Coerente com essa ideia, constata dois momentos na poesia: o primeiro, no qual há manifestação de sentimentos nacionais; o segundo, correspondente à fase que vivencia, na qual observa a presença do espírito de nacionalidade. Isso permite que, quase ao final de seu estudo, ao comparar poetas portugueses e brasileiros possa dizer que Basílio da Gama e Santa Rita Durão merecem uma referência especial pela orientação nacionalista observada em seus poemas.

O texto de Santiago Nunes Ribeiro é extremamente importante para a compreensão do pensamento crítico do Romantismo, pois atinge as questões nevrálgicas que configuram esse período não só do ponto de vista da literatura, mas no que diz respeito à política nacional. Santiago Nunes Ribeiro delineia um conceito de literatura até então não presente em outros intelectuais ou em outros textos; associa a literatura às condições de ordem social; orienta-se pelo princípio da não imitação, pedra de toque do Romantismo; avalia autores e obras, ainda que o índice condutor dessa avaliação seja a maior ou a menor presença do componente nacional.

---

18. *Idem, ibidem.*
19. *Idem, ibidem.*
20. *Idem, ibidem.*
21. *Idem, ibidem.*

Revigorando a tese autonomista, especialmente assinada pelos românticos, Santiago fundamenta-se no fato de que as duas expressões literárias – a portuguesa e a brasileira – constituem unidades distintas uma vez que seus temas apresentam-se originais. Isso suscita novamente controvérsias, prolongando a discussão do tema e ampliando a polêmica. Dois novos contendores, com evidentes relações com o mundo português, desejosos de ratificar a ligação entre as duas literaturas, opõem-se à posição defendida por Santiago, mas, sem nada a acrescentar, tornam-se meros registros na já extensa querela.

É, contudo, a voz do cônego Januário da Cunha Barbosa, autor do *Parnaso Brasileiro*, publicação pioneira para a formação do cânone nacional, que, entrando na discussão, contribui para o fechamento do debate. Nacionalista, ex-Padre-Mestre da Capela Imperial, figura de renome e consideração no meio intelectual do Segundo Império, o Cônego Januário invoca as palavras do historiador francês Mennechet, lido no ano anterior no Congresso em Paris e que se ajusta à situação vivenciada pelos brasileiros. Diz Mennechet:

> A natureza e o clima de um país, a religião, os costumes, as leis e a história dos povos que o habitam, têm uma influência constante e absoluta sobre sua literatura; e que a literatura é nacional quando está harmonia com a história, com as leis, com os costumes, com a religião, com o clima e com a natureza do país em que nascera[22].

Com o apoio das ideias do cônego Januário, Santiago Nunes Ribeiro encerra o debate, não sem antes procurar um *juste milieu*, ao recomendar que no exame da poesia nacional se procure associar as formas gregas e romanas, o elemento tradicional àquilo que já é americano. Da fusão desses dois componentes realiza-se a literatura brasileira.

2. A POLÊMICA SOBRE A CONFEDERAÇÃO DOS TAMOIOS

Em 1856, é publicado no Rio de Janeiro, pela Tipografia de Paula Brito, o poema épico *A Confederação dos Tamoios*, de Domingos José Gonçalves de Magalhães, autor que já desfrutava de posição singular no meio intelectual brasileiro, uma vez que a seu nome se associavam importantes fatos literários ocorridos todos em 1836. Nesse ano, Magalhães lê, em Paris, aos membros do Instituto Histórico e Geográfico da França, o "Discurso sobre a Literatura do Brasil", apresentando, oficialmente, à intelectualidade francesa, um novo país – o Brasil – e uma nova

---

22. Januário da Cunha (Côn.) Barbosa, "Da Nacionalidade da Literatura Brasileira", *Minerva Brasiliense*, Rio de Janeiro, n. 6, pp. 168-172, jan. 1844.

ideia – a de que o Brasil possuía já uma história literária; lança com seus amigos brasileiros, Porto Alegre e Torres Homem, a *Niterói*, Revista Brasiliense, "Ciências, Letras, e Artes"; publicando, nesse periódico, sob o título de "Ensaio sobre a História da Literatura do Brasil"[23], o discurso que lera perante a importante agremiação francesa; finalmente, também em Paris, vem a público o livro de poemas *Suspiros Poéticos e Saudades*[24], que o consagra definitivamente como o representante do Romantismo brasileiro.

A ideia de escrever uma epopeia nacional começa em Nápoles, quando Magalhães lá se encontrava como encarregado de negócios do Brasil, e leva sete anos para sua finalização. Elaborado com cuidado, mas vagarosamente, o poema vinha sendo construído e avaliado pelos seus pares, inclusive pelo próprio Imperador. Em 1854, quando esteve no Brasil, Magalhães apresentou a D. Pedro II o texto, cuja redação estava quase completa. No entanto, seriam necessários ainda mais dois anos e muita expectativa para que o poema finalmente fosse publicado:

> Muitas semanas e muitos meses se passaram sem que a curiosidade pública fosse satisfeita: é que se preparava o enxoval que devia servir ao delicado e precioso menino; é que se procurava dar ao poema do Sr. Magalhães a mais rica e luxuosa encadernação possível, pois que a admirável obra não devia fazer a sua entrada no mundo senão trajando suntuosas galas, e cercada de todos os esplendores dignos de um infanção real[25].

Quando a edição finamente encadernada e financiada pelo Imperador chega às livrarias do Rio de Janeiro – com "suntuosas galas" –, um jornalista do *Diário do Rio de Janeiro* publica suas "impressões de leitura", sob o pseudônimo de "Ig". Esse jornalista, que, mais tarde, tem sua identidade revelada, chama-se José de Alencar, tem 27 anos e é desconhecido pelos intelectuais do momento. No entanto, ousadamente, aponta inúmeras impropriedades no texto, valendo-se da forma epistolar para tecer suas críticas. Origina-se, assim, uma polêmica literária que, embora de curta duração, envolve personalidades representativas da intelectualidade nacional e provoca a manifestação até mesmo do Imperador Pedro II, que usou das páginas do *Jornal do Comércio* para se pronunciar a respeito do protegido e de sua obra.

Até a quinta carta, Alencar mantém um diálogo solitário com o amigo a quem expõe sua avaliação sobre *A Confederação dos Tamoios* e, nesse momento, pare-

---

23. Esse texto foi publicado em 1865 sob o título "Discurso sobre a História da Literatura do Brasil". V. Domingos José Gonçalves de Magalhães, "Discurso sobre a História da Literatura do Brasil", *Obras,* Rio de Janeiro, Opúsculos Históricos e Literários, Rio de Janeiro, Garnier, 1865, vol. 8, pp. 239-271.

24. *Suspiros Poéticos e Saudades* foi publicado pela casa Dauvin et Fontaine, Librairies, em 1836.

25. Sr. Omega, *Confederação dos Tamoios,* em Domingos José Gonçalves de Magalhães, Visconde de Araguaia, *A Confederação dos Tamoios*. Org. Maria Eunice Moreira, Luís Bueno, Curitiba, UFPR, 2007, p. LXI.

40 ❧ A CRÍTICA LITERÁRIA BRASILEIRA EM PERSPECTIVA

ce realmente determinado a silenciar, uma vez que a tão desejada refutação não se concretiza. Na verdade, Alencar espera que sua crítica dê "causa a uma dessas polêmicas literárias, que têm sempre a vantagem de estimular os espíritos a produzirem alguma coisa de novo e de bom"[26].

A partir daí, porém, entra em cena para rebatê-lo o poeta Manuel de Araújo Porto Alegre, "O Amigo do Poeta" e, entre os dias 23 de julho e 8 de agosto de 1856, a polêmica alcança maior vulto com a participação de outros protagonistas que, identificados pelos pseudônimos "O Boquiaberto", "Ômega" e "O Inimigo das Capoeiras", colaboram para atiçar o debate sobre a epopeia de Magalhães. É também nesse período que "O Outro Amigo do Poeta" toma a palavra para defender o poeta. Sob esse pseudônimo encobre-se o Imperador D. Pedro II, magoado e visivelmente atingido pelo ataque ao poeta romântico. Gonçalves Dias, Francisco Adolfo de Varnhagen, Alexandre Herculano e outros amigos do Imperador foram chamados à polêmica pelo monarca, que deles esperava a palavra de defesa ao seu protegido. No entanto, essa palavra não chegou e o Imperador teve de solicitá-la ao respeitável frei Francisco de Monte Alverne que, recolhido a sua cela, em virtude da cegueira e da velhice, intervém para, com sua autoridade, reconhecer o mérito da composição de Magalhães e pôr fim à contenda literária.

Pouco a pouco, ou melhor, carta a carta, Alencar "desmonta" a epopeia, atingindo todos os aspectos referentes à estrutura, ao tema e à linguagem. Nada escapa à leitura do crítico que, a cada dia, aponta uma falha, desvenda um ponto obscuro ou constata uma incorreção no poema. Entre todos os aspectos severamente fustigados por Alencar, talvez se possa afirmar que a forma poética utilizada por Magalhães merece a maior reprovação por parte do crítico. Construir uma epopeia parece, aos olhos do futuro romancista, um recurso ultrapassado e não condizente com a atual situação do País. Por isso, diz Alencar que "a forma com que Homero cantou os gregos não serve para cantar os índios; o verso que disse as desgraças de Troia e os combates mitológicos não pode exprimir as tristes endechas do Guanabara e as tradições selvagens da América"[27].

Alencar exige que no poema nacional "tudo fosse novo, desde o pensamento até a forma, desde a imagem até o verso"[28]. Em suas "impressões de leitura", resulta não só seu desagrado para com a forma do poema como para com a sua realização. A invocação, a descrição e a narração, partes constitutivas da epopeia clássica, são débeis e fracas, e não condizem com a grandeza do assunto. Se Magalhães, em outras palavras, elege a epopeia, também não o faz com a grandeza de um verdadeiro

---

26. José de Alencar, em Domingos José Gonçalves de Magalhães, Visconde de Araguaia, *op. cit.*, p. LXXXVII.
27. *Idem*, p. XXVIII.
28. *Idem, ibidem.*

autor. Além disso, a forma escolhida está comprometida com a estética clássica, àquela altura distante dos leitores do Romantismo e estranha ao pensamento que passava a vigorar na esfera da literatura brasileira, sobretudo a partir da "Polêmica do *Minerva Brasiliense*".

É possível que, ao realizar a crítica sobre *A Confederação dos Tamoios*, Alencar já estivesse em elaboração de seu romance, *O Guarani*. O poema de Magalhães aparece em junho de 1856 e, em abril de 1857, vem a público o romance de Alencar. Essa hipótese é plausível, especialmente quando se lê o texto alencariano:

> Se algum dia fosse poeta, e quisesse cantar a minha terra e as suas belezas, se quisesse compor um poema nacional, pediria a Deus que me fizesse esquecer por um momento as minhas ideias de homem civilizado.
> Filho da natureza, embrenhar-me-ia por essas matas seculares; contemplaria as maravilhas de Deus, veria o sol erguer-se no seu mar de ouro, a lua deslizar-se no azul do céu; ouviria o murmúrio das ondas e o eco profundo e solene das florestas[29].

A observação de que o autor deveria embrenhar-se nas matas para escrever uma obra original dirige-se a Magalhães que, distante da sua terra, por longos anos, voltou com o "poema nacional"[30]. É provável que Alencar desejasse para si o título de fundador da literatura brasileira, posição que Magalhães também almejava com um poema escrito durante tanto tempo e que mereceu o beneplácito do Imperador. Por outro lado, Alencar lembrava que Gonçalves Dias, dez anos antes, lançara os *Primeiros Cantos*, obra superior à de Magalhães, e que mereceu estudo altamente positivo do mais renomado crítico português, Alexandre Herculano.

A crítica alencariana vai mais longe, não se restringindo apenas à forma poética. Outro aspecto que, segundo o autor das cartas, "interessa muito à literatura pátria"[31] é a reação "contra essa poesia inçada de termos indígenas, essa escola que pensa que a nacionalidade da literatura está em algumas palavras"[32]. A questão, nesse caso, deriva para outro ponto, já mencionado por Santiago Nunes Ribeiro: o da língua nacional. Para Alencar, o autor de *A Confederação dos Tamoios* não só "acentuou a língua portuguesa à sua maneira"[33], como "criou uma infinidade de sons cacofônicos, e desfigurou de modo incrível a sonora e doce filha dos romanos poetizada pelos árabes e pelos godos"[34]. Alencar quer dizer com isso que nem

---

29. *Idem*, p. XVI.
30. *Idem*, p. XXXIX.
31. *Idem, ibidem.*
32. *Idem, ibidem.*
33. *Idem*, p. XLIV.
34. *Idem, ibidem.*

Magalhães manteve-se fiel ao idioma português, na sua forma histórica clássica, como não renovou a língua portuguesa do Brasil, condição necessária para a boa realização do texto nacional, que deveria promover a inovação na forma e a renovação da linguagem. Imprecisões, repetições de palavras, incorreções gramaticais, desajustes sintáticos, expressões inadequadas das falas das personagens, tudo passa pelo crivo de Alencar, ainda que ele afirme que não fez "autópsia de todos os personagens do livro do Sr. Magalhães!"[35] A indignação é tanta que o futuro romancista clama: "Porventura não haverá no caos incriado do pensamento humano uma nova forma de poesia, uma nova forma de verso?"[36]

Todas as debilidades da epopeia avolumam-se quando a eles Alencar opõe os melhores exemplos e soluções poéticas obtidas por autores renomados da literatura ocidental. Os parâmetros críticos utilizados para a avaliação de Magalhães são de reconhecido valor artístico e pelas páginas do texto alencariano circulam trechos de autores estrangeiros de diferentes procedências. Na quarta carta, por exemplo, a "medida" vem dos clássicos, Virgílio, o poeta preferido de Alencar, com Homero, Milton, Shakespeare, Lamartine, Victor Hugo, Chateaubriand, Racine cruzam-se com músicos, como Rossini, Verdi, Meyerbeer ou com pintores, como Ticiano, Veronese, Rafael. Decorre daí outra característica do texto de Alencar: a crítica é espaço também para considerações teóricas sobre poesia, música e pintura, "três irmãs gêmeas que Deus criou com o mesmo sorriso, e que se encontram sempre juntas na natureza: a forma, o som e a cor são as três imagens que constituem a perfeita encarnação da ideia; faltando-lhe um desses elementos, o pensamento está incompleto"[37].

Pouco a pouco emergem os conceitos teóricos que norteiam o fazer literário de José de Alencar. Como crítico, ele se orienta por pressupostos retirados do acervo de leituras que domina e que abarca um elenco de poetas; como futuro romancista, ele sabe que a forma a ser impressa no romance que almeja – e que ele vem a realizar – é o romance histórico, proveniente de Cooper; como crítico, papel em que atua com coerência e precisão fina de cirurgião que autopsia o texto, ele realiza verdadeira anatomia literária, para dizer que *A Confederação* é um mero esqueleto com arcabouços informes que "o poeta não quis tomar o trabalho de encarnar, e deixou na sua nudez cronística ou tradicional"[38]. Enfim, se a obra analisada é raquítica ou apresenta-se desnuda, a avaliação de Alencar é robusta e provida de argumentos. Verdadeira aula de teoria da literatura, as cartas de

---

35. *Idem*, p. xlvii.
36. *Idem*, p. xxviii.
37. *Idem*, p. xxxvii.
38. *Idem*, p. xlvii.

Alencar transformam-se também na expressão mais crítica do Romantismo, delas permitindo derivar o pensamento que norteia esse momento cultural, no Brasil. Sobre a poesia, por exemplo, Alencar propõe: o conceito de poesia. Lamartine é seu guia nesse conceito e, juntos, afirmam que "a poesia [...] é ao mesmo tempo a divindade e a humanidade do homem [...] esse sopro celeste com que o Criador bafejou a argila quando lhe imprimiu a forma humana"[39]. O texto poético "deve falar ao homem pelo pensamento, pela imaginação, e pelos sentidos ao mesmo tempo"[40]. "O som, a forma, a cor, a luz, a sombra, o perfume são as palavras inarticuladas dessa linguagem divina, que exprime o pensamento cantando, sorrindo, e desenhando-o"[41]. Essa concepção, que exige que o criador seja ao mesmo tempo "filósofo, pintor e músico"[42], Alencar encontra, na plenitude, em Virgílio, poeta em que um só verso vale por um poema inteiro; – a taxionomia poética, reconhecendo "três espécies de poemas: os líricos, os didáticos e os épicos"[43]. Na primeira, "a imaginação do poeta é livre, narra e descreve conforme o capricho, e não se sujeita à menor regra: não tem invocação, ou, se a tem, é num estilo ligeiro e gracioso"[44]. A poesia didática, "segundo a definição da arte, é a verdade em verso"[45] e compreende os poemas históricos, os filosóficos e os instrutivos. Para cada modalidade, o crítico socorre-se de exemplos que explicitam a melhor realização poética: para a primeira, a lírica, Byron aparece como o representante; para a segunda, cita Lucano, Lucrécio, Boileau, Horácio e Thompson; na épica, seus referenciais são Homero, Virgílio e Milton.

Para além desses temas, discute a relação da poesia com outras artes, sobretudo a pintura e a música, e os parâmetros estéticos em que se apoia para avaliar o texto poético. Quando adentra o campo da crítica, apresenta suas ideias sobre a função e o sentido da crítica, a liberdade e a censura da palavra; quando trata da literatura nacional, discute cor local, Romantismo e, especialmente, o tópico da nacionalidade. É possível vislumbrar que a forma e o verso novo exigidos como condição para a verdadeira poesia nacional incluem outros componentes que, ao longo da leitura das cartas, tornam-se perceptíveis como fundamentais: a descrição dos elementos naturais do país, duramente criticados em Magalhães (o sol, a lua), a apresentação de uma verdadeira heroína nacional, que pudesse figurar ao lado das imagens consagradas pela literatura (Vênus de Milo), as tradições dos po-

---

39. *Idem*, p. XXXVI.
40. *Idem, ibidem.*
41. *Idem, ibidem.*
42. *Idem, ibidem.*
43. *Idem*, p. CXXIII.
44. *Idem, ibidem.*
45. *Idem, ibidem.*

vos primitivos do Brasil, a história pátria, a teogonia nacional, envoltas na manifestação da verdadeira língua nacional. Gonçalves Dias apresenta-se, assim, como o parâmetro para a realização da literatura nacional – "metrificador perfeito, que soube compreender os tesouros que a nossa pátria guarda"[46].

Por fim, naquela que seria a última carta – a quinta – Alencar formula um verdadeiro tratado sobre a força da palavra e o compromisso de todos aqueles que lidam com a linguagem no sentido de conhecê-la e explorar seus recursos. O orador, o escritor, ou o poeta, o mestre, o historiador, o padre, o magistrado, "todo o homem que usa da palavra, não como um meio de comunicar as suas ideias, mas como instrumento de trabalho […] deve estudar e conhecer a fundo a força e os recursos desse elemento de sua atividade"[47]. E esclarece: "a palavra tem uma arte e uma ciência: como ciência, ela exprime o pensamento com toda a sua fidelidade e singeleza; como arte, reveste a ideia de todos os relevos, de todas as graças, e de todas as formas necessárias para fascinar o espírito"[48].

Alencar revela, no âmbito desse ensaio crítico, as questões de seu tempo, que acabaram por povoar as páginas da crítica literária brasileira e se mantiveram como pontos de reflexão, de modo geral, nas décadas seguintes: *a)* a língua brasileira; *b)* a forma literária; *c)* a crítica literária.

Quanto ao primeiro tópico, aponta para o percurso desenvolvido pela produção literária nacional ao longo de sua história, quando o "falar brasileiro" foi gradativamente assumindo seu lugar e sua condição de linguagem literária. Ao mesmo tempo que reforça esse uso linguístico como elemento diferenciador da língua portuguesa, reafirma que a natureza americana, em função de sua particularidade, requer um novo idioma. É famosa a citação alencariana, quando pergunta: "o povo que chupa o caju, a manga, o cambucá e a jabuticaba, pode falar uma língua com igual pronúncia e o mesmo espírito do povo que sorve o figo, a pera, o damasco e a nêspera?"[49]

Em relação ao segundo, exige outra forma literária mais harmonizada com os novos tempos, qual seja, o romance e, nessa modalidade, o romance histórico, capaz de dar conta dessa ordenação tanto política quanto literária. O romance, e o romance na sua modalidade histórica, afirma-se, assim, como o gênero por excelência, apresentando o próprio texto crítico de Alencar como a poética de sua obra. A epopeia de Magalhães, nesse caso, foi o objeto que possibilitou ao futuro romancista a reflexão mais ampla sobre os princípios do Romantismo e sobre os

46. *Idem*, p. XI.
47. *Idem*, p. XLIV.
48. *Idem, ibidem.*
49. Sênio [José de Alencar], "Bênção Paterna", *Sonhos d'Ouro*, em *Obra Completa.* Rio de Janeiro, José Aguilar, 1959. vol. 1, p. 702.

preceitos estéticos para a realização da literatura nacional, tarefa que ele impôs a si mesmo. Pelo avesso da crítica, ou seja, reconhecendo o que não devia ser feito, Alencar acabou por revelar o que esperava que viesse a ser realizado.

Quanto ao terceiro, busca definir parâmetros e princípios que passaram a nortear o fazer literário e que foram responsáveis pelos caminhos que a crítica literária tomou nos anos subsequentes, assumindo uma função política significativa no contexto cultural do Segundo Império. Do ponto de vista literário, a crítica praticamente precede a realização artística no campo da literatura, norteando os autores e aspirantes à carreira a se movimentar segundo a prescrição do discurso crítico. No caso brasileiro, é quase possível afirmar – ou é possível afirmar – que a crítica romântica "inventou" a literatura nacional, desconsiderando o autor e a obra que não se regesse por esse diapasão; no campo da política, colaborou para o nascimento de uma nação, firmando princípios que permitiram acentuar e definir a pretendida autonomia.

Restam, enfim, algumas conclusões sobre o tema deste texto – Ideias e propostas no pensamento crítico do Romantismo – que, do papel, atingiram os setores da nascente sociedade, no já distante século XIX. Qual o saldo deixado por essas querelas que movimentaram figuras de proa, como o Imperador, críticos de renome, como Alexandre Herculano e Monte Alverne, estendeu-se para fora dos domínios do país e provocou a manifestação de conhecidos e desconhecidos num cenário intelectual ainda restrito e incipiente?

Segundo o crítico uruguaio Hugo Achugar, "os fatos que levaram à independência dos países americanos supuseram não só um enfrentamento militar, mas também discursivo"[50] e a independência só pôde ocorrer porque junto à "gesta militar" aconteceu uma série de transformações de ordem histórica, mas principalmente discursivas, nas quais se incluem as literárias. Nessa base de raciocínio, as querelas literárias, mais do que movimentos ou exercícios mentais da intelectualidade do Brasil do Segundo Império, constituem os campos de força nos quais se digladiam dois opostos: no campo da literatura, a antiga e tradicional celeuma entre antigos e modernos, entre europeus e americanos, entre portugueses e brasileiros; em um campo, aqueles que desejam a manutenção de vínculos literários e políticos como forças para a sustentação de uma independência em que não acreditam, mas também não desejam; de outro, os que não somente a desejam, como necessitam apelar para todos os mecanismos capazes de consolidar um fato que não ocorreu pelas armas, mas pela palavra.

---

50. Hugo Achugar, "A Escritura da História ou a Propósito das Fundações da Nação", em Maria Eunice Moreira. *Histórias da Literatura: Teorias, Temas e Autores*, Porto Alegre, Mercado Aberto, 2003, pp. 35-60.

Como ressalta Achugar, esses tempos correspondem a momentos de fundação, em que se verifica a "clausura de um passado e começo de uma nova época"[51]. A revisão do passado vem associada à necessidade de conhecer suas origens, suas vinculações e filiações; por outro lado, corresponde também ao momento de estabelecer sua fundação, reconhecendo o que de sua história presente difere de sua história do passado. Enfatizar, pois, nesses debates, o velho e passadiço, herança daquilo que se quer esquecer, confronta com o novo, com o que se quer implantado, para dar início a uma outra história.

O debate, a querela, a polêmica colocam, portanto, no palco, o elemento mais importante e que subjaz por toda e qualquer discussão – o questionamento da nação. E esse questionamento não envolve apenas os brasileiros e nacionalistas, sujeitos componentes do recente espaço-nação, mas vozes que, mesmo submersas pelas novas forças nacionalistas, teimam em aparecer e marcar sua presença. Talvez, enfim, possamos pensar que as polêmicas literárias, ao trazer à tona ideias, teses e enunciados sobre uma nova ordem, provocam aquilo que Habermas chama de "relocalização da autoridade", segundo Achugar. E isso pode significar que, por trás das querelas, discute-se, sim, a relocalização ou a recuperação da autoridade, quer seja revitalizando-a, pois pode estar sendo ameaçada, quer seja tentando instaurá-la, porquanto ainda silenciada.

REFERÊNCIAS BIBLIOGRÁFICAS

ACHUGAR, Hugo. "A Escritura da História ou a Propósito das Fundações da Nação". In: MOREIRA, Maria Eunice. *Histórias da Literatura: Teorias, Temas e Autores*. Porto Alegre, Mercado Aberto, 2003, pp. 35-60.

ALENCAR, José de. *Obra Completa*. Rio de Janeiro, José Aguilar, 1959. 2 vols.

ARAGUAIA, Domingos José Gonçalves de Magalhães, Visconde de. *A Confederação dos Tamoios*. Org. Maria Eunice Moreira, Luís Bueno. Curitiba, UFPR, 2007.

BROCA, Brito. *Românticos, Pré-românticos, Ultra-românticos. Vida Literária e Romantismo Brasileiro*. Rio de Janeiro, Polis/INL, 1979.

BUENO, Alexei & ERMAKOFF, George. *Duelos no Serpentário. Uma Antologia da Polêmica Intelectual no Brasil 1850-1950*. Rio de Janeiro, G. Ermakoff, 2005.

CANDIDO, Antonio. *Formação da Literatura Brasileira: Momentos Decisivos*. Belo Horizonte/São Paulo, Itatiaia/Edusp, 1975.

LIMA, José Inácio de Abreu e. *Bosquejo Histórico, Político e Literário do Brasil*. Niterói, Niterói de Rego e Cia., 1835.

---

51. *Idem, ibidem.*

MACHADO, Ubiratan. *A Vida Literária no Brasil durante o Romantismo*. Rio de Janeiro, Eduerj, 2001.

MOREIRA, Maria Eunice. *Nacionalismo Literário e Crítica Romântica*. Porto Alegre, IEL, 1991.

CONTRA JOSÉ DE ALENCAR: FRANKLIN TÁVORA NO OCASO DO ROMANTISMO[1]

Eduardo Vieira Martins

1. AS QUESTÕES DO DIA

As *Cartas a Cincinato*, de Franklin Távora, foram publicadas no jornal *Questões do Dia* entre 14 de setembro de 1871 e 22 de fevereiro de 1872 e reunidas em livro no mesmo ano. Editado por José Feliciano de Castilho (1810-1879), português radicado no Brasil desde 1847, o periódico havia surgido em agosto de 1871, no contexto dos debates travados em torno do projeto da Lei do Ventre Livre, e tinha a finalidade de rebater os argumentos levantados na Câmara dos Deputados contra a libertação dos filhos de escravos, além de defender Dom Pedro II da acusação de interferir indevidamente nos negócios do Estado. Escrevendo sob o pseudônimo de Lúcio Quinto Cincinato, Feliciano de Castilho indicava na sua segunda carta as "duas questões da ordem do dia: poder pessoal e elemento servil"[2]. Desde a primeira carta, o publicista elegeu José de Alencar como seu principal interlocutor, convertendo as *Questões do Dia* num verdadeiro libelo contra o deputado cearense. Essa escolha parece ter decorrido não apenas das posições tomadas por Alencar durante os debates (que, de resto, não diferiam das de outros deputados que se opunham à nova lei), mas da atitude francamente hostil assumida por ele com relação a Dom Pedro II, desde a sua preterição para o Senado, em 1870. É pos-

---

1. Com pequenas alterações, este artigo foi originalmente publicado como introdução da edição que organizei das *Cartas a Cincinato* (Campinas, SP, Editora da Unicamp, 2011). Com o título de "Observação e Imaginação nas *Cartas a Cincinato*", uma primeira versão deste estudo foi apresentada no XI Congresso Internacional da Abralic, em 2008.

2. Castilho. "Carta 2ª", *Questões do Dia*, n. 1, s/d., p. 30. Essa carta foi anteriormente publicada no *Jornal do Comércio*, em 26 de julho de 1871.

sível que o fato de Alencar ter ironizado o parecer da comissão especial encarregada de examinar o projeto da Lei do Ventre Livre (texto que, segundo se acredita, teria sido redigido por José Feliciano de Castilho, amigo do relator da comissão) tenha colaborado para que Castilho reunisse os artigos que já vinha publicando em jornais e desse início à edição das *Questões do Dia*. Também são bastante conhecidos os relatos que descrevem a animosidade crescente de Alencar contra Feliciano de Castilho, culminando com o termo injurioso ("gralha imunda") que o deputado cearense teria utilizado para referir-se ao jornalista português[3].

Restrito, num primeiro momento, ao âmbito da política, o embate adquiriu feição literária quando Franklin Távora começou a enviar do Recife diversas cartas discutindo os romances de Alencar. O uso do gênero epistolar era frequente na crítica do período e pode ser observado, por exemplo, nas *Cartas sobre "A Confederação dos Tamoios"* e em *O Nosso Cancioneiro*, de José de Alencar. Não se trata aqui de correspondência particular trocada entre dois interlocutores, e sim de artigos que, a despeito de serem dirigidos a um personagem real ou fictício, destinavam-se ao conjunto dos leitores do jornal ou do livro em que fossem publicados, analisando questões de ordem variada. Enquadrando-se no modelo dos textos estampados nas *Questões do Dia*, Franklin Távora assumiu uma máscara romana e, sob o pseudônimo de Semprônio, transmitia ao amigo Cincinato suas impressões sobre o romancista. As *Cartas a Cincinato* dividem-se em duas séries: a primeira contém oito cartas sobre *O Gaúcho*, publicadas entre 14 de setembro e 12 de outubro de 1871; a segunda é formada por uma espécie de introdução, intitulada "Epístola à Parte", e por treze cartas sobre *Iracema*, publicadas entre 8 de dezembro de 1871 e 22 de fevereiro do ano seguinte. A escolha dos dois romances como foco central de cada série talvez tenha decorrido de um motivo incidental: o fato de ambos terem sido publicados em 1870, ano da primeira edição de *O Gaúcho* e da segunda de *Iracema*.

2. O DAGUERREÓTIPO IDEAL

A leitura das *Cartas a Cincinato* deixa perceber que Franklin Távora concebia a crítica literária como uma espécie de caçada ou colheita dos erros semeados numa obra:

> Quando rabisquei, há meses, as minhas cartas sobre o *Gaúcho* estava com disposição para a coisa. Também era a primeira ceifa, e em que campo! Era dar para a esquerda

---

3. Ver, entre outros, Menezes, *José de Alencar: Literato e Político*, p. 289. e Viana Filho, *A Vida de José de Alencar*, pp. 230-231.

e para a direita, e cair espiga. Mas também pelo muito que se vindimou, sobreveio o tédio para a repetição das operações[4].

Além das metáforas da caçada e da colheita, o vocabulário judicial por vezes assemelha algumas passagens do texto a verdadeiras peças de acusação. O procedimento básico do crítico reside em citar ou parafrasear os romances analisados, inserindo comentários que visam a ressaltar suas deficiências ou inverossimilhanças. Para atingir essa finalidade, a obra é frequentemente confrontada, seja com outros textos (literários, críticos ou históricos), seja com dados da realidade observada. Para Távora, a função da crítica é o aprimoramento do escritor e, em última instância, o engrandecimento da pátria: "Há nisso alguma coisa de consciência e de patriotismo. Digo: PATRIOTISMO!" (p. 223). No início da segunda série das cartas, dedicada à análise de *Iracema*, afirma:

> Repito: estou plena e profundamente convencido de que, procedendo assim, presto serviço ao Brasil. A crítica, que se preza de justa e independente, é inquestionável agente do progresso; põe diques (deixem lá falar) aos extravasamentos das imaginações superabundantes, alimenta e aguça os estímulos produtivos, apura o licor das boas fontes sem estancá-las (p. 134).

O eixo da argumentação desenvolvida por Franklin Távora nas *Cartas a Cincinato* é a ideia de Alencar ser um escritor de gabinete, que, por não ter observado as regiões e os tipos humanos representados em seus romances, abusou da imaginação e incorreu em diversos erros e impropriedades. Essa tese é enunciada com clareza na segunda carta da primeira série, mas reverbera ao longo do conjunto todo, direcionando o olhar do crítico para diversos aspectos dos romances analisados. Na carta referida acima, contrapondo a *O Gaúcho* o modelo fornecido por Fenimore Cooper, Távora afirma:

> O grande merecimento de Cooper consiste em ser verdadeiro; porque não teve a quem *imitar* senão à natureza; é um paisagista completo e fidelíssimo.
> Não escrevia um livro sequer, talvez, fechado em seu gabinete. Vê primeiro, observa, apanha todos os matizes da natureza, estuda as sensações do *eu* e do *não eu*, o estremecimento da folhagem, o ruído das águas, o colorido do todo; e tudo transmite com exatidão daguerreotípica (p. 13).

Um pouco adiante, conclui:

> [...] Sênio tem a pretensão de conhecer a natureza, os costumes dos povos (todas essas variadas particularidades, que só bem apanhamos em contato com elas) sem dar um

---

4. Távora, *Cartas a Cincinato*, 1872, p. 154. Todas as citações das *Cartas a Cincinato* são feitas a partir dessa edição.

52 A CRÍTICA LITERÁRIA BRASILEIRA EM PERSPECTIVA

só passo fora do seu gabinete. Isto o faz cair em frequentes inexatidões, quer se proponha a reproduzir, quer a divagar na tela.

Por que não foi ao Rio Grande do Sul, antes de haver escrito o *Gaúcho*? [...] Não nos teria então talvez dado esses esboços de fisionomia fria, de cútis contraditória, concepções híbridas, a título de figuras esculturais e legendárias da campanha. Muita razão tinha Balzac: não fundava ação nenhuma em lugar que não conhecesse (p. 15).

Defendendo maior acuidade no estudo do universo representado no romance, Távora descreve o "gênio *criador*" (p. 149) de uma perspectiva nitidamente negativa e propõe que, em vez de criar, cabe à imaginação reproduzir os elementos colhidos pela observação, conferindo-lhes novas cores e encantos:

"Abusa-se da elasticidade de linguagem, quando se ousa falar de *inteligências criadoras*. Em definitivo não há criação; reproduzir, imitar, eis quanto nos cabe. Se Homero, Cervantes, Ariosto, Byron, tivessem vivido encerrados num ergástulo, o que teriam podido imaginar? Que criação teriam dado ao mundo?" Logo, a natureza em primeiro lugar, e depois, complexa e completa observação – eis os dois elementos, as duas possantes asas do gênio (p. 147).

A fonte da citação, não indicada nesse momento, são os *Études sur la littérature et les moeurs des Anglo-Americains au XIXeme siècle* (1851), de Philarète Chasles (1798- -1873), uma das principais matrizes teóricas para a composição das *Cartas a Cincinato*. Nesse livro, além de colher informações sobre a literatura norte-americana, utilizadas como contraponto a *O Gaúcho*, Távora encontrou um conceito de imaginação que se adequava perfeitamente ao objetivo de questionar o romance alencariano. Para Philarète Chasles, a imaginação é "a memória idealizada"[5]; seu trabalho não se confunde com a criação de elementos novos, como se pode perceber a partir do fragmento citado por Távora, mas reside tão somente na composição de imagens a partir de elementos colhidos pelos sentidos e armazenados na memória[6]. É com esse conceito, por assim dizer, composicional da imaginação, conceito que representa um recuo diante dos poderes criadores que os românticos haviam lhe atribuído, que Távora se debruça sobre *O Gaúcho* e passa a censurar tudo que lhe parecia deturpar a realidade:

Admira-se, exalta-se a imaginação de J. de Alencar. Admirável é, não há dúvida; agora exaltável, isso é que não.

Deve-se festejar e aplaudir a imaginação que reproduz com encantos novos e novas vivacidades os grupos, os acidentes, as atitudes, as cenas da natureza; que faz esses grupos interessantes, esses acidentes pitorescos, essas atitudes graciosas, essas cenas animadas e

---

5. Chasles, *Études sur la littérature et les moeurs des Anglo-Américains au XIXeme siècle*, p. 6.
6. *Idem*, pp. 6-7.

felizes. Isto é imaginar, no uso rigoroso e didático da expressão. Daí vem que, quanto mais se apropria o escritor dos matizes variados da criação, ou das sensações e fenômenos da vida, e tanto mais fielmente os retrata ou reproduz, impregnados do cunho da sua pessoal idealização, tanto mais se diz ser ele *original*, tanto mais *gênio* (p. 147).

Para Távora, a função da imaginação é *reproduzir* os elementos observados, dotando-os de graça e vivacidade. Esse conceito de imaginação é uma das pedras de toque das *Cartas a Cincinato* e se encontra em consonância com a mudança de rumo que os romancistas brasileiros desejavam imprimir ao seu trabalho no decênio de 1870, quando os elementos fortemente imaginativos do Romantismo cediam espaço para um tipo de narrativa mais próxima das possibilidades da natureza e do homem.

Na base do raciocínio desenvolvido ao longo das *Cartas a Cincinato* percebe-se a compreensão da arte literária como imitação, finalidade passível de ser obtida por meio de três fontes: em primeiro lugar, pela observação direta do modelo ou, na sua ausência, pelo estudo da história; em segundo lugar, pelo conhecimento da tradição literária; e por último, mas não menos importante, pelo concurso da verdadeira imaginação, que, como se viu, forma imagens lastreadas pela memória. O caráter imitativo que a arte assume para Távora é evidenciado pelo uso das metáforas do daguerreótipo e da fotografia, análogos modernos dos antigos símiles do espelho e da pintura[7].

Ao lado desse conceito de imaginação, o fundamental para o entendimento da doutrina crítica de Távora, doutrina que não apenas embasou sua análise do romance alencariano, mas também orientou sua própria produção ficcional, é que, para ele, a ênfase na imitação e na observação do modelo não exclui a idealização do trabalho do romancista. Nas cartas quatro, cinco e seis da série dedicada ao estudo de *Iracema*, Távora polemiza com Pinheiro Chagas, que havia escrito um artigo sobre esse romance, no qual apontava Alencar como o grande realizador da literatura nacional, colocando-o acima de Gonçalves Dias[8]. Segundo o crítico português, Dias e Magalhães haviam reconhecido a natureza americana como manancial da poesia autenticamente brasileira; contudo, receosos de macular suas penas nessa fonte selvagem, não conseguiram extrair dela os seus mais ricos tesouros, efeito logrado apenas pela *Iracema*, de Alencar. Para rebater essa avaliação, Távora desenvolve uma longa argumentação, ao final da qual defende a tese de que o propósito da arte não é produzir um levantamento completo de tudo o que existe na natureza, mas separar o "belo" do "grotesco", de modo a suprimir os aspectos

---

7. A metáfora do daguerreótipo aparece duas vezes na segunda carta da primeira série; a metáfora da fotografia aparece na quarta e na oitava cartas da primeira série e na segunda carta da segunda série.
8. Chagas, "Literatura Brasileira. José de Alencar."

desagradáveis e selecionar apenas os elementos aptos a proporcionar prazer: "Segundo penso, meu amigo, e me parece recomendar a estética, o artista não tem o direito de perder de vista o belo ou o ideal, posto que combinando-o sempre com a natureza" (pp. 214-215). Assim, mesmo exigindo maior atenção ao modelo, Távora acredita que, em vez de se ater às rudezas e imperfeições da natureza, o trabalho do poeta é depurar os dados colhidos pela observação, de maneira a obter uma imagem ideal.

Ao chegar a esse ponto da sua argumentação, o crítico contrapõe duas visões divergentes sobre a arte: uma, que a compreende como imitação da natureza; outra, que a concebe como interpretação da natureza. Infelizmente, Távora não desenvolve a análise da questão, restringindo-se a declarar:

> Mas o que ainda ninguém se lembrou de pôr em dúvida é que, ou interpretando-a, ou imitando-a, o artista se dirige sempre ao alvo de beleza ideal, que debalde se procuraria nessa lenda sertaneja [*Iracema*], mais parecida com um catálogo de zoologia e de botânica cearense, do que com uma obra de arte.
>
> Li um precioso livro, intitulado – *A Ciência do Belo* – por Lévêque […]. Nunca mais me esqueci de um pedacito que lá vem, concebido nestes termos: "Se o romancista não é senão o arrolador (*greffier*) da vida de todos os dias, quero antes a vida em si mesma, que é viva, e onde me não demorarei com a vista senão sobre o que me interessar" (p. 215).

O pequeno espaço ocupado pela citação do texto de Charles Lévêque (1818-1900), professor de filosofia grega e latina no Collège de France, não dá ideia da imensa importância que o seu livro teve para a formação do pensamento de Franklin Távora. *La science du beau* (1862) é um extenso manual de estética, redigido em dois tomos e abarcando todas as artes que despertavam a atenção dos teóricos do século XIX: arquitetura e jardinagem, escultura e pintura, música e dança, poesia e eloquência. A oposição entre as diferentes concepções de arte, proposta por Távora na passagem das *Cartas a Cincinato* mencionada anteriormente, é tomada do livro de Lévêque, para quem a arte não é uma imitação da natureza, mas uma "interpretação da bela alma ou da bela força, por meio de formas ideais"[9]. Além dessa concepção da arte como interpretação, o que torna o livro de Lévêque importante para a compreensão do pensamento de Franklin Távora é sua discussão sobre o romance.

Segundo Lévêque, apesar de ser escrito em prosa e de se distinguir dos demais gêneros poéticos, o romance também deveria visar ao ideal, caso contrário não poderia interessar o leitor[10]. É no contexto dessa discussão que se insere o

9. Lévêque, *La science du beau*, t. II, p. 8.
10. *Idem*, p. 207.

fragmento citado por Távora como argumento de autoridade para sustentar sua proposição de que, ao contrário do que ocorre na *Iracema*, o romancista não deveria imitar servilmente tudo o que encontrasse na natureza, mas separar o belo do grotesco. Ao analisar o romance como gênero, Lévêque o considera como uma "obra de imaginação e de arte" e o inclui na "classe das composições poéticas":

Ora, a poesia, como a arte, da qual ela representa a forma mais elevada, é a interpretação bela da bela natureza. Consequentemente, quer ele consinta ou não, o romance deve exprimir a natureza, sem dúvida, mas a natureza ideal ainda mais que a natureza real e ordinária[11].

Em decorrência desse princípio, define o romance como

[...] a narrativa desenvolvida de uma ação real ou imaginária, histórica ou não, na qual os eventos caminham com ordem em direção a um fim determinado e na qual os caracteres, ainda que vivos e naturais, ainda que mais próximos da realidade do que em todos os outros gêneros poéticos, são, não obstante, elevados pelo ideal e pelo estilo [...][12].

Em consonância com os ensinamentos do professor francês, Távora considerava que o romancista deveria buscar a "beleza ideal" e, como se viu, repreendeu Alencar por não ter sabido interpretar a natureza, transformando sua *Iracema* numa obra "mais parecida com um catálogo de zoologia e de botânica cearense, do que com uma obra de arte" (p. 215). Assim, a defesa da "exatidão daguerreotípica" não implica a pretensão de abarcar a realidade em todos os seus detalhes, mas em compor um quadro ideal, e Alencar é censurado tanto por não ter observado a natureza quanto por reproduzir seus aspectos inconvenientes. Além disso, fiel a uma visão tradicional do romance, Távora considerava que o gênero tinha finalidade edificante, cabendo ao autor educar e moralizar o público:

Parecendo-me, porém, que o romance tem influência civilizadora; que moraliza, educa, forma o sentimento pelas lições e pelas advertências; que até certo ponto acompanha o teatro em suas vistas de conquista do ideal social – prefiro o romance *íntimo*, *histórico*, de *costumes*, e até o *realista*, ainda que este me não pareça característico dos tempos que correm.
Em uma palavra prefiro o romance *verossímil*, *possível*, quero "o homem junto das coisas" definição da arte por Bacon (pp. 98-99)[13].

Seja por seu caráter idealizante, seja pela sua finalidade moralizadora, Távora, apesar de clamar pela fidelidade à observação, rejeita os elementos do romance alen-

---

11. *Idem*, p. 263.

12. *Idem, ibidem*.

13. Sobre o caráter edificante do romance, ver também a quinta carta da primeira série e a segunda carta da segunda série.

56   A CRÍTICA LITERÁRIA BRASILEIRA EM PERSPECTIVA

cariano que lhe parecem ferir esses pressupostos do gênero. Como observa Antonio Candido, foram justamente as desarmonias da natureza representadas na obra do romancista (a bofetada em *Diva*, o pé deformado em *A Pata da Gazela*, as cenas do doente em *Til*) que mais repugnaram o crítico[14]. O que me parece importante reter é que não há contradição no raciocínio de Távora, que concebe o romance como amálgama de observação e idealização, formando um painel que servisse de exemplo ao leitor. A finalidade do daguerreótipo não é, portanto, captar a natureza em todos os seus detalhes, mesmo os mais grosseiros e repulsivos, mas, por meio de um criterioso trabalho de seleção, depurar a beleza das imperfeições do mundo real para, a seguir, compor um quadro ideal, apto a educar e moralizar o público.

Coerentemente com a ideia de que o escritor deveria conciliar imitação e imaginação, Franklin Távora admitia a fantasia e o maravilhoso no romance, exigindo, entretanto, que o livro se mantivesse todo o tempo nessa clave; o que lhe parecia inaceitável era a mistura dos gêneros, a inclusão de elementos fantásticos numa narrativa de costumes, como, a seu ver, ocorria em *O Gaúcho*. A leitura das *Cartas a Cincinato* deixa perceber que ele considerava a classificação quanto ao gênero crucial para a correta avaliação de uma obra. Já na primeira carta, ao iniciar a leitura d'*O Gaúcho*, pondera se deveria classificá-lo como romance de costumes ou de fantasia, e afirma que, em qualquer das duas modalidades, era mal realizado: como exemplo da primeira, a ausência do trabalho de observação acarretava a distorção da realidade representada, tornando-o "desnaturado, falsíssimo, apócrifo"; como modelo da segunda, indicaria uma fantasia triste e corrompida (p. 7). Seguindo um plano de estudo apresentado na segunda carta, Franklin Távora dedica as cartas três a oito da primeira série à análise de *O Gaúcho* considerado como um romance de costumes. No final da oitava carta, depois de discutir rapidamente se o livro poderia ser tomado como romance de fantasia, conclui:

> Mas o *Gaúcho* não é um romance de fantasia, nem pensa em tal, desde que localiza sua ação num teatro verdadeiro, e nela pretende oferecer a fotografia dos costumes de uma sociedade conhecida e contemporânea, dando às pessoas e às coisas seus próprios nomes.
> O *Gaúcho* pretendia ser de costumes, mas depravou-se na aberração (p. 99).

Para Távora, as descrições dos cavalos n'*O Gaúcho*, especialmente quando apontam para sua inteligência, sensibilidade e capacidade de compreender a linguagem de Manuel Canho, representam um elemento fantástico que quebra o decoro devido ao romance de costumes e produz "aberração".

---

14. Candido, *Formação da Literatura Brasileira*, vol. ii, pp. 366-367.

Apesar de não ser enunciado em momento nenhum, o conceito de decoro é altamente operacional na leitura que Távora faz dos romances alencarianos e pode ser percebido em diversas passagens das *Cartas a Cincinato*, como, por exemplo, na análise da fala dos índios de *Iracema*, cujo excesso de ornamentos lhe parece impróprio tanto da linguagem selvagem, quanto do gênero épico:

[...] O estilo [de *Iracema*] em geral peca por inchado, por alambicado. As imagens sucedem-se, atropelam-se. Há um esbanjamento de imaginação, que, desde a primeira vista, se nota que está muito longe de aproximar-se da verdade; para que os personagens pudessem falar assim, nessa perene figura, fora preciso supor neles o talento, e talvez a cultura do próprio autor, tão custoso e trabalhado se conhece ter sido aquele arranjo ostentoso (p. 170).

Nessa passagem, o conceito de imaginação remete, não às ideias de Philarète Chasles, mas à matriz retórica, na qual ele é pensado como capacidade de criar imagens por meio de ornamentos apropriados. Em outro momento, Távora afirma:

Há um grande erro de forma na obra do Sr. Alencar: Essa linguagem, sempre figurada, que ele põe a cada instante na boca dos bárbaros, como se fossem todos poetas.
Está enganado; o uso, que faziam dos tropos, era determinado tão somente pela necessidade, quando tinham de exprimir as ideias abstratas, para as quais lhes faltavam termos. Fora disso, o seu modo de exprimir-se havia de ser grosseiro, rústico e simples, porque a mais lhes não permitia subir o estado de embrutecimento intelectual e moral, em que o seu espírito jazia imerso. É o que dizem todos os autores (p. 250).

Mesmo que não cite os autores em que está se baseando, é evidente que o crítico manifesta uma concepção da língua primitiva em consonância com as ideias expostas nos manuais oitocentistas de retórica e poética utilizados como livros de ensino de literatura nas escolas brasileiras, grande parte deles inspirada nas *Lectures on Rhetoric and Belles Lettres*, de Hugh Blair, professor da Universidade de Edimburgo e um dos principais divulgadores dos poemas ossiânicos[15]. Como se vê, Távora compartilha do conceito de língua primitiva adotado por Alencar, mas avalia que o romancista "errou a mão" ao sobrecarregar os discursos dos seus personagens com tantas figuras. A crítica não incide sobre a *qualidade* da fala indígena, com a qual ele está de acordo, mas sobre a *quantidade* de ornamentos empregados para recriá-la.

Assim como ocorre com a linguagem dos índios, há outros pontos de contato entre as *Cartas a Cincinato* e as ideias expostas por Alencar nas *Cartas sobre "A*

---

15. Sobre o caráter figurado e poético da linguagem primitiva, ver Blair, *Lectures on Rhetoric and Belles Lettres* (Lecture XIV) e Gama, *Lições de Eloquência Nacional* (tomo I, Lição XVIII).

Confederação dos Tamoios" (1856). A semelhança entre as posturas de Távora e de Alencar é tão grande que Antonio Candido chega a apontar um "caráter simétrico" entre as críticas elaboradas pelos dois: "o tipo de argumento é o mesmo, são paralelas as injustiças e os excessos"[16]. O próprio Távora, que em mais de uma passagem se refere aos folhetins sobre o poema de Magalhães, já sugeria a aproximação e, para defender-se dos que o acusavam de "iconoclasta de imagens da terra", respondia: "não faço mais do que seguir o edificante exemplo de J. de Alencar" (pp. 134-135). Como Alencar fizera com Magalhães, Távora o acusa agora de não compreender o significado da verdadeira poesia nacional; de deturpar a linguagem, as crenças e a história dos índios; de desrespeitar o decoro épico e de não ter pulso para se elevar ao nível de grandiosidade conveniente ao gênero; de não se colocar à altura da tradição indianista, que remontaria a Basílio da Gama e Santa Rita Durão, atingindo o apogeu com Gonçalves Dias.

A par desses pontos de semelhança, a grande novidade das *Cartas a Cincinato* é a já aludida exigência de observação e pesquisa documental, paradigma que deveria orientar o escritor na produção do romance de costumes. Na avaliação de Távora, a causa da decadência literária de Alencar, iniciada em *Iracema* e confirmada em *O Gaúcho*, seria o desejo de originalidade:

> Ao passo porém que Cooper daguerreotipa a natureza, Sênio, à força de querer passar por original, sacrifica a realidade ao sonho da caprichosa imaginação; despreza a fonte, onde muita gente tem bebido, mas que é inesgotável, e onde há muito licor intacto. Para Sênio a verdade, dita por muitos, perde o encanto. Ele não há de escrever pelo ramerrão; fora rebaixar-se. É preciso dar cousa nova, e eis surge o monstro repugnante e desprezível (p. 14).

Perceptível em todos os aspectos da sua obra, essa vontade de inovar o levaria a criar uma língua e uma natureza fictícias, inadequadas a uma literatura que se pretende nacional e desviante da tradição que nos foi legada: "É o chefe da literatura brasileira, um gênio talvez, porque cria a torto e a direito, seja o que for, não importa o que; cria visões, cria disformidades, cria uma linguagem nova; cria vocábulos, velhos, encanecidos!" (p. 145)[17].

Note-se que, num sinal inequívoco da mudança de rumos que então se operava, os conceitos de originalidade, gênio e imaginação, estandartes da revolução romântica, aparecem nas *Cartas a Cincinato* revestidos de um matiz nitidamente pejorativo. Nesse sentido, vale lembrar a avaliação de Antonio Candido, que considera a crítica de Távora como um "verdadeiro manifesto contra os aspectos mais arbitrários do idealismo romântico, a favor da fidelidade documentária e da

---

16. Candido, *Formação da Literatura Brasileira*, vol. II, p. 367.
17. Quanto à avaliação negativa da invenção, ver também a quarta carta da segunda série.

orientação social definida"[18]. Para José Maurício Gomes de Almeida, "o que há de novo [nas *Cartas a Cincinato*] é a desqualificação da imaginação como princípio maior da atividade criadora: o simples uso da palavra *imaginação*, aplicada a um escritor, com intenção de *censura*, já é de si algo inusitado"[19].

A exigência de fidelidade ao real acarreta uma mudança importante no conceito de verossimilhança. Enquanto Alencar a compreendia como coerência interna, visando sempre à adequação às exigências dos diferentes gêneros, Franklin Távora, apesar de admitir o romance de fantasia, deixa perceber uma visão do verossímil como conformidade à realidade externa ou à informação histórica. Partindo dessa perspectiva, procura ressaltar os erros cometidos por Alencar em *O Gaúcho* e *Iracema*, contrapondo ao primeiro informações de viajantes que observaram o pampa e ao segundo dados históricos diferentes dos apresentados por Alencar. No caso de *Iracema*, sempre que percebe alguma divergência entre o romance e os historiadores por ele consultados, tacha-o de "inverossímil"[20], defeito que seria agravado pelo fato de esses erros ocorrerem não apenas no enredo, como também *"fora da ficção"*, nas notas e no *"argumento histórico"*, o que impediria que fossem desculpados pela licença que os escritores têm de cair em "anacronismo" (p. 316).

Ironicamente, o trabalho alencariano de pesquisa e embasamento histórico, levado a cabo nos diversos paratextos com que cercou suas narrativas, acabou servindo de argumento contra ele, uma vez que indicaria o desejo de erigir o romance sobre a verdade documental. Contudo, ao falar da composição de *O Jesuíta*, drama histórico encomendado por João Caetano para uma festa de celebração da independência do país, Alencar defende que o trabalho poético deve conjugar a imaginação e o estudo da história, cabendo à primeira recriar os elementos ainda não esclarecidos pela segunda, mantendo-se, entretanto, fiel ao gênio da época. A mesma preocupação em erigir a narrativa sobre acontecimentos hauridos na crônica, transformando-os por intermédio da imaginação, de maneira a convertê-los em símbolos nacionais, manifesta-se no romance alencariano. É justamente essa pretensão de recriar o passado que Franklin Távora contesta, chegando mesmo a acusá-lo de querer "fazer uma nova história": "Temos, pois, este grande serviço mais a agradecer ao Sr. Alencar: o ir explicando e completando *por serdes vós quem sois* a história pátria, no que ela tiver de duvidoso ou pouco preciso. Faz muito bem" (p. 195).

---

18. Candido, *op. cit.*, vol. II, p. 295.
19. Almeida, *A Tradição Regionalista no Romance Brasileiro*, p. 85.
20. Ver, por exemplo, a sétima e a oitava cartas da segunda série.

3. BALANÇO DA POLÊMICA

A crítica e a historiografia literária brasileiras consideram as *Cartas a Cincinato* como um documento indicativo das mudanças estéticas que se operavam no decênio de 1870, quando o paradigma romântico começava a recuar frente à montante cientificista que animava a nova geração. Nesse contexto, Antonio Candido avalia que as críticas de Távora

[...] representam o início da fase final do romantismo, quando já se ia aspirando a um incremento da observação e a superação do estilo poético na ficção. [...] As suas considerações constituem o primeiro sinal, no Brasil, de apelo ao sentido documentário das obras que versam a realidade presente[21].

Argumentando no mesmo sentido, Wilson Martins considera que as *Cartas a Cincinato* "são um documento expressivo do choque de gerações em 1871-1872, na medida mesmo em que contestavam o patriarcado literário de Alencar"[22]. Por fim, para citar apenas mais um exemplo, José Maurício Gomes de Almeida afirma que os textos críticos de Távora assinalam o "início do caminho que leva do pleno domínio da imaginação romântica à observação cientificista dos naturalistas"[23].

Nascido no Ceará, em 13 de janeiro de 1842, João Franklin da Silveira Távora estudou no Recife, num momento em que as ideias positivistas se tornavam foco de interesse dos jovens escritores. Cláudio Aguiar, na biografia que escreveu do autor, refere-se às transformações modernizadoras do pensamento e do ensino ocorridas na Faculdade de Direito na época em que ele a frequentou e aponta os professores de quem foi aluno[24]. Sua presença no Recife nesse período poderia sugerir a hipótese de que as *Cartas a Cincinato* fossem pautadas pelo positivismo ascendente, e Clóvis Bevilacqua, em *Esboços e Fragmentos*, menciona o nome de Távora em meio ao grupo positivista[25]. Contudo, numa carta dirigida a José Veríssimo, o próprio escritor aponta sua distância com relação ao positivismo: "Eu não sou verdadeiramente um positivista; mas tudo me diz que para lá me encaminho, e folgo de ver que é o primeiro colega a promover aí o desenvolvimento da filosofia positiva, segundo Littré"[26].

---

21. Candido, *op. cit.*, p. 366.
22. Martins, *História da Inteligência Brasileira*, vol. III, p. 370.
23. Almeida, *A Tradição Regionalista no Romance Brasileiro*, p. 85.
24. Aguiar, *Franklin Távora e o Seu Tempo*. Ver, especialmente, os capítulos 7 e 8.
25. *Apud* Candido, *O Método Crítico de Sílvio Romero*, p. 48.
26. *Apud* Ribeiro, *Um Norte para o Romance Brasileiro: Franklin Távora entre os Primeiros Folcloristas*, pp. 85-86.

Essa carta foi escrita em 8 de janeiro de 1882, depois da publicação dos romances que compõem a Literatura do Norte e apenas seis anos antes da morte de Távora, ocorrida em 1888. Isso significa que, se de fato chegou a aproximar-se do pensamento de Littré, esse movimento não pôde refletir-se na sua produção ficcional. A análise da argumentação e das fontes teóricas citadas nas *Cartas a Cincinato* também leva ao questionamento da influência do positivismo sobre o autor. Quanto à argumentação, se, por um lado, não há dúvidas de que as críticas a Alencar possuem elementos nitidamente antirromânticos, por outro as *Cartas* permanecem fiéis ao ideário romântico, perceptível tanto na ideia da existência de uma literatura nacional autônoma fundada sobre a cor local, quanto na concepção do romance como gênero edificante, que visa à beleza ideal e à educação dos leitores. Em alguns aspectos, como a questão da mistura de gêneros e a liberdade no uso de neologismos, a posição de Távora representa um verdadeiro recuo com relação aos elementos mais inovadores do romance alencariano. Por esse motivo, deixando de lado qualquer ideia de progresso ou evolução, pode-se afirmar que, apesar de politicamente progressista, Franklin Távora era esteticamente conservador, o oposto de Alencar, que era politicamente conservador, mas esteticamente revolucionário. O próprio Franklin Távora percebe o descompasso: "O Sr. Alencar parece ter a paixão de demolir. Basta pertencer ao passado para provocar as suas iras; basta ser venerando para levá-lo ao sacrilégio. Que índole! Que natureza! E chama-se àquilo *conservador*!" (p. 256).

Quanto às fontes teóricas consultadas por Távora, são o conceito de imaginação, tomado de Philarète Chasles, e a definição do romance como gênero, encontrada no tratado de Charles Lévêque, que fornecem a base do seu raciocínio. No tocante às informações sobre a história e os costumes indígenas, apesar de enaltecer a importância do estudo arqueológico e citar John Lubbock[27], sua principal fonte é *O Brasil e a Oceania*, de Gonçalves Dias, livro do qual reproduz diversos fragmentos. De forma muito significativa, não há nas *Cartas a Cincinato* nenhuma menção nominal a Taine, nem, até onde pude verificar, traços de apropriação do seu pensamento. O elemento tainiano mais evidente na crítica de Távora é a ideia de que a produção literária de Alencar se divide em duas fases, uma de criação, com *O Guarani* e os primeiros romances, a outra de decadência, iniciada com *Iracema* e atingindo o fundo do poço com *O Gaúcho*. A percepção de que a vida de todo artista se divide em duas fases é apresentada por Taine em *La philosophie de l'art*, mas, dado o prestígio do crítico francês e a grande difusão do seu pensamento no século XIX, a simples menção dessas fases não é suficiente

---

27. John Lubbock (1834-1913) é autor de *Pre-historic Times* (1865), um dos mais importantes livros da arqueologia do século XIX.

para se afirmar que Távora leu o livro, cujos conceitos ele pode ter conhecido por meio de outros autores.

Por fim, resta dizer que a polêmica com José de Alencar marcou indelevelmente a imagem de Franklin Távora e, em certa medida, parece ter condicionado a recepção dos seus romances. Para Sílvio Romero, "as cartas [...] têm valor literário; mas foi um erro da parte do romancista d'*O Matuto* o haver se juntado ao intrigante português"[28]. Repetindo a mesma opinião, José Veríssimo afirma que "essa obra [...], aliás apreciável como crítica e como estilo, era uma má ação"[29], e conclui com uma avaliação que se tornaria um lugar-comum sobre o escritor: "nem ao cabo a sua literatura diferia notavelmente da de Alencar, senão por lhe ser inferior"[30]. Para comprovar a desconfiança da crítica do século XX com relação a Franklin Távora, basta dizer que Lúcia Miguel Pereira não hesitou em referir-se a ele como "o detrator de José de Alencar"[31]. Independentemente de qualquer consideração sobre o valor dos romances de Távora, não parece recomendável analisar uma obra de uma perspectiva tão marcada. Távora não é o detrator de Alencar; é um crítico contundente, por vezes injusto, mas, em todo caso, um escritor que explora habilmente a polêmica como meio de conquistar a atenção dos leitores e de se autopromover, assim como era comum no período e assim como o próprio Alencar fizera com relação a Gonçalves de Magalhães. Se aceitarmos que a polêmica literária não era fruto de temperamentos biliosos, mas uma forma socialmente prestigiosa de um escritor atrair a atenção sobre si e sobre o seu trabalho, podemos concluir afirmando que a estratégia de Franklin Távora obteve êxito no curto prazo (ele conseguiu projetar seu nome como escritor e firmar-se na corte, para onde se mudou em 1874), contudo, mostrou-se desastrosa a longo prazo, marcando-o para sempre como um dos principais protagonistas de uma campanha persecutória.

REFERÊNCIAS BIBLIOGRÁFICAS

AGUIAR, Cláudio. *Franklin Távora e o Seu Tempo*. Cotia (SP), Ateliê, 1997.

ALENCAR, José de. *Cartas sobre* A Confederação dos Tamoios. In: CASTELLO, José Aderaldo (org.). *A Polêmica sobre* A Confederação dos Tamoios. SP, FFCL/USP, 1953.

_____. *Discursos Parlamentares de José de Alencar*. Brasília, Câmara dos Deputados, 1977.

_____. *Iracema*. Edição do centenário. José Olympio, 1965.

---

28. Romero, *História da Literatura Brasileira*, t. V, p. 1603.
29. Veríssimo, *História da Literatura Brasileira*, pp. 268-269.
30. *Idem*, p. 269.
31. Pereira, "Três Romancistas Regionalistas: Franklin Távora, Taunay e Domingos Olympio", p. 103.

_____. "O Teatro Brasileiro. A Propósito do *Jesuíta*". In: COUTINHO, Afrânio. (org.). *A Polêmica Alencar-Nabuco*. Rio de Janeiro, Ed. Tempo Brasileiro/Ed. Universidade de Brasília, 1978.

ALMEIDA, José Maurício Gomes de. *A Tradição Regionalista no Romance Brasileiro*. Rio de Janeiro, Topbooks, 1999.

BLAIR, Hugh. *Lectures on Rhetoric and Belles Lettres*. Philadelphia, James Kay, Jun. and Brother, 1829.

CANDIDO, Antonio. *Formação da Literatura Brasileira*. Vol. 2. Belo Horizonte, Itatiaia, 1981.

_____. *O Método Crítico de Sílvio Romero*. São Paulo, Ouro sobre Azul, 2006.

CASTILHO, José Feliciano de. *Questões do Dia: Observações Políticas e Literárias Escritas por Vários e Coordenadas por Lucio Quinto Cincinato*. 3 tomos. Rio de Janeiro, Tipografia Imparcial, 1871-1872.

CHAGAS, Manuel Joaquim Pinheiro. "Literatura Brasileira. José de Alencar." *Novos Ensaios Críticos*. Porto, Elysio, 1890. [Reproduzido em ALENCAR, José de. *Iracema*. Edição do Centenário. Rio de Janeiro, José Olympio, 1965.]

CHASLES, Philarète. *Études sur la littérature et les moeurs des Anglo-Américains au XIXeme siècle*. Paris, Amyot, s/d.

GAMA, Miguel do Sacramento Lopes. *Lições de Eloquência Nacional*. Rio de Janeiro, Tipografia Imparcial de F. de Paula Brito, 1846.

LÉVÊQUE, Charles. *La science du beau*. Paris, Auguste Durand, 1862.

MAGALHÃES JÚNIOR, Raimundo. *José de Alencar e Sua Época*. Rio de Janeiro/Brasília, Civilização Brasileira/INL, 1977.

MARTINS, Wilson. *História da Inteligência Brasileira*. Vol. 3. São Paulo, Cultrix/Edusp, 1977.

MENEZES, Raimundo de. *Dicionário Literário Brasileiro*. São Paulo, Saraiva, 1969.

_____. *José de Alencar: Literato e Político*. Rio de Janeiro, LTC, 1977.

PEREIRA, Lúcia Miguel. "Três Romancistas Regionalistas: Franklin Távora, Taunay e Domingos Olympio." In: HOLLANDA, Aurélio Buarque de (org.). *O Romance Brasileiro*. Rio de Janeiro, O Cruzeiro, s/d.

RIBEIRO, Cristina Betioli. *Um Norte para o Romance Brasileiro: Franklin Távora entre os Primeiros Folcloristas*. Tese de doutorado. Campinas, IEL/Unicamp, 2008.

ROMERO, Sílvio. *História da Literatura Brasileira*. Tomo v. Rio de Janeiro, José Olympio, 1960.

TAINE, Hippolyte. *Philosophie de l'art*. Paris, Librairie Arthème Fayard, 1985.

TÁVORA, Franklin. *Cartas a Cincinato. Estudos Críticos de Semprônio*. Pernambuco, J. W. Medeiros, 1872.

VERÍSSIMO, José. *História da Literatura Brasileira*. Rio de Janeiro, José Olympio, 1954.

VIANA, Hélio. "José Feliciano de Castilho no Brasil." *Jornal do Comércio*. Rio de Janeiro, 14 e 21.12.1958.

VIANA FILHO, Luís. *A Vida de José de Alencar*. Rio de Janeiro, José Olympio, 1979.

SANTIAGO NUNES RIBEIRO E A TRADIÇÃO CRÍTICA BRASILEIRA

Maria Cecília Bruzzi Boechat

O debate sobre a nacionalidade, ou a originalidade, da literatura brasileira – que se seguiu à proclamação da independência política do país – constituiu a principal questão crítica do período romântico e estendeu-se por um período bastante longo (ainda que não considerados seus prolongamentos posteriores)[1]. Desde o reconhecimento mais ou menos tácito de sua distinção em relação à Literatura Portuguesa por historiadores estrangeiros que passaram a estudá-las separadamente, até a década de 1860, quando, como observa Antonio Candido, Joaquim Norberto faria o balanço final, nas páginas de uma inacabada história da literatura brasileira, correram cerca de quarenta anos, o que dá bem a medida da importância e vitalidade da questão. A considerar, porém, que o próprio Antonio Candido postula que somente em 1873 um ensaio de Machado de Assis viria a equacionar, de modo satisfatório, os termos da questão, deve-se dizer que a polêmica ganha pelo menos mais uma década de vigência...

No conjunto dessa produção, chama a atenção um artigo publicado por um autor de nacionalidade estrangeira (peruana ou chilena, o dado ainda não chegou a ser esclarecido), Santiago Nunes Ribeiro[2]. Comentários prestigiosos e o reco-

---

1. A permanência da questão foi prognosticada por Sílvio Romero: "A história da literatura brasileira não passa, no fundo, da descrição dos esforços diversos de nosso povo para produzir e pensar por si; não é mais do que a narração das soluções diversas por ele dadas a esse estado emocional; não é mais, em outras palavras, do que a solução vasta do problema do nacionalismo [...]. Quer se queira, quer não, esse é o problema principal de nossas letras e dominará toda a sua história" (Romero, *História da Literatura Brasileira*, vol. II, p. 455).

2. Informa Afrânio Coutinho sobre Santiago Nunes Ribeiro: "transplantado para o Brasil na infância e aqui radicado para sempre" (Coutinho, *Caminhos do Pensamento Crítico*, p. 30). Antonio Candido fala em "Brasileiro adotivo" (Candido, *Formação da Literatura Brasileira*, vol. 2, p. 336).

nhecimento de estudiosos do período já estabeleceram a relevância do ensaio, que demonstra uma força inesperada, em meio a uma produção crítica geralmente considerada fraca[3].

Hoje, o interesse mais imediato do ensaio "Da Nacionalidade da Literatura Brasileira", publicado em 1843, na revista *Minerva Brasiliense*, fazendo parte da polêmica que levou o nome do periódico, parece se concentrar na relação, explicitada por Afrânio Coutinho, entre ele e "a teoria machadiana do sentimento íntimo"[4]. Considerada essa relação, pode surpreender o relativo esquecimento do texto de Nunes Ribeiro, frente à fama alcançada pelo ensaio "Instinto de Nacionalidade", publicado por Machado de Assis trinta anos depois. E não me ocorre evidência maior do reconhecimento do texto de Machado que o fato mesmo de *Formação da Literatura Brasileira* se encerrar com uma referência ao ensaio, que, para Antonio Candido, teria realizado a justa articulação entre valores universais e realidade local, ou, enfim, a desejada síntese das vertentes formadoras da literatura brasileira, representadas pelas poéticas árcades e românticas.

Contrariamente ao que se firmaria como a tendência dominante dos estudiosos desse ensaio de Machado de Assis, porém, Antonio Candido não o retira do âmbito da crítica romântica, mas o considera como seu "ponto de maturidade"[5]. Dotado de notável senso histórico, Antonio Candido não o interpreta como ruptura, mas como continuidade de uma reflexão desenvolvida pela própria crítica romântica, especialmente situada em José de Alencar e, mais especificamente ainda, no prefácio a *Sonhos d'Ouro*, prefácio que, a seu ver, representa a "tomada de consciência que repercutiria imediatamente no jovem Machado", levando-o ao "desenvolvimento do tema"[6].

O que resta esquecido na feliz formulação, entretanto, é algo anterior ao próprio prefácio de Alencar, justamente o ensaio de Santiago Nunes Ribeiro, em que já encontramos a referência a "um princípio íntimo que anima [as literaturas]"[7]. Mais recentemente, Roberto Acízelo, em sua *Introdução à Historiografia Brasileira*, registrou a participação de Santiago Nunes Ribeiro em toda uma tradição que, embora não tenha sido hegemônica no século XIX, estabelece uma linhagem para o ensaio de Machado de Assis, de modo a demonstrar que

---

3. Antonio Candido afirma explicitamente: "A crítica brasileira do tempo do romantismo é quase toda muito medíocre, girando em torno das mesmas ideias básicas, segundo os mesmos recursos de expressão" (Candido, *Formação da Literatura Brasileira*, vol. 2, p. 328).

4. Cf. Coutinho, *Santiago Nunes Ribeiro*, p. 30.

5. Candido, *Formação da Literatura Brasileira*, vol. 2, p. 369.

6. *Idem*, p. 386.

7. Ribeiro, "Da Nacionalidade da Literatura Brasileira", em Coutinho, *Caminhos do Pensamento Crítico*, vol. I, p. 37.

[...] diferentemente do que com frequência se pensa, a concepção formulada por Joaquim Maria Machado de Assis (1873), segundo a qual os vínculos de uma literatura com determinada nação antes se revelam por certo "sentimento íntimo" do que pela presença ostensiva e grosseira de um mero "instinto de nacionalidade", não constitui de modo algum um rasgo de clarividência isolada, tendo, na verdade, [...] raízes que vão muito longe[8].

Mais do que nos permitir retirar Machado de Assis de uma espécie de isolamento crônico, quase a fazer-nos acreditar ser homem, romancista e crítico fora de seu próprio tempo e espaço, interessa mostrar, aqui, que a recuperação dessa tradição torna possível, e mesmo exige, a própria redefinição de um tempo e espaço: o da crítica e da literatura românticas no Brasil. Num breve, ligeiríssimo exercício de elucubração mental, seria possível imaginar como mudariam nossos juízos sobre a tradição brasileira da crítica romântica, caso nossa aproximação a ela se desse por via dessa outra tradição, em clara superação da cartilha traçada por Ferdinand Denis[9]. É o caso, então, de retomar algumas das formulações de Santiago Nunes Ribeiro que patenteiam essa superação.

O princípio de Denis, sabemos, é o da diferenciação das literaturas nacionais dada pelas influências do clima (tese romântica, que nos remete a Madame de Staël e, dela, à teoria organicista da arte elaborada por Herder). Considerando essa injunção, Ferdinand Denis indica, aponta para, a nacionalidade *possível* da literatura brasileira. Deve-se reconhecer, assim, o caráter *programático*[10] do texto de Denis, que traça os elementos que deveriam passar a nortear a produção de nossos escritores: a representação do gênio nacional, identificado na natureza, nas tradições e crenças religiosas do povo e nas características das raças que o compõem.

Como a nacionalidade e a originalidade da literatura nacional ainda aparecem como projeto, mera possibilidade, compreende-se que o *Resumo da História Literária do Brasil* se limite a indicar, na produção literária anterior ao período romântico que então se abre – produção a seu ver rarefeita e subserviente aos padrões europeus –, obras e autores que interessariam apenas do ponto de vista histórico, principalmente no que diz respeito ao século XVII, e que valorize, na produção do século XVIII, aqueles que apresentam traços do que viria a ser nosso "gênio nacional", procurando assim fundamentar as condições de possibilidade e o acerto de seu próprio projeto. Nessa linha, coube o elogio à vertente épica de nosso Neo-

---

8. Souza, *Introdução à Historiografia da Literatura Brasileira*, p. 53.
9. É corrente a impressão de que nossa crítica e literatura romântica não teriam feito mais que seguir os passos recomendados por Ferdinand Denis para a criação de uma literatura nacional, em seu *Resumo da História Literária do Brasil*.
10. João Hernesto Weber chama atenção para esse aspecto. Cf. Weber, *A Nação e o Paraíso*, p. 25.

classicismo, pela presença da cor local, e as restrições à lírica. Em Gonzaga, repreende o "reiterado emprego de metáforas sugeridas pela mitologia, e de formas da poesia pastoril"[11]. De Cláudio, desconfia que "se tenha tornado demasiadamente europeu nas suas metáforas", suas éclogas se lhe afigurando "submissas às formas poéticas impostas pelos séculos anteriores, como se os habitantes do Novo Mundo devessem desencavar imagens semelhantes às anteriormente usadas"[12]. Desse modo, a avaliação geral, embora se reconheçam méritos estéticos, aqui e ali, é pela existência de literatura no Brasil colonial, mas não de uma literatura brasileira, independente e original, esta ainda a ser conquistada.

"Não é lícito exigir de um século aquilo que ele não podia dar", alertaria Santiago Nunes Ribeiro, em tese várias vezes repetida e reelaborada em trechos de seu ensaio. "Ninguém pode sentir inspirações completamente estranhas a seu tempo", afirma, e, por isso, considera que nossa "poesia da época anterior à independência foi o que devia ser". É, portanto, de início, por princípio – pelo próprio princípio do relativismo com que a teoria romântica da arte combateu o universalismo clássico – que Santiago Nunes Ribeiro desloca toda uma tradição de leitura de nosso Arcadismo, que, enunciada por Ferdinand Denis, seria longamente retomada, como repertoria o nosso autor:

> [O Sr.] Garrett deplora que os poetas brasileiros não empregassem a cor local para dar vivacidade a seus painéis. Em Gonzaga especialmente nota esta falta de originalidade e acrescenta que, em vez de metamorfosear a sua Marília numa pastora, deveria fazê-la descansar à sombra das palmeiras, e orná-la com grinaldas de roxo martírio, ou com as cândidas *flores dos bagos do lustroso cafezeiro*. [...] O Sr. Magalhães [a referência é ao ensaio de Gonçalves de Magalhães, *Discurso sobre a Literatura do Brasil*, publicado em 1836] diz que a poesia do Brasil não é uma indígena civilizada, e sim uma virgem do Hélicon que, sentada à sombra das palmeiras da América, se apraz ainda com as reminiscências da pátria, cuidando ouvir o doce murmúrio da Castália, o trépido sussurro do Lodon e do Ismeno[13].

A segunda parte do ensaio, que se abre aí, é toda dedicada a provar que "a acusação de imitadora, de estrangeira, de cópia de um tipo estranho, feita à poesia brasílica, é malfundada, injusta e até pouco generosa", ou, em outros termos, a "ver se é possível descobrir algum documento que ateste a sua nacionalidade", alertando-se: "não a declaremos estrangeira só porque a vimos vestida à grega e à romana"[14].

---

11. Denis, *Resumo da História Literária do Brasil*, p. 66.
12. *Idem*, p. 69.
13. Ribeiro, *Da Nacionalidade da Literatura Brasileira*, p. 39. Grifos do autor.
14. *Idem*, pp. 36-37.

O primeiro argumento é teórico, e consiste em apontar o anacronismo do julgamento crítico que não considera as condições específicas, históricas e estéticas, de um dado tempo literário:

> Pensais que lhes era mui fácil [aos autores brasileiros] poetar de outro modo, que os belos aspectos que tanta impressão nos fazem nesse clima deviam ser objetos das descrições desses poetas? Já vimos que eles [os poetas do passado] não poderiam contemplar a natureza como os nossos poetas, nem pintá-la com as mesmas cores, e se isto fosse possível a sociedade não os entenderia, até que certas ideias lhes fossem abrindo os horizontes[15].

Nessa perspectiva, aborda a poesia de Cláudio Manuel da Costa, de quem, por deplorar "a falta dos primores de outro clima", não se deveria esperar "a descrição de objetos que ele reputa prosaicos e contrários à inspiração: Que lhe importam as palmeiras a ele que não vê o álamo copado nem as venturosas praias da Arcádia? Não podia pois este poeta pintar o que para ele não era poético", conclui[16].

Mais que a conclusão (hoje corrente), pode surpreender aqui a familiaridade da imagem, para quem se habituou à leitura da *Formação da Literatura Brasileira*, onde diz Antonio Candido, sobre nosso arcadismo: "O poeta olhava pela janela, via o monstruoso jequitibá, suspirava ante a grosseria das gentes e punha resolutamente um freixo no poema: e fazia bem, porque a estética segundo a qual compunha exigia a imitação da Antiguidade [...] O tempo era de literatura universalista"[17].

A proximidade das imagens (o poeta que contempla uma paisagem particular, mas representa outra, ostensivamente convencional, no poema) sugere uma relação lícita: na história da crítica e da historiografia literárias brasileiras, somente com a reavaliação (e revalidação) do Arcadismo brasileiro realizada por Antonio Candido teremos a retomada e o refinamento de algumas das proposições de Santiago Nunes Ribeiro que, apesar de cabalmente estabelecerem a existência de literatura brasileira desde o período colonial, respondendo aos principais argumentos dos contendores, logo viriam a ser relativizadas.

Trinta anos depois, Machado de Assis, em "Instinto de Nacionalidade", mostraria que a questão ainda não estava plenamente resolvida, voltando a bater na antiga tecla, insistindo em que a literatura brasileira era uma "literatura que não existe ainda, que mal poderá ir alvorecendo", à espera da realização de uma independência estética que estaria ainda em processo: "Esta outra independência

---

15. *Idem*, p. 41.
16. *Idem*, p. 42.
17. Candido, *Formação da Literatura Brasileira*, vol. 1, p. 74. João Hernesto Weber enuncia essa relação. Cf. Weber, *A Nação e o Paraíso*, p. 44.

não tem sete de setembro nem campo do Ipiranga; não se fará em um dia, mas pausadamente, para sair mais duradoura; não será obra de uma geração, nem duas; muitas trabalharão para ela até perfazê-la de todo"[18]. Esse é o fundamento da necessidade de reinvestigação da questão de base: "conviria examinar se possuímos todas as condições e motivos históricos de uma nacionalidade literária", volta a se perguntar, observando ser esta investigação "ponto de divergência entre literatos"[19]. A resposta, sabemos, é afirmativa: na nossa poesia árcade, e na literatura romântica, Machado identifica um "instinto de nacionalidade", que se define pelo "geral desejo de criar uma literatura mais independente", expresso, ou formalizado, na exploração da cor local.

Forçoso reconhecer, então, que o ensaio de Machado, ao contrário do que costumamos pensar, revela, em confronto com o que já fora avançado pela crítica romântica, um retrocesso: o que se estabelecera lá, a existência de literatura brasileira, própria, desde nossa literatura colonial, fica novamente sob suspeita. Esse retrocesso, aqui, pode ser compreendido a partir da tendência, que seria recorrente em nossa história literária, de cada geração literária que vem se afirmar, julgando "superar" a anterior, reputar a si a façanha de instaurar a "verdadeira" literatura brasileira. Foi assim com Alencar, que se bateu contra Gonçalves de Magalhães, gerando a polêmica em torno da *Confederação dos Tamoios*, foi assim com Franklin Távora, que se bateu contra Alencar, tal como viria a ser com Oswald e Mário de Andrade, com o *discurso* de uma ruptura radical em relação à tradição literária.

Visto de hoje, esse processo já nos parece ter sido completado, quer se considere a obra literária de Machado de Assis, quer as obras de nossas gerações modernistas. Essa constatação depende, entretanto, de se reconsiderar o sentido dessa independência, que ela não seja vista como isolamento, ou como negação de pertinência ao grande diálogo que constitui a tradição ocidental, como, enfim, originalidade "pura", afastando-se da discussão qualquer traço de nacionalismo estreito. Uma perspectiva mais ampla, não há dúvida, é exigida para a compreensão dos laços que unem as literaturas nacionais, mas não menos, para a apreensão de suas contribuições originais.

A essa altura, faz-se necessário voltar e ressaltar as diferenças entre as posições de Santiago Nunes Ribeiro e Antonio Candido, que existem, apesar das convergências. Para Antonio Candido, o universalismo de convenções que caracteriza nossa literatura arcádica só seria equilibrado pela consciência nacionalista de nossos escritores românticos e por seus esforços de particularização das influên-

---

18. Assis, *Instinto de Nacionalidade*, p. 343.
19. *Idem*, p. 344.

cias externas. Para Santiago Nunes Ribeiro, além da defesa da qualidade estética de um Cláudio Manuel da Costa[20], interessa refutar plenamente a acusação de imitação, demonstrando o modo particular, próprio, da adoção das convenções clássicas pelos poetas brasileiros. Enquanto um considera o período como *formador* da literatura brasileira, para outro, já naquele momento a literatura brasileira está constituída, dotada de originalidade.

Para tanto, Santiago Nunes Ribeiro dedica-se a mostrar, em uma análise propriamente *formal* do período, que já então a "literatura brasileira tem seus predicamentos peculiares, e que se distingue da portuguesa por alguns traços característicos"[21]. A argumentação que se segue em nada compartilha dos lugares-comuns atribuídos à crítica romântica brasileira. Nenhum apelo é feito à representação particularista ou a noções generalizantes e incertas sobre a índole, natureza ou tendências de seu povo, sequer à discussão da existência ou não de uma consciência nacional – o argumento é fundamentalmente estético. É nessa perspectiva que serão indicadas as opções que particularizariam nossa literatura do período em relação às opções dos poetas portugueses. Em relação aos gêneros, Santiago Nunes Ribeiro chama atenção para a predileção dada, em Portugal, à écloga, cujos elementos, entretanto, seriam "escassos" na poesia brasileira, e a primazia e excelência da sátira portuguesa. Sobre versificação, após constatar e louvar a pouca habilidade dos poetas brasileiros no uso dos ditirambos, discorre em um longo trecho sobre as diferenças, nas literaturas portuguesa e brasileira do período, entre a tendência à adoção ou do verso solto, ou da rima[22].

A justiça dessas observações, bem como a validade da tese, que culmina na afirmação da superioridade da literatura setecentista brasileira, só podem ser avaliadas por estudiosos do período. O provável extremismo da tese, entretanto, não deve apagar a importância e o efeito do gesto, no que recusa a interpretação, ainda a nós tão familiar, dos desvios em relação aos modelos externos presentes em nossa tradição literária como sinal direto e intrínseco de sua *inferioridade* em relação aos modelos externos. Pois, em nossa tradição historiográfica, tudo se passa como se a literatura brasileira, antes do advento do romancista Machado de Assis, fosse dotada de uma propensão compulsiva à imitação e, ao mesmo tempo, sofresse de uma incapacidade debilitante de sequer realizar a cópia de maneira adequada. Atentando para as novas direções estéticas impressas por nossos poetas árcades, e não desvalorizando-as por princípio, o texto de Santiago Nunes Ribeiro per-

---

20. Versos do poeta são citados, como prova de que se ele "não poetava na linguagem [então] na moda, ao menos fazia belos versos" (Ribeiro, *Da Nacionalidade da Literatura Brasileira*, p. 41).
21. Ribeiro, *Da Nacionalidade da Literatura Brasileira*, p. 39.
22. *Idem*, pp. 58-59.

manece surpreendentemente atual, tanto pelo método formal e comparativista, quanto pela sugestão de que, embora não se possa falar em originalidade plena de qualquer literatura, a inserção da literatura brasileira na tradição ocidental pode ter-se dado de um modo muito mais ativo, valoroso e crítico do que ainda hoje ousamos reconhecer.

O mesmo pode ser válido para a avaliação de nossa tradição crítica. Avançando um pouco a breve elucubração proposta há pouco: já é possível afirmar que nossos juízos sobre nossa tradição crítica romântica brasileira seriam bem outros, caso nossa aproximação a ela se desse por via de textos hoje esquecidos ou relegados a segundo plano; o caso Santiago Nunes Ribeiro demonstra uma força e atualidade que nos têm passado despercebidas.

Essa postura, por sua vez, repercutiria também na avaliação de nossa produção literária, pois um argumento frequentemente usado para a fundamentação da fragilidade de nossa literatura romântica reside justamente na acusação do caráter incipiente de nosso sistema intelectual oitocentista[23]. Que nosso romantismo, em suas manifestações literárias, tenha sido melhor ou pior do que hoje pensamos é, de todo modo, irrelevante para a discussão ora levantada. A argumentação, neste momento, é puramente teórica. Mas trata-se de um deslocamento importante para a reconsideração de nosso *corpus* literário (de nossas obras românticas, mas também de boa parte de toda a nossa tradição literária), por meio de uma releitura enfim livre de tradicionais pressupostos desabonadores.

REFERÊNCIAS BIBLIOGRÁFICAS

Assis, Joaquim Maria Machado de. "Instinto de Nacionalidade." In: Coutinho, Afrânio (org.). *Caminhos do Pensamento Crítico*. Vol. 1. Rio de Janeiro, Ed. Americana/Prolivro, 1974, pp. 343-351.

Candido, Antonio. *Formação da Literatura Brasileira*. 6. ed. Belo Horizonte, Itatiaia, 1983. 2 vols.

Coutinho, Afrânio. "Santiago Nunes Ribeiro." In: *Caminhos do Pensamento Crítico*. vol. 1. Rio de Janeiro, Ed. Americana/Prolivro, 1974, p. 30.

Denis, Ferdinand. "Resumo da História Literária do Brasil." In: César, Guilhermino (org.). *Historiadores e Críticos do Romantismo. 1. A Contribuição Europeia, Crítica e História Literária*. Rio de Janeiro/São Paulo, Livros Técnicos e Científicos/ Editora da Universidade de São Paulo, 1978, pp. 35-82.

Lima, Luiz Costa. *Sociedade e Discurso Ficcional*. Rio de Janeiro, Guanabara, 1986.

---

23. Trata-se também de argumento recorrente e generalizado. A título de exemplo, cf. Lima, *Sociedade e Discurso Ficcional*, p. 204.

RIBEIRO, Santiago Nunes. "Da Nacionalidade da Literatura Brasileira." In: COUTINHO, Afrânio (org.). *Caminhos do Pensamento Crítico*. vol. 1. Rio de Janeiro. Ed. Americana/Prolivro, 1974, pp. 30-61.

ROMERO, Sílvio. *História da Literatura Brasileira*. 3 ed. Rio de Janeiro, José Olympio, 1943. 5 vols.

SOUZA, Roberto Acízelo de. *Introdução à Historiografia da Literatura Brasileira*. Rio de Janeiro, Eduerj, 2007.

WEBER, João Hernesto. *A Nação e o Paraíso*. Florianópolis, Editora da UFSC, 1997.

MACHADO DE ASSIS: O CRÍTICO COMO ROMANCISTA*

José Luís Jobim

Machado de Assis, em sua crítica literária, antecipa linhas de encaminhamento que realizará em sua produção romanesca, ainda que seja pelo negativo: o que vai condenar na crítica servirá como *modelo negativo* para o que ele vai empreender como escritor. Ou seja, ele evitará o que condena no modelo negativo.

Machado, como sabemos, foi crítico antes de ser romancista. "O Passado, o Presente e o Futuro da Literatura Brasileira" é de 1858, mas seu primeiro romance, *Ressurreição*, só surge em 1872. Assim, torna-se importante acompanhar a evolução do pensamento crítico de Machado, talvez menos para chegar a conclusões sobre a justeza ou não de suas opiniões do que para entender como se foram estruturando as opções do escritor em sua própria obra, no diálogo com seu pensamento crítico.

De fato, em sua maturidade Machado aproveitará mais seu tempo em criações próprias, e não na crítica literária, embora no início de sua carreira ele ainda a praticasse de um modo e com um objetivo especiais. Tratava-se de um crítico que acreditava que a crítica tinha uma missão a cumprir, e pretendia não apenas produzir comentários sobre o que foi escrito, mas apontar caminhos para os escritores, como veremos.

Por questão estratégica, vamos nos concentrar brevemente em alguns momentos de seu trabalho crítico, tentando configurar como aparecem pontos de vista sobre os supostos fundamentos da crítica em geral, sobre escolas e procedimentos literários e especificamente sobre Eça de Queirós.

---

* Este texto saiu publicado, com diferenças mínimas, em José Luis Jobim, *A Crítica Literária e os Críticos Criadores no Brasil,* Rio de Janeiro, Editora da Uerj, 2012.

76 ❧ A CRÍTICA LITERÁRIA BRASILEIRA EM PERSPECTIVA

Em relação ao autor português, apesar de eu considerar importantes todos os trabalhos que buscaram e buscam tecer considerações sobre a justeza ou pertinência dos argumentos desenvolvidos por Machado de Assis em sua crítica a *O Primo Basílio*, creio que é importante chamar a atenção para o fato de que Machado (nesta crítica e em outras) está produzindo uma justificativa para o projeto literário que vai empreender em sua chamada fase madura, projeto que se baseia numa certa compreensão do sentido da herança romântica e do Realismo/Naturalismo, para produzir em relação a ambos uma diferenciação que será a marca dos seus romances da maturidade.

Vejamos, então, como se estrutura a crítica machadiana, dentro desta perspectiva.

MACHADO E A CRÍTICA

Machado, em vez de produzir manifestos que explicitem sua posição em relação à criação literária – instigando outros autores a segui-lo, num papel que ele próprio classificaria como de "chefe de escola" –, pronuncia-se sobre a criação literária em críticas a outros escritores: o que neles elogia é o que adotará como prática; o que condena é o que evitará. E, curiosamente, embora não tenha produzido nenhum manifesto sobre literatura, publicou uma espécie de manifesto sobre crítica literária, em 1865. Naquele ano, veio à luz "O Ideal do Crítico", texto que será parâmetro inicial para as linhas mestras de sua atuação na crítica literária e que também pode servir para entendermos algumas ideias suas sobre o fazer literário que serão reiteradas e desenvolvidas depois.

Ali, chegando aos 26 anos de idade, Machado argumenta que, para mudar a "situação aflitiva" de então, era preciso estabelecer "a crítica pensadora, sincera, perseverante, elevada", pois seria este o meio de "reerguer os ânimos, promover os estímulos, guiar os estreantes, corrigir os talentos feitos"[1]. De quem? Dos escritores.

Trata-se, portanto, de um ideal análogo a uma certa intervenção pedagógica, que imagina o crítico como guia e conselheiro. Por isso, a referência explícita à moderação e à urbanidade: "Moderação e urbanidade na expressão, eis o melhor meio de convencer; não há outro que seja tão eficaz". Para ele, um crítico que não

---

1. Machado de Assis, "O Ideal do Crítico" [1865], *Obra Completa*, Rio de Janeiro, Nova Aguilar, 1979, vol. III, pp. 798-801. À época, podemos observar exemplos do que prega Machado em "O Ideal do Crítico", verbalizados por ele mesmo. Em uma carta-posfácio, datada de 19 de setembro de 1864, publicada como posfácio na primeira edição das *Crisálidas* (setembro de 1864), Machado alude à parcialidade do amigo Caetano Filgueiras, na crítica elogiosa que fez àquela obra: "[…] traduziste para o papel as tuas impressões que eu […] não posso deixar de aceitar como parciais e filhas do coração. Bem sabes que o coração pode levar a injustiças involuntárias, apesar de todo o empenho em manter uma imparcialidade perfeita" (M. de Assis, *Correspondência de Machado de Assis*, Rio de Janeiro, ABL/MINC/FBN, 2008, tomo I: *1860-1869*, pp. 67-68).

MACHADO DE ASSIS: O CRÍTICO COMO ROMANCISTA ❧ 77

seja educado, que não seja delicado nas observações e restrições que faça ao autor que examina dificilmente será levado em consideração pelo criticado: "Uma crítica que, para a expressão das suas ideias, só encontra fórmulas ásperas, pode perder a esperança de influir e dirigir"[2].

Se, como demonstra a citação, a crítica pretende influir e dirigir – e só pode influenciar e dirigir os contemporâneos e os pósteros –, não admira que também haja uma referência explícita de Machado à atuação do crítico como membro de uma comunidade literária contemporânea a ele, invocando a necessidade de independência em relação ao meio em que emerge a crítica:

> A profissão do crítico deve ser uma luta constante contra todas essas dependências pessoais, que desautoram seus juízos, sem deixar de perverter a opinião. Para que a crítica seja mestra, é preciso que seja imparcial, – armada contra a insuficiência dos seus amigos, solícita pelo mérito dos seus adversários[3].

A referência à imparcialidade como horizonte ideal para a crítica, que deveria então reconhecer os defeitos dos "amigos" e as qualidades dos "inimigos", tem endereço certo em um meio literário restrito, no qual tanto as avaliações positivas quanto as negativas não se distanciavam das relações pessoais. Conseguir ter visibilidade, ser incluído positivamente no circuito literário com frequência era algo derivado de uma introdução neste circuito pelo apadrinhamento e elogio de algum literato bem reputado. No entanto, também se podia ganhar visibilidade atacando um literato já estabelecido. São duas faces de uma mesma moeda. É importante assinalar aqui que Machado se refere, ao mesmo tempo, a estas duas modalidades de inclusão de escritores no meio literário brasileiro de sua época: a que podia ocorrer pela mão de um literato já consolidado e prestigiado, ou a inclusão pelo ataque a um autor ou a uma posição consolidada – gerando as "polêmicas", famosas no Brasil oitocentista.

Há, contudo, uma característica de Machado que deve ser desde logo assinalada: a aversão pela polêmica, gênero que oferecia aos seus praticantes uma notoriedade às vezes superior à do assunto de que tratavam[4]. É possível que sua observa-

---

2. *Idem*, p. 800.
3. *Idem*, pp. 799-800.
4. "Outro modo pelo qual a crítica vai se manifestar, e com a maior vivacidade, será através de polêmicas literárias. Verdadeiras batalhas campais dão inusitada vivacidade a um ambiente sempre tão insensível à coisa literária propriamente dita. Seja em torno de um poema como "A Confederação dos Tamoios", ou uma antologia como o *Cancioneiro Alegre*, de personalidades culturais como Tobias Barreto ou Machado de Assis, obras como *O Primo Basílio* ou *A Carne*, a polêmica empolga o meio cultural provinciano. Nos mais diversos grupos acompanham-se com atenção as lutas de Alencar contra Nabuco, José de Castilho e Franklin Távora, como as arremetidas sempre contundentes de Laet, ou a batalha (que, como a de Itararé, não houve) do Realismo e do Parnaso" (Alexandre Eulálio, *Escritos*, Campinas (sp)/São Paulo, Ed. da Unicamp/Ed. da Unesp, 1992, pp. 41-42.).

ção sobre a necessidade de o crítico "ter alguma coisa mais que um simples desejo de falar à multidão"[5] se refira ao ideal de não participar deste gênero, que tinha plateia garantida e interessada então, e que frequentemente não era praticado com a moderação e a urbanidade que Machado pregava.

E qual deveria ser a atitude do autor criticado, na visão do crítico Machado? Mantendo a coerência com a perspectiva de aconselhar e guiar, Machado não se furta a tecer considerações sobre o comportamento adequado para a recepção da crítica.

Vemos isto na sua resenha de *Cantos do Fim do Século*, de Sílvio Romero, em 1879, obra na qual Romero – que viria a ser um dos mais famosos polemistas do século – reclamava em nota que as críticas acerbas recebidas por aquele livro ocorreram por causa da sua atuação como crítico e não pela obra poética em si. Machado, no entanto, considera que as críticas feitas à obra de Romero não deveriam ter sido sequer mencionadas na nota pelo autor de *Cantos do Fim do Século*:

Realmente, criticados que se desforçam de críticas literárias com impropérios dão logo ideia de uma imensa mediocridade, – ou de uma fatuidade sem freio, – ou de ambas as coisas; e para lances tais é que o talento, quando verdadeiro e modesto, deve reservar o silêncio do desdém: *Non ragioniam di lor, ma guarda, e passa*[6].

Fecha com chave de ouro o argumento a alusão ao verso 51 do terceiro canto do "Inferno" de Dante, que pode ser traduzida por: "não reflitamos sobre eles, mas olhe e siga adiante"[7]. Não é à toa, portanto, que o Conselheiro Aires, que muitos interpretam como o *alter ego* de Machado, é extremamente tolerante e tem tédio à controvérsia, e não é à toa também que o livro que Sílvio Romero dedicou à sua obra – significativamente intitulado *Machado de Assis* –, em que se sucedem críticas acerbas, tenha sido respondido com... "o silêncio do desdém" por Machado, embora tenha gerado uma polêmica através da defesa de Machado por Labieno[8].

Machado, em seu "Ideal do Crítico" diz: "A tolerância é ainda uma virtude do crítico"[9]. E o temperamento do Conselheiro Aires, conforme descrição do nar-

---

5. Machado de Assis, "O Ideal do Crítico", *op. cit.*, p. 798.
6. *Idem*, "A Nova Geração" [1879], *Obra Completa*, Rio de Janeiro, Nova Aguilar, 1979, vol. III, pp. 809-836. A citação vem à p. 829.
7. Tradução do italiano por Raphael Salomão Khede.
8. Em quatro dias de janeiro e fevereiro de 1898, o *Jornal do Comércio* do Rio de Janeiro publicou artigos assinados pelo pseudônimo Labieno (Lafaiete Rodrigues Pereira, Conselheiro do Império), defendendo Machado de Assis dos ataques de Sílvio Romero, desfechados na obra mencionada. Depois, o volume em que se reunirão estes artigos receberá o título de *Vindiciae: o Sr. Sylvio Romero Critico e Philosopho*. Cf. o texto original e comentários em Patrícia Pina, "*Vindiciae*: Em Defesa de Machado de Assis", *Cadernos da Pós/Letras*, n. 20, Rio de Janeiro, Ed. da Uerj, 1998.
9. Machado de Assis, "O Ideal do Crítico", *op. cit.*, p. 800.

rador, no capítulo XII de *Esaú e Jacó*, é perfeitamente coerente com os ideais do crítico Machado: "Tinha o coração disposto a aceitar tudo, não por inclinação à harmonia, senão por tédio à controvérsia".

E no que diz respeito à tolerância, é também em "Ideal do Crítico" que Machado primeiro trata da questão de como abordar textos de "escolas literárias" diferentes:

> É preciso que o crítico seja tolerante, mesmo no terreno das diferenças de escola: se as preferências do crítico são pela escola romântica, cumpre não condenar, só por isso, as obras-primas que a tradição clássica nos legou, nem as obras meditadas que a musa moderna inspira; do mesmo modo devem os clássicos fazer justiça às boas obras dos românticos e dos realistas, tão inteira justiça, como estes devem fazer às boas obras daqueles[10].

Passaremos agora a ver como Machado de Assis desenvolve em sua crítica a abordagem às escolas literárias.

O CRÍTICO E AS ESCOLAS

Embora tenhamos verificado, na seção anterior, que em seu "Ideal do Crítico" Machado, sem descartar a possível preferência do crítico por uma escola, advoga que esta preferência não deve, no entanto, implicar a condenação de todas as escolas que não estão no seu gosto, é importante constatar como isto ocorre ou não em sua crítica. Para não alongarmos demais nosso argumento aqui, vamos colocar em foco principalmente o Romantismo e o Realismo/Naturalismo.

Em relação ao Romantismo, é relevante assinalar que Machado não teve a mesma posição em momentos diferentes da carreira. Em 1858, quando publicou "O Passado, o Presente e o Futuro da Literatura", completando dezenove anos de idade, ele até adotou uma certa perspectiva romântica para julgar o passado ao condenar os autores árcades por não apresentarem *cor local*, invocando o romântico Almeida Garrett da *História Abreviada da Língua e Poesia Portuguesa* (1826) em seu apoio. Ao falar do *Uraguai*, de Basílio da Gama, Machado expressou a seguinte opinião:

> Sem trilhar a senda seguida pelos outros, Gama escreveu um poema, se não puramente nacional, ao menos nada europeu. Não era nacional, porque era indígena, e a poesia indígena, bárbara, a poesia do *boré* e do *tupã*, não é a poesia nacional. O que temos nós com essa raça, com esses primitivos habitantes do país, se os seus costumes não são a face característica da nossa sociedade?[11]

---

10. *Idem*, p. 800.
11. *Idem*, "O Passado, o Presente e o Futuro da Literatura" [1858], *Obra Completa*, Rio de Janeiro, Nova Aguilar, 1979, vol. III, pp. 785-789. A citação aparece à p. 785.

80 ❧ A CRÍTICA LITERÁRIA BRASILEIRA EM PERSPECTIVA

Há uma relação entre o que Machado escreve como crítico em 1858 e as concepções literárias românticas então ainda vigentes, que interferem nos processos ou argumentos utilizados para justificar sua interpretação histórica do passado. Este passado, inserido em quadro de referência romântico, na chave de Almeida Garret, passa a ter um sentido que não tinha no século original em que os textos árcades foram produzidos. E existe também a questão do *status* do índio, que será apresentado como uma espécie de herói nacional por dois dos maiores autores românticos – José de Alencar e Gonçalves Dias.

Almeida Garrett, na sua *História Abreviada da Língua e Poesia Portuguesa*, como sabemos, afirma que as "majestosas e novas cenas da natureza"[12] no Brasil deveriam ter inspirado os poetas daqui, e elogia Basílio da Gama, afirmando que *O Uraguai* é "o moderno poema que mais méritos tem na minha opinião"[13]. Estes "méritos" relacionam-se à presença de "cenas naturais mui bem pintadas, de grande e bela execução descritiva", ou seja, àquilo que será sintetizado na expressão *cor local*[14].

Quanto à apropriação literária do índio, já em 1866, ao resenhar *Iracema*, de José de Alencar, Machado modifica o tom de 1858, dizendo: "se a história e os costumes indianos inspiraram poetas como José Basílio, Gonçalves Dias, e Magalhães, é que se podia tirar dali criações originais, inspirações novas"[15].

Em 1873, quinze anos depois de "O Ideal do Crítico", no seu famoso ensaio "Notícia da Atual Literatura Brasileira – Instinto de Nacionalidade", Machado vai manter uma certa coerência em relação à opinião de 1858, mas acrescentar uma nova argumentação que modificará o tom geral do quadro de referência:

> É certo que a civilização brasileira não está ligada ao elemento indiano, nem dele recebeu influxo algum; e isto basta para não ir buscar entre as tribos vencidas os títulos da nossa personalidade literária. *Mas se isto é verdade, não é menos certo que tudo é matéria de poesia, uma vez que traga as condições do belo ou os elementos de que ele se compõe*[16].

Podemos observar aqui, por um lado, a manutenção de uma opinião sobre o papel do índio no Brasil – opinião de que o indígena não foi absolutamente relevante –, acrescentada à de que não se deve buscar no indígena a nossa per-

---

12. A. Garrett, "A Restauração das Letras, em Portugal e no Brasil, em Meados do Século XVIII", em Guilhermino César, *Historiadores e Críticos do Romantismo; 1. A Contribuição Europeia: Crítica e História Literária*, Rio de Janeiro/São Paulo, LTC/Edusp, 1978, pp. 87-92. A citação está à p. 90.
13. *Idem*, p. 91.
14. *Idem*, p. 91.
15. Assis, [1866], 1979, p. 848.
16. Machado de Assis, "Notícia da Atual Literatura Brasileira – Instinto de Nacionalidade", *op. cit.*, p. 802. (Grifos meus.)

sonalidade literária – referência direta ao Indianismo literário romântico –, mas tudo isto com a ressalva importantíssima de que *tudo pode ser matéria de poesia (o que inclui o índio) desde que envolva o belo.* Machado assim diverge daqueles seus contemporâneos que expressavam desdém absoluto em relação ao Romantismo em geral e ao indianismo em particular. Esta crença na liberdade de escolha do poeta lhe permitirá, inclusive, publicar em 1875 o livro de poemas "indianistas" significativamente intitulado *Americanas* – título que faz alusão ao indianismo de Gonçalves Dias, o qual denominou "Poesias Americanas" tanto a parte inicial dos *Primeiros Cantos* (1846) quanto a dos *Últimos Cantos* (1851).

Trata-se, portanto, de uma atitude que, sem denegar o que Machado propôs no passado, acrescenta novas facetas: não nega o indianismo, mas recusa a possível pretensão a absolutizar o índio como herói nacional, sempre ressalvando que o índio também pode ser apropriado literariamente, desde que esteticamente elaborado. Fica, então, a ideia de que não há limites para a elaboração literária, a qual pode incorporar o tema que desejar, com a única restrição de que seja belamente desenvolvido.

Com esta atitude, Machado consegue um grande ganho, em termos tanto de julgamento quanto de criação literários, pois não se obriga a adotar nem a rejeitar necessariamente práticas literárias de sua época. E pode oferecer argumentos com um viés diferente daqueles elaborados pelos que adotaram mais irrestritamente os preceitos das escolas romântica ou realista/naturalista.

Em relação ao Romantismo, a tese de que os textos deveriam ter *cor local* era generalizada, porque este movimento literário no Brasil veio no bojo de um nacionalismo pós-independência, no qual de certa forma se pressupunha que falar das coisas do país (paisagens, flora, fauna, populações) era uma espécie de dever patriótico. E Machado produzirá argumentos que, embora aceitem a tematização da *cor local* como possibilidade, consideram não ser condição necessária e suficiente para um escritor ser visto como brasileiro que ele tenha de tratar de coisas do país, e muito menos que tenha obrigatoriamente de produzir descrições de lugares, habitantes, natureza nacionais: "Um poeta não é nacional só porque insere nos seus versos muitos nomes de flores ou aves do país, o que pode dar uma nacionalidade do vocabulário e nada mais"[17].

No seu artigo "Notícia da Atual Literatura Brasileira – Instinto de Nacionalidade", de 1873, Machado considera errônea uma opinião que circulava à época: "é a que só reconhece espírito nacional nas obras que tratam de assunto local, doutrina que, a ser exata, limitaria muito os cabedais da nossa literatura"[18]. Tomando como

---

17. *Idem*, p. 807.
18. *Idem*, p. 803.

82 ❧ A CRÍTICA LITERÁRIA BRASILEIRA EM PERSPECTIVA

exemplo um poeta famoso e visto como nacionalista – Gonçalves Dias –, Machado diz: "se excetuarmos *Os Timbiras*, os outros poemas americanos, e certo número de composições, pertencem os seus versos pelo assunto a toda a mais humanidade, cujas aspirações, entusiasmo, fraqueza e dores geralmente cantam"[19]. Finalmente, na passagem mais famosa deste artigo, primeiramente publicado nos EUA, torna mais claro seu ponto de vista:

> Mas, pois que isto vai ser impresso em terra americana e inglesa, perguntarei simplesmente se o autor do *Song of Hiawatha* não é o mesmo da *Golden Legend*, que nada tem com a terra que o viu nascer, e cujo cantor admirável é; e perguntarei mais se o Hamlet, o Otelo, o Júlio Cesar, a Julieta e Romeu têm alguma coisa com a história inglesa nem com o território britânico, e se, entretanto, Shakespeare não é, além de um gênio universal, um poeta essencialmente inglês.
>
> Não há dúvida que uma literatura, sobretudo uma literatura nascente, deve principalmente alimentar-se dos assuntos que lhe oferece a sua região; mas não estabeleçamos doutrinas tão absolutas que a empobreçam. O que se deve exigir de um escritor antes de tudo, é certo sentimento íntimo, que o torne homem do seu tempo e do seu país, ainda quando trate de assuntos remotos no tempo e no espaço[20].

Trata-se de um argumento muito engenhoso que alega não ser necessário, para ser legitimamente um escritor nacional (brasileiro, português, francês etc.), que se sigam os moldes da cor local, que se trate dos assuntos e das coisas nacionais, pois se pode ser nacional mesmo tratando de coisas "estrangeiras". Isto implicava que não era condição necessária e suficiente para ser um escritor brasileiro que se falasse das coisas do país – coerentemente com a tese machadiana de que *tudo pode ser matéria de literatura desde que envolva o belo*. Implicava também que o caráter nacional de uma criação literária não estaria em elementos "exteriores" ao sujeito, como paisagens, flora, fauna, populações, mas, isto sim, em algo "interior": naquilo que Machado chama de "sentimento íntimo" que tornaria o escritor homem do seu tempo e do seu país, ainda quando trate de assuntos que na superfície não parecem ser "nacionais"[21].

Esta argumentação machadiana exercerá grande influência no Brasil e será incorporada (sem citar a fonte) inclusive pelo crítico que vai atacá-lo mais continuamente na passagem do século XIX para o XX: Sílvio Romero. De todo modo, em Sílvio Romero, o "sentimento íntimo" de que falava Machado passa mais claramente a ser considerado algo que é derivado de uma inserção nacional. Sabemos

19. *Idem, ibidem.*
20. *Idem*, p. 804.
21. A ideia do sentimento íntimo que faz o escritor homem de sua época e de seu povo já estava presente no Brasil na crítica anterior a ensaio de Machado. Cf. Roberto Acízelo de Sousa, *Introdução à Historiografia da Literatura Brasileira, op. cit.*

que uma certa concepção de nacionalismo como identidade herdada, consolidada ao longo do século XIX, acredita que a nacionalidade é uma herança que se recebe ao nascer em determinada terra, pertencer a determinada raça e falar determinada língua. Neste viés, esta linha de argumentação de Sílvio Romero acredita que, independente da vontade do indivíduo, ele já adquire, ao nascer, o espírito ou a alma do povo a que pertence[22].

Para Romero, Machado "é um dos nossos, um genuíno representante da sub-raça brasileira cruzada"[23], e desta fatalidade nacional-étnica-hereditária deriva o modo como Machado vai tratar dos temas que escolher: assim, quaisquer que sejam estes temas pessoalmente escolhidos pelo escritor, neles estará presente a marca desta herança nacional-étnica que determinará como o autor vai tratá-los. Note-se, entretanto, a semelhança da argumentação de Romero (1897) com a de Machado (1873):

O caráter nacional, esse *quid* quase indefinível, acha-se [...] na índole, na intuição, na visualidade interna, na psicologia do escritor. Tome um escritor eslavo, um russo, como Tolstói, por exemplo, um tema brasileiro, uma história qualquer das nossas tradições e costumes, há de tratá-la sempre como russo, que é. Isto é fatal. Tome Machado de Assis um motivo, um assunto entre as lendas eslavas, há de tratá-lo sempre como brasileiro, quero dizer, com aquela maneira de sentir e pensar, aquela visão interna das coisas, aquele *tic*, aquele *sestro* especial, se assim devo me expressar, que são o modo de representação espiritual da inteligência brasileira[24].

Observe-se também que o outro grande crítico contemporâneo de Machado, seu amigo e inimigo de Sílvio Romero, expressou um modo análogo de ver esta questão, inclusive ao tratar de autores estrangeiros, como Eça de Queirós. De fato, José Veríssimo era um crítico que considerava Eça "o maior romancista português de todos os tempos"[25], e não só vai definir Eça como um exemplar típico de homem português, de modo semelhante ao que fez Romero com Machado[26], mas também fazer ilações sobre o espírito nacional em sua obra.

---

22. Sobre as concepções nacionalistas, escrevi mais longamente em: José Luís Jobim, "Nacionalismo e Globalização", *Formas da Teoria*, 2. ed., Rio de Janeiro, Caetés, 2003.

23. Sílvio Romero, *Machado de Assis: Estudo Comparativo de Literatura Brasileira*. Campinas (SP), Ed. da Unicamp, 1992, p. 66.

24. *Idem, ibidem*.

25. José Veríssimo, "Eça de Queiroz", *Homens e Coisas Estrangeiras – 1899-1908*, Rio de Janeiro, Academia Brasileira de Letras/Topbooks, 2003, pp. 227-233. A citação vem à p. 228.

26. Cf. Veríssimo, *op. cit.*, p. 229: "Eça de Queiroz é um puro meridional, um português, sentimental, amoroso, vagamente idealista e imaginoso como os de sua gente; [...] Eça [...] é verdadeiramente um poeta, um lírico, repito, um sentimental, um apaixonado, embora sem vontade de o ser, um legítimo filho da terra dos poetas amorosos dos Cancioneiros, dos cavaleiros namorados, dos líricos sentidos e chorosos, de Bernardim Ribeiro, do Garrett das *Folhas Caídas* e do Camões dos sonetos e de Inês de Castro, dos Solaus, das xácaras, do fado dolente e amorosamente piegas".

84 & A CRÍTICA LITERÁRIA BRASILEIRA EM PERSPECTIVA

O que faz [que] a obra de Eça de Queirós [...] conserve a sua superioridade, e seja [...] mesmo de uma forte originalidade, é o espírito português, o sentimento português que a anima. Eça de Queirós, como com bem mau gosto lhe exprobaram, não era talvez um patriota, no sentido político, estreito e frequentemente imoral da expressão; [...] mas nenhum escritor português teve mais que ele o íntimo, o profundo, o intenso sentimento do seu torrão natal, em nenhum refletiu com mais vigor e relevo a terra portuguesa nos seus variados aspectos e a alma portuguesa nas suas diversas feições[27].

Por tudo o que dissemos até agora, pudemos comprovar que, em relação à cor local – que emergiu no bojo de um nacionalismo pós-independência, no qual de certa forma se pressupunha que falar das coisas do país (paisagens, flora, fauna, populações) era uma espécie de dever patriótico –, Machado produziu uma argumentação que será incorporada inclusive pelo crítico que vai atacá-lo mais continuadamente na passagem do século XIX para o XX, marcando uma nuance em referência àquela crença romântica. Veremos agora que a reação de Machado à tese da cor local, defendida pelos românticos, se estenderá à tese da representação detalhada da realidade, defendida pelos realistas/naturalistas. No que diz respeito ao pensamento dos realistas/naturalistas, Machado vai produzir argumentos em mais de uma crítica a autores e obras (a mais famosa sendo provavelmente a que fez a Eça de Queirós), em que caricatura alguns dos procedimentos adotados por aquela escola tomando como exemplos autores e obras que considera afiliados a ela. Vejamos como isto ocorre.

MACHADO DE ASSIS E O REALISMO

Já em 1866, analisando *O Culto do Dever*, de Joaquim Manuel de Macedo, Machado de Assis se manifestava explicitamente sobre a questão de a arte ser um retrato ou uma reprodução da realidade: "Se a missão do romancista fosse copiar os fatos, tais quais eles se dão na vida, a arte era uma coisa inútil; a memória substituiria a imaginação [...]", o poeta se demitiria e o cronista assumiria a direção do Parnaso[28].

Em 1873, falando do romance e avaliando o contexto de recepção do Realismo/Naturalismo no Brasil, Machado emite a seguinte opinião:

Os livros de certa escola francesa [Realismo/Naturalismo], ainda que muito lidos entre nós, não contaminaram a literatura brasileira, nem sinto nela tendências para adotar as suas doutrinas, o que é já notável mérito. As obras de que falo, foram aqui bem vindas e festejadas, como hóspedes, mas não se aliaram à família nem tomaram o governo da casa.

---

27. José Veríssimo, "A Cidade e o Campo", *op. cit.*, p. 338.
28. Machado de Assis, "J. M. de Macedo: *O Culto do Dever*", *Obra Completa*, pp. 843-847. A citação aparece à p. 844.

Os nomes que principalmente seduzem a nossa mocidade são os do período romântico; [...] os Vítor Hugos, os Gautiers, os Mussets, os Gozlans, os Nervals[29].

Em 1879, ao criticar um poema de Alberto de Oliveira ("Interior"), Machado cobra do autor uma relação entre a descrição externa de eventos e a interioridade e considera um defeito que não haja esta relação, creditando este defeito ao Realismo e ao que chama de "poética do inventário": a enumeração de aspectos "exteriores" da realidade sem a contrapartida da exploração da relação destes aspectos com o humano. Este será o bordão de sua crítica ao Realismo/Naturalismo: "O realismo não conhece relações necessárias, nem acessórias, sua estética é o inventário"[30]. Trata-se, portanto, de uma bandeira recorrente na crítica machadiana, que foi levantada em relação à obra de muitos escritores, inclusive Eça de Queirós, e que tem a ver com a opinião machadiana de que o mais relevante é o "sentimento íntimo", o que vale para o escritor e para seus personagens, pois Machado não acredita em descrições de contextos e ações sem a contrapartida de como os personagens se sentem em relação a ambos. Não se trata, portanto, de uma negação dos aspectos por assim dizer "exteriores" na construção do romance, mas, isto sim, da reivindicação de que haja uma correlação coerente com a interioridade dos personagens que se movem nestes "exteriores". Para tornar mais clara a sua posição de achar que o modo apenas "inventariante" de tratar a realidade (modo que ele considerava um defeito do Realismo/Naturalismo) não era recomendável, Machado afirma: "a realidade é boa, o realismo é que não presta para nada"[31].

Parece que Machado elabora argumentos para fundamentar modos de tratamento da realidade que não coincidam com a prática mais estabelecida nas narrativas do Realismo/Naturalismo: o "inventário" em terceira pessoa[32]. A pa-

---

29. *Idem*, "Notícia da Atual Literatura Brasileira – Instinto de Nacionalidade", *op. cit.*, p. 805.
30. *Idem*, "A Nova Geração", *op. cit.*, p. 826.
31. *Idem*, p. 830. Cf. no mesmo ensaio: "Ia-me esquecendo uma bandeira hasteada por alguns, o Realismo, a mais frágil de todas, porque é a negação mesma do princípio da arte. Importa dizer que tal doutrina é aqui defendida, menos como a doutrina que é, do que como expressão de certa nota violenta, por exemplo, os sonetos do Sr. Carvalho Júnior. Todavia, creio que de todas as que possam atrair a nossa mocidade, esta é a que menos subsistirá, e com razão; não há nela nada que possa seduzir longamente uma vocação poética. Neste ponto todas as escolas se congraçam; e o sentimento de Racine será o mesmo de Sófocles. Um poeta, V. Hugo, dirá que há um limite intranscendível entre a realidade, segundo a arte, e a realidade, segundo a natureza. Um crítico, Taine, escreverá que se a exata cópia das coisas fosse o fim da arte, o melhor romance ou o melhor drama seria a reprodução taquigráfica de um processo judicial. Creio que aquele não é clássico, nem este romântico. Tal é o princípio são, superior às contendas e teorias particulares de todos os tempos" (p. 813).
32. Desenvolvi mais detalhadamente esta questão da narrativa e do narrador machadiano em: José Luís Jobim, "Foco Narrativo e Memórias no Romance Machadiano da Maturidade", em Antonio Carlos Secchin; Dau Bastos & José Luís Jobim, *Machado de Assis: Novas Perspectivas sobre a Obra e o Autor no Centenário de Sua Morte*, Niterói/Rio de Janeiro, EDUFF/De Letras, 2008, pp. 59-74.

lavra "inventário" é utilizada por Machado para designar certo modo detalhista e abrangente com que os narradores do Realismo/Naturalismo supunham esgotar a realidade descrita em seus romances – tudo isto em terceira pessoa, para dar uma impressão de objetividade maior. Trata-se de uma argumentação desenvolvida em um período em que Machado restringe sua atividade crítica e produz artigos mais densos e alongados, posicionando-se em relação a questões literárias caras a seu tempo. Assim, às vésperas da publicação de seu livro *Memórias Póstumas de Brás Cubas* (1881), não admira que surja uma crítica à pratica do "inventário" realista, em relação ao qual Machado vai distanciar-se naquele romance, a começar pela opção de criar um narrador defunto que produz uma narrativa em primeira pessoa sobre sua existência passada.

Trata-se da conhecida crítica a *O Primo Basílio*, na qual, como sabemos, Machado acusou Eça de Queirós de "atirar-se ao inventário", sem esquecer nem ocultar nada, como discípulo de uma escola literária que acredita que "só chegará à perfeição no dia em que nos disser o número exato dos fios de que se compõe um lenço de cambraia ou um esfregão de cozinha"[33].

De fato, a crítica a este aspecto do Realismo/Naturalismo antecipa a alternativa que Machado vai oferecer aos leitores: em vez do inventário que não esquece nem oculta nada, ou de enunciar com todos os detalhes os fios dos tecidos, a sugestão, o vazio a ser preenchido pela imaginação do leitor.

Como eu já disse antes[34], isto fica claro mesmo em romances narrados na terceira pessoa, como *Quincas Borba*, pois da primeira publicação, no periódico *A Estação*, entre 1886 e 1891, à versão final em livro, de 1891, Machado optou pela supressão de muitas passagens que tornariam claras ou explícitas as intenções dos personagens e das suas ações. Ao ocultar o que antes explicitara, optando por não descrever todos os fios da meada no enredo, deixou em aberto muitas outras possibilidades de interpretação do romance.

Talvez possamos dizer que Machado, na crítica a Eça de Queirós, fez um movimento assemelhado ao que José de Alencar fez em relação a Gonçalves de Magalhães: quando criticou Magalhães, Alencar de certo modo anunciou seu próprio projeto de literatura. Como sabemos, o escritor cearense, em suas "Cartas sobre *A Confederação dos Tamoios*", não só faz a crítica do poema de Magalhães, mas diz explicitamente: "se algum dia fosse poeta, e quisesse cantar a minha terra e as suas belezas, se quisesse compor um poema nacional, pediria a Deus que me fizesse esquecer por um momento as minhas ideias de homem civilizado" (1960, p. 865). De-

---

33. Machado de Assis, "Eça de Queirós: *O Primo Basílio*", *Obra Completa, op. cit.*, pp. 903-913. A citação está na p. 904.
34. José Luís Jobim, "Foco Narrativo e Memórias no Romance Machadiano da Maturidade", *op. cit.*

pois, ele mesmo produziria um épico nacional, cantando sua terra e suas belezas, com personagens indígenas em destaque – ou seja, na crítica a Magalhães estava também o esboço de um projeto próprio de Alencar. De maneira análoga, na crítica de Machado a Eça, em 1878, estava presente não só a rejeição à poética realista/naturalista do inventário, mas também o embrião do que Machado viria a praticar nas *Memórias Póstumas de Brás Cubas*. Afinal, aquele livro de 1881 não pretenderia preencher todos os detalhes, nem completar todas as descrições, nem explicar todas as razões. Talvez nas *Memórias Póstumas* já não seja mais possível interpretar como falta a ausência do que nunca se pretendeu que lá estivesse, porque o romancista, em vez de presumir um leitor que reconstituiria tudo o que o escritor configurou exaustivamente na obra, preferiu supor um leitor que ativamente preencheria os espaços vazios deixados no texto, para a atividade constitutiva da leitura.

De todo modo, rejeitar o detalhismo descritivo não significava para Machado rejeitar a realidade, mas considerar que esta realidade pudesse ser tratada esteticamente de outra maneira. A fala de Machado, nesta e em outras críticas, tem um tom de manifesto: "Voltemos os olhos para a realidade, mas excluamos o Realismo, assim não sacrificaremos a verdade estética"[35].

Poderíamos aqui assinalar que este tom de manifesto contra o Realismo está em contradição com o *ideal do crítico* em 1865. Como vimos, aquele ideal supunha que o crítico fosse tolerante, mesmo no terreno das diferenças de escola, e Machado reitera a condenação à escola realista, embora não o faça a partir de sua própria adesão a outra escola. Como atenuante a isto, poderíamos considerar que, assim como a crítica ao Romantismo se centrava em um aspecto (a absolutização do indígena como típico herói nacional), em relação ao Realismo/Naturalismo o que Machado condena é também um de seus aspectos: a prática da escrita "inventariante", que pretenderia dar conta de todos os detalhes da realidade e que, nas palavras irônicas de Machado, só chegaria à perfeição no dia em que nos dissesse "o numero exato dos fios de que se compõe um lenço de cambraia ou um esfregão de cozinha"[36]. E esta condenação parece fazer parte de um movimento do próprio Machado no sentido de cada vez mais se afastar da "poética do inventário", em favor de uma escrita menos detalhista e exteriorizante, mais preocupada com a vida interior dos personagens e mais aberta à participação do leitor na configuração do que não se apresenta explicitamente na narrativa.

Ou seja, resumindo meu argumento: Machado não condena escolas literárias e seus autores como um todo, mas algumas das práticas específicas de cada escola:

---

35. Machado de Assis, "Eça de Queirós: *O Primo Basílio*", *op. cit.*, p. 913.
36. *Idem*, p. 904.

88 A CRÍTICA LITERÁRIA BRASILEIRA EM PERSPECTIVA

a colocação do índio como herói nacional no Romantismo ou a "poética do inventário" do Realismo/Naturalismo.

O outro aspecto da crítica de Machado à obra de Eça, e que também é associado pelo escritor brasileiro à escola realista/naturalista, refere-se à moral, e desdobra-se em dois sentidos.

O primeiro é a ideia de que o personagem deve ser uma "pessoa moral", o que, no contexto, interpretamos como a cobrança de que haja motivações interiores, derivadas de alguma adesão a valores, modos de ver o mundo, enfim, tudo o que constitui o que se poderia chamar de vida interior do personagem e que gera e motiva seus comportamentos exteriores. Na crítica a *O Primo Basílio*, isto aparece na acusação de que Luísa não apresenta sentimentos e motivações interiores que a façam agir como consequência deles – por isto, a acusação de que a personagem é "antes um títere do que uma pessoa moral". Por não ter "paixões nem remorsos; menos ainda consciência" a personagem ficava reduzida a "nervos e músculos", sem vida psíquica e interior[37].

Se nos distanciarmos da necessidade de encontrar razão ou não neste argumento em relação a Eça, e pensarmos nesta linha de argumentação como matriz de um contraste que ele, Machado, vai constituir na sua escrita, em relação ao que acredita ser o cerne da prática inventariante praticada pelo Realismo/Naturalismo, podemos chegar a conclusões interessantes. A principal, talvez, seja a de que Machado, a partir da crítica à descrição exterior de situações e personagens (que, aliás, não aparece apenas ao tratar de Eça), já abre terreno para propostas diferentes – por exemplo, de abordagem mais interiorizada da vida e das ações de personagens, o que vai marcar sua chamada "fase madura" como romancista. Assim, ele de fato está falando de seu próprio projeto de escrita ao falar do Realismo e deste livro de Eça.

O segundo sentido referente à moral tem a ver com observações sobre comportamentos e ações descritos no livro de Eça. Machado, nestas observações, de certo modo repete o que a crítica da época disse.

Paulo Franchetti já nos deu um panorama abrangente e detalhado da recepção crítica do romance de Eça, que não vou repetir aqui[38], mas interessa ressaltar que no Brasil, cerca de um mês depois do lançamento do livro em Portugal, já aparece a primeira crítica no Rio de Janeiro. E será publicada por um escritor português, Ramalho Ortigão, na *Gazeta de Notícias*, em 25 de março de 1878. Como diz Franchetti, Ortigão "traz já para o centro do debate a questão da imoralidade do romance, que será a tônica da maior parte dos textos publicados nos meses

---

37. *Idem*, p. 905.
38. Paulo Franchetti, "O Primo Basílio e a Batalha do Realismo no Brasil", *Estudos de Literatura Brasileira e Portuguesa*, Cotia (SP), Ateliê Editorial, 2007, pp. 171-192.

seguintes"[39]. Claro, se falamos de *imoralidade*, seria relevante entender a que se refere seu oposto – a *moralidade* – na época. E para isto é necessário recuperar alguns dados do contexto do século XIX.

Nem sempre nos lembramos de que a associação entre literatura e moral é histórica, mesmo se considerarmos apenas a face mais superficial de *moral*, relacionada a *mores* (costumes, hábitos)[40]. Madame de Staël, em seu *De la littérature*, já nos primórdios do século XIX afirmava:

> A literatura só retira suas belezas duráveis da moral mais delicada. Os homens podem abandonar suas ações ao vício, mas jamais seu julgamento. Não é possível a nenhum poeta, qualquer que seja o seu talento, retirar um efeito trágico de uma situação que admitiria em princípio uma imoralidade. [...] A crítica literária é com muita frequência um tratado de moral[41].

No levantamento original do que restou do acervo de Machado de Assis, Jean-Michel Massa verificou a presença de duas obras de Madame de Staël: *Corine ou l'Italie,* nouvelle édition, Paris, Garnier, (s.d.).; *De la littérature considérée dans ses rapports avec les instituitions sociales*, Paris, Charpentier, 1860[42]. E Machado de Assis explicitamente confirma, em seu comentário sobre a representação do drama *Suplício de Uma Mulher*, ter tido contato com as ideias de Madame de Staël:

> Uma obra é moral, – lembra-me ter lido em Mme. de Staël, – se a impressão que se recebe é favorável ao aperfeiçoamento da alma humana... A moralidade de uma obra consiste nos sentimentos que ela inspira (Assis, 1952, vol. 19, p. 424).

Um dos amigos próximos de Machado e ideólogo do republicanismo no Brasil, Quintino Bocaiúva, propunha, em 1862, a criação de uma "Biblioteca Brasileira", crendo que, se o povo brasileiro lesse mais "obras sãs", poderia melhorar a "condição moral de nosso país":

> Dando alento à nossa entibiada literatura pátria, oferecendo à leitura o maior número de obras sãs, mais refletidas, mais úteis, de alcance imediato ao melhoramento da condição moral do nosso país, ao cultivo de seu espírito, desejamos reunir em um centro os raios disseminados de tantas brilhantes inteligências que só necessitam reunir-se em um foco para derramarem sobre o país uma luz mais viva e resplandecente. Nisso vai a honra e a glória do Brasil (Bocaiúva, 1988, p. 315).

---

39. *Idem*, p. 171.
40. Cf. José Luís Jobim, "A Literatura como Fonte da Moral", *Formas da Teoria*, 2. ed., Rio de Janeiro, Caetés, 2002.
41. Madame de Staël, *De la littérature*, Paris, Flammarion, 1991, p. 68.
42. Cf. José Luís Jobim, *A Biblioteca de Machado de Assis,* Rio de Janeiro, Academia Brasileira de Letras/ Topbooks, 2001.

90 ❧ A CRÍTICA LITERÁRIA BRASILEIRA EM PERSPECTIVA

Ou seja, a valorização do texto literário como depositário de normas e princípios morais – vistos como importantes ou imprescindíveis para a formação do homem – não é novidade, e já ocupou lugar de importância no passado, de forma que a evocação da "moral" na recepção do romance de Eça não foi um episódio isolado nem na crítica da época nem na de Machado de Assis. Talvez a diferença de Machado em relação à tematização da "moral" seja a correlação que buscou estabelecer entre esta e a estética. É bom lembrar, contudo, que esta relação, sempre problemática, começou muito antes.

De fato, ainda aos 23 anos de idade, Machado participou de uma instituição emblemática no século XIX, que tentou conciliar a função moral (e política) com uma função estética: o Conservatório Dramático Brasileiro. Como eu já disse antes[43], talvez esta suposta função estética explique por que alguns dos escritores mais relevantes do século XIX participaram das atividades do Conservatório.

Examinando os pareceres de seu mais famoso membro, Machado de Assis, verificamos que ele efetivamente exerce o papel de guia e conselheiro que pregava para o crítico, inclusive dando sugestões alternativas de redação aos dramaturgos em relação às peças examinadas. Mas também, embora seus pareceres sejam mais "liberais" do que o de seus colegas no Conservatório – e até bem mais liberais do que os dos censores franceses que vetaram *Les lionnes pauvres*, de Émile Augier e E. Foussier (peça que foi aprovada e elogiada por Machado), não deixa de lavrar vetos alegando razões *morais*.

É claro que, ao considerarmos a primeira atuação de Machado no Conservatório Dramático Brasileiro, entre 1862 e 1864, não podemos deixar de assinalar que esta se deu muito precocemente, e foi muito anterior à crítica a Eça de Queirós. No entanto, como bem demonstra Paulo Franchetti, a condenação de *O Primo Basílio* em nome de alegações *morais* não é exclusividade de Machado – que, no caso, reitera um certo tom presente em críticas anteriores e posteriores à sua.

CONCLUINDO

Como sabemos, a hipótese de que o romancista sucede ao crítico não é nova, e já foi formulada por Mário de Alencar em 1910, na "Advertência" que precede a coletânea da crítica literária de Machado anteriormente publicada em jornais e revistas, e reunida por Alencar em livro.

Para Mário de Alencar, Machado de Assis não tinha a "coragem e o espírito de luta" de José Veríssimo:

---

43. "Machado de Assis, Membro do Conservatório Dramático Brasileiro e Leitor do Teatro Francês", em José Luís Jobim (org.), *A Biblioteca de Machado de Assis, op. cit.*, pp. 373-393.

MACHADO DE ASSIS: O CRÍTICO COMO ROMANCISTA ❧ 91

Suscetível, suspicaz, delicado em extremo, receava magoar ainda que dizendo a verdade; e quando sentiu os riscos da profissão, já meio dissuadido da utilidade do trabalho pela escassez da matéria, deixou a crítica individualizada dos autores pela crítica geral dos homens e das coisas, mais serena, mais eficaz e ao gosto do seu espírito. [...] De um modo consciente e deliberado ele veio a executar na pura ficção a obra para a qual o qualificava excelentemente a feição principal de seu espírito a que estavam subordinadas as faculdades da imaginação e da criação. Em tudo ele ficou sendo o crítico dos outros e de si próprio; e eis porque sua obra foi sempre medida e perfeita. Perdeu-se, é certo, um grande analisador de obras alheias, e por ventura um notável generalizador de doutrinas literárias; ganhou-se o contador ótimo e romancista admirável[44].

Já se fez uma divisão temporal da crítica machadiana, afirmando que: entre 1865 e 1866, Machado foi um crítico prolífico, produzindo doze artigos coletados por Mário de Alencar; entre 1866 e 1879, teria produzido apenas cinco artigos, mas de "alta exigência"; entre 1880 e 1898, não teria produzido nada; entre 1899 e sua morte, teria escrito apenas "pequenas peças mais de adulação do que propriamente de crítica, a partir das obras de seus amigos e próximos"[45]. Há alguma razão nesta divisão, se levarmos em consideração apenas o que Mário de Alencar reuniu em livro.

No entanto, se podemos concordar com Alencar, quando afirma que Machado aproveitará na sua ficção muito do que desenvolveu na crítica, por outro lado a versão de que o romancista abandonou completamente a crítica talvez mereça um reparo. Se considerarmos, além da crítica em artigos datados e exclusivamente literários, outras formas de exercício desta, como a inserção de observações sobre obras e autores em crônicas e artigos em revistas e jornais, ou as cartas com comentários dirigidos a autores e obras – inclusive as publicadas, como a dirigida a Enéas Galvão, comentando o seu livro *Miragens*, coligida como "crítica literária" por Mário de Alencar –, bem como as inserções de observações sobre autores, obras, modos de narrar, categorias da narrativa nos próprios romances da maturidade, talvez tenhamos um quadro diferente. Um quadro que certamente merece ainda mais estudos e considerações.

REFERÊNCIAS BIBLIOGRÁFICAS

ALENCAR, Mário de. "Advertência." In: ASSIS, Machado de. *Crítica Literária*. Rio de Janeiro, W. Jackson Editores, 1942, pp. 7-10.

---

44. Mário de Alencar, "Advertência", em Machado de Assis, *Crítica Literária*, Rio de Janeiro, W. Jackson Editores, 1942, pp. 7-10. O texto citado figura na p. 9.
45. Edson Bariani, "O Silêncio do Desdém: O Crítico Machado de Assis", http://www.slmb.ueg.br/iconeletras/artigos/edison.pdf. Acesso em 30.3.2010.

ASSIS, Machado de. "O Passado, o Presente e o Futuro da Literatura". [1858] *Obra Completa*. Rio de Janeiro, Nova Aguilar, 1979. Vol. III, pp. 785-789.

_____. "O Ideal do Crítico". [1865] *Obra Completa*. Rio de Janeiro, Nova Aguilar, 1979. Vol. III, pp. 798-801.

_____. "A Nova Geração". [1879] *Obra Completa*. Rio de Janeiro, Nova Aguilar, 1979. Vol. III, pp. 809-836.

_____. "Eça de Queirós: *O Primo Basílio*". *Obra Completa*. Rio de Janeiro, Nova Aguilar, 1979, pp. 903-913.

_____. "J. M. de Macedo: O Culto do Dever". *Obra Completa*. Rio de Janeiro, Nova Aguilar, 1979, pp. 843-847.

_____. *Correspondência de Machado de Assis*. Rio de Janeiro, ABL/MINC/FBN, 2008. t. 1: *1860-1869*. O volume é organizado por Sergio Paulo Rouanet, com pesquisa de Irene Moutinho e Sílvia Eleutério.

BARIANI, Edson. "O Silêncio do Desdém: O Crítico Machado de Assis". http://www.slmb.ueg.br/iconeletras/artigos/edison.pdf . Acesso em 30.3.2010

FRANCHETTI, Paulo. "O Primo Basílio e a Batalha do Realismo no Brasil". *Estudos de Literatura Brasileira e Portuguesa*. Cotia (SP), Ateliê Editorial, 2007, pp. 171-192.

GARRETT, Almeida. "A Restauração das Letras, em Portugal e no Brasil, em Meados do Século XVIII". In: CÉSAR, Guilhermino. *Historiadores e Críticos do Romantismo; 1. A Contribuição Europeia: Crítica e História Literária*. Rio de Janeiro/São Paulo, LTC/Edusp, 1978, pp. 87-92.

EULÁLIO, Alexandre. *Escritos*. Campinas (SP)/São Paulo, Ed. da Unicamp/Editora Unesp, 1992.

JOBIM, José Luís. "Foco Narrativo e Memórias no Romance Machadiano da Maturidade". In: SECCHIN, Antonio Carlos; BASTOS, Dau & JOBIM, José Luís (orgs.). *Machado de Assis: Novas Perspectivas sobre a Obra e o Autor no Centenário de Sua Morte*. Niterói/Rio de Janeiro, Eduff/De Letras, 2008, pp. 59-74.

_____. "Machado de Assis, Membro do Conservatório Dramático Brasileiro e Leitor do Teatro Francês". In: JOBIM, José Luís (org.). *A Biblioteca de Machado de Assis*, cit. pp. 373-393.

_____. *A Biblioteca de Machado de Assis*. Rio de Janeiro, Academia Brasileira de Letras/Topbooks, 2001.

_____. *Formas da Teoria*. 2. ed. Rio de Janeiro, Caetés, 2003.

MADAME DE STAËL. *De la littérature*. Paris, Flammarion, 1991.

PINA, Patrícia (org.). "*Vindiciae*: Em Defesa de Machado de Assis." *Cadernos da Pós/Letras*, n. 20. Rio de Janeiro, UERJ, 1998.

ROMERO, Sílvio. *Machado de Assis; Estudo Comparativo de Literatura Brasileira*. Campinas (SP), Ed. da Unicamp, 1992.

SOUSA, Roberto Acízelo de. *Introdução à Historiografia da Literatura Brasileira*. Rio de Janeiro, Editora da Uerj, 2007.

VERÍSSIMO, José. "Eça de Queiroz". *Homens e Coisas Estrangeiras – 1899-1908*. Rio de Janeiro, Academia Brasileira de Letras/Topbooks, 2003, pp. 227-233.

_____. "A Cidade e o Campo". *Homens e Coisas Estrangeiras – 1899-1908*. Rio de Janeiro. Academia Brasileira de Letras/Topbooks, 2003, pp. 335-341.

SÍLVIO ROMERO: A POLÊMICA COMO SISTEMA?[1]

João Cezar de Castro Rocha

MODOS DE USAR: A POLÊMICA

Neste ensaio proponho que se reavalie o papel da polêmica na formação da vida cultural brasileira. Trata-se de esforço necessário porque aprendemos a considerar as polêmicas tupiniquins como se fossem resquícios anacrônicos da mentalidade patriarcal, uma espécie de "você sabe com quem está falando?" adaptado às regras do método acadêmico, como modo de calar o outro através da imposição de uma ordem hierárquica rigidamente definida[2]. O ânimo subjacente às discussões de ideias seria, assim, tão só derrotar o ponto de vista do adversário mediante autênticas quedas de braço verbais. Tal entendimento tornou-se um lugar-comum que precisa ser questionado, pois atribui exclusivamente à vida cultural brasileira um procedimento encontrável em épocas e latitudes as mais diversas. Basta recordar a bem-humorada descrição de Raymond Aron do "machismo da *rive gauche*", cujo traço próprio consistiria em vencer debates não pela força intrínseca dos argumentos, mas simplesmente pelo "volume" de voz empregado nas discussões.

---

1. Neste ensaio, aproveito formulações de meu livro, *Crítica Literária: Em Busca do Tempo Perdido?*, Chapecó, Argos, 2011.
2. Refiro-me, como já se sabe, ao clássico ensaio de Roberto DaMatta, "Você Sabe com Quem Está Falando? Um Ensaio sobre a Distinção entre Indivíduo e Pessoa no Brasil", *Carnavais, Malandros e Heróis. Para Uma Sociologia do Dilema Brasileiro*, 6. ed., Rio de Janeiro, Rocco, 1997, pp. 179-248. Na síntese do autor: "Descobrimos como 'sabe com quem está falando?' remete a uma discussão muito séria das relações entre a moldura igualitária do sistema brasileiro e o sistema aristocrático (e hierarquizante), formando e guiando durante séculos as relações de senhores e escravos" (*idem*, p. 246. A primeira edição é de 1979).

96 ❧ A CRÍTICA LITERÁRIA BRASILEIRA EM PERSPECTIVA

Em relação ao Brasil, Roberto Ventura propôs uma leitura engenhosa: a centralidade da polêmica no meio intelectual oriundo das práticas senhoriais da casa-grande apontaria para um inesperado, porém autoritário, "equilíbrio de antagonismos", na célebre expressão de Gilberto Freyre para definir a acomodação entre o senhor e o escravo na dialética das elites nordestinas[3]. No caso da polêmica, o equilíbrio ocorreria "entre o *oral* e o *escrito*, entre os desafios da poesia popular e tais debates, o que realizou a convergência entre valores modernos e tradicionais"[4]. Vale dizer, nesse horizonte, ou beco sem saída, a preocupação com a "verdade", ou, em tom menos ontológico, o zelo pela coerência do discurso, ou, por fim, em tom decididamente iluminista, o compromisso com o próprio aperfeiçoamento intelectual, seria menos relevante do que levar o oponente a nocaute, fazê-lo beijar a lona, no reconhecimento explícito de nossa superioridade. Ventura identificou, porém, uma transformação importante no próprio caráter da polêmica no cenário cultural brasileiro no início do século XX: "A polêmica entre indivíduos, forma de debate privilegiada no século XIX, perdeu parte da importância", e progressivamente teria cedido lugar ao "debate de ideias e doutrinas"[5].

Numa interpretação mais radical, Flora Süssekind defendeu que o *éthos* polêmico encontrou uma circunstância propícia no cenário brasileiro: "Não é de estranhar, portanto, que um dos motores da vida cultural de um país sob governos autoritários seja exatamente a polêmica"[6]. Não é nada óbvia, pelo contrário, a razão pela qual sob uma ditadura militar a polêmica deva necessariamente florescer; afinal, talvez seja difícil polemizar num clima de censura prévia. Sem o esclarecimento lógico desse vínculo inesperado, o leitor se pergunta como entender a presença da polêmica em outros contextos, nos quais os direitos civis e a liberdade de expressão encontram-se plenamente assegurados. Um pouco adiante, contudo, a autora oferece o corolário de seu entendimento da polêmica. No Brasil, os debatedores, em aparência sem o menor constrangimento, lançariam mão de recursos próprios do sistema, digamos assim, particularmente persuasivo dos órgãos de repressão: "quando é necessário aproveitar-se de métodos aprendidos durante

---

3. Vale a pena recordar a definição de Gilberto Freyre: "O sistema casa-grande-senzala, que procuramos estudar em trabalho anterior, chegara a ser – em alguns pontos pelo menos – uma quase maravilha de acomodação: do escravo ao senhor, do preto ao branco, do filho ao pai, da mulher ao marido" (Gilberto Freyre, "Prefácio à Primeira Edição", *Sobrados e Mucambos*, 2. ed., Rio de Janeiro, José Olympio, 1961, p. XXI. A primeira edição é de 1936).

4. Roberto Ventura, *Estilo Tropical*. História Cultural e Polêmicas Literárias no Brasil, São Paulo, Companhia das Letras, 1991, p. 10.

5. *Idem*, p. 150.

6. Flora Süssekind, *Literatura e Vida Literária: Polêmicas, Diários & Retratos*, Rio de Janeiro, Jorge Zahar Editor, 1985, p. 38.

anos com as polícias militares e os agentes do SNI, tais como a deduragem [...] ou a recusa autoritária a justificar conclusões e prestar contas dos pressupostos dos próprios textos e ações"[7].

A questão, contudo, é muito mais complexa e não se resolve com um par de adjetivos, ainda que bem escolhidos. Ademais, seria preciso explicar a presença de polêmicas, igualmente virulentas, anteriores a 1964 e posteriores a 1979, se aceitarmos que nessa data o processo de redemocratização consolidou-se formalmente com a promulgação da Lei da Anistia. E, embora a autora tenha reconhecido que "[...] a polêmica não pode ser explicada apenas em função do autoritarismo reinante nos últimos vinte anos", insistiu no samba de uma nota só: *Talvez o que se possa dizer é que a durabilidade do regime militar, marcado pela alternância de momentos de repressão e de cooptação, reatualizou a necessidade das polêmicas como duelos necessários para aproximar a discussão crítica da linguagem do espetáculo tão cara ao autoritarismo brasileiro*"[8]. Daí, em tese, nesse horizonte gris, a constância das polêmicas somente revelaria a insuficiência da vida intelectual brasileira e nunca sua vitalidade; pois, no universo do bate-boca (às vezes) erudito, pouco espaço sobraria para um diálogo fecundo.

Porém, algumas perguntas simples não foram consideradas: por que os intelectuais, em geral de esquerda, perseguidos pelo regime militar, buscariam *aproximar a discussão crítica da linguagem do espetáculo tão cara ao autoritarismo brasileiro*? A conexão não parece evidente, tampouco necessária. Sobretudo, por que preservar o hábito no período da redemocratização? O que se ganharia com tal procedimento, além da óbvia e nada favorável conexão com o regime militar, ou, se aceitarmos o nível de generalização proposto, com o *autoritarismo brasileiro*? Por fim, como entender que os gestos descritos pela autora como autêntica metonímia desse autoritarismo sejam encontráveis em diferentes contextos históricos? Ora, o *éthos* polêmico também esteve presente em outras constelações históricas e, *por isso mesmo*, foi fundamental para dinamizar o sistema intelectual.

Proponho que a compreensão usual da polêmica no Brasil – vista como "prática autoritária revestida de capa democrática"[9] – somente considera aspectos negativos de um fenômeno cuja importância cultural parece comprovada por sua recorrência. Nesse caso, um mínimo de sensibilidade antropológica deveria desestimular o juízo, pelo menos matizar sua conclusão peremptória, ela mesma autoritária no emprego livre de adjetivos em lugar de demonstrações lógicas.

---

7. *Idem*, p. 40.
8. *Idem*, p. 41. Grifos da autora.
9. *Idem, ibidem.*

SISTEMA INTERNO DE EMULAÇÃO

Como alternativa, proponho que se compreenda a polêmica como forma de pensamento. Em outras palavras, a prática da polêmica supõe a criação do que sugiro denominar "sistema interno de emulação", uma vez que confronta oponentes no interior de um mesmo registro discursivo, levando-os ao exame *interessado* dos textos do adversário. Vale dizer, a rivalidade de opções, sejam ideológicas, sejam estéticas, constitui um elemento dinâmico que favorece a estruturação sistêmica, seja do sistema intelectual, seja do sistema de artes, pois a necessidade de desautorizar a argumentação do adversário depende da exposição dos próprios pressupostos.

Como base teórica dessa reavaliação da polêmica, pretendo desenvolver o conceito de "sistema interno de emulação". De imediato, recorde-se o método comum nas escolas de pintura: inicialmente, o aprendiz limita-se conscientemente a *imitar* os quadros dos mestres. Em seguida, dedica-se a *emular* a mesma tradição da qual se alimentou[10]. O mesmo procedimento organizou a experiência literária até pelo menos o advento do Romantismo. João Adolfo Hansen sintetizou o procedimento artístico da emulação: "A semelhança do novo poema é tida como boa imitação quando resulta da *emulação*. Emula-se o que se admira e ama: por outros meios materiais e modos miméticos, o poeta inventa o poema com forma análoga – mas não idêntica – à da obra autorizada do costume, competindo com ela em engenhosidade e arte"[11].

Sem dúvida, na mentalidade pós-romântica, não somente esse postulado se perdeu, como também, no campo da polêmica, a "admiração" pela obra alheia, na maior parte das vezes, ou mesmo quase sempre, é substituída pelo desacordo radical – para dizê-lo com alguma elegância. O que proponho é que essa divergência pode revelar-se extremamente produtiva; afinal, a necessidade de "provar" a correção dos nossos argumentos, isto é, de "demonstrar" o equívoco dos demais, obriga a uma relação dinâmica de leitura crítica do alheio, assim como de explicitação das conjecturas do próprio discurso. Espero que o leitor não veja nessa proposta o fantasma de uma idealização ingênua da polêmica. Refiro-me exclusivamente ao efeito estruturador de rivalidades teóricas e metodológicas na constituição do sistema intelectual.

---

10. Penso numa exposição importante para a ideia de "sistema interno de emulação", *Turner and the Masters,* cuja proposta conceitual valorizava o sistema de *imitatio* e *emulatio* na formação do pintor britânico e, sobretudo, na formulação do seu próprio estilo, construído a partir do confronto deliberado com os mestres do passado. David Solkin (org.), *Turner and the Masters,* London, Tate Publishing, 2009. Destaco o ensaio de David Solkin, "Education and Emulation", pp. 99-121.

11. João Adolfo Hansen, "Notas sobre o Gênero Épico", em Ivan Teixeira (org.), *Épicos*, São Paulo, Edusp/ Imprensa Oficial, 2008, p. 20.

Tal hipótese estimula a releitura que esboçarei a seguir do papel da polêmica na história da crítica literária no Brasil a partir de um estudo de caso, aliás, paradigmático para o tema em questão.

A POLÊMICA COMO ESTRUTURA

Neste ensaio, pois, formulo a seguinte hipótese para renovar o entendimento da polêmica no Brasil: a modernidade da vida intelectual do país dependeu de uma sucessão de disputas que criou um sistema interno de emulação, responsável pela vitalidade identificada nas décadas iniciais da segunda metade do século xx. A fim de testar a hipótese, esboço um *brevíssimo* panorama de uma única ocorrência.

Desejo acrescentar outra reserva. No caso, devido ao interesse que me move, valorizo os duelos de ideias em seu aspecto, por assim dizer, solar. Em outras palavras, recupero conscientemente o *éthos* polêmico em sua capacidade de estruturação sistêmica, capacidade que demanda a explicitação dos próprios pressupostos e a leitura atenta, ainda que belicosa, dos princípios defendidos pelo adversário do momento. Devo, no entanto, reconhecer que muitas vezes as polêmicas efetivamente ocorridas caminharam (e caminham) em direção oposta. Assim, em lugar de explicitar o conflito, oculta-se a divergência; em lugar de dar voz ao outro, busca-se torná-lo invisível através da temida conspiração do silêncio; em lugar de estimular o diálogo, cultiva-se a epigonia. Nesse horizonte, a polêmica somente favorece a proliferação de subsistemas autocentrados e repetidores do conhecimento produzido pelos mestres. Ora, *não idealizo a polêmica em si mesma, mas proponho recuperar sua vitalidade*, com o objetivo de propor interpretações alternativas da história cultural recente. De qualquer modo, uma vez que a interpretação dominante apenas vislumbra autoritarismo e narcisismo na polêmica, recuperar sua potência na estruturação da crítica literária e do sistema intelectual pode ser um exercício pelo menos provocador.

Vejamos, pois, o estudo de caso que estrutura este ensaio.

A ESCOLA DO RECIFE

Recorde-se, em linhas breves, o movimento iniciado na Escola do Recife, ou seja, pela "Geração de 1870", e sua proposta de atualização do meio intelectual brasileiro. Movimento animado por polemistas do calibre de Tobias Barreto, Sílvio Romero e do próprio Joaquim Nabuco. Além de propor pressupostos filosóficos e estéticos alternativos, os membros da "Geração de 1870" também contestavam a hegemonia dos intelectuais da corte de Dom Pedro ii. Tais polêmicas eram doutrinárias e, ao mesmo tempo, buscavam alterar a correlação de forças do sistema intelectual. Em termos atuais, as controvérsias oitocentistas objetivavam a criação de uma política cultural renovada e descentralizada.

No caso da Escola do Recife, posso dizê-lo sem diplomacia (e bem ao gosto de seu estilo): as periferias regionais disputavam a centralidade da vida literária localizada no Rio de Janeiro – problema que ainda hoje não foi de todo resolvido, pois a vida cultural segue concentrada no eixo Rio de Janeiro–São Paulo. A questão era ainda mais urgente no período imperial, pois Dom Pedro II criou um influente sistema de mecenato, que concedia bolsas generosas de pesquisa, possibilitava viagens e financiava publicações de livros – por exemplo, a primeira e luxuosa edição de *A Confederação dos Tamoios*. Os membros da Escola do Recife contestavam esse modelo, *talvez, pelo menos em parte, porque dele não se beneficiavam*. Sob esse ângulo de análise, não surpreende a virulência de Sílvio Romero, seu porta-voz mais inflamado[12]. Em 1856, a violência do jovem José de Alencar contra o consagrado Gonçalves de Magalhães tinha ânimo similar, pois o favorito do Imperador era o autêntico centro de gravidade da República das Letras na Corte: *atacá-lo poderia representar o atalho para acelerar a própria carreira*. Aliás, em 1875, essa também foi uma das razões da investida de Joaquim Nabuco contra José de Alencar[13]. Nesses casos, se é inegável a presença tanto de recursos autoritários quanto da argumentação *ad hominem*, também é visível a importância da polêmica para a definição do campo estético, do debate das ideias e da estrutura de poder no campo literário brasileiro no século XIX.

Aliás, posso aprofundar esse comentário, aproveitando para abordar um lado nada solar da polêmica.

As motivações subjacentes aos debates – por assim dizer, o espólio da batalha de ideias – são emblemáticas da funcionalidade própria da polêmica: ela diz respeito tanto à reestruturação do sistema quanto à autopromoção e à busca por notoriedade e privilégios. É necessário admitir esse segundo aspecto, porém ainda mais importante é reconhecer que os resultados finais continuam sendo muito produtivos no âmbito intelectual. E mesmo que não seja sempre possível determinar qual aspecto prevalece, reconheço o perigo de privilegiar o que naturalmente seria uma vantagem

---

12. "Sílvio Romero traz à cena histórica o escritor combatente, em conflito com o *status quo*, que não deve viver, como os românticos, à sombra da Coroa, sob o manto do mecenato. Crítica e polêmica se aliam no combate do bacharel e do letrado contra o domínio oligárquico e as estruturas arcaicas do país" (Roberto Ventura. "História e Crítica em Sílvio Romero", em Letícia Malard et. al., *História da Literatura. Ensaios*, 2. ed., Campinas (SP), Ed. da Unicamp, 1995, p. 45.

13. "O Sr. José de Alencar [...] parece não depender da crítica e ter em nosso país uma dessas posições literárias, como a de Voltaire no século passado, e a de Chateaubriand no começo do nosso. Confesso que esse privilégio seria inconciliável com o progresso do país" (Joaquim Nabuco, "Aos Domingos", em Afrânio Coutinho, *A Polêmica Alencar-Nabuco*, Rio de Janeiro, Tempo Brasileiro, 1978, pp. 43-44).

para minha hipótese – o debate e a troca de ideias – e de tentar esconder o aspecto interesseiro das disputas. Creio que o leitor percebeu que não é o meu caso. No entanto, apenas destacar o lado por assim dizer noturno das polêmicas tem sido a nota dominante na crítica brasileira.

Sem dúvida, encontrar o ponto ideal para tratar do tema supõe um equilíbrio delicado, que procurarei preservar nas duas próximas seções.

O FURACÃO SÍLVIO ROMERO

Em outras palavras, para além da virulência dos ataques pessoais, que muitas vezes é o único aspecto observado retrospectivamente por críticos e historiadores, *a motivação subjacente a esses duelos referia-se, sobretudo, à reestruturação do sistema intelectual e à renovação de princípios estéticos*. Retomando o que disse há pouco, posso reformular a frase: a reestruturação e a renovação não são o motivo subjacente, mas o declarado. O subjacente seria, neste caso, a autopromoção e a luta pelo poder no campo simbólico. E vale repisar: são duas faces da mesma moeda.

De todo modo, se não me equivoco, e esse é o ponto que busco valorizar: criou-se, no seio dessas diferenças, um sistema interno de emulação muito produtivo, cuja vitalidade busco recuperar. Por exemplo, a polarização representada pelas opções teóricas adversárias de Sílvio Romero e José Veríssimo foi fundamental para o fortalecimento da crítica literária, institucionalizada inicialmente na trincheira dos periódicos. Posteriormente, dada a ausência de universidades, determinados centros assumiram um papel de destaque, pois representavam uma instância de legitimação. Penso, por exemplo, no Instituto Histórico e Geográfico Brasileiro, fundado em 1838, na Academia Brasileira de Letras, criada em 1897, e no tradicional Colégio Pedro II – cujos concursos foram palco de querelas memoráveis, e isso mesmo no século XX, como atesta a disputa de Álvaro Lins e Afrânio Coutinho, na década de 1950. A polarização das posições implicou a necessidade de refutar os argumentos e as posições do oponente, o que exigia a leitura de sua obra, ainda que uma leitura parcial e quase sempre mal-humorada.

Nesse particular, Sílvio Romero é propriamente insuperável e dificilmente algum título poderia ser mais ferino do que o seu *Zéverissimações Ineptas da Crítica*, torpedo publicado em 1909, cujo subtítulo, "Repulsas e Desabafos", remete à dialética erística, tal como Schopenhauer a descreveu.

Aliás, vale a pena recordar a definição do filósofo, até mesmo para observar que o *éthos* polêmico não é exclusividade brasileira. Schopenhauer esclareceu a origem do ardil empregado por todo polemista, mesmo pelos defensores da uni-

102 ❧ A CRÍTICA LITERÁRIA BRASILEIRA EM PERSPECTIVA

vocidade do conceito, como acabamos de ver nas máquinas de guerra textuais armadas por Platão e Aristóteles: "se no nosso fundo fôssemos honestos, em todo debate tentaríamos fazer a verdade aparecer, sem preocupar-nos com que ela estivesse conforme à opinião que sustentávamos no começo". Assim seria no universo ideal do diálogo acadêmico puro, compreendido como troca desinteressada de ideias, cuja única finalidade seria o aperfeiçoamento mútuo dos interlocutores. No entanto, "nossa vaidade congênita, especialmente suscetível em tudo o que diz respeito à capacidade intelectual"[14], quase sempre ocupa o centro do palco, determinando o verdadeiro alvo das polêmicas. Na Grécia clássica, na Alemanha oitocentista, no Novo Mundo: não importa a latitude, pois o móvel permanece o mesmo: "Para estabelecer uma *dialética* pura, devemos deixar de nos preocupar com a realidade objetiva (que é a questão da lógica), e encará-la simplesmente como a *arte de vencer o debate*"[15].

E, mais uma vez, revela-se o traço inegavelmente autoritário de polemistas que desqualificam o adversário em lugar de estudar-lhe as ideias, buscando assim convencer o leitor antes de apresentar seus próprios pressupostos. Exemplo eloquente encontra-se no primeiro parágrafo do livro-bomba do furacão Sílvio Romero: "*Não costumo ler o Sr. José Veríssimo*, principalmente depois do seu último concurso de história geral e do Brasil, em que se revelou duma ignorância abaixo de qualquer classificação"[16]. Como vimos rapidamente, antes da criação das universidades, os concursos para o Colégio Pedro II, a Escola Normal, entre outros centros importantes de ensino, geravam autênticos duelos entre os candidatos, pois representavam uma instância definitiva de reconhecimento social[17]. A conhecida gentileza de Romero brilhava nessas ocasiões: "O Tucano Empalhado, o Sainte Beuve peixe-boi, que vá pescar tartarugas nas margens do Amazonas e deixe-me de dizer asnidades..."[18]. O problema é que a leitura posterior de polêmicas desse tipo limita-se a condenar a desqualificação do oponente e, com essa observação, termina desqualificando a polêmica em si mesma – a ironia é divertida porque involuntária. No caso em tela, após inúmeras diatribes dirigidas ao "José"

---

14. Arthur Schopenhauer, *Como Vencer um Debate sem Precisar Ter Razão*, trad. Daniela Caldas & Olavo de Carvalho, introd., notas e comentários de Olavo de Carvalho, Rio de Janeiro, Topbooks, 1997, p. 96.
15. *Idem*, p. 111. Grifos do autor.
16. Sílvio Romero, *Zéverissimações Ineptas da Crítica. Repulsas e Desabafos*, Porto, Oficinas do *Commercio do Porto*, 1909, p. 5. Grifos meus. O livro de Romero encontra-se reproduzido em Alexei Bueno & George Ermakoff (orgs.), *Duelos no Serpentário: Uma Antologia da Polêmica Intelectual no Brasil. 1850--1950*, Rio de Janeiro, G. Ermakoff Casa Editorial, 2005, pp. 523-605.
17. "Todavia, é sabido que Sílvio Romero lutou bastante para ser admitido na Corte como intelectual. Na verdade este reconhecimento somente lhe chegou depois de nomeado, a 17 de janeiro de 1880, professor da cadeira de Filosofia do Imperial Colégio Pedro II" (João Mendonça de Souza. *Sílvio Romero: O Crítico e o Polemista*, Rio de Janeiro, Emebê Editora, 1976, p. 33).
18. Sílvio Romero, *op. cit.*, p. 9.

ou mesmo ao "Zézé"[19], Romero principiou a discutir efetivamente os textos e as posições de Veríssimo e, embora jamais abandone a dicção pouco urbana, revela a real diferença no horizonte crítico e teórico.

Vejamos.

A base inicial da divergência referia-se à compreensão do conceito de crítica: "O Sr. José Veríssimo, no seu atraso, nunca entendeu a moderna *crítica sociológica*, por mim inaugurada no Brasil, e tem feito até muita gente retrogradar e recair na mera crítica retórica, ou à *soi disant* psicológica"[20]. Como veremos na próxima seção, a diferença explodiu na *História da Literatura Brasileira* que cada qual escreveu. De imediato, essa primeira diferença anunciou as seguintes: "Tratando de um livro consagrado a assuntos da Alemanha, era infalível que o pescador da Amazônia procurasse ainda uma vez extravasar seu imbecil e estúpido ódio a Tobias Barreto e seus companheiros"[21]. O círculo se fecha e, apesar dos insultos e impropérios, o leitor se dá conta da delimitação cada vez mais clara de campos opostos: crítica sociológica *ou* crítica estética; cultura alemã *ou* cultura francesa; Tobias Barreto *ou* Machado de Assis. Em outras palavras, dois universos teóricos e críticos que, se não são necessariamente antagônicos, demarcam oposições acentuadas. Esse procedimento, aliás, foi objeto de reflexão da parte de Sílvio Romero: "A ideia de força e de luta domina sempre as grandes e até as pequenas literaturas; é o pugnar das ideias, das teorias, das opiniões; são *as polêmicas, a guerra intestina dos sistemas*. Uma literatura pacífica é uma literatura morta"[22]. Pelo contrário, e a exemplo de Machado de Assis, José Veríssimo não se interessava por debates[23], muito embora não costumasse perder nenhuma oportunidade para alfinetar seu destemido rival. Aproveite-se para esclarecer que esse é o sentido da controvertida noção de "crítica darwinista": "A literatura no Brasil, a literatura em toda a América, tem sido um processo de adaptação de ideias europeias às sociedades do continente. Esta adaptação nos tempos coloniais foi mais ou menos inconsciente; hoje tende a tornar-se compreensiva e deliberadamente feita. Da imitação tumultuária, do antigo servilismo mental, queremos passar à escolha, à seleção literária

---

19. Dois exemplos apenas, porém enfáticos: "Aprende, José, abre os olhos, estuda, lê cousas sérias. Deixa, sobretudo, o agulheiro nefasto do Garnier" (*Idem*, p. 26. Grifo do autor); "Ora, Sr. Zézé, tome senso..." (*Idem*, p. 28).

20. *Idem*, p. 19. Grifos do autor.

21. *Idem*, p. 23.

22. Sílvio Romero, *História da Literatura Brasileira*, tomo II, org. Luiz Antonio Barreto, Aracaju/Rio de Janeiro, Universidade Federal do Sergipe/Imago, 2001, p. 609. Grifos meus. *Idem*, tomo I, p. 63.

23. "Ao criticar a polêmica como forma de propagação das ideias científicas e filosóficas, capaz de promover as transformações da sociedade e da política, Veríssimo se afastou do tom empenhado e contestante da 'Geração de 1870'" (Roberto Ventura, *Estilo Tropical: História Cultural e Polêmicas Literárias no Brasil*, São Paulo, Companhia das Letras, 1991, p. 117).

104   ·   A CRÍTICA LITERÁRIA BRASILEIRA EM PERSPECTIVA

e científica. A darwinização da crítica é uma realidade tão grande quanto é a da biologia"[24]. Compreenda-se o pressuposto romeriano, em lugar de descartar a passagem com base numa falsa sofisticação teórica que, no fundo, permanece incapaz de enfrentar a resistência que mais interessa: a do próprio texto. Compreenda-se, dizia, o pressuposto romeriano: as polêmicas seriam indispensáveis porque permitiriam promover uma espécie de *seleção* entre as muitas ideias importadas e as poucas realmente adequadas para o novo contexto para o qual foram assimiladas. Desse modo, o embate intelectual seria, por assim dizer, o oxigênio que manteria o sistema dinâmico, ágil na apropriação de novas ideias, hábil na depuração de seus princípios à luz das circunstâncias locais. Dito de forma ainda mais clara: a fim de avaliar a adequação das ideias trazidas de longe, nada melhor do que uma refrega entre membros do sistema intelectual, pois o debate mesmo seria o árbitro da discussão. Com um mínimo de olhos bem abertos, poderíamos recuperar a intuição forte de Romero: *Da imitação tumultuária, do antigo servilismo mental, queremos passar à escolha, à seleção literária e científica. A darwinização da crítica é uma realidade tão grande quanto é a da biologia*. Releve-se o vocabulário da época e, com um pouco de imaginação teórica, veríamos numa passagem como essa uma inesperada antecipação da antropofagia oswaldiana.

Vale reiterar, para que não haja dúvidas e não se considere que idealizo a polêmica: *Romero queria mesmo era derrubar seu rival*, se possível sempre no primeiro assalto, com um direto no queixo bem aplicado. Para tanto, todos os recursos valiam: desqualificar o adversário, lançar mão de artifícios autoritários, ler com olhos tortos o texto do outro. Veja-se a avaliação isenta de um partidário do aguerrido sergipano: "Na verdade, insultou Veríssimo a torto e a direito. Cremos até que às cegas, às claras, às direitas, às escuras"[25]. No mínimo, se não vencesse por nocaute, Romero ganharia a refrega por pontos. Contudo, a polêmica não pode ser reduzida a esse traço, pois, como acabamos de ver, mesmo no caso de *Zéverissimações Ineptas da Crítica*, o que importa é a leitura atenta da obra alheia, mesmo que seja uma leitura reativa, filha de uma hermenêutica entre dentes.

Nesse contexto, a catilinária romeriana contra Machado de Assis merece ser reavaliada[26]. É claro que não pelo conteúdo do ataque, mas pelo sentido do gesto. Fiel ao projeto da Escola do Recife, Romero almejava alterar a hierarquia dos valores da vida intelectual, deslocando o autor de *Dom Casmurro* do centro do cânone,

---

24. Sílvio Romero, *História da Literatura Brasileira*, tomo I, org. Luiz Antonio Barreto, Aracaju/Rio de Janeiro, Universidade Federal do Sergipe/Imago, 2001, p. 63.
25. João Mendonça de Souza, *op. cit.*, p. 146.
26. Esbocei essa reavaliação em "'O Ruído das Festas' e a Fecundidade dos Erros: Como e Por que Reler Sílvio Romero", *O Exílio do Homem Cordial: Ensaios e Revisões*, Rio de Janeiro, Museu da República, 2004, pp. 251-274.

a fim de entronizar seu mestre Tobias Barreto. Afrânio Coutinho assinalou o problema, ao delinear determinado traço da personalidade de Machado: "Entrou para as igrejinhas e acabou ele mesmo papa de uma imensa catedral, que constituiu por muito tempo o oficialismo literário do país. Compreendeu que fora disso não havia salvação, qualquer que fosse o valor. E ficou patente que, estranho à sua roda na Garnier, ou sem o seu beneplácito, não era possível o exercício literário. A luta de Sílvio Romero é perfeitamente explicável como uma reação contra esse estado de coisas simbolizado pela figura de Machado, chefe de grupo, administrador da vida literária"[27]. Por isso, em seu livro, cujo título nem sempre é bem compreendido, Romero analisou longas passagens de obras dos dois autores com a esperança dos crentes: ao comparar os excertos, o leitor deveria convencer-se da superioridade do filósofo que redigia e publicava um jornal inteiramente em alemão no Pernambuco oitocentista[28]. Mas o esforço se revelou um inesperado bumerangue, pois as longas passagens em verso e prosa de Tobias Barreto eram um tiro no próprio pé (ou melhor, eram um tiro no pé do filósofo sergipano), já que o paralelo esclarecia exatamente o oposto, ressaltando por efeito de contraste o talento do escritor fluminense. A fim de reforçar a autenticidade de Tobias Barreto, Romero denunciou o artificialismo das opções estéticas de Machado. Este era o alvo da passagem sempre citada, mas não necessariamente bem entendida: "o *humour* no autor de *Iaiá Garcia* não é natural e espontâneo; é antes o resultado de uma aposta que o escritor pegou consigo mesmo [...]; é, para tudo dizer numa palavra, uma imitação, aliás pouco hábil, de vários autores ingleses"[29]. Melhor então divertir-se com o *humor* bem brasileiro de Tobias Barreto, ainda que sua prosa árida não pareça apropriada para produzir o efeito desejado.

Por isso, o título do livro publicado em 1897, *Machado de Assis. Estudo Comparativo de Literatura Brasileira*, bem pode ter sido uma armadilha. Ao menos essa

---

27. Afrânio Coutinho, "A Crítica de Machado de Assis", *Crítica & Críticos*, Rio de Janeiro, Simões, 1969, p. 198. Coutinho, nessa mesma página, atribuiu a esse fator a renúncia machadiana à atividade crítica: "O fato é que Machado desistiu a meio caminho. [...] Já lhe eram bastantes os elementos negativos de que a natureza lhe dotara. Não iria procurar mais motivos de barulho. Preferiria adaptar-se, acomodar-se, reservando o agudo espírito crítico para a análise geral dos homens e da vida. Lá se vingaria".

28. Tobias Barreto, *Monografias em Alemão*, trad., notas e introd. de Vamireh Chacon, Rio de Janeiro, Record/INL, 1990. No "Prólogo", dedicado a Sílvio Romero, Barreto lamenta que seus patrícios, "marionetes francesas", não poderiam compreender sua crítica vazada em alemão. O mais melancólico, porém, vem a seguir: "Por outro lado, apesar de ser o opúsculo escrito em alemão, não sou tão atrevido para supor de poder falar à própria Alemanha. A crítica alemã dedica-se demasiadamente a coisas interessantes, em vez de ocupar-se com escritos de tal jaez" (*idem*, pp. 55 e 57). Infelizmente, tinha razão e, ao que consta, seus artigos redigidos em laborioso alemão não encontraram interlocutores à altura de seu esforço e talento linguístico.

29. Sílvio Romero, *Machado de Assis: Estudo Comparativo de Literatura Brasileira*, Campinas (SP), Ed. da Unicamp, 1992, p. 122.

106 ✤ A CRÍTICA LITERÁRIA BRASILEIRA EM PERSPECTIVA

foi a opinião de um dos mais aguerridos defensores do autor de *A Mão e a Luva*. Em artigos publicados em 1898 no *Jornal do Comércio*, o conselheiro Lafaiete Rodrigues Pereira, sob o pseudônimo de Labieno, lançou mão de artilharia pesada: "Intitula-se o livro – *Machado de Assis* – grosso embuste! Machado de Assis é o pretexto. O objeto do livro é Tobias, é a glorificação do Teuto sergipano. Bem sabia o Sr. Romero que se houvesse dado ao livro a sua verdadeira denominação – Tobias Barreto – não teria leitores. [...] Daí a fraudulenta substituição de Tobias Barreto por Machado de Assis"[30]. E a resposta não parou por aí, pois o Conselheiro "não esgota sua vingança na pretendida desmontagem do ataque romeriano; na segunda parte do livro, combate a produção jurídico-filosófica de Sílvio Romero, rebatendo afirmação por afirmação os *Ensaios de Filosofia do Direito*, publicado em 1895, por Sílvio Romero"[31]. Nesse bate-boca de uma só voz, destaca-se o impulso que pretendo valorizar: *para melhor vituperar o adversário, Labieno precisou ler, ainda que com olhos de rapina, a obra de Romero como um todo*[32]. Seu desafio não ficou sem resposta e, nessa troca de gentilezas, os argumentos devem ser refinados, a fim de refutar a refutação do outro. *Eis o retrato do sistema interno de emulação que teria fortalecido o sistema intelectual brasileiro e cujo motor é a polêmica*, que se revela assim instrumento indispensável para a vitalidade do próprio sistema.

Como se vê, proponho um entendimento bastante diferente do usual. No fundo, o oposto da polêmica é a conspiração do silêncio, tão temida no século XIX, especialmente pelo autor de *Ubirajara*. Receio reconhecido por Machado de Assis: "Um dia, respondendo a Alencar em carta pública, dizia-lhe eu, com referência a um tópico da sua, – que ele tinha por si, contra a conspiração do silêncio, a conspiração da posteridade"[33].

Contudo, como tento demonstrar, a polêmica pode renovar as bases de um sistema intelectual. Por exemplo, a iniciativa inusitada de Sílvio Romero suscitou discussões e estimulou o desenvolvimento de argumentos mais sólidos de ambos os lados: tanto os partidários do filósofo e líder da Escola do Recife quanto os defensores do escritor e presidente da Academia Brasileira de Letras precisaram formular em bases novas suas velhas convicções. Tal divergência definiu mais claramente

---

30. Lafaiete Rodrigues Pereira (Labieno), *Vindiciae: O Sr. Sílvio Romero Crítico e Filósofo*, org. Patrícia Pina, UERJ, Cadernos da Pós/Letras, 1998, p. 29. A polêmica encontra-se reproduzida em Alexei Bueno & George Ermakoff (orgs.), *Duelos no Serpentário: Uma Antologia da Polêmica Intelectual no Brasil. 1850--1950*, Rio de Janeiro, G. Ermakoff Casa Editorial, 2005, pp. 367-496.

31. Patrícia Pina, "Crítica da Literatura e Polêmica: Uma Questão de Autoridade", *Vindiciae: O Sr. Sílvio Romero Crítico e Filósofo*, org. Patrícia Pina, UERJ, Cadernos da Pós/Letras, 1998, p. 22.

32. Roberto Ventura analisou outras polêmicas originadas pelo livro de Sílvio Romero, no caso, com Valentim Magalhães e José Veríssimo; ver "A Morte da Polidez", *op. cit.*, pp. 108-120. O título do capítulo, aliás, é ótimo.

33. Machado de Assis, "José de Alencar: *O Guarani*", *Obra Completa*, vol. III. org. Afrânio Coutinho, Rio de Janeiro, Nova Aguilar, 1986, p. 922.

duas concepções adversárias de história literária. Em alguma medida, *a diferença desses dois métodos ainda hoje repercute e mesmo determina opções teóricas na crítica literária brasileira*. Afinal, "os projetos de história literária da 'geração de 1870' desembocaram nas duas propostas antitéticas de Sílvio Romero e José Veríssimo"[34].

Note-se, aqui, porém, o avesso das vantagens possíveis criadas pelo espírito polêmico, no risco de certo engessamento crítico, isto é, no estabelecimento de linhas muito rígidas e, por isso mesmo, excludentes. Em outras palavras, a epigonia, cujo caldo de cultura é o fortalecimento de grupos autocentrados surgidos após a institucionalização dos estudos literários na Universidade, pode ter tido como precursora as polêmicas doutrinárias do século XIX.

HISTÓRIA LITERÁRIA: DUAS VIAS (PELO MENOS)

De um lado, Sílvio Romero defendia uma concepção de literatura associada à noção de cultura no sentido alemão de *Kultur*. Trata-se de noção fortemente associada ao conceito orgânico de nação, vista como fruto de raiz comum, numa alusão evidente à etimologia latina. Na síntese de Alfredo Bosi: "As palavras *cultura*, *culto* e *colonização* derivam do mesmo verbo latino *colo*, cujo particípio passado é *cultus* e o particípio futuro é *culturus*"[35]. Daí, à literatura *nacional* diria respeito todo e qualquer texto representativo da cultura brasileira, e não apenas textos considerados literários. Por isso, sua história da literatura compreendia volumes alentados, reunindo uma miríade de nomes e uma vertigem de títulos de obras e de datas de publicação, pois se tratava de documentar o processo de autonomização da cultura pátria: "Tudo quanto há contribuído para a diferenciação nacional deve ser estudado, e *a medida do mérito dos escritores é este critério novo*. Tanto mais um autor ou um político tenha trabalhado para a determinação de nosso caráter nacional, quanto maior é o seu merecimento"[36]. Um critério novo e, sobretudo, explicitado claramente: *explicitação e clareza necessárias pela presença de uma concepção adversária e também influente*.

De outro lado, José Veríssimo abraçou uma noção estética de literatura, compreendida no metro francês das *belles lettres*, associada à noção de um emprego particular das letras, usadas para a produção de um efeito capaz de "distinguir de maneira cada vez mais nítida entre as letras consideradas *belas* [...] e as letras que

---

34. Roberto Ventura, "História e Crítica em Sílvio Romero", em Letícia Malard *et. al.*, *História da Literatura. Ensaios*, 2. ed., Campinas (SP), Ed. da Unicamp, 1995, p. 47.

35. Alfredo Bosi, "Colônia, Culto e Cultura", *Dialética da Colonização*, São Paulo, Companhia das Letras, 1992, p. 11.

36. Sílvio Romero, *História da Literatura Brasileira*, tomo I, org. Luiz Antonio Barreto, Aracaju/Rio de Janeiro, Universidade Federal do Sergipe/Imago, 2001, p. 57. Grifos meus.

108 ❧ A CRÍTICA LITERÁRIA BRASILEIRA EM PERSPECTIVA

poderíamos chamar *filosóficas* ou *científicas*"[37]. *Disso resulta que o seu entendimento da literatura* nacional necessariamente incluiu um *corpus* muito mais reduzido, exigindo sua *História da Literatura Brasileira* apenas um volume, com um critério rigoroso na inclusão de autores, vale dizer, na exclusão de textos considerados *não literários*, ainda que relevantes para o entendimento da cultura nacional[38]. Nas palavras de Veríssimo: "Literatura é arte literária. [...] Assim pensando [...] sistematicamente excluo da história da literatura brasileira quanto a esta luz se não deva considerar literatura. Esta é neste livro sinônimo de boas ou belas letras, conforme a vernácula noção clássica"[39]. *Explicitação e clareza igualmente necessárias pela existência de uma concepção adversária, anterior, e muito influente.*

Eis a origem do desacordo fundamental na apreciação da obra de Machado de Assis: artificial e estrangeirado, no olhar de Romero; artístico e universal, na perspectiva de Veríssimo. A diferença não poderia ser mais clara, e a tensão entre esses dois métodos é muito produtiva, repercutindo ainda hoje na crítica literária brasileira. Na análise certeira de João Alexandre Barbosa, o acirramento da tensão entre orientação social e preocupação estética produziu a "tradição do impasse", como discutirei adiante. De imediato, porém, para que o leitor não se desoriente, eis uma breve definição do antagonismo em causa: "[...] a aspiração por uma especificidade da crítica literária e o intuito de uma participação, através das Letras, na vida nacional"[40].

Por isso mesmo, a divergência metodológica entre esses dois autores fundamentais também se estampou na capa dos respectivos livros. Em 1888, Romero publicou *História da Literatura Brasileira*; em 1916, Veríssimo lançou *História da Literatura Brasileira*. Se é verdade que o tema em tela costuma limitar a originalidade dos títulos, é igualmente verdadeiro que, nesse caso, a repetição implica uma diferença irredutível. É como se Veríssimo afirmasse: eis, de fato, uma história da *literatura* brasileira, em lugar de um catálogo da "literatura" *brasileira*. E para não deixar nenhuma margem à dúvida, ele mesmo se encarregou de esclarecer: "Nem se me dá da pseudonovidade germânica que no vocábulo literatura compreende tudo o que se escreve num país, poesia lírica e economia política, romance e direito público, teatro e artigos de jornal e até o que não se escreve, discursos parla-

---

37. Roberto Acízelo de Souza, *Iniciação aos Estudos Literários. Objetos, Disciplinas, Instrumentos*, São Paulo, Martins Fontes, 2006, p. 11. Grifos do autor.

38. Para uma síntese notável de dois conceitos-chave para o entendimento dessa querela oitocentista acerca da definição de literatura, ver a obra citada de Roberto Acízelo de Sousa, especialmente os verbetes "Belas-letras" (pp. 1-12) e "Literatura" (pp. 22-39).

39. José Veríssimo, *História da Literatura Brasileira. De Bento Teixeira (1601) a Machado de Assis (1908)*, Rio de Janeiro, Topbooks, 1998, p. 24.

40. João Alexandre Barbosa, *A Tradição do Impasse: Linguagem da Crítica & Crítica da Linguagem em José Veríssimo*, São Paulo, Ática, 1974, p. 155.

mentares, cantigas e histórias populares, enfim autores e obras de todo o gênero"[41]. Desse modo se afirma e, apenas por isso, se afina o sistema interno de emulação capaz de dinamizar a produção intelectual[42].

Nem mesmo o sóbrio Machado de Assis deixou de reconhecer a importância desse combustível altamente inflamável. Em 1878 alvejou *O Primo Basílio*, revelando indiretamente como foi afetado pelo êxito de crítica e de público alcançado pelo romance de Eça de Queirós. Na famosa crítica ao romance, Machado principiou recordando o sucesso de *O Crime do Padre Amaro*: "Foi a estreia no romance, e tão ruidosa estreia, que a crítica e o público, de mãos dadas, puseram desde logo o nome do autor na primeira galeria dos contemporâneos"[43]. Apesar da proverbial discrição do autor, percebe-se o desconforto machadiano. O desacordo fundamental, porém, cingiu-se aos princípios estéticos de cada escritor: "Demais, seria mal cabido invocar o padrão do Romantismo para defender os excessos do Realismo"[44]. O aparecimento de *O Primo Basílio* parece ter colocado Machado numa posição de xeque-mate: sem se identificar plenamente com o "padrão do Romantismo" e muito menos adepto dos "excessos do Realismo" – e por Realismo, Machado compreendia tanto a escola naturalista quanto a realista propriamente dita –, o futuro autor de *Memórias Póstumas de Brás Cubas* precisava inventar uma avenida só sua. É notável que no processo de encontrar um caminho particular Machado tenha recorrido à polêmica, em tese gesto avesso ao temperamento diplomático que sempre o caracterizou. No fundo, Machado discutia consigo mesmo, buscando aprimorar suas opções a partir da recusa de *O Primo Basílio* e do incômodo inegável causado pelo sucesso imediato de Eça de Queirós[45]. Ou seja, através do ataque a Eça, Machado pretendia propor uma estética alternativa, reforçando a vitalidade potencial do sistema interno de emulação[46].

---

41. José Veríssimo, *op. cit.*, pp. 24-25.
42. Em meio a tantas diferenças, Regina Zilberman observou com agudeza elementos de aproximação entre os dois turrões da historiografia literária: "Por razões diversas, e até opostas, Romero e Veríssimo, entre 1888 e 1916, estão desencantados com o presente: um denunciou o atraso e a ignorância vigentes; o outro expressou desalento diante da atualidade" (Regina Zilberman, *"Entre Duas Histórias: de Sílvio Romero a José Veríssimo"*, em João Cezar de Castro Rocha (org.), *Nenhum Brasil Existe – Pequena Enciclopédia*, Rio de Janeiro, Topbooks, 2003, p. 880).
43. Machado de Assis, "Eça de Queirós: *O Primo Basílio*", *op. cit.*, p. 903.
44. *Idem*, p. 912.
45. Em outra passagem, o incômodo vem à superfície: "Certo da vitória, o Sr. Eça de Queirós reincidiu no gênero, trouxe-nos *O Primo Basílio*, cujo êxito é evidentemente maior que o do primeiro romance, sem que, aliás, a ação seja mais intensa, mais interessante ou vivaz nem mais perfeito o estilo. A que atribuir a maior aceitação deste livro?" (*idem*, p. 904). Na época, Machado estava publicando seu quarto romance, *Iaiá Garcia*, sem conhecer o mesmo êxito de crítica e sobretudo de público.
46. Dediquei um livro ao tema: *Machado de Assis: Por uma Poética da Emulação* (Rio de Janeiro, Civilização Brasileira, 2013).

Posteriormente, no calor da campanha romeriana, Machado rendeu outro tributo à vitalidade das polêmicas. Em carta enviada ao Conselheiro Lafaiete Rodrigues Pereira, fez questão de agradecer o ataque que ele dirigiu a Sílvio Romero, quero dizer, a defesa que fez do autor de "Causa Secreta": "Soube ontem (não direi por quem) que era V. Ex.ª o autor dos artigos assinados *Labieno* [...] em refutação ao livro a que o Sr. Dr. Sílvio Romero pôs por título o meu nome. A espontaneidade da defesa, o calor e a simpatia dão maior realce à benevolência do juízo que V. Ex.ª aí faz a meu respeito"[47]. Talvez não seja impertinente recordar que o Conselheiro ingressou na Academia Brasileira de Letras ocupando a vaga de Machado de Assis.

Como já disse, e guardadas as devidas proporções, em alguma medida, a divergência entre Romero e Veríssimo continua presente nos métodos e nas opções teóricas da crítica literária brasileira. Daí advém a centralidade desse debate para a estruturação da própria crítica literária. Hoje em dia, sua renovação depende do surgimento de novas polêmicas.

CODA

Se minha reavaliação do problema parecer fecunda, então *talvez seja possível imaginar que num futuro próximo o sistema interno de emulação, cujo motor é a polêmica programática ou doutrinária, retorne ao cenário brasileiro.* E se isso ocorrer, não se tratará do eterno retorno das zéverissimações, ou seja, das diatribes costumeiras, mas de um tipo de polêmica muito próximo ao que Roberto Ventura identificou na passagem do século XIX ao XX, no qual a argumentação *ad hominem*, que naturalmente não sairá de cena, estará subordinada à discussão dos pressupostos propriamente ditos. Quem sabe o fenômeno observado por Ventura não pôde concretizar-se devido ao baixo nível de institucionalização presente nos princípios do século XX? As condições atuais são mais favoráveis à realização da promessa por ele vislumbrada.

Sem dúvida, para muitos minha posição parecerá ingênua.

Não importa: prefiro correr riscos a repetir a velha ladainha do professor lamuriento que reclama sem parar das instituições, embora nunca reflita seriamente acerca da óbvia contradição entre o discurso avançado e sua prática autoritária.

---

47. Machado de Assis, *Obra Completa*, vol. III, org. Afrânio Coutinho, Rio de Janeiro, Nova Aguilar, 1986, p. 1043. A carta foi enviada em 19 de fevereiro de 1898.

JOSÉ VERÍSSIMO: CRÍTICO LITERÁRIO

Letícia Malard

No Congresso Literário Internacional realizado em Lisboa em maio de 1880, ouvindo a acusação do intelectual português Pinheiro Chagas de que o Brasil não queria reconhecer a propriedade literária, o nosso representante no evento, José Veríssimo, 26 anos, residente no Pará, defendeu com brilhantismo o País e foi muito aplaudido[1]. Assim as letras brasileiras apareciam no cenário mundial através daquele que seria o nosso mais importante crítico literário dos anos 1901--1916, grande amigo de Machado de Assis, com ele fundador da Academia Brasileira de Letras, e competidor de Sílvio Romero no *ranking* da Historiografia e da Crítica Literária. Romero, o papa temperamental dos nossos estudos literários de então, travou gritantes e surdas batalhas também com Veríssimo, sobretudo porque este pregava uma crítica de caráter estético, imanente ao texto, ao passo que Romero praticava a crítica sociológica, nos termos da concepção positivista do tempo[2]. Posicionando-se a favor de tal imanência, o crítico se posicionava também, automaticamente, como conservador, e não é nossa intenção debater aqui esse posicionamento.

O volume *Estudos de Literatura Brasileira*: *Sexta Série* abre-se com sérios reparos à *História da Literatura Brasileira* de Sílvio Romero. Veríssimo mordia e assoprava: por um lado, afirmava ser a obra original, sugestiva, interessante, com copiosas opiniões e ideias. Por outro lado, adjetivava Romero de "polemista", apontando-lhe na obra – que classifica de "repetitiva" e "fragmentária" – "senões ou falhas". Entre estas, e talvez a mais significativa, seria a confusão entre história

---

1. Veríssimo, *José Veríssimo Visto por Dentro*, p. 40.
2. Cf. Malard, "110 Anos de Crítica Literária", pp. 117-118.

literária e história cultural, inadmissível pelo crítico alinhado ao estudo imanente do texto literário. Escreveu Veríssimo: "E a pretexto de literatura, a sua *História* discutia todos os problemas e questões que direta ou indiretamente interessavam a nossa vida nacional: políticas, econômicas, científicas, industriais, estéticas, administrativas, étnicas, costumes, crenças, língua, ideais, aspirações e opiniões"[3].

Em outras palavras, o crítico paraense está dizendo, a nosso ver ironicamente, que a história literária de Romero é uma colcha de retalhos e que a Literatura entra aí como Pilatos no Credo. Esse tipo de reparo vestirá novas roupagens mais adiante, nos anos 1940, quando a historiografia de orientação marxista começa a ser agenciada no Brasil. No começo do século xx, as dissensões aconteciam entre a sociologia positivista de Romero e o esteticismo quase exclusivista de Veríssimo. Em meados do século, contrapunham-se o marginalizado marxismo historiográfico de Nelson Werneck Sodré acompanhado de outros, e o predominante *new criticism* de Afrânio Coutinho. O surgimento da *Formação da Literatura Brasileira*, de Antonio Candido, em 1959, encaminhando-se por uma terceira via, trouxe um grande equilíbrio a essas forças. Mas, na virada do século xix para o xx, e nas primeiras décadas deste último, nenhuma terceira via de peso se apresentou.

Entretanto, o polêmico Romero não recebeu calado as represões de Veríssimo. Replicou, chamando-o de "tucano empalhado da crítica brasileira" e de "criticastro das tartarugas"[4]. Eram pesadas metáforas de zoomorfização para "ideias mortas, porém com aparências de vida" e "ideias retardatárias da incompetência", ideias essas que Romero atribuía a Veríssimo. *Grosso modo*, atiçava-se uma briga torta entre a Sociologia e a Estética na abordagem da Literatura, estampada em polêmicas muito em moda na época. Para se ter melhor visão de tal briga, recorra-se à afirmativa de Romero no livro *Machado de Assis*, onde ele desanca impiedosamente o maior escritor brasileiro de todos os tempos e já no seu tempo, de que a crítica "é apenas um capítulo da Sociologia"[5].

Os demais textos da sexta série referem-se a poetas contemporâneos que não entraram no cânone, como Magalhães de Azeredo, Júlia Cortines e Luiz Guimarães Filho, e aos canônicos Alberto de Oliveira e Cruz e Sousa. Referem-se também a Manuel Botelho de Oliveira, bem como a livros publicados entre 1903 e 1905, em curtas resenhas. São críticas onde ressalta a ausência de qualquer metodologia crítico-analítica que não seja o subjetivismo opiniático e impressionista, ainda que Veríssimo, em muitos momentos de seus escritos, negasse andar de mãos dadas com o impressionismo.

---

3. Veríssimo, *Estudos de Literatura Brasileira: Sexta Série*, p. 3.
4. Cf. Malard, "110 Anos de Crítica Literária", p. 118.
5. Romero, *Machado de Assis*, p. 115.

Mesmo não tendo a crítica brasileira da época instrumentais teóricos privilegiadores do Estético na análise do Literário, Veríssimo deu um passo importante em relação a Romero, quando ressaltou o julgamento estetizante das obras. E mais: no cenário cientificista dos críticos de seu tempo – além de Romero, lembramos Tobias Barreto e Araripe Júnior –, ele não se deixou ensurdecer pela canto da sereia "Ciência": encarou a crítica como uma atividade desinteressada, precisa, intuitiva e independente. Ou, nos dizeres de Olívio Montenegro:

> No crítico José Veríssimo o que porventura faltasse em uma força maior de sensibilidade e imaginação era compensado por uma inteligência vastamente compreensiva e que ia por vezes a intuições admiráveis. Daí certas sínteses de uma objetividade e uma precisão absolutamente sensíveis a todo leitor [...].[6]

No entanto, Veríssimo peca pelo subjetivismo, pela avaliação do simples prazer despertado pelo texto. Essa falta de critérios julgadores, bem como o caráter impressionista de seus julgamentos, levou o crítico à incompreensão e à recusa de movimentos literários, como o Simbolismo, e de autores hoje canônicos, como Cruz e Sousa. Ressalte-se que a grande obra do intelectual paraense é a *História da Literatura Brasileira*, na contramão da *História* de Romero. Graças a uma extrema sensibilidade e a análises do texto em si, apesar das avaliações impressionistas – é bom que se repita –, pode-se dizer que sua *História* tem indiscutível atualidade[7].

Caracterizado o lugar histórico de José Veríssimo no contexto polemizante da época e em suas relações com seu competidor, entremos agora num curto percurso por sua obra crítica. Mapeando as seis séries de *Estudos de Literatura Brasileira*, assim as formata João Alexandre Barbosa, especialista no autor: a primeira série corresponde a uma seleção de textos publicados na *Revista Brasileira*, de quando o crítico era seu diretor e editor (1895-1899). A segunda série é constituída do que foi publicado no *Jornal do Comércio* (Rio de Janeiro) durante todo o ano de 1899. A terceira série também saiu nesse jornal, entre janeiro de 1900 e janeiro de 1901. A quarta série é composta por publicações no *Jornal do Comércio* e no *Correio da Manhã*, do Rio, em 1901. A quinta série integra textos de 1902 apenas do *Correio da Manhã*. A sexta série é uma coletânea de textos dados à luz entre 1902 e 1906, no *Correio da Manhã* e nas revistas *Kosmos* e *Renascença*, exceto dois textos que Barbosa não conseguiu localizar[8]. Da sétima e última série ele não trata, pois é obra póstuma.

Através desse mapeamento conclui-se que Veríssimo era, por excelência, um crítico literário da hora, ou seja, publicava seus escritos primeiramente em jornais

---

6. Montenegro, "Apresentação", em Veríssimo, *Crítica*, p. 10.
7. Cf. Malard, "110 Anos de Crítica Literária", p. 118.
8. Cf. Barbosa, "A Crítica em Série", em Veríssimo, *Estudos de Literatura Brasileira: Primeira Série*, pp. 10-14.

e revistas e, quase sempre, a respeito de lançamentos recentes. Se, por um lado, tal expediente era corriqueiro no panorama crítico da época – e, ainda em certo sentido, no atual –, por outro lado o espaço de que dispunha Veríssimo para a divulgação do que produzia era o melhor encontrável na capital da República: jornais e revistas de primeira linha. E mais: ele entendia que publicar apenas em jornais era subjugar o escrito à precariedade temporal, ao passo que a revista tinha um caráter bem mais duradouro. Daí ter batalhado para fundar, ainda no Norte, a *Revista Amazônica*, e, já no Rio de Janeiro, ter assumido a malograda *Revista Brasileira* e a refundado em terceira fase, aí publicando seus primeiros textos do Rio. Além disso, fazia uma boa política literária; cedeu o espaço físico dessa revista para alojar a Academia Brasileira de Letras em seus primórdios, sendo-lhe imensamente grato seu idealizador, Machado de Assis. Hoje, o periódico é o oficial da Academia.

Nesse contexto, Veríssimo aparecia também com aquele tipo de crítica que ele designava de "pedagógica", à qual preferimos chamar "crítica de animação", pois era uma tentativa de incentivar o estreante ou dar uma força para a melhora do pretenso escritor de pouco talento. Muitas vezes estes tentavam projetar-se de algum modo, buscando um padrinho ou dedicando o livro a alguém famoso. Bom exemplo foi o fluminense Emanuel Guimarães, que publicou dois romances em 1900 – *Jorge do Barral* e *A Todo Transe!...*, oferecendo o primeiro a Machado de Assis. É claro que, devido à estatura de Machado e à grande amizade que o unia a Veríssimo, este não poderia deixar passar em branco o lançamento do livro. De *Jorge do Barral*, afirma Veríssimo:

> [...] o romance do Sr. Emanuel Guimarães é uma promessa. Apesar dos seus defeitos e falhas, descobrem-se no autor capacidade para o gênero e no livro qualidades que, desenvolvidas e aperfeiçoadas, prometem nele um romancista. [...] Sob o aspecto da forma, da língua e do estilo, o livro é mal composto e mal escrito, mesmo incorreto. O autor não conhece suficientemente a língua, maneja-a com manifesta dificuldade e usa-a ainda com muita impropriedade.
>
> Estou convencido que em nosso meio literário a crítica pedagógica tem ainda o seu lugar e préstimo. Por via de regra, os que aqui escrevemos começamos a fazê-lo sem o preparo necessário. [...]
>
> Dedica o Sr. Guimarães o seu primeiro livro ao Sr. Machado de Assis: *primo primum*. Tudo o que faz o Sr. Machado de Assis digno desta homenagem vale, fique certo o Sr. Guimarães, pela língua admirável que ele escreve[9].

Anos depois, volta à carga, em artigo específico para o romance *A Todo Transe!...* e mantendo a coerência em relação ao romancista: "Pena é, repito para terminar, que às qualidades de inteligência, capacidade manifesta para o gêne-

---

9. Veríssimo, "Alguns Livros de 1900", *Estudos de Literatura Brasileira: Terceira Série*, pp. 272-275.

ro, observação, do Sr. Emanuel Guimarães, não corresponda a virtude elementar do escritor, que é escrever bem. Sem essa falha, ele nos teria dado uma excelente representação da nossa vida pública atual, e um precioso documento das novas formações da sociedade brasileira"[10].

Ainda segundo João Alexandre Barbosa, o volume *Estudos Brasileiros: Primeira Série* (1889) estampa textos escritos e publicados ainda no Pará, ao passo que a segunda série (1904) junta textos aparecidos no *Jornal do Brasil*, do Rio de Janeiro, fundamentais para a compreensão do discurso do crítico dos futuros *Estudos de Literatura Brasileira*. Barbosa chama a atenção para Veríssimo afirmar que a realidade cultural do País não podia realizar-se sem "um grão de ironia e ceticismo". Diz Barbosa, referindo-se à obra de Veríssimo posterior à segunda série dos *Estudos Brasileiros* e aos avanços do crítico em relação a suas primeiras obras, publicadas entre os anos de 1878 e 1889:

> Por um lado, deixava-se de ver nas obras aquilo que significava apenas projeto de esclarecimento nacional (o que ocorria, por exemplo, quando julgava *O Sertanejo* e *O Gaúcho* superiores a *Lucíola* e *Senhora*) e, por outro, chegava à consciência da precariedade dos métodos ao considerar a obra machadiana inacessível pelo flanco nacionalístico[11].

É o mesmo estudioso da obra de Veríssimo que demonstra que este, chegando ao Rio de Janeiro em 1891, anos antes de começar aí o exercício de sua crítica literária, já tinha publicado vários livros em outras áreas. Não era, portanto, nenhum despreparado para a empreitada: trazia na bagagem uma obra extensa para seus trinta e quatro anos de vida, bem como uma significativa experiência jornalística republicana[12].

Na "Introdução" à nova edição (1977) de *Estudos de Literatura Brasileira: Quarta Série*, que comemorou o centenário em 2010, tentamos recuperar a obra de Veríssimo naquilo que ela representa de boas lições para a crítica literária de todos os tempos[13]. Não vamos repetir aqui o que lá escrevemos, mas nossa "Introdução" e o conteúdo do volume nos servem para novas reflexões. Em primeiro lugar não se pode esquecer que estamos separados de tais escritos por mais de um século, período durante o qual muita água rolou debaixo da ponte da crítica literária. Veríssimo era um homem ajustado ao seu tempo: nortista autodidata, interessado não só em Literatura mas também em outros ramos das Ciências Humanas, como vimos. Transfere-se do jornalismo do Norte para o do Sul, para a capital da Re-

---

10. *Idem*, "Um Romance da Vida Pública Brasileira", *Estudos de Literatura Brasileira: Quinta Série*, p. 108. A crítica é de 1902.
11. Barbosa, *José Veríssimo: Teoria, Crítica e História Literária*, p. xxvi.
12. *Idem*, "A Crítica em Série", em Veríssimo, *Estudos de Literatura Brasileira: Primeira Série*, p. 15.
13. Cf. Malard, "Introdução", em Veríssimo, *Estudos de Literatura Brasileira: Quarta Série*, pp. 3-8.

pública, onde faz amigos, entre eles Machado de Assis, com quem manteria para sempre sólida amizade e vasta correspondência. O autor de *Esaú e Jacó* estava coberto de razões quando, em carta ao crítico datada de 4 de outubro de 1904, disse, a propósito da quarta série do *Estudos de Literatura Brasileira*, recém-publicado: "Esta nova série de estudos, vindo juntar-se às outras, dará caminho a um estudo geral das nossas letras, que servirá de guia a críticos futuros"[14].

O campo cultural onde vivia e escrevia o Veríssimo amadurecido, no Rio, era marcado por, pelo menos, um tripé de sustentação dos estudos das Ciências Humanas, aí incluídas as Letras: a influência do cientificismo evolucionista na Biologia, do Positivismo na Filosofia e do Liberalismo na Política. Mesmo na condição de homem do seu tempo, como vimos, o crítico vai dar uma guinada em relação a esse tripé, ao menos no que se refere ao conceito de Literatura. Esta não será um capítulo da Sociologia (como quis Romero), mas da Psicologia, praticamente sua antípoda à época. No texto "Que é Literatura?", comparando a essência de obras científicas com literárias, Veríssimo pergunta quais são as qualidades existentes em um poema e inexistentes em um tratado científico. E responde: o poema desperta emoções, ao passo que o tratado suscita a inteligência. Assim, o que caracteriza a condição literária é a faculdade de provocar emoções, fato que dá a um livro interesse permanente[15].

Assim conceituada a Literatura, em publicação posterior a muitos de seus *Estudos de Literatura Brasileira*, e a propósito do livro *Some Principles of Literary Criticism* (1899), do crítico norte-americano C. T. Winchester, Veríssimo coroava, num *a posteriori,* suas ideias a respeito da matéria, agenciadas em seus mais significativos textos críticos. O peso que ele atribuía ao despertar de emoções pela obra literária irá levá-lo a encontrar um "defeito capital" na poesia de Machado de Assis, depois de tecer-lhe grandes elogios: "Poesia, poesia lírica ao menos, é sentimento, e a sua, sob este aspecto não contenta plenamente talvez a nossa necessidade de emoção. A que dele recebemos é frequentemente encantadora e deliciosa, mas tão depurada pela forma, tão recatada de sentimento, de comum tão intelectual que raro irá ao fundo da nossa vida sentimental e afetiva. [...] É para mim o seu defeito capital"[16].

Assim, a Literatura como despertador de emoções irá orientar a plataforma do crítico em seus juízos, não só em matéria de poesia como também em outros gêneros e espécies. Acoplada à questão das emoções avulta a imposição da linguagem escorreita, norteada pela correção, clareza e naturalidade, para ele qualidades

---

14. Assis, *Correspondência*, p. 219.
15. Cf. Veríssimo, *Que É Literatura? E Outros Escritos*, pp. 14-18.
16. Veríssimo. "O Sr. Machado de Assis, Poeta", *Estudos de Literatura Brasileira: Quarta Série*, p. 103.

indispensáveis ao escritor. Foi o que "notou, com pena" faltar às vezes nos contos de Domício da Gama.

A obsessão pelas qualidades vernaculares muitas vezes conduziu o crítico para avaliações equivocadas e incompatíveis com sua erudição e lucidez judicativas. Um desses equívocos foi desqualificar o Simbolismo porque, entre outros defeitos, era calcado em formas de expressão obscuras e neologismos. Os demais defeitos eram o artificialismo e a insinceridade (pressupondo-se, portanto, que o natural e o sincero devam ser categorias indispensáveis à poesia), a importação do movimento e a sobrecarga de "sutilezas e bizantinices" no poema (pressupondo-se a exigência de um viés nacionalista e sem sofisticações na Literatura). Assim, cremos que o qualificativo que melhor calha para a crítica de Veríssimo é "asséptico". Se é verdade que ele proclamou a independência da Literatura das avaliações periféricas a ela, libertando-a de um sociologismo mal digerido, e demonstrou grande argúcia na percepção do literário, também é fato que reincidiu em inúmeros equívocos, tanto teóricos como práticos, no exercício da crítica literária. Apontar e discutir tais equívocos é tarefa para outra ocasião.

Contudo, num balanço geral, diríamos que o maior legado do sistema crítico de José Veríssimo é o entendimento da Literatura como exercício de Liberdade, porque sustentado no universo das emoções. Aí se entra "com a mente povoada de quimeras e ilusões", tal como o conde Afonso Celso saía da Academia para a Câmara dos Deputados, conforme declara num livro de 1908[17]. Essa liberdade, Veríssimo nos ensinou, com certeza.

REFERÊNCIAS BIBLIOGRÁFICAS

Assis, Machado de. *Correspondência*. Rio de Janeiro/São Paulo/Porto Alegre, W. M. Jackson, 1944.

Barbosa, João Alexandre. "A Crítica em Série." *In*: Veríssimo, José. *Estudos de Literatura Brasileira*: *Primeira Série*. Belo Horizonte/São Paulo, Itatiaia/Edusp, 1976, pp. 9-33.

_____. (sel. e apres.). *José Veríssimo*: *Teoria, Crítica e História Literária*. São Paulo, Edusp, 1978.

Celso, Afonso. *Oito Anos de Parlamento*. Disponível em http://200.211.196.47:81/ebook/libvooo110.pdf. Acesso em 14.3.2011.

Malard, Letícia. "110 Anos de Crítica Literária." *Revista Brasileira,* Rio de Janeiro, XIII, n. 52, p. 115-128, jul.-ago.-set. 2007.

---

17. Celso, *Oito Anos de Parlamento*, p. 35.

_____. "Introdução." *In*: VERÍSSIMO, José. *Estudos de Literatura Brasileira: Quarta Série*. Belo Horizonte/São Paulo, Itatiaia/Edusp, 1977, pp. 3-8.

MONTENEGRO, Olívio. "Apresentação." *In*: VERÍSSIMO, José. *Crítica*. Rio de Janeiro, Agir, 1958, pp. 5-14.

ROMERO, Sílvio. *Machado de Assis*. 2. ed. Rio de Janeiro, José Olympio, 1936.

VERÍSSIMO, Ignacio José. *José Veríssimo Visto por Dentro*. Manaus, Governo do Estado do Amazonas, 1966.

VERÍSSIMO, José. "Alguns Livros de 1900." *Estudos de Literatura Brasileira: Terceira Série*. Rio de Janeiro/Paris, L. Garnier, 1902, pp. 247-309.

_____. *Estudos de Literatura Brasileira: Sexta Série*. Rio de Janeiro/Paris, H. Garnier, 1907.

_____. "O Sr. Machado de Assis, Poeta." *Estudos de Literatura Brasileira: Quarta Série*. Rio de Janeiro/Paris, Garnier, 1910, pp. 85-103.

_____. *Que é Literatura? E Outros Escritos*. Rio de Janeiro, Garnier, 1907.

_____. "Um Romance da Vida Pública Brasileira." *Estudos de Literatura Brasileira: Quinta Série*. Rio de Janeiro/Paris, L. Garnier, 1910, pp. 93-108.

BILAC CRÍTICO[1]

Marcus Vinicius de Freitas

CENA DE ÓDIO

Desde muito jovens, todos nós aprendemos a odiar Olavo Bilac. O prazer desse ódio – que nos levou enquanto leitores a prescindir da leitura e da análise do escritor para cultivarmos aquele prazer de odiar, fiados apenas na gostosa filiação ao projeto modernista – nos foi dado primeiramente por alguns textos programáticos à volta de 1922, e posteriormente pela sua cristalização em discurso crítico e historiográfico sobre a literatura brasileira. Essa cena de ódio está lá no riso feroz e na blague de Mário de Andrade, ao mesmo tempo sobre e dirigida aos parnasianos, em seu texto-manifesto "Mestres do Passado", de 1921:

Com o aparecimento deles [os parnasianos] desapareceram os poetas antigos brasileiros. Porque Bilac escreveu "Morte ao Tapir" ninguém mais lê os "Timbiras". "Última Jornada" do sublime Machado, o magnífico "Uraguai" de Basílio da Gama são abortos duma infância fragílima! Porque Bilac escreveu friamente sobre "Frineia", não existem mais comoções e amores no Brasil. Não brotam mais as lágrimas. Não irrompem mais os risos e nem as risadas. E Castro Alves, Fagundes Varela, Álvares de Azevedo, Dirceu, e Porto Alegre e Gregório de Matos são pueris manifestações de sentimento e de vida. Ninguém mais sabe transportar-se ao tempo deles para compreendê-los. Pudera! Foram parar na Grécia [...]. Embriagastes-me a mim com lágrimas de gengibre que me fizestes verter, e odiei os Mestres do Passado, que admiro, mas cuja paternidade renego[2].

---

1. O presente trabalho integra o projeto de pesquisa "O Escritor e seu Ofício", financiado pela Bolsa de Produtividade em Pesquisa do CNPq.
2. Mário de Andrade, "Mestres do Passado", em Mário da Silva Brito, *História do Modernismo Brasileiro*, 6. ed. Rio de Janeiro, Civilização Brasileira, 1997, pp. 302 e 304.

120   A CRÍTICA LITERÁRIA BRASILEIRA EM PERSPECTIVA

A blague edipiana de Mário de Andrade está obviamente circunscrita pelo tom de manifesto, e não há manifesto sem a saudável iconoclastia. Parte do tom poderia ser atribuído ao arroubo natural da juventude, ao desejo de geração que se afirma sobre os escombros da que a antecede. Como disse o mesmo Mário vinte anos depois, ao fazer o balanço do Movimento Modernista, "Éramos uma arrancada de heróis convencidos. E muito saudáveis"[3]. Se bem que Mário já não era assim tão jovem quando escreveu o texto-manifesto, pois tinha 28 anos, alguns mais do que o Bilac de *Poesias*, que tinha apenas 23 anos quando publicou em 1888 esse seu livro de estreia, e assim assombrou seus contemporâneos com aquela espécie de manifesto juvenil e acabado da beleza formal. Esse assombro permaneceu no imaginário literário, sobretudo por ter sido o único volume de poemas publicado em vida do autor. Distante trinta anos da publicação póstuma de *Tarde*, *Poesias* seguiu impressionando a imaginação dos leitores de tal forma que foi como se o jovem Bilac tivesse se cristalizado sobre o homem maduro e nada mais tivesse produzido, sem evolução ou transformação ao longo de sua carreira. Assim, quando Mário e outros modernistas se voltam contra Bilac, trinta anos de vivências e expansão de horizontes do autor de *Poesias* parecem não ter existido, em função do fulgor daquele brilho inaugural. Contra o manifesto parnasiano do jovem Bilac, aparição súbita de poeta pronto, se voltam os ataques sarcásticos e as risadas do manifesto modernista de Mário de Andrade, aparição súbita de jovem pensador já maduro.

A corroborar a permanência da imagem cristalizada do Bilac inicial estão as passagens em que Mário analisa o livro *Tarde*, no mesmo texto "Mestres do Passado". Esta recolha bilaquiana, feita ao final da vida e publicada postumamente, é julgada todo o tempo por Mário em face da fulguração de *Poesias*. Por um lado, diz Mário sobre Bilac: "sua técnica é larga, livre, variada no *Poesias*"[4]; por outro, contradiz ele: "Isto tudo [a inconsciência da repetição de processos de composição] não impede que *Tarde* seja um livro inferior. Tais são, tão salientes os artifícios e tão repetidos que muito bem provam o esforço do poeta decaído da poesia e a sua parca inspiração"[5]. Nenhuma palavra, no manifesto de Mário, sobre os variados campos a que se dedicou Bilac durante aqueles trinta anos, como se o poeta existisse sublime e isolado, ao largo do magistral cronista, do educador, do escritor infantil, do intelectual modernizante, do ativista cívico, do pensador do nacionalismo, do viajante no espaço do sertão e da memória nacional, do admirador do

---

3. *Idem*, "O Movimento Modernista", *Aspectos da Literatura Brasileira*, 5. ed. São Paulo, Martins, 1974, p. 238.

4. *Idem*, "Mestres do Passado", em Mário da Silva Brito, *História do Modernismo Brasileiro*, 6. ed., Rio de Janeiro, Civilização Brasileira, 1997, p. 284.

5. *Idem, op. cit.*, p. 286.

Aleijadinho, todos esses temas que serão igualmente caros ao mesmo Mário de Andrade ao longo de seu percurso intelectual.

Ambos, Mário e Bilac, morreram no ano de seu respectivo 53º aniversário. Mas se Mário nos aparece desde sempre na larga evolução de seu pensamento e de sua obra, que não pode ser, e nunca foi, julgada apenas pela iconoclastia de seus manifestos e poemas do alto Modernismo, a mesma sorte não teve Bilac, cuja imagem ficou aprisionada naquela congestionada torre de marfim, em que transitavam também outros parnasianos e muitos simbolistas e decadentistas, a exemplo de Antônio Nobre e de Mário de Sá-Carneiro, para lembrar dois *habitués* da mesma torre no âmbito da língua portuguesa.

E não havia mesmo como não odiar essa imagem, no mínimo por dois motivos. Em primeiro lugar, Bilac aparecia como o "príncipe dos poetas", e lugar de príncipe é, coerentemente, a torre de marfim. Além do mais, príncipe é coisa do "tempo do rei", e o revolucionário modernismo jamais poderia aceitar um príncipe como imagem, pois a poesia da idade da máquina queria reafirmar a República, e nunca voltar ao "tempo do rei", essa imagem renitente de um longo século XIX que ainda não acabara de todo em 1922. Em segundo lugar, as lendas mostram que os príncipes são sapos encantados. À medida que o tempo passa, um príncipe só pode mesmo virar sapo, e assim aconteceu com Bilac num outro consagrado texto-manifesto, de 1918, o poema "Os Sapos", de Manuel Bandeira, do qual lembro aqui as quadras centrais:

O sapo-tanoeiro,
Parnasiano aguado,
Diz: - "Meu cancioneiro
É bem martelado.

Vede como primo
Em comer os hiatos!
Que arte! E nunca rimo
Os termos cognatos.

O meu verso é bom
Frumento sem joio.
Faço rimas com
Consoantes de apoio.

Vai por cinquenta anos
Que lhes dei a norma:
Reduzi sem danos
A fôrmas a forma.

Quase trinta anos depois, em 1946, na *Apresentação da Poesia Brasileira*, Bandeira constrói uma análise contrastiva dos livros *Poesias* e *Tarde* que segue a mesma lógica do texto de Mário de Andrade de 1921: destaca a aparição súbita do poeta perfeito aos 23 anos e a sua decadência pela repetição dos processos de composição no livro póstumo[6]. Uma vez mais, o brilho inicial ofuscou qualquer abordagem sobre outras facetas da obra de Bilac, o que reforçou a permanência daquelas imagens opostas e complementares do príncipe e do sapo.

De forma que não há espanto quando, por exemplo, lemos na contemporânea *História Concisa da Literatura Brasileira* o rematado desdém de Alfredo Bosi por Olavo Bilac, ao dizer que ele herdou "o coro dos louvores acadêmicos" e que era "tido nos meios oficiais como o nosso maior poeta vivo"[7]. Não há pecha maior do que a de "poeta acadêmico e oficial", mas Bosi vai adiante:

> Neste literato de veia fácil potencia-se a tendência parnasiana de cifrar no brilho da frase isolada e na chave de ouro de um soneto a mensagem de toda a poesia. Hoje parece consenso da melhor crítica reconhecer em Bilac não um grande poeta, mas um poeta eloquente, capaz de dizer com fluência as coisas mais díspares, que o tocam de leve, mas o bastante para se fazerem, em suas mãos, literatura.

Nas duas páginas que Bosi escreve sobre Bilac na *História Concisa*, não há qualquer análise sobre outras facetas do escritor, a não ser a lembrança do fato de que Bilac é o patrono do serviço militar obrigatório, referência que acaba por soar também depreciativa, em face do tempo em que Bosi escreveu o seu texto, a ditadura militar. A sem-cerimônia com que Bosi descarta o "literato de veia fácil" comprova a permanência da imagem do príncipe-sapo, a partir de uma leitura literal daquilo que, nos modernistas, é antes de tudo blague. Poder-se-ia defender o historiador de si mesmo, lembrando que ele apenas repetia o lugar-comum do poeta alienado na torre da forma, porque afinal essa era uma imagem da época, como ele mesmo faz questão de enfatizar, ao lembrar que aquele é o "consenso da melhor crítica", assim resguardando-se do próprio tom. Entretanto, essa defesa cai por terra, uma vez que Bosi teve a oportunidade de reavaliar o seu uso do lugar-comum, ao escrever a apresentação da monumental edição da crônica bilaquiana, publicada em 2006 por Antônio Dimas, e não o fez. Se, por um lado, ele reconhece nessa apresentação que "Hoje estamos em condições de avaliar sem preconceitos o itinerário de Olavo Bilac enquanto intelectual empenhado na modernização do Brasil republicano"[8], por

---

6. Manuel Bandeira, *Apresentação da Poesia Brasileira*. 1946, pp. 108-113.
7. Alfredo Bosi, *História Concisa da Literatura Brasileira*, São Paulo, Cultrix, 1988, p. 254.
8. *Idem*, "A Revelação de um Cronista", em Antonio Dimas, *Bilac, o Jornalista: Ensaios*, São Paulo, Imprensa Oficial/Edusp/Ed. da Unicamp, 2006, p. 15.

outro, abre seu texto de apresentação com a genérica frase que diz: "Estamos tão habituados a associar o nome de Olavo Bilac à poesia parnasiana e a seu título de 'príncipe dos poetas brasileiros', que a atual publicação em livro de suas crônicas traz o efeito de uma revelação"[9].

Teria sido, para o historiador-crítico, uma boa oportunidade de usar da primeira pessoa do singular e rever a sua própria posição, ao invés de atribuir as imagens depreciativas uma vez mais ao senso comum ou ao "consenso da melhor crítica", subsumido naquele plural "Estamos", com que inicia a sua frase. Diante da edição feita por Antonio Dimas, não me parece que há outra posição a não ser a de reconhecer em Bilac um intelectual de largo fôlego e de amplos interesses, constituindo a sua crônica reunida um dos mais vastos painéis da República Velha e uma obra de cronista que ombreia com a de Machado, acima mesmo da de Lima Barreto, capaz de enterrar de vez a imagem restrita do príncipe-sapo. A frase inicial de Bosi e a sua conclusão tímida de que "estamos em condições de avaliar sem preconceitos o itinerário de Bilac" traem a permanência da imagem preconceituosa no seu pensamento.

A posição de Bosi não teria maior importância se ela fosse um caso isolado ou se representasse apenas uma idiossincrasia do historiador em relação a um poeta do passado. Mas penso que ela indica muito mais do que isso. Pelo lugar mesmo em que aparece – a introdução de uma edição que a contradiz –, aquela postura indica que, na avaliação do conjunto da nossa história literária, estamos ainda profundamente marcados pela leitura que dela fez o Modernismo. A crítica brasileira cresceu e se especializou passo a passo com o nosso Modernismo, e acabamos herdeiros tanto dos amores quanto dos preconceitos dos modernistas em relação a tudo que veio antes, sobretudo o que veio imediatamente antes e que leva a pecha de pré-modernismo, com se se falasse de pré-história, uma vez que o marco zero da história seria a Semana de 1922.

A superação desse foco distorcido é uma necessidade e um dado que se nos apresenta cada vez mais, à medida que nos aproximamos dos cem anos daquele evento. Essa superação, no campo da crítica e da história literária, faz parte de um movimento mais amplo – ao qual o trabalho de Antonio Dimas se integra –, movimento esse que já possui mais de duas décadas e ao qual o nosso *métier* de críticos e historiadores da literatura chega um tanto a reboque. Trata-se primeiramente de um trabalho da história social, da história das ciências, da história econômica, da antropologia, da história militar, entre outros campos, de reavaliação do Império e da Primeira República, com destaque para uma análise da modernização brasileira que se inicia em torno de 1870 e que segue, entre marchas

---

9. *Idem*, p. 13.

e contramarchas, até o ponto de ruptura de 1930. Esses sessenta anos são fulcrais para uma compreensão do Brasil moderno. Se assim reavaliamos a nossa história da literatura, o Modernismo de 1922 aparecerá, talvez, mais como o coroamento de um longo processo de luta pela modernização das instituições políticas, sociais, culturais e científicas – entre as quais a literatura se encontra – do que como ruptura e invenção do novo a partir apenas do projeto estético de um grupo de jovens "heróis convencidos".

Um bom exemplo dessa mudança de perspectiva estaria no reenquadramento das viagens dos modernistas ao interior do Brasil. Quando eles vêm para Minas, ou quando Mário de Andrade segue como turista aprendiz para a Amazônia, estão apenas, do ponto de vista da literatura modernista, percorrendo um caminho já trilhado por naturalistas, comissões científicas, médicos sanitaristas, militares reformadores, indianistas, engenheiros, tenentes revoltados, jornalistas, diplomatas, educadores e mesmo por muitos escritores desde o Romantismo: pelo Ladislau Netto do Museu Nacional reformado; pelo Belisário Pena, pelo Artur Neiva e pelo Carlos Chagas do *tripanosoma*; pelo Rondon dos índios e do telégrafo; pelo Euclides jornalista e escritor em Canudos e pelo Euclides demarcador de terras no Purus; pelo Bilac e pelo Manuel Bonfim da educação infantil de *Através do Brasil*; pelo Teodoro Sampaio da Comissão Hidráulica; pelo Prestes da Coluna; pelo Gonçalves Dias do *Diário do Rio Negro* e pelo Taunay da *Laguna* e da *Inocência*; pelo Afonso Arinos dos contos do sertão. Todos esses personagens, aqui lembrados apenas como representantes de um largo movimento, tinham um único objetivo, comum entre si e aos sonhos de nossos modernistas, qual seja, conhecer e modernizar o Brasil. No caso específico da viagem modernista a Minas, da descoberta do Aleijadinho e do encanto com a Belo Horizonte projetada, cabe lembrar o precedente do mesmo percurso e do mesmo espanto antes feito e sentido por Bilac, bem longe da torre de marfim. Ler assim o Modernismo não diminui em nada o seu espetacular feito de colocar a literatura em dia com o projeto modernizante do país, apenas cria condições para dois procedimentos importantes: 1) a reavaliação e o reconhecimento de suporte para ações que, até há poucos anos, apareciam como simples contradição, tais como, por exemplo, a preocupação de futuristas com o patrimônio histórico; 2) abrir de vez o caminho para uma reavaliação documental e despojada de preconceitos do trabalho de larga parcela da nossa cultura literária, não reduzida à expressão de uma corrente passadista ou a um trabalho localizado no tempo, mas como integrantes do nosso movimento de modernização.

Nessa direção, e apenas como pequeno exemplo, proponho aqui a leitura de uma conferência de Olavo Bilac, pronunciada no Instituto Nacional de Música do Rio de Janeiro, em 19 de agosto de 1905, intitulada "A Tristeza dos Poetas Brasileiros"[10].

BILAC E A QUESTÃO DA SINCERIDADE POÉTICA

Raimundo Magalhães Júnior lembra que Bilac foi o conferencista da moda no começo do século xx[11]. Sua capacidade oratória, sua verve e sua técnica de entremear as considerações com a fala de poemas os mais diversos encantavam as plateias. Na conferência em questão, a plateia ouviu poemas de e considerações sobre Gonzaga, Gonçalves Dias, Fagundes Varela, Castro Alves, Bernardo Guimarães, Álvares de Azevedo, Gregório de Matos e Machado de Assis, além de Alberto de Oliveira e Raimundo Correia – os primeiros compondo ironicamente aquele grupo de poetas antigos que Mário, em sua análise, diz que desapareceram depois de Bilac, aqueles a cujo tempo ninguém mais sabe transportar-se, o que justamente faz Bilac em sua conferência. Note-se que o poeta não leu nem mencionou um único verso próprio ao longo da fala. A invocação e a análise de textos de todos aqueles poetas, pelo conferencista, têm o objetivo de demonstrar a hipótese da conferência, qual seja, a de que a tristeza dos poetas é uma máscara composicional, uma vez que a tristeza do poeta não precisa corresponder à do homem, e vice-versa, pois que a fatura literária se caracteriza pela distância e pela mediação entre o homem que vive e o poeta que compõe:

Para estudar e compreender a tristeza de um poeta, de um grupo de poetas, de uma literatura, é preciso, antes do mais, compreender que um poeta alegre pode ser um homem pouco dado à alegria, e que um homem jovial pode ser um poeta triste. Entre o homem e o escritor, – ou, melhor: entre o homem-máquina, que come, digere, dorme, e o homem-pensamento, que imagina, concebe, executa – há muitas vezes, quase sempre um largo abismo[12].

Para caracterizar o seu ponto, Bilac desenvolve uma consideração teórico-crítica sobre a sinceridade na literatura e sobre o "mecanismo da criação poética"[13] (palavras dele). Mas antes de avançarmos na teoria bilaquiana da criação, devemos voltar mais uma vez às passagens antes citadas de Bosi e de Mário de Andrade.

Se voltarmos às afirmativas de Alfredo Bosi sobre Bilac, descobrimos nelas uma expressão peculiar, aparentemente neutra, que no entanto aponta para um

---

10. Olavo Bilac, "A Tristeza dos Poetas Brasileiros", *Conferências Literárias*, Rio de Janeiro/Paris, Francisco Alves e Cia./Aillaud, Alves e Cia, 1912, pp. 31-57.
11. Raimundo Magalhães Júnior, *Olavo Bilac e Sua Época*, Rio de Janeiro, Ed. Americana, 1974.
12. Bilac, *op. cit.*, p. 36.
13. *Idem*, p. 37.

126 ᴥ A CRÍTICA LITERÁRIA BRASILEIRA EM PERSPECTIVA

substrato da sua análise: diz Bosi que o autor de *Poesias* é capaz de dizer com fluência as coisas mais díspares porque elas o "tocam de leve", ou seja, elas não penetram, não emocionam e não pertencem ao poeta, e portanto ele não as pode exprimir desde dentro. Essa afirmativa reverbera um reiterada colocação de Mário de Andrade no artigo "Mestres do Passado", relativa à insinceridade do poeta Bilac. Cabe lembrar também que as expressões de Bosi sobre o "poeta acadêmico" e o "poeta eloquente" já estavam no mesmo artigo de Mário, a saber: "Bilac foi um poeta eloquente. Sente-se mesmo que teve a preocupação da eloquência. É um Guerra Junqueiro, mas com valor. Tem um gostinho de discurso acadêmico"[14]. Essa concordância entre o historiador e o modernista exemplifica uma vez mais a fonte da permanência da imagem depreciativa de Bilac entre nós.

Quanto ao texto de Mário de Andrade, a sua lógica composicional é a seguinte: o artigo se divide em oito partes, numeradas como se fossem integrantes de uma peça musical. A parte I se intitula "Glorificação"; as que vão de II a VI têm os nomes dos cinco parnasianos analisados, pela ordem: Francisca Júlia, Raimundo Correia, Alberto de Oliveira, Olavo Bilac e Vicente de Carvalho; a última parte se intitula "Prelúdio, Coral e Fuga", retomada do nome de uma peça musical de César Franck para um texto subdividido em três partes. Todas as seis partes iniciais são constituídas do mais acabado discurso irônico, onde as afirmativas valem exatamente o contrário do que dizem. O leitor obviamente percebe esse intento, e se ele tivesse dúvidas elas desapareceriam na leitura da parte VII, quando o autor desvela a paródia de elogio, feita com termos parnasianos, que construiu nas análises dos cinco autores. Nas subdivisões da parte VII, o "Prelúdio" de Franck torna-se o prefácio de Mário: "Mas este Prelúdio é a explicação do meu intento. É o prefácio. Colocado no fim: porque assim é mais futurista"[15]; o "Coral" aparece como a parte dos declarados apupos e das vaias, a parte propriamente de manifesto, que se inicia com a exclamação "Malditos para sempre os Mestres do Passado!"[16]; por fim, a "Fuga" deixa de ser trama musical para definir a atitude de verdadeira fuga daquele horror parnasiano.

Pois bem, na consideração sobre Bilac, Mário usa oito vezes o adjetivo *sincero* ou o substantivo abstrato *sinceridade* em relação a Bilac e à sua poesia:

1) ... o amor da pátria, sentimento em que foi constante e *sincero* toda a vida;

2) ... seu *sincero* patriotismo;

3) ... quanto mais lhe observo a obra, mais estou certo de que foi *sincero*;

4) ... creio na *sinceridade* de Olavo;

---

14. Andrade, *op. cit.*, p. 281.
15. *Idem*, p. 301.
16. *Idem*, p. 304.

5) Bilac foi *sincero*;

6) Como todos os *artistas sinceros*, duvidou de sua obra;

7) Continuo a acreditar na *sinceridade* do artista;

8) [sonhou] o que sonhamos todos nós: o *futuro sincero* e libertário da poética brasileira.

Quando a máscara irônica cai, na parte final do texto, é à dita insinceridade dos poetas parnasianos e dos críticos que os seguiam que a violência verbal se volta, contraposta à autoproclamada sinceridade dos "novos": "E ignaros, perversos, cães de guarda raivosos contra ladrões e parentes, sem calcular intenções, sem imaginar sinceridades, oprobriam os novos com risotas, ironias incansáveis, baldões vertiginosos"[17].

Mais à frente o texto retoma os mesmos termos: "Nossa sinceridade não nos permite mentir e negar a dor sofrida diante de vossa assuada, de vossos assobios, de vossa ignorância fementida e infeliz, diante das vossas calúnias, diante das vossas burrices"[18].

E daí vem a afirmativa acabada da sinceridade, que desvela de vez a ironia das análises antes feitas: "[...] diante de vós somos como homens diante de homens. E homens superiores, mais belos, mais terríveis, porque não mentimos, porque somos sinceros..."[19].

Apenas entre a análise sobre Bilac e a conclusão do texto, sem considerar as análises sobre os outros autores, Mário de Andrade usa *onze* vezes o conceito de sinceridade. Ainda que se trate de um manifesto, com os naturais exageros desse tipo de discurso, a reiteração do apelo à sinceridade, por parte de Mário, acaba por ser nada menos do que... sincera. E esse apelo à sinceridade poética parece-me, sinceramente, uma posição muito pouco moderna, sobretudo quando apontada para o "passadista" Bilac, que em sua conferência constrói uma imagem muito mais avançada do trabalho do poeta. Vejamos o pensamento de Bilac em suas próprias palavras:

A fim de bem explicar o que é essa separação do homem e do poeta, e para que se veja como um homem alegre pode ser um poeta melancólico, – é bom lembrar, em poucas palavras, o mecanismo da "criação poética".

Para que uma idéia, ou sentimento, se transforme numa frase literária, é preciso que haja: 1°, emoção; 2°, incubação, 3° expressão.

A emoção, todos os homens a podem ter, – todos com exceção dos cretinos: não há homem normal, que não seja capaz de sentir e compreender a beleza de uma paisagem, a beleza de uma mulher, a beleza de um ato moral. A expressão é que é faculdade de poucos: todos podem *sentir*, nem todos saberão *exprimir*.

---

17. *Idem*, p. 303.

18. *Idem, ibidem*.

19. *Idem*, p. 304.

128 ❧ A CRÍTICA LITERÁRIA BRASILEIRA EM PERSPECTIVA

Mas entre o período da emoção e o da expressão, há sempre um período intermediário, mais ou menos longo, durante o qual a emoção adquire vigor, energia, intensidade; é o período da incubação, – fase indispensável para a criação poética, porque uma emoção inicial, que não ganha bastante intensidade para poder ser expressa, é uma emoção perdida para a arte. Isso quer dizer que a boa, a legítima criação poética nunca é *instantânea*: é sempre separada, por uma fase mais ou menos dilatada, do abalo moral que a produziu[20].

O primeiro espanto diante da teoria poética de Bilac é que, ao contrário do que aponta o lugar-comum crítico, o poeta *sente sim*, pois o seu ponto de partida é exatamente a emoção. Apenas que essa emoção não é sentimental, mas intelectual, pois é incubada, filtrada e intensificada pela inteligência. A proposição bilaquiana é lapidar: o problema da sinceridade não se coloca em relação ao poeta e à emoção ou ideia que faz surgir o poema, e sim em relação à expressão que transforma ideia ou sentimento original em literatura, transformação essa que depende de uma separação temporal entre sentir e exprimir, entre idealizar e escrever, separação que ele caracteriza como sendo um período de incubação. Uma vez explicado o mecanismo, Bilac chega a uma conclusão epigramática: "a legítima criação poética nunca é instantânea".

Uma das coisas mais interessantes nessa teoria é o fato de que a ouvimos já em outro lugar, na verdade em mais de um outro lugar. O primeiro a formulá-la, praticamente nos mesmos termos, foi William Wordsworth, no "Prefácio" à segunda edição de suas *Baladas Líricas*, de 1802. Diz assim o poeta inglês, aqui em tradução de Roberto Acízelo de Souza:

> Ela [a poesia] tem origem na emoção rememorada em tranquilidade: contempla-se a emoção até que, por uma espécie de reação, a tranquilidade gradualmente desaparece, e certa emoção, congênere àquela que antes fora submetida à contemplação, gradualmente se produz, e efetivamente passa a existir no espírito[21].

Em Wordsworth temos *emoção*, *contemplação* e *produção*, que correspondem, na equação bilaquiana, exatamente a *emoção*, *incubação*, e *expressão*. Bilac não cita Wordsworth, e talvez não conhecesse a passagem, o que tornaria a sua teoria assombrosa e perfeitamente original. Mas o mais provável é que a conhecesse sim, o que a torna menos original, mas nem por isso menos importante, uma vez que segue os passos de um dos inventores da poesia moderna e inclui Bilac nessa família eletiva. O conhecimento de Bilac da teoria do poeta inglês é também bastante

---

20. Bilac, *op. cit.*, pp. 37-38. (Grifos no original.)
21. William Wordsworth, "Prefácio à Segunda Edição das *Baladas Líricas*", em Roberto Acízelo de Souza (org.), *A Ideia de Poesia e de Arte: Reflexões Oitocentistas Anglo-Norte-americanas*, Rio de Janeiro, Eduerj, 2007, p. 26.

provável porque o brasileiro era reconhecido conhecedor e verdadeiro apaixonado de Edgar Allan Poe, cuja teoria do poético como produção de efeito está lastreada na distância, afirmada por Wordsworth, entre emoção vivida e produção poética. É bem conhecida a anedota verídica que narra a ocasião em que Bilac falou "O Corvo", de Poe, em tradução de Machado de Assis, diante do próprio tradutor e de vários outros convivas de um jantar, levando Machado a verdadeiro delírio[22]. Se não conhecia diretamente Wordsworth, com certeza conhecia-o através de sua transformação pela teoria de Poe.

A mesma teoria do inglês é retomada, alguns anos depois de Bilac, pelo mais insincero e despersonalizado dos poetas modernos, Fernando Pessoa, retomada essa que tem o mesmo tom da de Olavo Bilac. Em um apontamento sem data e sem título, que versa sobre a poesia lírica, assim diz Pessoa:

> A composição de um poema lírico deve ser feita não no momento da emoção, mas no momento da recordação dela. Um poema é um produto intelectual, e uma emoção, para ser intelectual, tem, evidentemente, porque não é, de si, intelectual, que existir intelectualmente. Ora a existência intelectual de uma emoção é a sua existência na inteligência – isto é, na recordação, única parte da inteligência, propriamente tal, que pode conservar a emoção[23].

Cabe ainda lembrar o verso de Álvaro de Campos a dizer que "Todos os versos são sempre escritos no dia seguinte"[24]. Essas afirmações da parte de Pessoa são absolutamente similares às de Wordsworth, relação esta construída de maneira consciente pelo poeta português, como primeiro apontou George Monteiro[25]. Mostro aqui que elas também coincidem com a linha de raciocínio de Bilac, ainda que o poeta português não conhecesse o brasileiro. Pessoa leva o problema mais longe e inutiliza a pergunta sobre a sinceridade do sentimento do poeta ao afirmar, no célebre poema "Isto": "Sentir? Sinta quem lê!"[26] Essa afirmação nos traz de volta à teoria bilaquiana. Com certeza não poderíamos falar que Bilac afirma o mesmo e na mesma intensidade que Pessoa, mas com certeza há ali uma antecipação do deslocamento do *sentir* para a esfera do leitor, na frase "todos podem *sentir*, nem todos saberão *exprimir*", na qual os grifos do autor buscam constituir e diferenciar devidamente os dois campos. Aquele conjunto "todos" se refere sobretudo ao leitor que *sente* a partir do que o poeta – caracterizado pelo "nem todos" – *expressa*,

---

22. Ver Magalhães Júnior, *op. cit*, p. 152.
23. Fernando Pessoa, *Alguma Prosa*, Rio de Janeiro, Nova Aguilar, 1976, p. 98.
24. *Idem*, "Insônia", *Poesias de Álvaro de Campos*, Rio de Janeiro, Nova Aguilar, 1976, p. 127.
25. George Monteiro, *Fernando Pessoa and Nineteenth-Century Anglo-American Literature*, Lexington, KY, The University Press of Kentucky, 2000, chapter 1, pp. 13-41.
26. Fernando Pessoa, "Isto", *Mensagem, Cancioneiro*, Rio de Janeiro, Nova Aguilar, 1976, p. 202.

caracterizando o ato poético não como sensitivo ou sincero, e sim como construtivo, na esteira de Poe.

Um dos exemplos de Bilac para a sua teoria é o poema "Cântico do Calvário", de Fagundes Varela, que versa sobre a morte de um filho ainda pequeno. Lembra Bilac que há uma lenda, muito acreditada no Rio de Janeiro de seu tempo, segundo a qual Varela "improvisara" os versos do poema de um só jato, ao lado do ataúde do filho. Bilac repudia obviamente a história e afirma que um homem que assim o fizesse seria um monstro, o que não era o caso de Fagundes Varela. E completa, em tom que lembra ao mesmo tempo a declaração de Álvaro de Campos sobre "os versos escritos no dia seguinte" e a dilatação temporal defendida por Wordsworth:

No momento em que um grande infortúnio nos fere, temos apenas alma para sofrer e chorar. Depois, sim! depois é que o sofrimento pode cristalizar-se em versos. Quando, depois da incubação indispensável, o poeta começa a exprimir a emoção que o impressionou, – já não é o homem que está ali; é o pensador, é o artista[27].

Cabe lembrar aqui as considerações de Antonio Candido sobre o mesmo poema de Fagundes Varela, que seguem exatamente aquela diretriz construtiva norteadora da teoria de Bilac. Comparando o poema de Varela com um de Vicente Carvalho e outro de Borges de Barros sobre o mesmo tema, Candido descarta literariamente os dois últimos e dá relevo ao "Cântico do Calvário", com base no seguinte argumento:

[...] sendo obras literárias, não documentos biográficos, a emoção neles é elemento essencial apenas como ponto de partida; o ponto de chegada é a reação do leitor, e esta, tratando-se de leitor culto, só é movida pela eficácia da expressão[28].

Como se vê, os termos de Candido, um crítico absolutamente consciente do estatuto ficcional da poesia, são os mesmos de Bilac.

Em crônica de 17 de março de 1894, publicada na *Gazeta de Notícias*, Bilac conta um saboroso caso pessoal que reafirma a mesma distância mediada entre escritor e produto, agora com a ênfase dada pelo cronista sobre o fato de que o escritor moderno escreve também por necessidade material, e não apenas espiritual. O caso se passa no tempo em que, ali pelos dezesseis anos, morava ele numa república de estudantes, enquanto cursava medicina, por pressão do pai. Assim inicia ele o caso: "Uma tarde, estava eu só, melancolicamente posto à janela, encarando com tristeza, por todas as suas faces, um problema de solução

---

27. Bilac, *op. cit.* p. 41.
28. Antonio Candido, *Formação da Literatura Brasileira: Momentos Decisivos*, 6. ed. Belo Horizonte, Itatiaia, 1981, vol. 1, p. 35.

quase impossível: descobrir o dinheiro necessário para a aquisição de um maço de cigarros"[29].

A verve de Bilac é aqui desconstrutora: arma ele a cena do poeta melancólico a contemplar o mundo da janela, tal como fosse um príncipe ensimesmado a mirar o campo do alto da torre, para logo desfazer a imagem com o recurso ao prosaísmo da necessidade de um maço de cigarros e do dinheiro para adquiri-lo. Nesse momento, diz o cronista, lhe entrou pela porta um homem que vinha pedir-lhe a ajuda de escritor, sobre uma peça de teatro que escrevera. A princípio julgou Bilac que o homem precisava de um empresário, mas logo tudo foi esclarecido. O homem queria apenas que ele "espichasse" o texto, pois, por mais que se esforçasse, não conseguira passar das dez páginas. O homem se dispunha a pagar, e Bilac comenta: "De que depende a prostituição do talento de um escritor de dezesseis anos! De um maço de cigarros!"[30] Tratava-se de um entrecho estapafúrdio, intitulado "O Império dos Frutos". Acertado o preço, 15 mil-réis, virou ele a noite a trabalhar:

> Todo eu ardia em febre, metido na loucura daquele enredo macabro. Dentro do meu cérebro havia como a explosão multicor de um pomar fantástico. Desvairava-me o Império dos Frutos! Laranjas do tamanho de melancias, tomates vermelhos torvelinhando, bananas colossais entrechocando-se, melões e abóboras com braços e pernas, em contradança, nuvens de ananases, avalanchas de maçãs, cachoeiras de chuchus, maelstroms de cachos de uva, – tudo isto me corria pela cabeça, vertiginosamente, num delírio de cores, de cheiros, de gritos, de horrores. E não havia nexo, não havia sentido, não havia nada. O essencial era esticar a peça! O príncipe Abacaxi, que no primeiro ato fora engolido por um dragão, reaparecia, acompanhado de seis mil cenouras pequeninas. O rei Pepino comia de um trago os oitocentos Tomates, seus alabardeiros, e era por seu turno comido pela fada Cereja...[31].

Às 4 horas da manhã a peça estava esticada. Às 8 horas o homem apareceu, pagou e saiu admirado, desfazendo-se em reverências. O tema do dinheiro e o da escrita profissional voltam muitas vezes na crônica de Bilac, atestando a sua verdadeira integração no modo de produção intelectual do mundo que o cercava.

Na mesma conferência antes citada, Bilac traz um exemplo semelhante, o do jovem poeta estudante que se rói de fome, no fim do mês, sem dinheiro, e que para abrandá-la escreve poemas melancólicos. De repente batem-lhe à porta; é o carteiro trazendo a mesada paterna. O seu humor muda imediatamente. Vai sair, vai matar a fome! Mas antes termina o poema no mesmo tom sombrio em que o havia iniciado. Seu estômago está alegre, mas sua alma cultiva a máscara da

---

29. Olavo Bilac, "Crônica Livre", *Gazeta de Notícias*, 17 de março de 1894, em Antonio Dimas, *Bilac, o Cronista: Crônicas*, São Paulo, Imprensa Oficial/Edusp/Ed. da Unicamp, 2006, vol. I, p. 82.
30. *Idem*, p. 82.
31. *Idem*, p. 83.

132 — A CRÍTICA LITERÁRIA BRASILEIRA EM PERSPECTIVA

melancolia, sem que haja aí insinceridade, apenas consciência da distância entre sentir e exprimir.

Seja pela consciência sobre a produção poética – a diferença entre sentimento e efeito, entre sensação e expressão, entre o homem de carne e osso e sua máscara composicional –, seja pela consciência do caráter profissional que cada vez mais adquire o trabalho literário no seu mundo contemporâneo, e por conseguinte também as injunções profissionais de sua própria inspiração, Bilac se revela como um escritor moderno e atento ao mundo que o cerca. Isso sem falar na sua defesa da República, da modernidade liberal, sem mencionar suas preocupações com o país, com a sua população, com a sua cultura.

Ao final do ano de 1907, Bilac recebeu uma homenagem pelos vinte anos da publicação de *Poesias* e pelos dez de sua crônica na *Gazeta de Notícias*, em substituição a Machado de Assis. A homenagem constituiu-se de um banquete com a presença de toda a elite intelectual e política do país. Em seu discurso de agradecimento, Bilac traça um panorama de sua geração intelectual, em que destaca o seguinte:

> Que fizemos nós? Fizemos isto: transformamos o que era antes um passatempo, um divertimento, naquilo que é hoje uma profissão, um culto, um sacerdócio; estabelecemos um preço para o nosso trabalho, porque fizemos desse trabalho uma necessidade primordial da vida moral e da civilização da nossa terra; forçamos as portas dos jornais e vencemos a inépcia e o medo dos editores[32].

Bilac segue caracterizando o trabalho de sua geração como aquela que fez desmoronar "a pretensiosa torre de orgulho e de sonho em que o artista queria conservar-se fechado", vindo trabalhar "no seio do formigueiro humano"[33].

Quão distantes estamos aqui da torre de marfim, uma vez que é o próprio Bilac a dizer que ela desmoronou. Depois da publicação de *Poesias*, em 1888, o escritor evoluiu, e muito, transformou-se. Continuar a lê-lo na chave de ouro da imagem de seus 23 anos, cristalizada pela blague do Modernismo e referendada pela história da literatura, é injusto com o poeta e contraproducente com uma visão mais ampla do andamento da modernidade na literatura brasileira.

Nem príncipe, nem sapo: o que temos é um Bilac crítico, um intelectual consciente do seu lugar no mundo da escrita e consciente da maquinaria que requer a literatura para criar um mundo de imaginação, o qual, uma vez autônomo, se volta sobre o mundo real para dar a ele, mundo, e a nós, leitores, novos sentidos.

---

32. Olavo Bilac, Discurso no banquete em sua homenagem realizado no Palace-Théatre, 3 de outubro de 1907, em Magalhães Júnior, *op. cit.*, p. 298.
33. *Idem, op. cit.*, p. 298.

CRIAÇÃO E CRÍTICA LITERÁRIA NA TRAJETÓRIA MODERNISTA DE SÉRGIO BUARQUE DE HOLANDA (1921-1926)

Robert Wegner

INTRODUÇÃO

Nascido em 1902 e hoje com uma reconhecida obra de historiador, o jovem Sérgio Buarque de Holanda participou do debate literário da década de 1920 e fez parte do movimento modernista que então se formava. Este artigo analisa textos de crítica literária publicadas pelo autor em jornais e revistas nos primeiros seis anos da década, bem como sua atividade como editor, junto com Prudente de Moraes Neto, da revista modernista *Estética*, que, entre 1924 e 1925, teve três números publicados, com poesias, contos e textos de crítica. Na primeira parte, procuro analisar como, em 1921, Sérgio Buarque se aproximou das discussões modernistas por intermédio do futurismo italiano. Em seguida, investigo como o jovem autor, já dentro do movimento, mas distanciando-se do futurismo e se aproximando do surrealismo, compreende o processo de criação artística. Com a percepção de que a inteligência e a razão tiveram seu papel superestimado no século XIX, Sérgio Buarque defende que a criação artística condizente com a vida moderna deve dar vazão ao inconsciente e ao sonho. Por outro lado, na terceira parte, procuro sugerir que, ao mesmo tempo, o autor defendia que a crítica desta produção artística, por meio de um constante "exame de consciência", era o outro lado da moeda para a arte moderna. Assim, o movimento modernista necessitava exercer a constante crítica de si mesmo. Para concluir, procuro indicar o momento em que Sérgio Buarque leva sua crença às últimas consequências e publica, em 1926, o artigo "O Lado Oposto e Outros Lados", que acaba por explicitar as divergências internas do modernismo.

1921: DO TRADICIONALISMO AO FUTURISMO

Em artigo publicado em 2001, João Kennedy Eugenio chamou a atenção para o fato de que os primeiros artigos de Sérgio Buarque de Holanda dificilmente podem ser tratados como de um modernista. Na verdade, os textos seriam de um tradicionalista que, na política, defendia a monarquia[1]. Em uma interessante interpretação, o autor mostra que o elemento de continuidade entre o Sérgio tradicionalista e o Sérgio modernista está na concepção romântica de que cada povo, como uma planta, deve extrair de si mesmo a seiva de seu crescimento. Embora chame a atenção para uma descontinuidade entre os textos de juventude de Sérgio Buarque, Kennedy traça uma linha de continuidade a partir do romantismo[2].

De todo modo, em termos de avaliação da literatura, há uma mudança marcante nos textos de Sérgio Buarque publicados no decorrer de 1921, ano em que completava 19 anos. Se tomarmos como fio condutor o gênero conto, podemos ter uma percepção significativa da mudança. Em 15 de março de 1921, no artigo "A Decadência do Romance", Sérgio Buarque de Holanda traçava uma crítica à expansão do gênero conto, uma vez que este crescimento refletia a americanização e mecanização do mundo.

O tema do artigo é a percepção de um "notável incremento que toma atualmente entre nós o conto leve e curto, com prejuízo do romance"[3]. Por um lado, este fenômeno não surpreende o colunista, uma vez que se trata do sintoma, na literatura, do fenômeno mais amplo da "americanização do globo". Neste mundo, "os letrados não têm paciência para perder tempo com ridicularias quando o tempo é dinheiro"[4]. Se, apesar dessa explicação mais geral e compreensiva do fenômeno, quase resignada, o artigo é marcado por um tom de escândalo, é porque Sérgio Buarque compartilha da ideia de que o terreno das letras era imune a "esta nefasta avalanche". No entanto, a guerra ainda não havia sido perdida, pois, na França, "não é tão notável essa substituição do romance pelo conto", a

---

1. Textos nessa linha, como "Viva o Imperador" (revista *A Cigarra*, junho de 1920) e "A Bandeira Nacional" (agosto de 1920), foram republicados recentemente em livro organizado por Marcos Costa (*Sérgio Buarque de Holanda: Escritos Coligidos*, São Paulo, Editora Unesp/Fundação Perseu Abramo, 2011. 2 vols.).
2. João Kennedy Eugênio, "Monarquista, Modernista, Romântico: O Jovem Sérgio Buarque de Holanda (1920-1935)", em J. K. Eugênio (org.), *Histórias de Vário Feitio e Circunstância*, Teresina, Instituto Dom Barreto, 2001, pp. 152-180. Uma versão revista e ampliada do artigo foi publicada sob o título "Um Horizonte de Autenticidade. Sérgio Buarque de Holanda: Monarquista, Modernista, Romântico (1920-1935)" e encontra-se no livro mais recente e acessível *Sérgio Buarque de Holanda: Perspectivas*, org. Pedro Meira Monteiro e João Kennedy Eugênio, Campinas (SP)/Rio de Janeiro, Editora da Unicamp/Eduerj, 2008, pp. 425-459.
3. Sérgio Buarque de Holanda, "A Decadência do Romance", em Antonio Arnoni Prado (org.), *O Espírito e a Letra: Estudos de Crítica Literária*, vol. I: *1920-1947*, São Paulo, Companhia das Letras, 1996, p. 105.
4. *Idem, ibidem.*

Inglaterra, declara, como "país extraordinariamente tradicionalista, ainda contará por algum tempo de certo, os seus Hall Caine", enquanto a Itália não havia sido "completamente invadida pela praga"[5]. Desse modo, o artigo chega a soar como a descrição de um tabuleiro de uma guerra ainda em aberto. Neste caso, fazia sentido a convocação de Sérgio Buarque na abertura do último parágrafo: "é necessário pois impedir entre nós a queda do romance, que fez a glória da literatura no século passado"[6].

Quando Sérgio Buarque volta a se referir ao gênero conto é para comentar o livro do amigo Rui Ribeiro Couto. Em julho de 1922, publicou em *O Mundo Literário*, do Rio de Janeiro, uma curta resenha sobre o livro *Casa do Gato Cinzento*. A resenha é elogiosa ao autor, "uma das figuras mais representativas da nova geração paulista"[7]. Neste sentido, ao contrário do artigo publicado mais de um ano antes, o gênero não é criticado. Na verdade é o que permite ao escritor exercer o seu "apego ao cotidiano", o "*sans-gêne* nas confissões", o "horror aos desenlaces barulhentos". Mais tarde, em setembro de 1924, Sérgio Buarque escreve para a revista *Estética*, que dirige junto com Prudente de Moraes Neto, uma resenha de *Cidade do Vício e da Graça*, livro de contos de Ribeiro Couto. Nela, não apenas defende a importância do autor, como também o exercício do conto, exatamente por ser um gênero adequado a dar conta da fluidez do mundo moderno:

> Só agora começa a surgir uma *poesia do prosaico* e uma poesia do cotidiano, desse mesmo quotidiano que parece tão insuportável a Laforgue e a certos simbolistas. Ribeiro Couto teve, entre nós, a coragem de reagir desde o seu primeiro livro contra o "motivo poético"[8].

Deste modo, em torno da avaliação que realiza do conto entre o início de 1921 e nos anos seguintes é perceptível uma mudança significativa de Sérgio Buarque de Holanda perante os aspectos da vida moderna. Se levarmos em consideração que o conto é o que permite a Ribeiro Couto o elogio do cotidiano, podemos dizer que é à vida moderna que o gênero permanece associado. Contudo, se antes este

---

5. *Idem*, p. 106.
6. *Idem, ibidem*.
7. Sérgio Buarque de Holanda, "Jardim das Confidências", em Antonio Arnoni Prado (org.), *O Espírito e a Letra: Estudos de Crítica Literária*, vol. I: *1920-1947*, São Paulo, Companhia das Letras, 1996, p. 151.
8. *Idem*, [Ribeiro Couto – *A Cidade do Vicio e da Graça* (Vagabundagem pelo Rio nocturno) – Rio, 1924], *Estética: Revista Trimensal*, ano I, vol. 1 (1), Rio de Janeiro, setembro de 1924. Publicado na Seção "Literatura Brasileira", p. 91. Também publicado em Antonio Arnoni Prado (org.), *O Espírito e a Letra: Estudos de Crítica Literária*, vol. I: *1920-1947*, São Paulo, Companhia das Letras, 1996, pp. 186-187. No fim da resenha o autor justifica: "O seu livro será um guia para quem deseje conhecer o Rio noturno, como quis o autor. Mas um 'guia' onde sobra um fundo de ternura e de poesia, que ele sabe traduzir com uma naturalidade de expressão que ninguém talvez tenha atingido entre nós. E é por esse motivo que não tive escrúpulos em evitar uma confusão possível se *ao falar neste livro de prosa me entretive sobretudo com o poeta*" (p. 92).

136 ❧ A CRÍTICA LITERÁRIA BRASILEIRA EM PERSPECTIVA

era o seu defeito, no sentido de constituir uma literatura que não permitia elevar-se da realidade cotidiana, agora este mesmo limite passa a ser a sua virtude.

Emoldurando esta mudança de avaliação, há uma completa reavaliação do futurismo. Em 1º de março de 1921, quinze dias antes do "A Decadência do Romance", Sérgio Buarque havia publicado, na revista *A Cigarra*, um artigo chamado "O Homem Máquina". No artigo discutia o "utilitarismo ianque", o mesmo fenômeno a que atribuía o incremento do conto em detrimento do romance, que o havia feito protestar na abertura daquele artigo: *"Yanquismo* em literatura!"[9]

É justamente, ao considerar que "infelizmente o espírito utilitário dos anglo-saxões de hoje espalha-se por todo o mundo", que pela primeira vez em seus textos conhecidos Sérgio Buarque faz menção às vanguardas. Se no artigo sobre a decadência do romance o conto era a manifestação na literatura do ianquismo, da americanização do mundo, similarmente, em "O Homem Máquina", o "futurismo, o cubismo e quejandas" representam, no mundo das artes, o resultado do espalhamento do utilitarismo para além do seu berço, o mundo anglo-saxão. No entanto, novamente, ao mesmo tempo em que o artigo acusa um processo irreversível, parece cogitar a possibilidade de resistência. Se não conclama os leitores a resistir a estas correntes artísticas, trata-as como "efêmeras escolas artísticas"[10]. O exemplo que Sérgio Buarque utiliza, referindo-se ao "chefe" de uma delas, é o Adampetonismo, criada por Ardengo Soffici, antes seguidor de Marinetti. Com a citação de uma passagem de um dos manifestos – "Ao adampetonista, bastará para ser moderno viver em uma cidade e possuir ao menos uma bicicleta ou uma máquina a benzina para acender o cigarro"[11] –, o articulista quer ressaltar exatamente a busca das vanguardas por uma arte que se misture ao mundo e que seja uma ferramenta para o homem moderno acompanhar o fluxo de aceleração do tempo.

Em 1º de setembro de 1921, exatamente seis meses depois de "O Homem Máquina", na mesma revista *A Cigarra*, Sérgio Buarque publica "O Gênio do Século", passando a fazer uma avaliação completamente distinta das vanguardas. Mesmo o fato de que as vanguardas constituam "escolas" deixa de ser um mal, ou, ao menos, estas escolas deixam de ser tratadas como "efêmeras" e sem importância. Agora Sérgio Buarque escreve que "pensamos antes que elas são atestado sério de independência de espírito e que embora o gênio nunca acompanhe

---

9. Sérgio Buarque de Holanda, "A Decadência do Romance" [1921], em Antonio Arnoni Prado (org.), *O Espírito e a Letra: Estudos de Crítica Literária*, vol. 1: *1920-1947*, São Paulo, Companhia das Letras, 1996, p. 105.

10. Idem, "O Homem-Máquina" [1921], em Pedro Meira Monteiro, João Kennedy Eugenio (orgs.), *Sérgio Buarque de Holanda: Perspectivas*, Rio de Janeiro/Campinas (SP), Eduerj/Editora da Unicamp, 2009, p. 561.

11. *Idem, ibidem.*

escolas, estas são sempre agentes de grandes idéias"[12]. Se, no artigo anterior, o Adampetonismo era o suprassumo da decadência da arte e da tradição, neste, o criador do movimento, Soffici, citado nominalmente, deixa de representar o rasteiro utilitarismo e passa a ser digno de ser ouvido quando elege "O Código de Pereta", de Aldo Palazzeschi, como passível de "ser lido com prazer sempre crescente por um amante da arte verdadeira e genuína"[13]. Agora o futurismo passa a ser valorizado exatamente na medida em que se constitui como um instrumento de atualização do artista com as transformações do mundo moderno. Desse modo, na literatura, "o futurismo quer simplesmente livrar os poetas de certos preconceitos tradicionais. Ele encoraja todas as tentativas, todas as pesquisas, ele incita a todas as afoutezas, a todas as liberdades. Sua divisa é antes de tudo a originalidade"[14].

Conforme grifou Mariana Thiengo, há um vazio entre março e setembro de 1921 na publicação de artigos por parte de Sérgio Buarque. Estes seis meses em si constituem um período bastante significativo para um crítico de jornal e revistas literárias[15]. Este período de silêncio parece ter sido de novidades e reflexão. Sérgio Buarque estava se mudando para o Rio de Janeiro, mas, como narra Francisco de Assis Barbosa, ainda em São Paulo, do convívio com Guilherme de Almeira "nasceu a primeira grande amizade literária de Sérgio Buarque de Holanda"[16]. E, segundo depoimento de Sérgio, em 1952, foi dessa amizade que surgiu seu "interesse pela literatura moderna"[17]. No escritório de advocacia de Estevam de Almeida, pai de Guilherme e Tácito de Almeida, reuniam-se para discutir literatura junto a Antonio Carlos Couto de Barrros, Rubens Borba de Morais e Sérgio Milliet[18]. Foi nesse meio que, segundo o depoimento de Sérgio Buarque, veio a "travar relações com Menotti e, através deste, com Mário e com Oswald de Andrade"[19]. Não é possível estabelecer uma relação de causa e efeito para a mudança de Sérgio Buarque com respeito aos movimentos de vanguarda,

---

12. Sérgio Buarque de Holanda, "O Gênio do Século" [1921], em Antonio Arnoni Prado (org.), *O Espírito e a Letra: Estudos de Crítica Literária*, vol. I: *1920-1947*, São Paulo, Companhia das Letras, 1996, p. 110.

13. *Idem*, p. 111.

14. *Idem*, pp. 111-112.

15. Mariana Thiengo, *A Crítica entre a Literatura e a História: O Percurso da Crítica Literária de Sérgio Buarque de Holanda dos Verdes Anos à Profissionalização do Ofício*, tese de doutorado, Programa de Pós-Graduação em Letras da UFMG, 2011, p. 54.

16. Francisco de Assis Barbosa, "Verdes Anos de Sérgio Buarque de Holanda: Ensaio sobre sua Formação Intelectual até *Raízes do Brasil*", *Sérgio Buarque de Holanda: Vida e Obra*, São Paulo, Secretaria de Estado da Cultura/Arquivo do Estado/Instituto de Estudos Brasileiros da USP, 1988, p. 31.

17. Sérgio Buarque de Holanda, "Sobre o Modernismo e a Semana de 22: Depoimento" [1952], em Renato Martins (org.), *Sérgio Buarque de Holanda (Encontros)*, Rio de Janeiro, Beco do Azougue, 2009, p. 57.

18. Cf. Maria Amélia Alvim Buarque de Holanda, "Apontamentos para a Cronologia de S." (mimeo.).

19. Sérgio Buarque de Holanda, "Sobre o Modernismo e a Semana de 22: Depoimento" [1952], em Renato Martins (org.), *Sérgio Buarque de Holanda (Encontros)*, Rio de Janeiro, Beco do Azougue, 2009, p. 57.

138 ❧ A CRÍTICA LITERÁRIA BRASILEIRA EM PERSPECTIVA

nem a relacionando à convivência com o grupo da Fazzolli, a confeitaria onde se reunia o grupo de São Paulo, e nem à mudança de cidade, quando no início de 1921 Sérgio Buarque se transferiu com a família para o Rio de Janeiro[20]. Os artigos escritos ainda em São Paulo, como os discutidos há pouco, "O Homem-Máquina" e "A Decadência do Romance", publicados em 1º e 15 de março, respectivamente, na revista *A Cigarra*, de São Paulo, podem ser considerados passadistas, enquanto os seguintes "O Gênio do Século", publicado na mesma revista em 1º de setembro, e "Futurismo Paulista", publicado na revista *Fon-Fon*, do Rio de janeiro, em 10 de dezembro, defendem as vanguardas artísticas[21].

O fato era que, desde então, para Sérgio Buarque havia muito o que fazer na literatura brasileira. Era preciso, escreveu em setembro de 1921, "combater toda sorte de imbecibilidades que continuam a infestar a Arte moderna, como sejam o realismo, o naturalismo, o vulgarismo, o pedantismo, a fim de que se possa erguer bem alto o monumento que simbolizará a Arte do futuro e no qual se verá, escrito em caracteres de fogo, o seu programa: *Liberdade estética – Fantasia ilimitada*"[22]. Assim, passa a valorizar o movimento desencadeado por Marinetti, na Itália, e passa a ter contato com os modernistas brasileiros, destacados no seu artigo "O Futurismo Paulista"[23].

Vale destacar que Sérgio Buarque de Holanda até mesmo procurou fazer isso com as próprias mãos. Ou seja, em mais de um momento escreveu textos literários segundo suas novas convicções modernistas, exercidas com um crescente distanciamento do futurismo italiano, porta para sua entrada nas vanguardas, e se aproximando do surrealismo. Assim, publicou seu primeiro texto de ficção, "Antinous (Fragmento). Episódio quase Dramático", publicado no n. 4 da revista *Klaxon*,

---

20. Não é clara a data exata da mudança de Sérgio Buarque para o Rio de Janeiro, mas em 1921 matricula-se na Faculdade de Direito, na rua do Catete (Francisco de Assis Barbosa, "Verdes Anos de Sérgio Buarque de Holanda: Ensaio sobre Sua Formação Intelectual até *Raízes do Brasil*", *Sérgio Buarque de Holanda: Vida e Obra*, São Paulo, Secretaria de Estado da Cultura/Arquivo do Estado/Instituto de Estudos Brasileiros da USP, 1988, p. 35).

21. A revista *Fon-Fon* era dirigida por Gustavo Barroso. Vale notar que, anteriormente, em novembro e dezembro de 1920, Sérgio Buarque de Holanda havia publicado no jornal *Correio Paulistano* uma série de quatro artigos elogiosos à tradução de *Fausto* feita pelo escritor (em Antonio Arnoni Prado (org.), *O Espírito e a Letra: Estudos de Crítica Literária*, vol. I: *1920-1947*, São Paulo, Companhia das Letras, 1996, pp. 77-89). Depois dos dois primeiros artigos, publicados em 15 e 16 de novembro, Gustavo Barroso, de passagem por São Paulo, escreve uma carta em 1º de dezembro de 1920, agradecendo os elogios tecidos (cf. carta de Gustavo Barroso a Sérgio Buarque de Holanda, São Paulo, 1º de dezembro de 1920, Sistema de Arquivo da Unicamp, Fundo Sérgio Buarque de Holanda).

22. Sérgio Buarque de Holanda, "O Gênio do Século" [1921], em Antonio Arnoni Prado (org.), *O Espírito e a Letra: Estudos de Crítica Literária*, vol. I: *1920-1947*, São Paulo, Companhia das Letras, 1996, p. 112.

23. Idem, "O Futurismo Paulista" [1921], em Francisco de Assis Barbosa (org.), *Raízes de Sérgio Buarque de Holanda*, Rio de Janeiro, Rocco, 1988, pp. 50-52.

CRIAÇÃO E CRÍTICA LITERÁRIA NA TRAJETÓRIA MODERNISTA... ❧ 139

em agosto de 1922[24]. Um dos resultados mais significativos da criação literária de Sérgio Buarque foi, provavelmente, como já chamou a atenção Francisco Foot-Hardman, o conto "A Viagem a Nápoles"[25], conto com marcas surrealistas. Sérgio Buarque chegou a planejar ainda outros textos que seriam elaborados seguindo o princípio de escrita automática, proposta por André Breton[26], tendo, inclusive, chegado a colecionar títulos de contos nunca escritos, como "O Automóvel Adormecido no Bosque", "Y, o Magnífico", "História de um Homem Elástico", "Jesus Cristo em Ceroulas" e "Rui Barbosa Nunca Existiu"[27].

No que diz respeito à atividade de criação literária de Sérgio Buarque nos anos 1920, ganha todo o sentido a observação de George Avelino Filho, que ressalta o interesse do autor, ao lado de Prudente de Moraes Neto, pelo Surrealismo, a partir do qual, "na sua luta contra o caráter racionalista e formal da cultura brasileira, defende a liberação do inconsciente como fonte de criação artística"[28].

CRIAÇÃO ARTÍSTICA E ORIGINALIDADE: O SURREALISMO COMO UMA FORMA DE ROMANTISMO

É interessante grifar que, na abertura de seu artigo de conversão às vanguardas, Sérgio introduz o tema chamando a atenção para a importância da literatura do fim do século XIX. Escreve ele, em "O Gênio do Século", que "esse tão debatido *fin-de-siècle* é digno de atenção. Ao menos não será uma época de literaturas

---

24. Mesmo em poesia Sérgio Buarque chegou a arriscar alguns versos, conforme depoimento de Manuel Bandeira: "uma vez me recitou um soneto seu, mas não quis me dar cópia para eu o incluir na primeira edição desta antologia...". Manuel Bandeira se refere a *Antologia de Poetas Brasileiros Bissextos Contemporâneos*, por ele organizada e publicada pela Livraria Editora Zelio Valverde, em 1946. (Manuel Bandeira, "Novas Cartas Chilenas", *Revista do Brasil*, Rio de Janeiro, n.6, julho de 1987, p. 100 [O trecho citado é do Prefácio à segunda edição, aumentada, publicada em 1964, por Organização Simões. Nesta segunda edição foi incluída uma poesia de Sérgio Buarque enviada a Manuel Bandeira, desde o Chile, em 1963, consistindo numa espécie de paródia de "As Cartas Chilenas", do século XVIII.].)

25. O conto foi publicado pela primeira vez na *Revista Nova*, de São Paulo, em dezembro de 1931. Posteriormente, em 1941, o conto foi republicado na *Revista do Brasil*, do Rio de Janeiro, com o esclarecimento de que fora iniciado em Berlin, em 1930, e completado no Rio de Janeiro, em 1931. O conto ainda veio a ser republicado em três ocasiões: em *Contos e Novelas: Sul e Centro-Oeste*, seleção feita por Graciliano Ramos para a Editora Casa do Estudante Universitário, em 1957 (consta uma outra edição por Edições de Ouro); na *Revista do Brasil*, edição comemorativa em homenagem ao autor, em 1957; e em volume publicado pela Casa de Rui Barbosa, em edição organizada e comentada por Francisco Foot-Hardman. Ao que me consta, este é o único texto que analisa um texto literário de Sérgio Buarque de Holanda.

26. Sobre escrita automática ver André Breton, "Manifesto do Surrealismo", *Manifestos do Surrealismo*, trad. Sérgio Pachá, Rio de Janeiro, Nau Editora, 2001, especialmente pp. 37-39.

27. Conforme entrevista concedida por Sérgio Buarque de Holanda a Maria Célia de Moraes Leonel, em julho de 1975.

28. George Avelino Filho, "As Raízes de *Raízes do Brasil*", *Novos Estudos Cebrap*, n.18, setembro de 1987, pp. 33-41.

140 ❧ A CRÍTICA LITERÁRIA BRASILEIRA EM PERSPECTIVA

malsãs tanto quanto pensava Gene, nem, e menos, uma fase de degenerescência como andou dizendo a crítica rabugenta do Sr. Max Nordau". Para Sérgio, não se deve esquecer que "o fim do século nunca perderá a glória de ter produzido, por exemplo, Verlaine, Wilde, Rimbaud e Mallarmé"[29].

Sérgio Buarque percebia um fio de continuidade entre os movimentos do século XX e esta literatura. Nas suas palavras, o fim do XIX "tratava-se não de uma época de decadência nem mesmo de um desses períodos de florescimento efêmero sem resultado notável. Foi muito mais um prelúdio à literatura revolucionária do século XX"[30]. Desse modo, no mesmo movimento em que passa a ter uma posição menos defensiva acerca do aceleramento do tempo no século XX e a conceber a arte de vanguarda como adequada para a criação de uma subjetividade condizente com essa nova realidade, Sérgio percebe um fio de continuidade entre a arte modernista e a passadista.

Confirmando esta posição, quando em 1924, no segundo número da revista *Estética*, resenha o livro de Rubem Borba de Moraes, *Domingo dos Séculos*, Sérgio ressalta o fato de que o livro iria contrariar os passadistas que mantinham uma resistência ao modernismo por compreender que este movimento visava estabelecer um marco zero na literatura e que, para isso, desprezava toda a tradição literária. Para Sérgio Buarque, "os passadistas lendo o livro do sr. Rubens de Moraes ficarão sabendo que esse desprezo não existe. 'É um erro', diz Rubem, 'pensar que os modernos condenam os clássicos, os românticos e todos os passadistas. Bilac, Castro Alves, Gonçalves Dias foram grandes poetas etc.'"[31].

Nessa altura é importante fazer referência aos intérpretes recentes de Sérgio Buarque de Holanda que sugerem a presença de um forte substrato romântico em sua obra[32]. Sobre o tema da literatura no período em questão, uma peça fundamental para a reflexão de Sérgio Buarque foi o debate ocorrido nos anos de 1923 e 1924 entre o escritor anglo-americano T. S. Eliot e o crítico inglês Middleton

---

29. Sérgio Buarque de Holanda, "O Gênio do Século" [1921], em Antonio Arnoni Prado (org.), *O Espírito e a Letra: Estudos de Crítica Literária*, vol. 1: *1920-1947*, São Paulo, Companhia das Letras, 1996, p. 109.

30. *Idem*, p. 110.

31. *Idem*, [Rubens de Moraes – *Domingo dos Séculos* – Candeia Azul; Rio de Janeiro, 1924], *Estética: Revista Trimensal*, ano II, vol. 1 (2), Rio de Janeiro, janeiro-março de 1925. Publicado na Seção "Literatura Brasileira", p. 222.

32. Marcus Vinicius Corrêa Carvalho, "O Exagero na Historiografia de Sérgio Buarque de Holanda", em Pedro Meira Monteiro, João Kennedy Eugenio (orgs.), *Sérgio Buarque de Holanda: Perspectivas*, Rio de Janeiro/Campinas (SP), Eduerj/Editora da Unicamp, 2009, pp. 461-480. Um autor que tem insistido neste ponto é o já citado João Kennedy Eugenio. Não se pode deixar de fazer referência ao artigo de Maria Sylvia de Carvalho Franco que, em um tom extremamente crítico ao autor, grifa a marca romântica de sua obra ("*Visão do Paraíso*: Romantismo e História", em Pedro Meira Monteiro, João Kennedy Eugenio (orgs.), *Sérgio Buarque de Holanda: Perspectivas*, Rio de Janeiro/Campinas (SP), Eduerj/Editora da Unicamp, 2009, pp. 535-546).

CRIAÇÃO E CRÍTICA LITERÁRIA NA TRAJETÓRIA MODERNISTA... ❧ 141

Murry. No primeiro número de *Estética*, publicado em setembro de 1924, Sérgio escreve uma nota para a seção "Revistas e Jornaes" intitulada "Romantismo e Tradição", propondo-se a apresentar aos leitores a importância de tal querela literária. O autor considera que, para a valorização do romantismo, "uma das contribuições mais interessantes que ultimamente foram trazidas é a recente polêmica entre os dois críticos ingleses T. S. Eliot e J. Middleton Murry, iniciada no ano passado na revista londrina *The Adelphi* e prosseguida com o artigo deste último no número de abril da revista *The Criterion*"[33].

Assim, neste debate entre um defensor do Classicismo e um do Romantismo, Sérgio Buarque toma partido do último e, fundamentalmente, resume os argumentos de Murry, transcrevendo inúmeros trechos do artigo publicado em abril daquele ano de 1924 na revista *The Criterion*, dirigida por Eliot. De fato, o resumo esboçado por Sérgio Buarque é bastante esclarecedor de suas próprias posições sobre as características do movimento modernista e de sua marca romântica.

O primeiro passo da valorização do romantismo é a convicção de John Middleton Murry de que "a tradição do romantismo é tão elevada e tão sublime como a tradição do classicismo"[34]. Na realidade, transcreve Sérgio Buarque, *"tem subsistido atravez de todos os seculos ao lado ou como intermittente de uma tradição classica, uma tradição romantica, não menos respeitável"* [35]. Assim, o romantismo não é apenas um momento de desagregação. Mais do que um momento em que algo falha, falta, o século XIX continua uma tradição. Nas palavras do crítico inglês, "o curto periodo a que geralmente damos esse nome, não é mais que um pequeno segmento de uma grande curva: romantismo dentro do romantismo"[36].

O início dessa já longa tradição romântica remete, segundo o autor inglês, ao que "succedeu á alma européa depois do Renascimento, e o facto essencial do Renascimento é que o homem affirmou a sua completa independencia de uma autoridade espiritual esterna"[37]. Neste sentido, "é possivel mesmo que a decadencia da religião dogmatica, devida á impossibilidade de exprimir uma realidade religiosa e de satisfazer aos impulsos religiosos do espirito, seja uma condição indispensavel para que a literatura venha a florescer"[38].

---

33. Sérgio Buarque de Holanda, "Romantismo e Tradição", *Estética: Revista Trimensal*, ano I, vol. 1 (1), Rio de Janeiro, setembro de 1924. Seção "Revista e Jornaes", p. 108. [Também publicado em Antonio Arnoni Prado (org.), *O Espírito e a Letra: Estudos de Crítica Literária*, vol. I: *(1920-1947)*, São Paulo, Companhia das Letras, 1996, pp. 194-200.]

34. *Idem*, p. 109.

35. *Idem*, p. 108. [Ênfase no original.]

36. *Idem*, p. 114.

37. *Idem*, p. 109.

38. *Idem, ibidem*.

A CRÍTICA LITERÁRIA BRASILEIRA EM PERSPECTIVA

Desse modo, o Renascimento e a quebra da autoridade da Igreja marcam a abertura da consciência europeia tanto para o conhecimento científico quanto para o conhecimento interior. Nas palavras de Murry, "a consciência moderna começa historicamente com o repúdio do Cristianismo organizado; começa com o momento em que os homens encontraram em si próprios a coragem para duvidarem da vida futura e para se libertarem de suas ameaças, a fim de viver esta vida mais amplamente"[39].

O mundo exterior deixou de estar subordinado à religião organizada e o homem passou a se dedicar a seu conhecimento. "A grande descoberta simbólica da Renascença" foi quando, aponta Murry, Galileu construiu o seu telescópio e descobriu que a Terra se movia em torno do Sol[40]. Este plano de conhecimento aberto ao homem desde então,

[...] é um conhecimento em que operam as leis de causa e efeito; é um conhecimento racional de um mundo de necessidade, onde as condições totais em um dado momento, são totalmente determinadas pelas condições totais no momento imediatamente anterior. A liberdade está ausente nesse mundo e, de fato, nenhuma liberdade é reconhecida[41].

Contudo, ao mesmo tempo, outro horizonte foi aberto. Se Galileu é a personagem simbólica do conhecimento exterior, Shakespeare "é a reação do espírito profético diante da descoberta" e apontava para "um acontecimento interior e espiritual"[42]. Desde então, liberto da autoridade da Igreja, nas palavras de Murry reproduzidas por Sérgio Buarque, "o indivíduo podia de novo permanecer só, após mais de dez séculos"[43]. Nesse novo plano de conhecimento,

[...] o conhecimento do "eu" [...] ou, como se pode dizer por uma questão de simetria, o conhecimento do mundo interior, não é dirigido pelas leis de causa e efeito, é um conhecimento irracional, imediato, de um mundo de liberdade onde as condições totais em um dado momento nunca são totalmente determinadas pelas condições totais no momento anterior. A necessidade é uma ficção nesse mundo, e de fato, nenhuma necessidade é reconhecida nesse mundo[44].

Assim, a consciência moderna que nasce com o Renascimento, esta "consciência de rebelião", nasce cindida, pois que está diante de dois horizontes novos abertos ao conhecimento, constituídos, no entanto, por naturezas distintas. Con-

39. *Idem*, p. 111.
40. *Idem*, p. 110.
41. *Idem*, p. 111.
42. *Idem*, p. 110.
43. *Idem, ibidem.*
44. *Idem*, pp. 111-112.

CRIAÇÃO E CRÍTICA LITERÁRIA NA TRAJETÓRIA MODERNISTA... 143

forme explica Sérgio Buarque, "são conhecimentos diferentes e mesmo irreconciliáveis". Nas palavras de Murry, um conhecimento

[...] procura se completar pedindo que o mundo interior seja da mesma substância e sujeito às mesmas leis que o mundo exterior, que a minha alma integral e inviolável seja uma parte do mundo de necessidade, o que parece absurdo. O outro procura se completar pedindo que eu conheça o mundo exterior imediatamente como eu me conheço a mim mesmo, o que parece impossível[45].

Este é o impasse que marca a história ocidental moderna e a alternância, ao menos desde o Renascimento, entre o predomínio do classicismo, com sua subordinação a leis exteriores, e do romantismo, com seu todo-ouvidos à voz interior. Neste caso, de intuição romântica, segundo argumenta Murry, "a realidade de tais momentos de apreensão, é indiscutível para aquele que apreende; a qualidade de visão parece-lhe indubitável. Nesses momentos ele conhece o mundo tão claramente como a si mesmo"[46]. Desse modo, completa Sérgio Buarque, essa "apreensão pode ser chamada apreensão mística", e não é um erro afirmar que "*a característica realmente distintiva do 'movimento romântico' é precisamente essa solução mística do paradoxo*"[47].

Uma vez esclarecida a tensão que percorre a consciência moderna e uma vez redimida a solução romântica, os dois caminhos, o do classicismo voltado para o conhecimento exterior e o do romantismo voltado ao interior, tornam-se igualmente respeitáveis. Contudo, na "presente condição da consciência europeia", a solução romântica é, segundo Murry, "de uma importância mais imediata para nós"[48].

Nesta resenha fica marcada a posição de Sérgio Buarque de que a arte de vanguarda do século XX deixa de ser um ponto zero e, na realidade, seria um prolongamento da tradição romântica que, a partir do Renascimento, vinha sendo a realização, por meio da arte, da libertação do homem do jugo da Igreja. Se antes esta dava sentido ao homem ao ligá-lo à ordem transcendente, agora a arte é que daria sentido ao homem, sem, contudo, aprisioná-lo. Esta posição de que a arte moderna não significa um rompimento com os mestres do passado caminha ao lado de uma valorização da tradição romântica e mesmo da percepção de que as vanguardas do século XIX eram uma atualização desta tradição.

Mais do que isto, esta interpretação da história da consciência moderna ocidental e o diagnóstico da condição moderna, com a consequente opção da saída romântica, dá sentido à aproximação de Sérgio Buarque do surrealismo. Em

45. *Idem*, p. 112.
46. *Idem*, p. 113.
47. *Idem, ibidem*. [Ênfase no original.]
48. *Idem*, p. 109.

entrevista concedida ao jornal *Correio da Manhã*, em maio de 1925, os editores da revista *Estética* esclarecem os rumos do movimento modernista. Ressoando as reflexões desenvolvidas a partir do debate entre Middleton Murry e T. S. Eliot, Sérgio Buarque observa que "toda inquietação moderna resume-se num problema religioso. Essa aspiração de Deus é o sentimento que melhor explica, na minha opinião, o movimento artístico atual. Dentro ou fora da igreja as ideias que nos agitam têm um fundo essencialmente religioso"[49].

A opção dos autores era o exercício dessa inquietação religiosa sem o apaziguamento da igreja. Após observar, criticando o futurismo, que "o modernismo não se satisfaz com [...] aparências, nem com a introdução nas artes de alguns atributos da vida contemporânea", Prudente de Moraes Neto, ressoando também Murry, completa que o modernismo "é interior e íntimo". Desse modo, "a atitude atual do homem em face do mundo e dos problemas que hoje o atormentam e a expressão dessa atitude é que constituem o modernismo"[50].

O diagnóstico da situação moderna esboçado por Prudente na entrevista parece seguir *pari passu* os argumentos de Murry resumidos por seu companheiro para o número 1 de *Estética*, que havia sido há pouco publicado. Nas suas palavras,

Sucedendo a uma época de cansaço, de ceticismo e de descrenças, nós trazemos ingenuidade, confiança. Nós queremos Deus. E essa espiritual reação, essa volta ao espírito religioso parece-me a contribuição mais importante de nossa época. E a indiferença ante os problemas metafísicos surge com o excesso de intelectualismo do século passado. A descoberta de alguns métodos novos de indagação científica que fatigaram as últimas gerações levou-as a querer limitar o conhecimento por esses métodos. Todas as coisas e o que escapava à experiência e ao raciocínio foi declarado desinteressante[51].

Assim, Prudente apresenta de forma clara o argumento de Murry de que o racionalismo e o classicismo, ao transporem o modelo do conhecimento do mundo exterior para o mundo interior, provocaram uma hipertrofia da razão e a desqualificação das questões metafísicas. Contudo, no atual momento, o paradoxo latente da vida moderna estava chegando a uma solução, com o reconhecimento do lugar da inteligência e o reconhecimento de que

O homem pecou por orgulho. Julgou conhecer tudo definitivamente e organizou o mundo à imagem do que mais lhe convinha. Hoje essa organização caiu por falta de base

---

49. "Modernismo não é escola, é estado de espírito: conversa com Prudente de Moraes Neto e Sérgio Buarque de Holanda" [1925], em Renato Martins (org.), *Sérgio Buarque de Holanda (Encontros)*, Rio de Janeiro, Beco do Azougue, 2009, p. 21. [Publicada originalmente no jornal *Correio da Manhã*, 19 de maio de 1925.]

50. *Idem*, p. 18.

51. *Idem*, p. 20.

física, a questão da fé retomou o seu lugar entre os homens; e se já passou o período da inteligência podemos dizer, entretanto, que a inteligência também voltou ao seu lugar[52].

Assim a arte, especialmente a adequada à condição moderna, era a que não apelava para a inteligência, mas para o contato direto com as questões metafísicas, dando espaço para a intuição e ouvindo a voz interior. O que Murry pregava, e os editores de *Estética* seguiam, era exatamente o oposto do que pensava T. S. Eliot, que considerava que "a maior parte do trabalho de um autor na composição de sua obra é um trabalho crítico; o trabalho de peneiramento, combinação, construção, expurgo, correção, ensaio – essa espantosa e árdua labuta é tanto crítica quanto criadora"[53]. A partir dessa concepção de arte, Eliot desdenhava da tendência que menospreza "essa faina crítica do artista" e que sugere "a tese de que o grande artista é um inconsciente que, inconscientemente, grava em seu estandarte as palavras Desordem Total"[54]. Este seria o caminho do surrealismo, com seu manifesto de 1924, que ressoaria no artigo "Perspectivas", de Sérgio Buarque, publicado em *Estética*, no ano seguinte.

SÉRGIO BUARQUE E O EXERCÍCIO DA CRÍTICA COMO EXAME DE CONSCIÊNCIA

Sem desconsiderar a produção de Sérgio Buarque na literatura e seu interesse pelo surrealismo, cada vez mais sua militância no modernismo vai se dando no plano da crítica e, no mesmo movimento, sua aproximação do surrealismo é reconfigurada, pois, se para ele, a criação artística deveria ser marcada pela liberação do inconsciente, é no exame consciente desta produção que Sérgio Buarque irá se inscrever. Em primeiro lugar, pela própria criação da revista *Estética* junto com Prudente de Moraes Neto.

A primeira revista do movimento, a *Klaxon*, que foi dirigida por Mário de Andrade e que teve Sérgio Buarque como seu representante no Rio de Janeiro, começou a ser publicada em maio de 1922 e durou até janeiro de 1923. A experiência de publicação e as reações à revista levaram Mário de Andrade a refletir que a crítica literária do modernismo não poderia ser feita de fora do movimento. Apenas um crítico afeito à renovação artística poderia ter instrumentos críticos para avaliar seus pares.

Após o fim da *Klaxon*, Sérgio Buarque e Prudente de Moraes Neto tinham a mesma percepção e consideravam necessária uma nova revista que fosse um espaço de crítica do movimento. De acordo com o depoimento retrospectivo de

---

52. *Idem, ibidem.*
53. Thomas Stearns Eliot, "A Função da Crítica", *Ensaios,* trad. Ivan Junqueira, São Paulo, Art Editora, 1989, p. 57. [Artigo originalmente publicado em *Criterion*, 1923.]
54. *Idem, ibidem.*

146 ❧ A CRÍTICA LITERÁRIA BRASILEIRA EM PERSPECTIVA

Prudente de Moraes Neto, uma das metas da revista, no que consideravam como uma segunda fase do modernismo, era apresentar o movimento "antes em seus trabalhos de reconstrução que de demolição, deixando implícitas ou em segundo plano as contestações dos valores superados"[55.]

Nesta nova fase de construção, a crítica ganhava um papel crucial, constituindo a outra meta da revista, "partindo do pressuposto de que só o próprio modernismo tinha condições para discutir e criticar suas proposições e suas obras, tão completa era, fora dos seus quadros, a incompreensão das suas técnicas e dos seus fins"[56].

Esta crítica interna do modernismo nesta fase criadora se iniciava ao mesmo tempo em que o movimento vinha deixando de ser coeso. Conforme narra Sérgio Buarque em artigo publicado na Alemanha, em 1930,

> A vanguarda literária de São Paulo, encarnada especialmente por Oswald de Andrade, não podia se declarar de pleno acordo com as ideias de Graça Aranha. Dois dias depois do famoso discurso Andrade publicou no *Correio da Manhã* um protesto, conhecido como "Pau-Brasil", que deveria tornar-se o manifesto fundador do novo movimento. Ele se caracterizava pela exigência de dar expressão às energias elementares do povo brasileiro. Opunha ao "objetivismo dinâmico" proposto por Graça Aranha o "primitivismo"[57].

É nesse contexto de divisão que os dois jovens modernistas, Prudente de Moraes Neto e Sérgio Buarque de Holanda, lançaram, a partir do Rio de Janeiro, a revista *Estética*, "com o fito de conciliar de modo imparcial os dois grupos que estavam em vias de se separar"[58]. Vale lembrar que o próprio título da revista foi uma sugestão de Graça Aranha, o mentor do "objetivismo dinâmico", acatada pelos jovens editores. Além disso, o texto de apresentação foi redigido pelo consagrado escritor, seguido de artigo de autoria de Sérgio Buarque em que o considerava um "homem essencial". Contudo, segundo a percepção de Sérgio Buarque cinco anos depois,

> Se o seu primeiro número ainda fazia esforços imparciais para conciliar os grupos em discórdia, os números que se seguiram tendiam sensivelmente, cada vez mais, para os "primitivistas" de São Paulo, que eram combatidos por Graça Aranha e seus adeptos[59].

---

55. Pedro Dantas [Prudente de Moraes Neto], "Vida da Estética e não Estética da Vida", *Estética: 1924/1925 – Edição Fac-similada*, Rio de Janeiro, Gernasa, 1974, p. XII.

56. *Idem, ibidem.*

57. Sérgio Buarque de Holanda, "A Moderna Literatura Brasileira", em Marcos Costa (org.), *Sérgio Buarque de Holanda: Escritos Coligidos*, vol. I: *1920-1949*, trad. do alemão por Mario Luiz Frungillo, São Paulo, Editora Unesp, Fundação Perseu Abramo, 2011, p. 45. [Artigo originalmente publicado em alemão na revista *Duco*, Berlim, abril de 1930.]

58. *Idem, ibidem.*

59. *Idem*, p. 46.

CRIAÇÃO E CRÍTICA LITERÁRIA NA TRAJETÓRIA MODERNISTA... 147

Neste sentido, cabe chamar a atenção, em primeiro lugar, para a resenha críti-ca do livro de Graça Aranha, *O Espírito Moderno*, publicada no último número da revista por Rodrigo Melo Franco de Andrade. Com passagens até mesmo irônicas, o texto pretende indicar que o ideal de erigir o "objetivismo dinâmico" em norma estética para o artista moderno "envolve um problema technico e psychologico"[60]. Ao defender o espaço do "subjetivismo", que Graça Aranha considera superado junto com o dualismo sujeito/objeto, Andrade toma partido do que temos dis-cutido acerca do modernismo como uma retomada do romantismo. Além dessa ponderação, o autor julga que a adequação dos modernistas à filosofia elaborada por Graça Aranha jogaria por terra justamente a "liberdade de processos" que caracteriza o movimento, em troca de uma engenhosa disciplina[61].

Em segundo lugar, se o texto inaugural de *Estética* foi de autoria de Graça Ara-nha, o texto que encerra o derradeiro número 3 da revista é uma "Carta Aberta a Alberto de Oliveira", de autoria de Mário de Andrade. Dentre outras coisas, Mário combate a ideia sugerida pelo crítico Alceu de Amoroso Lima de que o "modernis-mo veio no Brasil em 1921 dentro da mala de Graça Aranha"[62], O texto de Rodrigo Melo Franco de Andrade e a carta de Mário de Andrade são exemplos da abertura do movimento ao primitivismo e do questionamento da precedência e liderança que Graça Aranha pretendeu exercer entre os modernistas.

A revista *Estética* foi, nos anos 1924 e 1925, o principal espaço em que Sérgio Buarque se exercitou na faina crítica, analisando as obras produzidas por seus companheiros, ao mesmo tempo em que procurava sugerir caminhos para o movimento, inclusive tomando partido da vertente primitivista. Neste sentido, vale a pena resgatar a leitura particular que seu companheiro de via-gem fez, no calor da hora, do seu artigo "Perspectivas", também publicado no último número da revista, em 1925. Em carta endereçada ao escritor Ribeiro Couto, Prudente escreve:

E por falar no nº 3 [de *Estética*], recomendo à sua atenção um artigo do Sergio que sai nele e que eu considero o documento mais importante do nosso tempo. Admirável. Além de bem feito, profundamente pensado e sincero. Uma espécie de *exame de consciência*, desses que aparecem muito na França mas de que era virgem a nossa literatura[63].

---

60. Rodrigo M. F. de Andrade, [Graça Aranha – *O Espírito Moderno* – Cia. Graphica Editora Monteiro Lo-bato; São Paulo, 1925], *Estética: Revista Trimensal,* ano II, vol. 1 (3), Rio de Janeiro, abril- junho de 1925. Publicado na Seção "Literatura Brasileira", p. 291.
61. Cf. *Idem*, p. 296.
62. Mário de Andrade, "Carta Aberta a Alberto de Oliveira", *Estética: Revista Trimensal,* ano II, vol. 1 (3), Rio de Janeiro, abril-junho de 1925, p. 338.
63. Carta de Prudente de Moraes neto a Rui Ribeiro Couto, Rio de Janeiro, 11 de outubro de 1925, Fundo Rui Ribeiro Couto – Fundação Casa de Rui Barbosa. [Ênfase acrescentada.]

148 &· A CRÍTICA LITERÁRIA BRASILEIRA EM PERSPECTIVA

Talvez a referência à França, dentre outras coisas, possa fazer referência ao próprio "Manifesto Surrealista" publicado por André Breton no ano anterior, em 1924. É possível, aliás, estabelecer uma série de paralelos entre o texto de Sérgio Buarque e o texto francês. De qualquer modo, a marca surrealista e a opção por uma arte não construída a partir da razão, mas sim a partir do inconsciente, é manifesta. Assim Sérgio Buarque se manifestava em seu texto:

> Hoje mais do que nunca toda a arte poética há de ser principalmente – por quase nada eu diria apenas – uma declaração dos direitos do Sonho. Depois de tantos séculos em que os homens mais honestos se compraziam em escamotear o melhor da realidade em nome da realidade, temos de procurar o paraíso nas regiões ainda inexploradas. Resta-nos portanto, o recurso de dizer de nossas expedições animadas por esses domínios. Só à noite enxergamos claro[64].

Contudo, menos do que enfatizar os pontos em comum entre o texto do autor brasileiro e o surrealista francês, cabe grifar que Sérgio Buarque vai delineando seu papel dentro do movimento modernista como um crítico antes que um artista. Neste sentido, paradoxalmente, assume cada vez mais um lugar em que não se permite, ele próprio, a dar vazão aos "direitos do sonho". Na linha sugerida por seu amigo, companheiro de experiências literárias com escrita automática, além da edição conjunta da revista, Sérgio Buarque passa a exercer sistematicamente um "exame de consciência" dentro do modernismo. Se o jovem escritor pensava que, no mundo moderno, a criação artística deveria dar vazão ao inconsciente, a atividade da crítica literária consistia em um exame de consciência sobre os seus resultados.

Seguindo esse raciocínio, a despeito da conexão explícita de Sérgio Buarque com Middleton Murry no que diz respeito à criação artística, são as concepções do contendor de Murry, T. S. Eliot, que podem iluminar a atividade de crítico desenvolvida por Sérgio Buarque. Sem dúvida o autor conhecia o texto de Eliot sobre "A Função da Crítica", de 1923, posto que constituía a peça polêmica resgatada por ele no seu texto "Romantismo e Tradição". Se na reconstituição da polêmica Sérgio Buarque se detém no texto de Murry, não é implausível sugerir que, em termos de crítica, não se distancie do silenciado Eliot [65.]

---

64. Sérgio Buarque de Holanda, "Perspectivas", *Estética: Revista Trimensal*, Ano II – vol. 2 (3), Rio de Janeiro, abril-junho de 1925, [Edição Fac-símile], p. 273.

65. Como procuro deixar claro, não há uma conexão explícita entre o exercício de crítica desenvolvido por Sérgio Buarque no tempo da publicação de *Estética* e a concepção de crítica elaborada por Eliot. Posteriormente não há dúvida de que esta conexão irá existir. Em "Poesia e Crítica", artigo com que Sérgio Buarque assume o lugar de Mário de Andrade na coluna de crítica do *Diário de Notícias*, do Rio de Janeiro, sua concepção é bastante próxima da de Eliot: "A verdade é que o primeiro passo da crítica está na própria elaboração poética e os seguintes estão nos reflexos que os produtos de semelhante ela-

CRIAÇÃO E CRÍTICA LITERÁRIA NA TRAJETÓRIA MODERNISTA... ❧ 149

Segundo sustenta T. S. Eliot, enquanto a obra de arte tem um fim em si mesmo,

> [...] nenhum expoente da crítica [...] jamais sustentou, suponho, a ridícula presunção de que a crítica seja uma atividade autotélica. [...] Por outro lado, a crítica deve sempre ter em vista um objetivo, o qual, grosso modo, parece constituir a elucidação de obras de arte, a correção do gosto[66].

Esta elucidação[67] é realizada tendo em vista que as obras já existentes formam uma ordem ideal ente si, e esta só se modifica pelo aparecimento de uma nova obra. Conforme defende Eliot:

> A ordem existente é completa antes que a nova obra apareça; para que a ordem persista após a introdução da novidade, a *totalidade* da ordem existente deve ser, se jamais o foi sequer levemente, alterada; e desse modo as relações, proporções, valores de cada obra de arte rumo ao todo são reajustados; e aí reside a harmonia ente o antigo e o novo. Quem quer que haja aceito essa ideia de ordem, da forma da literatura europeia ou inglesa, não julgará absurdo que o passado deva ser modificado pelo presente tanto quanto o presente esteja orientado pelo passado[68].

boração vão encontrar no público. Nessa reação do público há uma parte apreciável de recriação. Cada indivíduo, cada época recria as obras de arte segundo sistemas de gosto que lhe são próprios e familiares. É graças a essa milagrosa recriação – que dizer, criação contínua e sempre renovada – que Homero ou Cervantes podem ser e são nossos contemporâneos, compondo uma ordem simultânea com todos os outros autores do passado e do presente, embora signifiquem para nós qualquer coisa de bem diverso daquilo que significaram para os homens de seu século. A grande função da crítica, sua legitimação até certo ponto, está na parcela decisiva com que pode colaborar para esse esforço de recriação. Ela dilata no tempo e no espaço um pouco do próprio processo de elaboração poética. E nesse sentido não é exagero dizer-se que a crítica pode ser verdadeiramente criadora" (Sérgio Buarque de Holanda. "Poesia e Crítica". *In:* Antonio Arnoni Prado (org.), *O Espírito e a Letra: Estudos de Crítica Literária – vol. 1 (1920--1947)*, São Paulo, Companhia das Letras, 1996, pp. 272-273 [publicado originalmente no jornal *Diário de Notícias*, Rio de Janeiro, 15 de setembro de 1940]).

66. Thomas Stearns Eliot, "A Função da Crítica", *Ensaios,* trad. Ivan Junqueira, São Paulo, Art Editora, 1989, p. 51.

67. Como nos ajuda a entender Middleton Murry em uma resenha crítica a *Sacred Wood*, Eliot "começa com a consideração de que uma obra de arte literária é um objeto que desperta em uma sensibilidade educada uma emoção peculiar; mas essa emoção não é indescritível, como alguns teóricos das artes plásticas sustentam, nem é sempre a mesma. O principal trabalho do crítico é elucidar a emoção particular despertada por uma obra literária, por meio de um esforço de comparação e análise; sua função não é expor suas próprias emoções, que frequentemente podem ser, de forma completamente legítima, composta por uma centena de respostas não estéticas, mas desembaraçar e distinguir a emoção precisa evocada pelo objeto como um todo" (John Middleton Murry, "The Sacred Wood", *New Republic 26* (13 April 1921), pp. 194-195. Reproduzido em Jewel Spears Brooker (ed.), *T. S. Eliot: The Contemporary Reviews*, Cambridge University Press, 2004, p. 68).

68. Thomas Stearns Eliot, "A Função da Crítica", *Ensaios,* trad. Ivan Junqueira, São Paulo, Art Editora, 1989, p. 49. Este trecho é a citação do artigo anterior do próprio Eliot, "Tradição e Talento Individual" (*Ensaios,* trad. Ivan Junqueira, São Paulo, Art Editora, 1989, pp. 37-48 [artigo originalmente publicado em *The Sacred Wood*, 1920]). Como observou Mariana Thiengo, "'Tradição e Talento Individual' era texto lido pelos modernistas" (Mariana Thiengo, *A Crítica entre a Literatura e a História: O Percurso da Crítica Literária de Sérgio Buarque de Holanda dos Verdes Anos à Profissionalização do Ofício*, tese de doutorado, Programa de Pós-Graduação em Letras da UFMG, 2011, p. 172).

150 ❧ A CRÍTICA LITERÁRIA BRASILEIRA EM PERSPECTIVA

Desse modo, o papel do crítico era, por assim dizer, localizar a obra literária entre as já existentes, apontar suas características inovadoras e demonstrar em que medida reconfigurava o conjunto. Este ponto de vista pode esclarecer a ideia dos jovens editores de *Estética* de que aqueles anos de 1924 e 1925 já constituíam o momento construtivo do modernismo e que, para isso, sua produção já poderia e necessitava passar pelo crivo crítico dos próprios modernistas.

A diferença fundamental de Sérgio Buarque em relação a Eliot se daria quanto ao ato de criação artística que, seguindo André Breton, não envolveria crítica. No entanto, no plano da crítica, se, por um lado, Sérgio Buarque poderia escrever textos programáticos, tal como podemos pensar o texto "Perspectivas", suas análises das obras eram fundamentalmente um "exercício de consciência". Se o artista de Sérgio Buarque não é o mesmo do que o de Eliot, pois o mais provável é que não saiba o que será concebido, como em Eliot, o que, conscientemente, o crítico deverá buscar na criação literária "não é apenas o presente, mas o momento presente do passado", trazer à consciência o que a obra literária comporta do passado, "não do que está morto, mas do que agora continua a viver"[69].

Essas considerações dão sentido à atividade de crítico exercitada por Sérgio Buarque na revista *Estética* nos anos 1924 e 1925. Ao procederem, no segundo número da revista, à análise crítica do volume de *Poesias*, de Manuel Bandeira, Sérgio Buarque e Prudente de Moraes lembram que o primeiro livro do poeta, *A Cinza das Horas*, foi publicado "precisamente em 1917 – ano em que tambem os srs. Guilherme de Almeida e Mario de Andrade nos deram os seus primeiros livros"[70]: começam, portanto, por localizá-lo perante livros de outros autores modernistas[71]. Em seguida, comparando entre si os três livros do poeta, fazem um balanço crítico da sua trajetória própria, anotando que "o requinte depravado e histérico" do segundo livro, *Carnaval*, de 1920, "não rompe com [o] furor mistico" que aparece em poemas de *A Cinza das Horas*. Contudo, Bandeira se liberta o mais que pode das influências de alguns poetas que parecem ter sofrido desse furor, "para encontrar uma nota inédita na poesia de lingua portugueza"[72]. Portanto, é por meio da análise da obra de Manuel Bandeira em relação à obra de outros poetas e

---

69. *Idem*, "Tradição e Talento Individual", em *Ensaios*, trad. Ivan Junqueira, São Paulo, Art Editora, 1989, p. 48 [artigo originalmente publicado em *The Sacred Wood*, 1920].

70. Sergio Buarque de Holanda e Prudente de Moraes Neto, [Manuel Bandeira – *Poesias* – Revista de Lingua Portugueza; Rio de Janeiro, 1924], *Estética: Revista Trimensal,* ano II, vol. 1 (2), Rio de Janeiro, janeiro--março de 1925. Publicado na Seção "Literatura Brasileira", p. 225.

71. Para uma análise do percurso da crítica de Sérgio Buarque de Holanda à obra de Manuel Bandeira ver Mariana Thiengo, *A Crítica entre a Literatura e a História: O Percurso da Crítica Literária de Sérgio Buarque de Holanda dos Verdes Anos à Profissionalização do Ofício*, tese de doutorado, Programa de Pós--Graduação em Letras da UFMG, 2011. Capítulo V.

72. *Idem, ibidem.*

da análise da relação entre os livros do próprio autor que os jovens críticos podem apontar sua "nota inédita". Desse modo, registram: "Nunca se viu num poéta nosso esse refinamento selvagem que demonstram quasi todos os poemas do *Carnaval*. Nada aparentemente mais longe de certas notações líricas de *Cinza das Horas*"[73].

Finalmente, ao analisarem os últimos poemas do terceiro livro do poeta, *Ritmo Dissoluto*, que saíra em 1924, no volume analisado, notam a presença da "lição de infância" que Bandeira extrai dos "discursos ingenuos dos camelots de quinquilharias"[74]. No entanto, esta presença não chega a preencher o anelo por um paraíso perdido. Desse modo, não há conciliação da atitude ingênua, nova em *Ritmo Dissoluto*, "com a obsessão constante da morte, que se observa em todas as produções"[75] do poeta. Assim, observam que Manuel Bandeira "jamais escreverá como William Blake os seus *Canticos da Inocencia*"[76].

Observando o que há de novo e o que permanece em cada livro do poeta e localizando sua obra na literatura brasileira recente e na tradição literária ocidental, os jovens críticos podem concluir chamando a atenção para uma obra que traz novidade entre as já existentes: "Mas não é talvez um esagêro afirmar que nunca, neste paiz, ninguem esprimiu melhor essa 'inocencia' superior que é a singularidade essencial dos verdadeiros poétas"[77].

CONCLUSÃO: A CRÍTICA MODERNISTA LEVADA ÀS ÚLTIMAS CONSEQUÊNCIAS

O último número da revista *Estética*, n. 3, com a data de abril-junho de 1925, veio a público no segundo semestre de 1925. Um ano depois, já sem a revista, Sérgio Buarque viria a publicar, em outubro de 1926, na *Revista do Brasil*, o artigo "O Lado Oposto e Outros Lados". Nele, já ocupando um lugar de referência no movimento como crítico literário, realiza, em larga medida, seu intento de realizar uma crítica interna ao movimento. Inicia o artigo fazendo um balanço e avaliando suas conquistas:

Qualquer pessoa que compare o Brasil intelectual de hoje com o de há dez anos não pode deixar de observar uma divergência apreciável entre os dois momentos. Os que exprimem o momento atual nestes anos de 1926 contam muito mais do que os de 1916. A gente de hoje aboliu escandalosamente, graças a Deus, aquele cepticismo bocó, o idealismo

73. *Idem, ibidem.*
74. *Idem*, p. 227.
75. *Idem, ibidem.*
76. *Idem, ibidem.*
77. *Idem, ibidem.*

impreciso e desajeitado, a poesia "bibelô", a retórica vazia, todos os ídolos de nossa *intelligentsia* [...][78].

A vitória teria sido tão grande que o perigo agora passava a ser o da estagnação e rotinização do movimento. Para Sérgio, "limitações de todos os lados impediam e impedem uma ação desembaraçada e até mesmo dentro do movimento que suscitou esses milagres têm surgido germens de atrofia que os mais fortes já começam a combater sem tréguas"[79]. Estes germens de atrofia engendram a necessidade da crítica, uma crítica a partir de dentro. Para a realização desse passo, era "indispensável romper com todas as diplomacias nocivas, mandar pro diabo qualquer forma de hipocrisia, suprimir as políticas literárias e conquistar uma profunda sinceridade para com os outros e pra consigo mesmo"[80].

Foi o que fez. Sem se preocupar em ferir antigos amigos, estabeleceu uma avaliação que cindia a frente única em ao menos três grupos, como veremos. Em termos pessoais, o resultado do seu artigo foi a perda da amizade de Guilherme de Almeida, que reagiu de forma ríspida, e o abalo da amizade com Mário de Andrade, que, em cartas a Manuel Bandeira, elogiou a coragem e justeza das críticas de Sérgio Buarque, mas também se queixou da dureza na forma[81]. Magoado e desiludido, Sérgio se retira para Cachoeiro do Itapemirim, no Espírito Santo, onde permanece por quase um ano.

Em termos teóricos, é importante chamar a atenção para o fato de que, para além da sinceridade, o juízo que Sérgio Buarque profere se dá a partir de uma avaliação acerca do modo como as obras de seus colegas operam com a condição moderna e com o passado. Apresentando de modo bastante esquemático, os grupos podem ser agregados do seguinte modo.

Em primeiro lugar, Graça Aranha, Guilherme de Almeida e Ronald de Carvalho, autores que se acham situados do *lado oposto* e que fazem todo o possível para sentirem um pouco a inquietação da gente da vanguarda"[82]. Ou seja, para Sérgio, os "acadêmicos modernizantes", como os chama, estabeleciam uma relação

---

78. Sérgio Buarque de Holanda, "O Lado Oposto e Outros Lados", em Francisco de Assis Barbosa (org.), *Raízes de Sérgio Buarque de Holanda*, Rio de Janeiro, Rocco, 1988, p. 85. [Publicado originalmente em *Revista do Brasil* (SP): 15 de outubro de 1926.]

79. *Idem, ibidem.*

80. *Idem, ibidem.*

81. A importância, o impacto e o mal-estar causado pelo artigo "O Lado Oposto e Outros Lados" estão impressionantemente discutidos na troca de cartas entre Mário de Andrade e Manuel Bandeira (*Correspondência Mário de Andrade & Manuel Bandeira*, 2. ed., organização, introdução e notas Marcos Antonio de Moraes, São Paulo, Edusp, Instituto de Estudos Brasileiros da USP, 2001. Ver especialmente as cartas trocadas em novembro de 1926, pp. 318 e ss.).

82. Sérgio Buarque de Holanda. "O Lado Oposto e Outros Lados". *In:* Francisco de Assis Barbosa (org.), *Raízes de Sérgio Buarque de Holanda*, Rio de Janeiro, Rocco, 1988, p. 86.

artificial com a modernidade, sem vivenciarem suas inseguranças e possibilidades. Neste sentido, pensando a partir dos termos de Eliot, é como se não se preocupassem em discernir o que está vivo e o que está morto no passado. Tudo pode estar vivo ou morto desde que levasse a um "rejuvenescimento", para usar um termo caro a Graça Aranha. Sua filosofia e seus seguidores não tinham consciência da condição moderna e do corte que significava com o racionalismo iluminista. Poderíamos pensar que o tempo verbal que melhor representa a filosofia de Graça Aranha é o Futuro do Presente, e o voluntarismo que o caracteriza.

Em segundo lugar, Sérgio Buarque denuncia aqueles que propunham uma ordem importada "senão do outro mundo, pelo menos do Velho Mundo"[83], como Alceu de Amoroso Lima, que então já estava próximo de se converter ao Catolicismo. Esta corrente era composta pelos que acreditavam "possuir no cérebro" o que era a tradição brasileira. Nesta linha, a relação com a tradição era feita a partir de uma "atitude intelectualista" e artificial. O grupo católico, especialmente Alceu, o Tristão de Athayde, tinha plena consciência da instabilidade da própria personalidade na condição moderna. Diante disso, o grupo propugnava um retorno, uma volta a um passado idealizado de uma estabilidade sustentada em um Catolicismo dogmático: um Passado Mais Que Perfeito.

Para Sérgio Buarque de Holanda, o que o país necessitava era dar vazão a sua espontaneidade, maneira pela qual poderia alcançar uma modernidade particular, diferente da europeia. Era preciso escutar a tradição, não educá-la. Oswald seria o principal representante desta segunda corrente, defendida por Sérgio. O primitivismo de Oswald de Andrade era o que sondava "o momento presente do passado", o que "agora continua a viver"[84], criando talvez um novo tempo verbal, o Presente do Passado.

REFERÊNCIAS BIBLIOGRÁFICAS

ANDRADE, Mário de. "Carta Aberta a Alberto de Oliveira". *Estética: Revista Trimensal*, ano II, vol.1 (3), Rio de Janeiro, abril- junho de 1925, pp. 332-339.

ANDRADE, Rodrigo Melo Franco de. [Graça Aranha – *O Espírito Moderno* – Cia. Graphica Editora Monteiro Lobato; São Paulo, 1925]. *Estética: Revista Trimensal*, ano II, vol. 1 (3), Rio de Janeiro, abril- junho de 1925. Publicado na Seção "Literatura Brasileira", pp. 290-296.

---

83. *Idem*, p. 87.
84. Thomas Stearns Eliot, "Tradição e Talento Individual". *In: Ensaios*, tradução de Ivan Junqueira, São Paulo, Art Editora, 1989, p. 48.

Avelino Filho, George. "As Raízes de *Raízes do Brasil*". *Novos Estudos Cebrap*, n.18 – setembro de 1987, pp. 33-41.

Bandeira, Manuel. "Novas Cartas Chilenas". *Revista do Brasil*. Rio de Janeiro, n. 6, julho de 1987, pp. 100-101.

Barbosa, Francisco de Assis. "Verdes Anos de Sérgio Buarque de Holanda: Ensaio sobre sua Formação Intelectual até *Raízes do Brasil*". *Sérgio Buarque de Holanda: Vida e Obra*. São Paulo, Secretaria de Estado da Cultura/Arquivo do Estado/ Instituto de Estudos Brasileiros da usp, 1988, pp. 27-54.

Breton, André. "Manifesto do Surrealismo". *Manifestos do Surrealismo*. Tradução de Sérgio Pachá. Rio de Janeiro, Nau Editora, 2001, pp. 13-64.

Carta de Gustavo Barroso a Sérgio Buarque de Holanda. São Paulo, 1º de dezembro de 1920. Sistema de Arquivo da Unicamp, Fundo Sérgio Buarque de Holanda.

Carta de Prudente de Moraes neto a Rui Ribeiro Couto, Rio de Janeiro, 11 de outubro de 1925. Fundação Casa de Rui Barbosa, Fundo Rui Ribeiro Couto.

Carvalho, Marcus Vinicius Corrêa. "O Exagero na Historiografia de Sérgio Buarque de Holanda". *In*: Monteiro, Pedro Meira & Eugenio, João Kennedy (orgs.). *Sérgio Buarque de Holanda: Perspectivas*. Rio de Janeiro/Campinas (sp), Eduerj/ Ed. da Unicamp, 2009, pp. 461-480.

Correspondência *Mário de Andrade & Manuel Bandeira*. 2. ed. Organização, introdução e notas Marcos Antonio de Moraes. São Paulo, Edusp/Instituto de Estudos Brasileiros da usp, 2001.

Costa, Marcos (org.). *Sérgio Buarque de Holanda: Escritos Coligidos*. São Paulo, Editora Unesp/Fundação Perseu Abramo, 2011. 2 vols.

Dantas, Pedro [Prudente de Moraes Neto]. "Vida da Estética e não Estética da Vida". *Estética: 1924/1925 – Edição Fac-similada*. Rio de Janeiro: Gernasa, 1974, pp. vii-xii.

Eliot, Thomas Stearns. "A Função da Crítica". *Ensaios*. Tradução de Ivan Junqueira. São Paulo, Art Editora, 1989, pp. 49-62.

_____. "Tradição e Talento Individual". *Ensaios*. Tradução de Ivan Junqueira. São Paulo, Art Editora, 1989, pp. 37-48.

Eugênio, João Kennedy. "Monarquista, Modernista, Romântico: O Jovem Sérgio Buarque de Holanda (1920-1935)". *In*: _____ (org.). *Histórias de Vário Feitio e Circunstância*. Teresina, Instituto Dom Barreto, 2001, pp. 152-180.

_____. "Um Horizonte de Autenticidade. Sérgio Buarque de Holanda: Monarquista, Modernista, Romântico (1920-1935)". *In*: Monteiro, Pedro Meira & Eugenio, João Kennedy (orgs.). *Sérgio Buarque de Holanda: Perspectivas*. Rio de Janeiro/ Campinas (SP), Eduerj/Ed. da Unicamp, 2009, pp. 425-459.

Franco, Maria Sylvia de Carvalho. "*Visão do Paraíso*: Romantismo e História". *In*: Monteiro, Pedro Meira & Eugenio, João Kennedy (orgs.). *Sérgio Buarque de*

Holanda: Perspectivas. Rio de Janeiro/Campinas (SP), Eduerj/Ed. da Unicamp, 2009, pp. 535-546.

HOLANDA, Maria Amélia Alvim Buarque de. "Apontamentos para a Cronologia de S." (mimeo.).

HOLANDA, Sérgio Buarque de. "A Decadência do Romance" [1921]. *In:* PRADO, Antonio Arnoni (org.). *O Espírito e a Letra: Estudos de Crítica Literária.* Vol. I: *(1920-1947).* São Paulo, Companhia das Letras, 1996, pp. 105-107.

_____. "O Gênio do Século" [1921]. *In:* PRADO, Antonio Arnoni (org.). *O Espírito e a Letra: Estudos de Crítica Literária.* Vol. I: *(1920-1947).* São Paulo, Companhia das Letras, 1996, pp. 108-112.

_____. [Ribeiro Couto – *A Cidade do Vicio e da Graça* (Vagabundagem pelo Rio nocturno) – Rio, 1924]. *Estética: Revista Trimensal.* [Edição Fac-similada – Rio de Janeiro: Gernasa, 1974], ano I, vol.1 (1), Rio de Janeiro, setembro de 1924. Publicado na Seção "Literatura Brasileira", pp. 91-92.

_____. [Rubens de Moraes – *Domingo dos Séculos* – Candeia Azul; Rio de Janeiro, 1924]. *Estética: Revista Trimensal.* [Edição Fac-similada – Rio de Janeiro: Gernasa, 1974], ano II, vol. 1 (2), Rio de Janeiro, janeiro-março de 1925. Publicado na Seção "Literatura Brasileira", pp. 222-224.

_____. "A Moderna Literatura Brasileira" [1930]. *In:* COSTA, Marcos (org.). *Sérgio Buarque de Holanda: Escritos Coligidos.* Vol. I: *1920-1949.* Tradução do alemão de Mario Luiz Frungillo. São Paulo, Editora Unesp, Fundação Perseu Abramo, 2011, pp. 43-49.

_____. "A Viagem a Nápoles" [1932]. *Revista do Brasil.* Rio de Janeiro, n. 6, julho de 1987 (Número especial dedicado a Sérgio Buarque de Holanda), pp. 18-26.

_____. "Jardim da Confidências" [1922]. *In:* PRADO, Antonio Arnoni (org.). *O Espírito e a Letra: Estudos de Crítica Literária.* Vol. I: *(1920-1947).* São Paulo, Companhia das Letras, 1996, pp. 150-151.

_____. "O Futurismo Paulista" [1921]. *In:* BARBOSA, Francisco de Assis (org.). *Raízes de Sérgio Buarque de Holanda.* Rio de Janeiro, Rocco, 1988, pp. 50-52.

_____. "O Homem-máquina" [1921]. *In:* MONTEIRO, Pedro Meira & EUGENIO, João Kennedy (orgs.). *Sérgio Buarque de Holanda: Perspectivas.* Rio de Janeiro/ Campinas (SP), Eduerj/Ed. da Unicamp, 2009, pp. 559-562.

_____. "O Lado Oposto e Outros Lados". *In:* BARBOSA, Francisco de Assis (org.). *Raízes de Sérgio Buarque de Holanda.* Rio de Janeiro, Rocco, 1988, pp. 85-88.

_____. "Poesia e Crítica" [1940]. *In:* PRADO, Antonio Arnoni (org.). *O Espírito e a Letra: Estudos de Crítica Literária.* Vol. I: *(1920-1947).* São Paulo, Companhia das Letras, 1996, pp. 271-275.

_____. "Romantismo e Tradição". *Estética: Revista Trimensal.* [Edição Fac-similada – Rio de Janeiro: Gernasa, 1974], ano I, vol.1 (1), Rio de Janeiro, setembro de 1924. Seção "Revistas e Jornais", pp. 107-115.

156 ❧ A CRÍTICA LITERÁRIA BRASILEIRA EM PERSPECTIVA

_____. "Sobre o Modernismo e a Semana de 22: Depoimento" [1952]. *In*: MARTINS, Renato (org.). *Sérgio Buarque de Holanda (Encontros)*. Rio de Janeiro. Beco do Azougue, 2009, pp. 54-61.

_____ & MORAES NETO, Prudente de. [Manuel Bandeira – *Poesias* – Revista de Lingua Portugueza; Rio de Janeiro, 1924]. *Estética: Revista Trimensal,* ano II, vol. 1 (2), Rio de Janeiro, janeiro-março de 1925. Publicado na Seção "Literatura Brasileira", pp. 224-227.

LEONEL, Maria Célia de Morais. *Estética – Revista Trimensal – e o Modernismo*. São Paulo/Brasília, Hucitec/INL/Fundação Nacional Pró-Memória, 1984.

"MODERNISMO não é Escola, é Estado de Espírito: Conversa com Prudente de Moraes Neto e Sérgio Buarque de Holanda" [1925]. *In*: MARTINS, Renato (org.). *Sérgio Buarque de Holanda (Encontros)*. Rio de Janeiro, Beco do Azougue, 2009, pp. 16-21.

MURRY, John Middleton. "The Sacred Wood". *New Republic* 26 (13 April 1921), pp. 194--195. Reproduzido em Jewel Spears Brooker (Ed.). *T. S. Eliot: The Contemporary Reviews*. Cambridge University Press, 2004, pp. 68-70.

THIENGO, Mariana. *A Crítica entre a Literatura e a História: O Percurso da Crítica Literária de Sérgio Buarque de Holanda dos Verdes Anos à Profissionalização do Ofício*. Tese de Doutorado, Programa de Pós-Graduação em Letras da UFMG, 2011.

LÚCIA/MIGUEL: ROMANCE E CRÍTICA

Luiz Roncari

Já nos acostumamos a dizer que foi no período dos anos 30 ao final dos 60 do século xx que tivemos a nossa melhor poesia, nosso melhor romance e ensaio interpretativo do Brasil. Mas creio que poderemos dizer também que foi o de nossa melhor crítica literária, ao menos no sentido mais comum do termo, de intermediária importante entre o autor e o leitor. Ela, nesse tempo, além do julgamento das obras, tinha em vista também a formação e o desenvolvimento de ambos: de corrigir os descaminhos, apontar as carências e reprovar os excessos dos autores; e estimular a leitura e fornecer as mediações necessárias aos leitores. Ao mesmo tempo, a melhor crítica aprendia também com eles, se esforçava tanto para entender os primeiros como para ser entendida pelos segundos. Lúcia Miguel Pereira foi uma digna representante dessa crítica, formada antes de tudo por homens cultos e amantes da literatura, que se sentiam imbuídos também de uma missão ética e formativa. Depois, a partir dos anos 1970, essa espécie de crítica literária minguou e o que a substituiu foram, *grosso modo*, por um lado, as resenhas jornalísticas pouco cuidadas e com finalidades mais propagandísticas, e, por outro, os estudos acadêmicos densos e feitos por e para especialistas. Com isso, perdeu-se em boa parte o diálogo que havia entre os três atores: autor, crítico e leitor; infelizmente, penso eu, e para prejuízo de todos.

O título do trabalho, "Lúcia/Miguel: Romance e Crítica", eu o pensei a partir de um pequeno artigo de Antonio Candido a propósito do lançamento do primeiro volume de reunião de crítica da autora: *A Leitora e seus Personagens*, organizado por Luciana Viégas e prefaciado por Bernardo de Mendonça. Candido ressalta como foi constante nela a preocupação com "o problema feminino", desde os seus primeiro artigos publicados – de 1927, para uma revista que também dirigiu, *Elo*:

Revista das "Antigas" de Sion –, até o trágico desastre aéreo que sofreu, deixando inacabado um trabalho sobre o tema. Diz o crítico:

Mas, seja como for, serve para mostrar como foi precoce o interesse por um dos temas centrais de sua reflexão, valendo a pena mencionar que quando morreu estava preparando, com o afinco e a probidade que punha em todos os seus trabalhos, um livro alentado sobre a condição feminina no Brasil, em perspectiva histórica[1].

A esse artigo, Candido deu mais do que um título, deu-lhe um nome, assim singelo, mas reluzente, como a lembrar a sua etimologia: "Lúcia". Não sei se foi para evocar também a sua pessoa ou falar da proximidade e da amizade ou possivelmente parentesco que teria com ela – a mãe da autora, Maria Clara, tinha também o sobrenome Tolentino, como a mãe do crítico, Clarisse Tolentino de Mello e Souza. Acrescentei ao título de meu trabalho o "Miguel", para introduzir o tema, que só em parte desenvolverei nele, que é o da "androginia" da autora – androginia intelectual, bem entendido. Foi ela própria que, num dentre os vários artigos que escreveu sobre Virginia Woolf, discorreu sobre a dualidade da escritora inglesa, enquanto romancista e ensaísta: "inquieta por se sentir, intelectualmente, *andrógina*, fadada a pensar ora como homem, ora como mulher" (grifo meu). Segundo Lúcia, essas atividades requeriam aptidões distintas, que poderiam ser próprias de cada um dos sexos. Ela fala:

Dizem – estará mesmo certo? – que o espírito racionalista pertence mais aos homens, e a sensibilidade às mulheres. Virginia possuiu um e outra no mais alto grau, mas não os confundiu: com aquele fez crítica, com esta romances. Toda graça, às vezes até um pouco maneirosa, toda suavidade e meiguice se mostra nas novelas; toda clareza, ousadia e penetração, aparece nos ensaios.

E ela disserta como Virginia representou e explorou esse tema da androginia no seu romance biográfico, *Orlando*, que, de certo modo, seria também autobiográfico: "*Orlando* é Virginia Woolf; ou melhor, representa certos aspectos, certas características do espírito de Virginia Woolf". E diz como a escritora inglesa também não se tolhia, compreendia e aceitava a dualidade, integrava em si a dimensão masculina e feminina e não aceitava a divisão rígida entre os sexos. Diz Lúcia:

Orlando, que depois da metamorfose reunia as tendências psicológicas do rapaz que fora e da moça que era, pensava que "negar mas ceder é delicioso" (lado feminino): "perseguir e conquistar é admirável"; "perceber e raciocinar é sublime" (lado masculino). E Virginia explica que embora nenhum desses pares de palavras lhe parecesse

---

1. Antonio Candido, *O Albatroz e o Chinês*, Rio de Janeiro, Ouro sobre Azul, 2004, p. 129.

errado, ela se sentia culpada, desonrada, porque os agregava uns aos outros, porque compreendia a todos, pois isso tornava patente que não distinguia claramente a linha que divide os sexos[2].

Numa outra crítica, ainda sobre Virginia Woolf, Lúcia mostra como era também, segundo parece, com esse metro da androginia, da integração ou do predomínio do masculino e do feminino, dependendo da disposição intrínseca de cada um, que ela considerava e dividia os escritores. Isto ela faz numa crítica ao fascismo e a Mussolini, que Lúcia comenta:

> Mas, no fascismo, não foi a opressão que unicamente a horrorizou; achou intolerável em Roma o ambiente criado por Mussolini, de predomínio exclusivo dos homens, de confinação das mulheres às atividades estritamente domésticas. Aquela masculinidade inflexível, *unmitigated masculinity*, lhe pareceu desastrosa para a literatura porque – aqui reaparece feminista – sem a colaboração de ambos os sexos, a arte seria inviável, uma espécie de monstro fabricado artificialmente. Não a colaboração no sentido apenas de ambos poderem livremente escrever, mas noutro, de ordem psicológica; na aceitação, pelos homens, do espírito feminino, e pelas mulheres, do masculino. Toda a sua argumentação neste livro se baseia no androginismo dos criadores. Shakespeare era, segundo ela, andrógino, e também Keats, Sterne, Cowper, Lamb e Coleridge; já Milton e Ben Jonson eram mais masculinos, assim como Wordsworth e Tolstoi; Proust lhe parece mais feminino, e Shelley, coitado, assexuado[3].

O que procurarei mostrar aqui, por um lado, é como Lúcia reuniu num mesmo trabalho de criação o feminino e o masculino, ao integrar nele os frutos da pesquisa e da leitura crítica; e, por outro, a partir da apreciação de seus resultados, ver como isso pode ser também problemático. Desse modo, em vez de falar da crítica e da criação literária de Lúcia Miguel Pereira em geral, preferi tomar um caso particular e, a partir de sua análise, verificar como ela tentou casar essas duas atividades.

DA *CASA VELHA* À *CABRA CEGA*

O trabalho em questão é o seu último romance, *Cabra Cega*. Nele, Lúcia explora as tensões – e, para isso, se aproveita de sua experiência – da relação entre espaço e tempo, o que está no núcleo mesmo do livro. Para mim, e é esta a hipótese, o que deve tê-lo sugerido e a ajudou a pensá-lo e construí-lo foi um outro romance, de Machado de Assis, *Casa Velha*.

---

2. Lúcia Miguel Pereira, *Escritos da Maturidade*, Rio de Janeiro, Graphia Editorial, 1994, p. 94.
3. *Op. cit.*, pp. 99-100.

160 ❧ A CRÍTICA LITERÁRIA BRASILEIRA EM PERSPECTIVA

Segundo John Gledson, baseado no prefácio escrito por Lúcia para a edição em livro de *Casa Velha*, em 1944, devemos a ela o resgate e a reedição desse folhetim publicado por Machado de Assis na revista carioca *A Estação*, de 1885 a 1886: "devemos nosso conhecimento da obra, na verdade, a sua paciência e perseverança na busca dos números perdidos da revista"[4]. Ela mesma se refere ao trabalho que teve para fazer esse resgate. *Casa Velha* é um livro que levanta muitas discussões, tanto acerca de seu gênero, se é conto, novela ou romance, como do período em que foi escrito; ele destoa muito dos romances do autor do tempo da publicação do folhetim e apresenta pontos comuns com os considerados da primeira fase, ou seja, os anteriores ao *Brás Cubas*. Não poderei de modo nenhum entrar nessas discussões[5]. Só irei ressaltar os pontos que, para mim, teriam sido importantes para Lúcia reproduzi-lo num outro tempo, quando escreveu *Cabra Cega*, publicado em 1954. A comparação mais detida entre essas duas obras, explorando as diferentes perspectivas históricas, poderia nos trazer uma contribuição boa sobre os livros dos dois autores.

Em síntese, para mim, Machado procurou nesse livro retratar *na sua totalidade* as principais relações sociais vividas no país, só que agora isoladas no microcosmo de uma casa-grande, como se faz nos laboratórios para a observação do comportamento animal e no teatro burguês para a dos humanos. Aí ele pôde apreciar a vida e o funcionamento de uma família patriarcal, extensa e com as suas duas faces imbricadas: a privada, do idílio familiar, e a pública, do poder de favores e violência social e política. Creio que seja daí que venha a sua grande força alegórica. Gledson nota bem esse aspecto da narrativa no seu estudo pioneiro. Ele diz:

> A alegoria política/histórica é apenas uma possível dimensão do significado presente na trama. [...] *Casa Velha* é um drama de família, mas que Machado utilizou com o objetivo claro de refletir realidades sociais, e também políticas, mais amplas – na verdade, como demonstrei, os acontecimentos políticos em si parecem ser reproduzidos pelas necessidades e limitações de um certo tipo de sociedade[6].

Sem dúvida, o que se passa em seu interior tem uma significação mais ampla e pode ser estendida ao país. Gledson se detém no desvendamento das referências políticas e simbólicas, sem se preocupar tanto, pelo que me parece, com os pro-

---

4. John Gledson, *Machado de Assis: Ficção e História*, trad. Sônia Coutinho, São Paulo, Paz e Terra, 1986, p. 26.
5. Concordo muito com o que diz Gledson, que considera *Casa Velha* uma espécie de elo perdido entre os romances da primeira fase, *Helena* e *Iaiá Garcia*, e o da segunda, *Dom Casmurro*: "Já mencionei importantes paralelismos entre suas tramas e a de *Casa Velha*; parece mais provável que nossa história seja um elo perdido entre essas primeiras (e falhas) meditações sobre o sistema do favor, e o brilho e complexidade de *Dom Casmurro*. Como já sugerimos, *Casa Velha* reduz à sua forma essencial o tema comum a ele e aos dois romances anteriores; constitui-se, de fato, um ataque muito mais direto à raiz de todo o mal, a família patriarcal de classe superior" (John Gledson, *op. cit.*, pp. 53-54).
6. *Idem*, p. 45.

priamente estruturais, os que conformavam a sociedade brasileira de então. Isto é importante, pois, de meu ponto de vista, e o título chama para isso, o foco do autor estava mais *no que permanecia* do que *no que mudava*; em outros termos, naquilo que, quanto mais velho ficava, o tempo, em vez de renovar, reafirmava. Para mim, Machado visava mais essa camada profunda da história, que se alojava também na base das mentalidades, do que a sucessão das mudanças e dos eventos, como Abdicação, Regência, Maioridade, Revoluções provinciais, que me parecem ser mais outras "tabuletas", como as do romance *Esaú e Jacó*, do que eventos indicativos de mudanças efetivas. Isto, principalmente, por se darem apenas no plano das elites e por ficarem de fora dos acontecimentos os escravos e o povo mais pobre, metaforizados nos romances de Lúcia Miguel Pereira como os negros, presentes, mas sempre à margem da ação.

Em nenhum outro escrito Machado procurou com tanta concentração essa *visão da totalidade* da vida social. Aí estão representadas todas as camadas sociais do país: a senhorial dominante e a sua forte constituição hierárquica, os traços de caráter e as deformidades psicológicas de seus membros, um mundo regido pelos mortos, pelos retratos na parede da biblioteca ou da sala de visitas, como em *Cabra Cega*; a dos homens livres subordinados cumprindo as suas funções específicas e restritas, cada um no seu devido lugar, para não serem tidos por arrivistas ou, pior, "rebeldes"; e a dos negros escravos, afastada, podendo só ser observada à distância, como o fazem o padre narrador e Dona Antônia, na cena em que espiam sobranceiros a conversa de Lalau com o negro sineiro e os dois moleques. O que está ausente nesse mundo fechado é a força do capital comercial e financeiro, que seria a ameaça e o fator de corrupção do mundo tradicionalista. Machado deixa-o de fora talvez para poder analisar as suas vísceras, o seu funcionamento interno de defesa e perpetuação.

Gledson analisa muito bem como Machado criou um tipo de narrativa na primeira pessoa, a do padre narrador, que pôde internar-se na Casa e revelar todos os seus meandros, a sua convivência elegante e as práticas secretas. Como o foco incide sobre a camada senhorial, o que mostra são as suas relações internas próprias, que procura ilhar-se e limitar ao mínimo os contatos externos com as demais. Essa determinação cria a falsa impressão de que cada uma tinha vida própria e autônoma, embora todas fossem terrivelmente dependentes e não seriam nada do que eram sem as outras. Nem mesmo os escravos, pois, sem os senhores, não seriam também escravos. Se compreendermos bem as relações vividas pelas diferentes personagens nesse pequeno mundo, saberemos muito das dominantes no país e da mentalidade de seus membros.

O título é um tanto irônico: *Casa Velha*, de fato, é uma casa patriarcal de fins do século XVIII, mas que ainda nos anos da ação da história, 1838 e 1839, depois da Independência e do Primeiro Reinado, estava ainda muito viva. A ironia é que continuava atual também quando de sua escrita por Machado, fosse antes ou depois de *Brás Cubas*, como se precisasse de algo maior do que a força do capital comercial e financeiro e do "moderno" urbano para transformá-la. Um pequeno traço de sua fachada, que nos passa despercebido por nos ser muito familiar, é significativo o bastante para ilustrar a força de sua permanência e pode simbolizar o verdadeiro tema da história da casa velha: a mudança da fachada e dos exteriores, que não abandona nunca os valores que forjaram as concepções interiores de seus membros, ou seja, as camadas profundas que organizam e orientam as suas ações. Esses homens são portadores de uma mentalidade discriminatória, moldada por séculos de escravismo, que, por um lado, segmenta e segrega os homens e, por outro, desvirtua o impulso que poderia levá-los a sua superação, o da atração amorosa. Se o patriarca da casa velha pôde usar deste impulso para se aproveitar da mãe de Lalau para a própria satisfação sexual, o seu filho não pôde segui-lo para unir-se à filha de sua amante para o casamento comum.

A casa, cujo lugar e direção não é preciso dizer, tinha entre o povo o nome de Casa Velha, e era-o realmente: datava dos fins do outro século. Era uma edificação sólida e vasta, gosto severo, nua de adornos. Eu, desde criança, conhecia-lhe a parte exterior, a grande varanda da frente, os dous portões enormes, um especial às pessoas da família e às visitas, o outro destinado ao serviço, às cargas que iam e vinham, às seges, ao gado que saía a pastar. Além dessas duas entradas, havia, do lado oposto, onde ficava a capela, um caminho que dava acesso às pessoas da vizinhança, que ali iam ouvir missa aos domingos, ou rezar a ladainha aos sábados[7].

O que mudou nas grandes casas empetecadas dos atuais bairros nobres brasileiros talvez tenha sido apenas a perda da severidade e a ausência de adornos. Porém, o que foi colocado no centro da descrição da casa pelo autor, a parte excessiva e desnecessária, os "dous portões enormes", um social, para a família e as visitas, e outro de serviço, para os escravos, os animais e as cargas, não só continuaram e se expandiram, como foram reproduzidos até nos elevadores dos prédios de apartamentos não tão grandes assim da classe média brasileira.

As poucas coisas que não eram velhas na Casa, além de Lalau, a heroína, eram os livros de Voltaire e Rousseau da biblioteca, e talvez também o padre narrador, que "os conhecia, não integralmente, mas no principal que eles deixaram"[8]. O conhecimento deles pelo padre era um pouco mais do que um verniz modernizante, incidia na sua ação, mas não impediu que ele se surpreen-

---

7. Machado de Assis, *Obra Completa*, vol. 1, Rio de Janeiro, José Aguilar Editora, 1974, p. 999.
8. *Op. cit.*, p. 2003.

desse, assim como o leitor, com a decisão firme e radical de Lalau pelo trabalho[9]: a de não voltar para a casa velha, casar-se com o "Vitorino, o filho do cocheiro", e de não querer uma solução acomodatícia. O contrário do também surpreendente final de *Cabra Cega*.

NAS ONDAS DA NEGATIVIDADE DO TEMPO

Se alguém espera ler *Cabra Cega* como um grande romance, pode desistir, não é, tem muitos problemas, tanto de concepção como de execução, e a participação da intenção crítica na sua elaboração não está isenta de responsabilidade. As grandes qualidades de Lúcia na crítica literária não se repetem aqui, infelizmente, nem neste que me parece ser o melhor de seus romances[10]. Porém o livro fica muito interessante se o lermos a partir de *Casa Velha*, do aproveitamento crítico que a autora deve ter feito desse outro livro, para a realização daquele; o contraste comparativo entre um e outro, acho que poderá nos trazer bons resultados para a compreensão de ambos, do que só terei condições de fazer aqui um esboço.

Muitos elementos que encontramos na composição do livro de Machado também veremos no de Lúcia; ela os retoma num outro tempo e num outro contexto, e com muita consciência do que faz. O que me parece o mais importante é o fato de ela o realizar a partir de uma perspectiva histórica distinta, embora com intenção crítica semelhante: se bem lidos, é fácil notar a distância crítica dos autores no tocante às relações estabelecidas nas duas casas – sem a preocupação que teve Gilberto Freyre de realçar os traços de cultura próprios da casa-grande, que lhe permitiram abrandar os termos mais rudes da convivência, como os vemos em *Casa-Grande & Senzala*. Se, como falei, o objeto de Machado na sua novela ou romance era *a permanência*, a resistência do velho ao novo, da Casa Velha à ação do tempo, o objeto

---

9. O que corresponde muito ao discurso do revolucionário de 1848 e amigo de Machado, Charles Ribeyrolles, no *Brasil Pitoresco*, escrito por volta de 1858 e de cuja primeira tradução para o português Machado de Assis participou: "Brasileiros, não sois nem botocudos, nem purís, nem portugueses. Sois da filiação humana, tendes avós como nós todos. Homens e povos, não há mais sobre a terra nem velhos, nem moços, nem grandes, nem pequenos. Só há trabalhadores". E, pouco mais adiante: "É o trabalho que produz os povos. Não sereis, por acaso, responsáveis, como privilegiados da criação, se deixardes por cultivar o mais belo jardim do universo, quando a terra mais áspera do Norte se abre e fertiliza à mão do homem?" (Charles Ribeyrolles, *Brasil Pitoresco*, vol. 1, São Paulo, Livraria Martins, 1941, pp. 15-16).

10. Luís Bueno faz uma avaliação muito positiva de seus três primeiros romances. No que ele tem toda razão, quando os aprecia no contexto literário dos anos 1930, como contribuições que enriqueceram e ampliaram em muito a visão do romance nesse período. Vistos de hoje, porém, já fica mais difícil reconhecer-lhes esse valor; porém, fica como uma fonte documental relevante para o estudo da condição da mulher e da família brasileira na época, como nota Patrícia da Silva Cardoso, no posfácio que escreveu à sua *Ficção Reunida*. V. de Luís Bueno, *Uma História do Romance de 30*, São Paulo, Edusp/Editora Unicamp, 2006.

de Lúcia era o oposto, a casa velha já era vista como uma excrescência num mundo de bangalôs e apartamentos e candidata ao posto de ruína. Lá, o que tínhamos era a resistência ao tempo; aqui, agora, é a forte ação dissolvente do tempo. Em *Casa Velha* essa força do tempo poderia estar na emergência dos interesses e dos valores ligados às atividades comerciais e financeiras e seus agentes, mas que, praticamente e por razões já aventadas acima, não se faziam presentes. Creio que seja por isso que a ação decidida de Lalau, diferentemente da astuciosa ou "simulada" Capitu, pareça um ato com boa dose de heroísmo, apesar de um tanto inglório, pois o que vence não é o amor, mas o valor pessoal, apoiado em princípios éticos de busca de independência e autonomia, num mundo que deixava pouca margem para isso. Em *Cabra Cega*, o ácido que corrói a tradição – além da sua intransigência e conflitos internos que a deixam cheia de trincas – é o dos costumes modernos, trazidos principalmente pela emergência de uma classe média que se pautava mais pela moda e pelo hedonismo do que por princípios morais ou religiosos. Essa camada nova que vinha não tinha nada de elevado, ela se consumia na cotidianidade mais vazia. Entretanto, como em *Casa Velha*, Lúcia isola uma família tradicional na casa-grande de uma velha chácara afastada do centro do Rio, na Gávea, para observar ali a vivência de seu processo ruinoso. Só que, ao contrário do padre narrador de Machado, que era alguém vindo de fora, agora tudo é apreciado por alguém de dentro, Ângela, uma das filhas da família, já não tão extensa como a de *Casa Velha*. A narrativa é feita na terceira pessoa, mas colada à protagonista e muito próxima de sua visão das coisas. Esse tipo de narrador era moderno e importante, porque ele podia tanto apreciar os fatos com mais objetividade do que o seria pela própria protagonista, como também o movimento do que se passava em seu interior, as suas reações subjetivas a tudo o que acontecia. Lúcia, muito versada na literatura sua contemporânea, principalmente a francesa, a inglesa e a norte-americana, sabia bem que era esse o seu principal objeto de observação. Para mim, a perda maior na passagem de uma narrativa à outra é a da dimensão alegórico-simbólica ou a possibilidade de sua generalidade: se em *Casa Velha* podemos ver numa escala reduzida o universo mental e cultural das relações sociais dominantes no Brasil, em *Cabra Cega* só enxergamos o destino de uma família tradicional, que pode simbolizá-la genericamente no país, mas a sociedade como um todo está muito longe de estar aí representada. Isto não quer dizer que houve por parte da autora só uma perda de visão, ocorreu também uma mudança de enfoque. Se Machado priorizou em seu livro a apreciação das relações internas da Casa vista por alguém de fora, Lúcia priorizou a visão de alguém de dentro, que vivia e avaliava principalmente as relações externas de seus membros. Lá o foco era centrípeto, aqui é centrífugo. A Casa já não pode mais ser pensada como um mundo fechado e autárquico, como talvez já não pudesse também em 1839, ano em que Machado situou a ação de sua história. A principal ameaça que ela vivia, a do capital comercial e da vida urbana da corte, como já falamos, ficou quase inteiramente de fora, o que reduz em muito a dimensão do conflito e faz a narrativa se parecer mais com uma novela ou crônica familiar do que com um romance.

Apesar do nome da heroína, Ângela – ela tem mesmo algo de angélico, tanto nos sentimentos como na aparência externa bela, loira, de olhos azuis, como os do bisavô e da mãe, sulista de origem alemã –, ela, literalmente, tem uma atração forte pela lama e se deleita em chafurdar nos lugares pantanosos da chácara. E é o que de fato acontece no final do romance, só que agora metaforicamente, quando acompanha um desconhecido qualquer que a acode na rua, se embriaga com ele e aceita o convite para irem ao apartamento dele. A cena tem em vista provocar no leitor muito mais o sentimento de rendição do que de libertação. O que parecia anunciar no começo um fundo psicanalítico, uma espécie de "nostalgia da lama", das pulsões inconscientes, termina como uma fraqueza herdada de família: como os demais membros, ela se deixar levar também pelo sopro do vento luxurioso do tempo. Não há aqui nada do heroísmo de Lalau, há antes o contrário, uma rendição total aos novos costumes e ao tempo, o que, de certa forma, vinha fazendo já quase toda a família: a mãe era conhecida pelos casos que tinha fora do casamento; a irmã, Sílvia, que justificava também o nome, era um tanto selvagem, "anormal", tinha relações lesbianas; o irmão, Jorge, frequentava à noite o quarto de uma criada mulata, a engravidou e abandonou, e esta acabou afogando o filho, foi presa e se matou; a tia Regina era louca e vivia reclusa e escondida num chalé no fundo da chácara, com uma outra negra não muito mais saudável do que ela, por ter sido internada, como veremos mais abaixo, num hospício, porque contrariou as práticas delituosas e incestuosas da casa-grande. Como podemos ver, Ângela não fez mais do que ceder às forças dissolventes do tempo ou ao jogo do destino, *Cabra Cega*: aquela brincadeira infantil de vedar os olhos e tentar pegar o próximo a quem transferir a cegueira.

Quase todos, menos o pai e a avó; são estes que resistem e cultuam o passado, deixam-se reger pelos mortos e tentam manter a casa em pé. O pai teria um pouco a função acomodatícia do padre narrador de *Casa Velha*. Equivaleria a ele, tem também algo de ilustrado e moderno, é um matemático, acadêmico, tido como sábio, com um discurso liberal a favor da liberdade e igualdade das pessoas e dos sexos. Mas, quando surgem as oportunidades de concretizá-lo, recua à sua velha tradição patriarcal. Por exemplo, espanca a filha, Sílvia, quando sabe de sua amizade estreita com Ernestina, "que tem o vício de namorar moças, como se fosse homem"[11]; *ou como reage*, quando, através de uma carta anônima, que Ângela

---

11. Lúcia Miguel Pereira, *Ficção Reunida*, org. Patrícia da Silva Cardoso, Curitiba, Editora da UFPR, p. 444.

166 ✤ A CRÍTICA LITERÁRIA BRASILEIRA EM PERSPECTIVA

descobre depois ter sido escrita pela própria avó, é informado de um dos casos da mulher, e, devido a isso, a renega.

No entanto, é a avó a personagem com maior identidade com a outra de *Casa Velha*, D. Antônia, o esteio da casa e da tradição. Logo no início temos um quadro que lembra a descrição da biblioteca da novela de Machado:

> De súbito, sente que não quer o destino da avó, não quer envelhecer na casa onde nasceu: Anita [uma amiga de Ângela] tem razão, parece um museu. Um museu onde os mortos – os mortos e a semimorta: a louca – abafam os vivos, uns com a sua perfeição, a outra com a sua desgraça. Ocorre-lhe de repente a lembrança da mais grave travessura da sua primeira infância: o bombardeio com caroços de cambucá, do retrato do avô general, tão feio, tão solene, tão duro na sua farda cheia de dourados, contrastando com a negrura dos bigodes e com o tom escuro da face morena. Já era nascida quando morreu, mas não se lembra dele. Sem dúvida porque lhe valeu o maior castigo que sofreu, ainda hoje lhe inspira aversão. Não entende como a sua avó, tão branda, tão bonita, se casou com um homem tão antipático. Simpático deve ter sido o bisavô, que se habituou a chamar de vovô Conselheiro, cujo retrato defronta, na sala de visitas, o do genro militar. Dizem que herdou dele o azul dos olhos, o louro dos cabelos, a alvura da pele. E também o gênio impulsivo, e o amor pela chácara. Quando a vê, sempre que alguém a magoa, refugiar-se entre as árvores, a avó exclama: "É tal qual meu pai!"[12]

Os retratos dos mortos – aqui desdobrados no do marido general da avó, com ares autoritários, e no de seu pai, meigo e polido, um pouco como o Conselheiro Aires – fazem com que eles continuem presentes e governando os vivos. A avó é descrita como branda e bonita, e é de fato a amiga e confidente da neta; porém, quando contrariada, renasce nela a senhora de escravos. Numa ocasião, na qual a neta lhe contou que teve contato com Ritinha, a negra que convivia com a filha louca, foi deste modo que reagiu:

> Agora é que se torna severa a expressão da avó, severa como nunca a viu. A testa se franze, a boca faz-se imperativa.
>
> "Quem lhe permitiu conversar com Ritinha? Você tem disso proibição formal".
>
> "Ninguém deixou, fui eu quem quis. Já estive duas vezes no chalé, falei com Ritinha e vi tia Regina. Ritinha disse que eu era o retrato dela".
>
> "Ritinha é louca, ainda mais do que Regina. Fique sabendo que isso não se repetirá nunca mais; você será severamente castigada se insistir".
>
> "Se Ritinha também é maluca, como é que toma conta de tia Regina?"
>
> "Para Regina, ela é muito boa, mas tem mania de perseguição. Julga-nos a todos culpados da doença de Regina. Por gratidão é que a admitimos aqui, porque a mãe dela criou Regina e seu pai. Os médicos acham que seria prejudicial para ambas separá-las. Mas irá

---

12. *Idem*, p. 372.

para o hospício se eu souber que falou mais com você. Peste! Megera! Hei de ensiná-la a ser tagarela! E você a ser desobediente!"

As frases saem sem ordem, as palavras se atropelam. Ângela não reconhece a avó naquela velha furiosa, de fisionomia decomposta e gestos violentos. Quando ela a segura pelos ombros, e lhe indaga desabridamente por que, como, quando ousara ir ao chalé, tem a impressão de ver na sua frente a louca[13].

Era essa a "santa", como era considerada pelas irmãs de caridade e pela própria neta: "Vovó é uma santa". Só que, depois, descobriu uma cláusula (e as razões) que condicionava os seus donativos a serem aplicados apenas "em benefício dos asilados de cor branca que melhores aptidões revelarem"[14]. As razões são explicadas com a descoberta de que foi uma das duas figuras altivas dos retratos da sala de visita, o avô general, que havia se aproveitado da irmã louca da mulher, da tia Regina, a engravidado e dado fim a seu filho.

Desesperada, Ritinha tentou matar vovô. Foi um escândalo. Vovó soube de tudo, evidentemente. E mancomunou-se com o marido para internar Ritinha no hospício, como louca furiosa. Quando voltou – só saiu porque um médico parece ter suspeitado da verdade – a criança já tinha nascido. Por uma preta velha, que ajudou vovó no parto, soube que era um menino, e fora posto na Roda, no Asilo dos Expostos.

Quando Ângela sabe disso, ameaça uma ação com algum "heroísmo", resiste e se recusa a compactuar com os crimes da família. Ensaia negá-la e denunciar tudo à polícia. Mas, ao tentar fazê-lo, perde também a confiança na instituição e nos agentes da ordem, no caso, no delegado. Como se não visse outra saída, com muita facilidade aceita a rendição e se nivela aos demais, entra no jogo, como disse acima. A conclusão que fica ao leitor é a de que o novo não era muito melhor do que o velho, e quanto à vida, por não sabermos bem no que consistia nem onde estava, talvez o melhor fosse mesmo ficar de fora dela. A crítica aos costumes da casa-grande da família tradicional é complementada com a crítica aos novos costumes do tempo da vida burguesa. De modo que na passagem de uma para outra só havia perdas, sem dizer que não tinha mais também nenhum retrato na parede a ser cultuado[15]. O jogo da cabra-cega talvez servisse para ilustrar essa situação, da pessoa de olhos vendados sem saber para onde ir, nem para frente nem para trás, e ficar girando em círculos como um bobo, para o riso dos demais. Esse seria o resultado elaborado pela visão da autora, paralisada entre um

---

13. *Idem*, p. 419.
14. *Idem*, p. 436.
15. V. como Luís Bueno discute a mesma questão nos seus primeiros romances, *Uma História do Romance de 30*, p. 313.

apego conservador e uma aspiração modernizante, que não deve ser confundido com o sentido do processo histórico.

A pergunta que fica é até que ponto a androginia, a reunião da crítica à criação, contribuiu ou não para a boa realização do romance. Não teria sido preferível um registro mais isento dos dramas da decadência familiar no embate com a história e a sua experiência disso? A autora tinha muito claros todos os desarranjos a serem denunciados: a hipocrisia necessária de todos, os crimes ocultos de cada um, a loucura escondida dos olhos do outro, os vícios e as tendências hereditárias etc. Assim como conhecia todos os procedimentos narrativos da literatura moderna, basta lermos a sua crítica para vermos como era frequentadora assídua de Virginia Woolf, Joyce, Kafka, Gide, Proust. Porém, outros romances brasileiros da época, de meu ponto de vista, fizeram isso melhor, veja-se, por exemplo, o livro de Helena Morley, *Minha Vida de Menina*, ou, posteriormente, o romance de Lúcio Cardoso, *Crônica da Casa Assassinada*. E o que Lúcia apresenta é também uma visão crítica um tanto superficial e esquemática dos costumes modernos do tempo. O que já vinha sendo feito também por outros, mas sem tanto *parti pris*, como os livros de Marques Rebelo, *A Estrela Sobe*, e, depois, *O Espelho Partido*. O que pode significar que a visão crítica dos eventos e da literatura, decisiva e fundante da melhor ironia, nem sempre é suficiente e substitui a sensibilidade e a sinceridade (como a adesão maior à verdade da realidade externa do que à da vontade subjetiva, que pode muitas vezes ser contrariada pelos fatos), fundamentais para o registro artístico e literário. Por isso, teria também aqui, segundo a norma, o homem traído a mulher?

INFLUÊNCIA ESTRANGEIRA: AUGUSTO MEYER E OS CASOS DE MACHADO E EÇA

Luís Bueno

O livro mais conhecido de nosso tempo a tratar do tema da influência é o de Harold Bloom, *A Angústia da Influência*. Nele, o que se desenha é uma evolução da poesia moderna construída na base de uma luta de gigantes. É o que se lê logo na primeira página do ensaio:

> A história da poesia, segundo a tese deste livro, é considerada como indistinguível da influência poética, já que os poetas fortes fazem a história deslendo-se uns aos outros, de maneira a abrir um espaço próprio de fabulação.
>
> Meu interesse único aqui são os poetas fortes, grandes figuras com persistência para combater seus precursores fortes até a morte[1].

Como se vê, é teoria que só pode funcionar a partir do estabelecimento de dois elementos: a crença num cânone fixo e inabalável, que acaba se constituindo em verdadeiro fetiche, e a desistorização da história literária, consequência da suspensão de outras relações possíveis entre poetas e entre concepções de poesia. Isso se percebe claramente em algumas afirmações curiosas, e vale a pena tratar brevemente de duas delas. A primeira, que mostra a fetichização do cânone, é a seguinte:

> Que Tennyson tenha triunfado em sua longa e secreta disputa com Keats é algo que não pode se afirmar com certeza, mas sua evidente superioridade com relação a Arnold, Hopkins e Rossetti se deve à sua relativa vitória, ou pelo menos à sua capacidade de preservar o que tinha de seu, ao contrário das parciais derrotas dos demais[2].

---

1. Bloom, 1991, p. 33.
2. *Idem*, p. 40.

170 ᴏᴏ A CRÍTICA LITERÁRIA BRASILEIRA EM PERSPECTIVA

Que Tennyson representa tipicamente o *modo* da poesia inglesa de seu tempo parece difícil de questionar – e isso explicaria sua posição confortável no cânone e, por extensão, naquela luta entre fortes. Somente num enquadramento como esse um poeta reconhecidamente original como Gerard Manley Hopkins pode ser entendido como um autor que não conseguiu "preservar o que tinha de seu". Sua dicção não se identificava com a dominante em seu tempo, e ele entrou no cânone da poesia inglesa do século xix meio de contrabando. Morto em 1889, teve seus poemas publicados apenas em 1917, mas só foi lido efetivamente – então gerando ele próprio a tal angústia em gente como Dylan Thomas – a partir da segunda edição de seus poemas, em 1930. Se importa o dado biográfico, que aqui e ali Bloom convoca, além de tudo, em uma carta dirigida ao poeta Robert Bridges, Hopkins praticamente definiu em linhas gerais a angústia da influência ao dizer que "o resultado de estudar as obras-primas é admirar e fazer de outro modo"[3].

A segunda afirmação de Bloom que nos interessa é revelação daquela desistoricização da história literária, e diz respeito a Shakespeare: "o principal motivo, porém, [para o maior poeta em língua inglesa estar ausente deste livro] é que o precursor direto de Shakespeare foi Marlowe, poeta de estatura muito inferior à de seu legatário"[4]. Ora, quando Marlowe é assassinado em 1593, Shakespeare ainda não tinha produzido nenhum dos seus trabalhos mais importantes e, mesmo aceitando o tipo de divisão entre fortes e fracos de Bloom, será possível aceitar com tranquilidade a ideia de que Shakespeare era já um "forte" e Marlowe um "fraco" àquela altura? Isso só é aceitável se, desistoricizando a história literária, projetarmos todo o Shakespeare, o Shakespeare do tempo de Harold Bloom, sobre o iniciante de 1593.

Se essas restrições são justas, então talvez não seja maldade excessiva dizer que, no fundo, o que Bloom faz é tentar dar uma nova roupagem – e, no processo, criar toda uma nova terminologia – para pôr de pé uma questão crítica velha e cheia de complicações. E essas complicações se avultam quando estendemos o problema da influência para a relação entre escritores de diferentes línguas e tradições. Nos países periféricos, as angústias – ou talvez fosse melhor dizer os complexos – se multiplicam, seja porque jamais nos vimos ou somos vistos como fortes, seja porque, mais do que a influência, a imitação parece inevitável em literaturas "de segunda mão" como seriam as de língua portuguesa. Será que faz sentido que esse fantasma continue nos assombrando?

Que já assombrou é certo. O problema da influência não estava fora das cogitações do próprio Machado de Assis, por exemplo, e fica patente na introdução ao célebre texto sobre o *Primo Basílio*:

---

3. Hopkins, 1985, p. 210. Carta a Robert Bridges datada de 25 de setembro de 1888.
4. Bloom, 1991, p. 40.

Que o Sr. Eça de Queirós é discípulo do autor do *Assommoir*, ninguém há que o não conheça. O próprio *Crime do Padre Amaro* é imitação do romance de Zola, *La Faute de l'Abbé Mouret*. Situação análoga, iguais tendências; diferença do meio; diferença do desenlace; idêntico estilo; algumas reminiscências, como no capítulo da missa, e outras; enfim, o mesmo título. Quem os leu a ambos, não contestou decerto a originalidade do Sr. Eça de Queirós, porque ele a tinha, e tem, e a manifesta de modo afirmativo; creio até que essa mesma originalidade deu motivo ao maior defeito na concepção do *Crime do Padre Amaro*[5].

Mesmo que, na sequência de seu artigo, Machado vá relativizar e redimensionar essa sua afirmação, não há como negar que abrir uma crítica dessa forma é a mais pura maldade. Reconhece-se a originalidade em um imitador, mas é essa mesma originalidade – o apelo ao sensual, ao torpe mesmo, para usar o termo de Machado – que o faz perder-se. E isso se compreende bem, dado o confronto que Machado tem que estabelecer para construir com a angústia uma obra sua, não com um precursor, mas com esse contemporâneo mais próximo ao centro – duplamente ameaçador, portanto. A prova de que Machado não combatia moinhos de vento é que a mania de encontrar influências – e, portanto, de afirmar a todo momento a validade de um cânone central – afetou longamente a fortuna crítica não só de Eça, como a sua própria.

E isso se percebe indiretamente várias décadas depois, quando Augusto Meyer se veria na situação de escolher uma obra em língua portuguesa para compor a lista dos dez maiores romances de sempre e, em carta ao organizador da enquete que suscita a escolha, explica-se assim por ter preferido Eça a Machado:

Parece-me que *Os Maias* representam muito bem a contribuição da língua portuguesa, pois Machado não consegue integrar-se na família dos genuínos romancistas, falta-lhe humildade, ilusão de criador, paciência de acompanhar as personagens com aquele mínimo indispensável de simpatia, sem o qual tudo se reduz a um jogo subjetivo de análise psicológica. Bem sei que Machado conseguiu compor mais de um bom romance, mas, ainda sob a magia do melhor dos seus romances, de vez em quando o leitor recorda, para sentir que ele é sobretudo um analista empenhado em extrair do "mínimo e escondido" a essência psicológica, o episódio mais importante do que a continuidade do entrecho romanesco[6].

Isolados, este trecho e esta avaliação parecem indicar que Augusto Meyer é um crítico obcecado pelos modelos canônicos. Nisso, aliás, não estaria sozinho entre os críticos de seu tempo. Álvaro Lins tinha em conta tão alta o modelo canônico do romance realista com entrecho fortemente centralizado que, quando o livro que analisava não o seguia, ele o considerava defeituoso – como fez com *O*

---

5. Assis, 1992, vol. 3, pp. 903-904. Artigo publicado originalmente em 16 e 30 de abril de 1878.
6. Meyer, 1981, p. 151. Primeira edição de 1965.

Desconhecido de Lúcio Cardoso, *Perto do Coração Selvagem* de Clarice Lispector e *Vidas Secas* de Graciliano Ramos – chegando a sugerir supressões, como fez com o capítulo de *São Bernardo* que trata do contador de Paulo Honório, o seu Ribeiro[7]. Mas, voltando a Augusto Meyer, se no confronto com Machado o romancista português foi favorecido em função de preconceitos em relação ao que seria canonicamente romance, seria o caso de prever um desfavorecimento a Eça no confronto com os grandes nomes do romance europeu.

Em *À Sombra da Estante*, Augusto Meyer reuniu dois artigos dedicados a Eça, e em ambos a suspeita levantada aqui demonstra-se falsa. O que se vê nesses textos é um crítico exercitando a análise para além dos modelos. Um crítico que, antes de julgar e posicionar o autor dentro de um escaninho no cânone, procura entender o jogo de forças presente em sua obra. O primeiro desses textos, intitulado apenas "Eça", abre-se assim:

> "Escritor sem mistério", dizia Graça Aranha. Mas, pensando bem, por que pedir mistério a torto e a direito? Um pouco de clareza não faz mal a ninguém.
> Ora, o grande, o maior encanto de Eça está justamente nos seus limites, em ter sido assim uma objetividade nítida, retocada de ironia[8].

Enxergar no limite o encanto ao invés do defeito é atitude que demonstra com clareza como o crítico sabe procurar, antes do modelo, as motivações da obra. Somente assim, com o campo de visão desimpedido, Meyer pode rever a crítica de Machado, e enxergar na sensualidade uma qualidade:

> Não vem ao caso o pudor do crítico [Machado]: é preciso mostrar que, dentro da fatalidade desses limites – a sensação física – estão contidas as suas virtudes necessárias e fecundas como o criador de novas sugestões na arte da novela portuguesa. [...] A sensualidade é a arte de cultivar o momento que passa, de ficar no presente, no imediato[9].

Lembre-se, de passagem, que no mesmo volume Meyer dedica um estudo à sensualidade em Machado no qual observa que a grande sensualidade do autor de *Dom Casmurro* é "a das ideias"[10]. Diferentes autores, diferentes limites, diferentes encantos, por fim: diferentes obras.

É somente de posse dessa visão, despreocupada da angústia da influência e da periferia, que ele poderá comparar Eça a Zola, afirmando sobre o português que, se teve um defeito, foi o de se deixar levar demais pela admiração "que votava

---

7. V. Lins, 1963.
8. Meyer, 1947, p. 209.
9. *Idem*, p. 213.
10. *Idem*, p. 37.

aos ídolos do momento"[11]. Dirá mesmo que "resta o consolo de saber, com a mais serena das certezas, que *O Crime do Padre Amaro* é uma obra-prima, e *La Faute de l'Abbé Mouret* um idílio de mau gosto, cheirando a falsa obra-prima"[12].

Mais interessante é a discussão de Meyer acerca das fontes de *O Mandarim*. Remetendo a um artigo de Afrânio Peixoto, que localiza a sugestão da novela numa passagem do *Pai Goriot* de Balzac, neste "As Origens d'*O Mandarim*", acrescenta uma segunda possível fonte: um trecho do *Gênio do Cristianismo,* de Chateaubriand. Nos dois casos, alguém imagina a possibilidade de matar um homem na China e herdar as suas riquezas, mas ninguém se anima a fazê-lo. Eça cria a obra em que alguém toca a campainha, mata o homem e vive a aventura que resulta disso.

Para além de apontar esses elementos, a análise de Augusto Meyer se adensa mesmo nas duas últimas páginas do ensaio, ao avaliar o que Eça teria feito com essas sugestões. E, novamente comparando e encontrando novas fontes, o crítico conclui que Eça fez muito, sendo capaz de superar o modelo do "conto moral", com isso escapando de se restringir a renovar o *Peter Schlemihl*, de Chamisso. É que, depois do final moralizante, Eça lança mão de um humor corrosivo no parágrafo final de seu texto:

E, todavia, ao expirar, consola-me prodigiosamente esta ideia: que do Norte ao Sul, do Oeste a Leste, desde a Grande Muralha até as ondas do Mar Amarelo, em todo o vasto Império da China, nenhum Mandarim ficaria vivo, se tu, tão facilmente como eu, o pudesse suprimir e herdar-lhe os milhões, ó leitor, criatura improvisada por Deus, obra má de má argila, meu semelhante e meu irmão[13].

Nesse ponto, Meyer vê mais que uma citação do poema de abertura de *As Flores do Mal*. Ao localizar nesse fecho a superação do simples conselho moral, dá estatuto de fonte a Baudelaire e de criador a Eça, que cresce como autor que ultrapassa a influência e, num texto a princípio sem maiores ambições, reescreve a tradição literária de seu próprio tempo a partir de alguns de seus principais atores.

Com essa operação crítica, o próprio crítico, por sua vez, demonstra que a pesquisa de fontes e de influências pode superar aquele complexo de inferioridade periférica e escapar do mero exibicionismo de erudição, ainda que a tentação sempre esteja ali presente. E até mesmo, paradoxalmente, no caso deste "As Origens d'*O Mandarim*", Augusto Meyer cai nela. Afinal, para que, além de mostrar que leu, serviria evocar a passagem de *O Gênio do Cristianismo* se, ao

---

11. *Idem*, p. 218.
12. *Idem, Ibidem.*
13. Queirós, 1916, pp. 174-175.

final, reconhecerá que Eça deve mesmo ter tomado a sugestão de Balzac, como dissera Afrânio Peixoto?

O exibicionismo de erudição, de toda forma, marcou a longa história da discussão das fontes e influências de Machado de Assis. Essa história, como se sabe, começa ainda em vida do escritor, que parece provocar seus contemporâneos ao fazer seus narradores aludirem a escritores e modelos de narração – é impossível contar quantos críticos aludem à passagem do "Ao Leitor", das *Memórias Póstumas de Brás Cubas,* em que o narrador diz que, "se adotei a forma livre de um Sterne e de um Xavier de Maistre, não sei se lhe meti algumas rabugens de pessimismo"[14]. Mas, é claro, a questão não se encerra nisso.

No caso de Machado, é como se fosse inexplicável a erupção de uma obra como a sua num meio acanhado como o nosso. Um pouco incrédulos da própria realidade – afinal, Machado escreveu os livros que escreveu, como diria o conselheiro Acácio –, os críticos andaram à cata de alguma explicação convincente e de acordo com o seu complexo de periferia. Afinal, nem o gênio individual parecia ser justificativa suficiente, já que o velho preconceito contra o "mulatinho", designação repetida *ad nauseam* até pelos grandes críticos como Lúcia Miguel Pereira, estava presente[15]. Parecia fazer mais sentido um esforço, talvez bem-sucedido, talvez não, de conveniente autonegação e de igualmente conveniente absorção dos valores "aceitos", típico talvez dos egressos das classes baixas. É algo parecido com isso, pelo menos, que está na base da análise de Sílvio Romero:

> O humorista é, porque é e porque não pode deixar de sê-lo. Dickens, Carlyle, Swift, Sterne, Heine, foram humoristas fatalmente, necessariamente; não podia ser por outra forma. A índole, a psicologia, a raça, o meio tinham de fazê-los como foram. O humorismo não é coisa que se possa guardar n'algibeira para num belo dia tirar para fora e mostrar ao público. [...]
>
> O temperamento, a psicologia do notável brasileiro não são os mais próprios para produzir o humor, essa particularíssima feição da índole de certos povos. Nossa raça é em geral incapaz de o produzir espontaneamente. [...]
>
> Machado de Assis, de um tempo a esta parte, tem revelado certo gosto em fazer espírito, em arriscar sua pilhéria, seu *bon mot,* e tem procurado encapar o espírito numas atitudes filosofantes e numas roupagens esquisitas de missionário fúnebre. [...]
>
> O artifício é evidente, a macaqueação de Sterne, por exemplo, é palmar[16].

Para localizar a posição de Augusto Meyer nesse debate – e, com isso, pelo menos apontar para um possível lugar de sua obra na crítica brasileira – consi-

---

14. Assis, 1992, vol. 1, p. 513.
15. V. Pereira, 1936.
16. Romero, 1936, pp. 78-82. A primeira edição é de 1897.

deremos um longo arco histórico que começa em Sílvio Romero e chega a Antonio Candido que, na *Formação da Literatura Brasileira*, coloca o problema sob o seguinte prisma:

> [S]e Swift, Pascal, Schopenhauer, Sterne, a Bíblia ou outras fontes que sejam, podem esclarecer a sua visão do homem e a sua técnica, só a consciência da sua integração na continuidade da ficção romântica esclarece a natureza de seu romance. O fato de haver presenciado a evolução do gênero desde o começo da carreira de Alencar habilitou-o, com a consciência crítica de que sempre dispôs, a compreendê-lo, avaliar o seu significado e sentir-lhe o amadurecimento. Prezou sempre a tradição romântica brasileira e, ao continuá-la, deu o exemplo de como se faz literatura universal pelo aprofundamento das sugestões locais[17].

Ou seja, Antonio Candido, sem polemizar, desloca a localização da contribuição de Machado de Assis para a literatura brasileira da influência estrangeira para a tradição interna. Não há macaqueação porque os processos formais não são colhidos no jardim universal das musas, mas sim gestados na realidade imediata do escritor. É nessa tradição que Roberto Schwarz, mais recentemente, pôde compreender o narrador volúvel das *Memórias Póstumas de Brás Cubas* como algo que emerge das condições sociais específicas nossas e não do "humor inglês e [da] inspiração literária sem fronteiras"[18].

Entre um ponto e outro desse arco histórico, vários críticos comparecerão. Um deles, Eugênio Gomes, notabilizou-se, e até hoje é referido, exatamente por levantar pacientemente as influências – inglesas, mas não somente – em Machado. Seu método crítico constitui-se da citação de algum trecho de um autor que compreende ser uma influência de Machado seguida da citação de passagem "semelhante" de alguma obra do brasileiro. Frequentemente, depois das citações, quase nada se comenta. É como se a semelhança fosse evidente por si e, irrefutável, não necessitasse de análise. É claro que o trabalho de Eugênio Gomes avança em relação ao de Sílvio Romero, já que abre mão da fixação biográfica, e não pretende apontar imitações ou "compensações". No capítulo dedicado à influência de Fielding, por exemplo, depois de mencionar alguns títulos de capítulos de *Esaú e Jacó*, que coloca lado a lado com títulos de capítulos do *Tom Jones*, diz o seguinte:

> Se, com a assimilação do método de Fielding, Machado de Assis procurava ceder às exigências de sua gagueira, da qual já se disse que lhe explica o estilo, é matéria ou indagação que escapa à crítica literária. Mas, quem cotejar os romances *Iaiá Garcia* e *Brás Cubas*, que se sucedem na ordem de publicação, um em 1878, e, o outro, entre 1879 e 1880,

---

17. Candido, 1981, vol. 2, p. 118.
18. Schwarz, 1997, p. 209. Mais recentemente, Sérgio Paulo Rouanet retomou a questão do narrador machadiano sob a égide de sua relação com outros narradores "shandyanos". Ver Rouanet, 2007.

verá que, naquele, há somente dezessete capítulos e, neste, cento e sessenta. *Quincas Borba* tem duzentos e um! Enfim, antes de *Brás Cubas*, nenhum romance de Machado de Assis teve mais de vinte e poucos capítulos; a partir daquele livro, os capítulos excedem de cem. Como explicar pela gagueira do escritor as intermitências de capítulos que só se verificam nos seus últimos romances?

Trata-se evidentemente de uma inovação técnica que, seja dito, permitiu a Machado de Assis a extrema liberdade de misturar no mesmo livro de ficção: a crônica, o ensaio, o conto e o romance, tal como Fielding já havia feito, com tanta felicidade[19].

Eugênio Gomes, no entanto, não consegue superar de vez a recusa da fixação biográfica, avançando somente até o ponto de afirmar que a divisão em capítulos mais curtos e numerosos é uma mudança de técnica e não reflexo da fisiologia, o que parece, isso sim, autoevidente – como aliás a trata Antonio Candido no trecho citado há pouco.

Mas esse avanço deve ser computado e salta à vista quando se leva em conta o livro que Agrippino Grieco publicou sobre Machado em 1959, portanto vinte anos depois da primeira edição do livro de Gomes. É difícil entender as motivações do velho crítico – que, aliás, faz questão de se dizer sexagenário –, a não ser o exibicionismo, para escrever esse livro. O desejo de caracterizar Machado como um produto artificial no Brasil é tão grande que se manifesta logo no "Introito", a pretexto de lamentar o sucesso restrito do escritor fora do Brasil:

> O leitor brasileiro, ainda quando não o perceba, gosta de ler Machado pela nítida forma francesa das suas narrações. Ora, os franceses poderão sentir grande prazer ao se reencontrarem aí a si próprios? Seria justo objetar que as notas afrancesadas de muitos tipos de Joaquim Maria resultam de idade em que era epidêmica a influência dos figurinos parisienses na vida social do Rio. Mas os patrícios dos livreiros, cabeleireiros e perfumistas que encheram a antiga Rua do Ouvidor, esses não querem saber de trabalhos que, lembrando Mérimée ou Stendhal, não excedam Stendhal ou Mérimée[20].

Para ele, é como se Machado se recusasse a ser brasileiro. Até para "Pai contra Mãe" ele encontra uma fonte francesa e um desinteresse pelo Brasil:

> Existirá igualmente, no "Pai contra Mãe", uma reminiscência da roda dos expostos nas confissões de Rousseau, sendo que alguns leitores se irritam por não sentirem no narrador de cá, um mulato, nenhum tremor de revolta diante da iniquidade dos que martirizavam uma das raças de que ele procedia, e por sentirem mesmo que ele contava isso objetivamente, como contaria qualquer outro fato, sem interferir, timbrando em ser bem imparcial na evocação desses choques de senhores e escravos[21].

---

19. Gomes, 1976, pp. 50-51. Primeira edição de 1939.
20. Grieco, 1959, p. xi.
21. *Idem*, p. 18.

E o processo continua ininterruptamente. A cada passo ele enxerga uma possível fonte. Se no caso das aproximações de Eugênio Gomes, pelo menos as semelhanças – mesmo que fortuitas – sempre podem ser percebidas, aqui o processo vira perversão:

> Agora uma dúvida: ignoro se Machado, quando escreveu em 1891, que "a ausência era uma espécie de morte, restrita, mas não menos certa", conhecia o verso de Edmond Haraucourt: "*Partir, c'est mourir un peu…*" ("Rondel de l'Adieu", do livro *Seul*, desse mesmo ano)[22].

Como se vê, e exemplos como estes, recolhidos nas primeiras páginas, repetem-se indefinidamente livro adentro, em qualquer passagem, o crítico, munido de seu vasto conhecimento, identifica fontes estrangeiras, principalmente francesas – até mesmo nos clichês mais evidentes, como esse de que partir é morrer um pouco.

É exatamente esse processo, utilizado de maneira indiscriminada, e entendido (e com razão) como uma forma de menosprezo a Machado, que provocará uma resposta de Augusto Meyer ao "Mestre Implacável", como ele chama Grieco, numa polêmica que marca sua diferença em relação a uma certa crítica brasileira da primeira metade do século, na qual Grieco se destacara. A necessidade de algo além da intuição é colocada de forma exemplar, numa descrição sintética de como o crítico deve ser rigoroso:

> A técnica das "passagens paralelas…" Examinemos alguns aspectos da questão. Deus, ao criar o mundo, está naturalmente imitando outro deus, outros deuses, que já haviam criado outros mundos […] Por isto mesmo, cautela nas conclusões apressadas, diante dos seguintes riscos: a) supor que a cada trecho de uma obra deve necessariamente corresponder uma fonte específica ou trecho paralelo; b) ceder à fascinação da fonte única; c) estabelecer confusão entre simples semelhança e dependência direta; d) deixar de completar o paralelo com a análise estilística de ambos os trechos no seu contexto; e) perder de vista a gradação que vai de um simples decalque à imitação literária, de uma adaptação compilada à assimilação de estilo e conteúdo. Da imitação criadora à genuína originalidade. Tudo isto depois de comprovada a leitura dos modelos, ou pelo menos de assentada a probabilidade máxima de consulta[23].

E, de fato, foi sempre com cuidado que se aproximou do tema das influências em Machado. Aliás, ele só havia se demorado sobre isso uma vez antes da resposta a Agrippino Grieco. É verdade que seu livro *Machado de Assis*, de 1935, abria-se com a evocação daquela já muito citada passagem das *Memórias Póstumas*. Eis o que diz:

> Mas a analogia [com Sterne] é formal, não passa da superfície sensível para o fundo permanente. A vivacidade de Sterne é uma espontaneidade orgânica, necessária, a do ho-

22. *Idem*, p. 19.
23. Meyer, 1981, p. 142.

mem volúvel que atravessa os minutos num fregolismo vivo de atitudes, gozando o prazer de sentir-se disponível. Sterne é um *molto vivace* da dissolução psicológica.

Em Machado, a aparência de movimento, a pirueta e o malabarismo são disfarces que mal conseguem dissimular uma profunda gravidade – deveria dizer: uma terrível estabilidade. Toda sua trepidação acaba marcando passo[24].

Depois de lermos Roberto Schwarz, a expressão "homem volúvel" salta aos olhos. Meyer, naturalmente, não vê volubilidade em Brás Cubas, a não ser como impostura que protege o "homem subterrâneo" que, para ele, é a chave da obra madura de Machado. Sterne e Xavier de Maistre são invocados, portanto, menos como influências e mais como uma espécie de ponto de apoio retórico a que o autor de *Brás Cubas* recorreria. Mais adiante, na década de 1940, os dois ensaios sobre Machado em *À Sombra da Estante* só tocam na influência, incidentalmente e entre parênteses numa passagem: "Carlos Maria amava a conversação das mulheres (como o Saint-Clair de Mérimée)"[25].

Foi somente num artigo posterior, acrescido à segunda edição de *Machado de Assis* em 1952, e dedicado às eventuais fontes do delírio de Brás Cubas, que ele de fato discutiu o problema. E o faz dentro de balizas muito claras. Principia por um levantamento do que a crítica já havia apontado. Evoca Eugênio Gomes, que apontara para Victor Hugo; Alcides Maya, que apontara para a *Tentação de Santo Antão* de Flaubert e Otto Maria Carpeaux, que apontara para Leopardi. Ao final desse levantamento, como quem não quer nada, propõe uma outra operação: "Mas aqui, penso eu, devemos remontar ainda mais, em busca de uma fonte comum, anterior ao Romantismo e ao quadro estreito das influências imediatas"[26]. Em seguida, refere-se ao trabalho de Ernst Robert Curtius para indicar que, na base de todas essas eventuais semelhanças, está um *topos* antiquíssimo: "Mostra ainda Curtius que o 'topos' aparentemente gasto vai remoçar, depois de um milênio e meio, no Romantismo"[27]. Anos antes da publicação do livro de Grieco, portanto, ele já advertira sobre a "grande dificuldade que há em tais casos para comprovar uma influência direta com o simples método das 'passagens paralelas'"[28].

É com coerência, portanto, que conclui:

Sem querer negar alguma reminiscência literária incidental, tenho para mim que Machado não tomou de empréstimo Natureza ou Pandora senão a si mesmo, isto é, a esse profundo bucho de ruminante que todos trazemos na cabeça e onde todas as suges-

---

24. *Idem*, 1952, p. 14. Primeira edição de 1935.
25. *Idem*, 1947, p. 41.
26. *Idem*, 1952, p. 125.
27. *Idem, Ibidem*.
28. *Idem*, p. 127.

tões, depois de misturadas e trituradas, preparam-se para nova mastigação, complicado quimismo em que já não é mais possível distinguir o organismo assimilador das matérias assimiladas...[29]

Ora, este artigo, mais do que condenar o suposto método das "passagens paralelas", representa um dar de ombros às influências, numa espécie de desrecalque em relação a Machado e, por extensão, à literatura brasileira. Neste texto, assim como na carta a Agrippino Grieco, o que se afirma é que não faz sentido escarafunchar influências apenas porque alguém não consegue acreditar que Machado pode ser brasileiro e grande autor. Essa atitude, aliás, condiz perfeitamente com o conjunto da obra de Meyer, que discute em seus artigos os temas mais eruditos, recheando-os de citações em três ou quatro diferentes línguas, da mesma forma que se dedica ao estudo da poesia popular do Rio Grande do Sul – na qual, aliás, localizou, como em Machado, uma comunhão, com todo o ocidente, de certos *topoi*.

Livre desse tipo de complexo de inferioridade, Augusto Meyer pôde ver Eça e Machado, em si e na relação com outros autores, sem qualquer angústia. Se a tradição crítica brasileira pôde chegar ao ponto de localizar uma especificidade brasileira onde antes só se enxergava imitação servil e insincera, é um pouco por causa da postura crítica que Augusto Meyer representa, e isso é suficiente para mostrar a importância de sua obra na tradição crítica brasileira.

Se de fato formos capazes, como ele, de superar a visão de que somos o fim do mundo, talvez estejamos prontos para compreender melhor como as literaturas de língua portuguesa, mais ou menos periféricas, desenham-se, não em isolamento, mas em sua especificidade. E o passo adiante talvez seja o de nos livrarmos desses complexos de inferioridade na abordagem de escritores menos gigantescos que Eça e Machado.

REFERÊNCIAS BIBLIOGRÁFICAS

Assis, Machado de. "Eça de Queirós: *O Primo Basílio.*" *Obra Completa.* 8. ed. Rio de Janeiro, Nova Aguilar, 1992.

Bloom, Harold. *A Angústia da Influência.* Trad. de Artur Nestrovski. Rio de Janeiro, Imago, 1991.

Candido, Antonio. *Formação da Literatura Brasileira.* Belo Horizonte, Itatiaia, 1981.

Gomes, Eugênio. *Machado de Assis – Influências Inglesas.* Rio de Janeiro/Brasília, Pallas/INL, 1976.

Grieco, Agrippino. *Machado de Assis.* Rio de Janeiro, José Olympio, 1959.

---

29. *Idem*, p. 128.

HOPKINS, Gerard Manley. *Poems and Prose*. London, Penguin, 1985.

LINS, Álvaro. *Os Mortos de Sobrecasaca*. Rio de Janeiro, Civilização Brasileira, 1963.

MEYER, Augusto. *Machado de Assis*. 2. ed. Rio de Janeiro, Organização Simões, 1952.

_____. *À Sombra da Estante*. Rio de Janeiro, José Olympio, 1947.

_____. *A Forma Secreta*. 4. ed. Rio de Janeiro, Francisco Alves, 1981.

PEREIRA, Lúcia Miguel. *Machado de Assis*. São Paulo, Nacional, 1936.

QUEIRÓS, Eça de. *O Mandarim*. 6. ed. Porto, Chardron, 1916.

ROMERO, Sílvio. *Machado de Assis*. 2. ed. Rio de Janeiro, José Olympio, 1936.

ROUANET, Sérgio Paulo. *Riso e Melancolia*. São Paulo, Companhia das Letras, 2007.

SCHWARZ, Roberto. *Um Mestre na Periferia do Capitalismo: Machado de Assis*. 3. ed. São Paulo, Ed. 34, 1997.

FORMAÇÃO, HOJE: UMA HIPÓTESE ANALÍTICA, ALGUNS PONTOS CEGOS E SEU VIGOR[1]

Luís Augusto Fischer

Para tentar fazer jus desde o começo ao valor da obra de Antonio Candido, será preciso imediatamente comentar o traiçoeiro título "Formação, Hoje", que toma como referência central o clássico *Formação da Literatura Brasileira: Momentos Decisivos*[2]. A primeira vontade seria a de completar o enunciado com um ponto de interrogação, nem que fosse para referir a dúvida, que é de todos nós, sobre a pertinência e o cabimento de uma visão construtiva, embutida na ideia genérica de *formação*, neste tempo em que vivemos, marcado por uma significativa alteração no valor dos aspectos nacionais construídos desde o tempo da independência (identidade nacional, cultura nacional etc.) e imerso num notável internacionalismo, tanto aquele positivo, que entra na casa das pessoas cultas como informação diária, pela leitura de jornais e revistas, pela televisão ou pela internet, quanto aquele negativo, muito mais decisivo e nem sempre visível, que rege as nossas vidas na forma de capital especulativo, que estaciona neste ou naquele país sem se preocupar em permanecer por tempo significativo (ao contrário do que ocorreu num ciclo anterior da história ocidental, quando os capitais eram conver-

---

1. Este ensaio deve parte substantiva das concepções que apresenta ao seminário sobre História da Literatura que temos levado adiante no Instituto de Letras da UFRGS. Os parceiros intelectuais dessa jornada são vários alunos e alguns colegas, entre os quais é preciso mencionar Homero Araújo, Ian Alexander, Antônio Sanseverino e Marcelo Frizon. Publicado em uma versão anterior na revista *Literatura e Sociedade*, do Departamento de Teoria Literária e Literatura Comparada da USP (n. 11, São Paulo, 2009.1, ISSN 1413-2982), número especial em homenagem aos noventa anos de Antonio Candido, vai aqui revisto. Parte importante da revisão agora apresentada deve a Leopoldo Waizbort, que gentilmente apontou reparos e discordâncias em relação à edição citada, em correspondência dirigida ao autor. Naturalmente, Waizbort não tem qualquer responsabilidade pelos conceitos e impressões aqui expressos.

2. Edição em uso: 5. ed., Belo Horizonte/São Paulo, Itatiaia/Edusp, 1975. [Edição original: 1959.]

tidos em bens de produção e só apresentavam rendimento significativo após longa maturação), num ritmo deletério que está em pleno vigor e que a crise de poucos anos atrás, emergida no mercado financeiro, veio demonstrar com clareza. Mas tal discussão nos levaria para muito longe do que aqui se pretende: uma rápida reflexão sobre o lugar da ideia de formação, tal como desenvolvida por Candido, procurando flagrar e explicitar alguns pontos cegos de sua visada, para ao fim afirmar seu interessante valor no mundo de hoje.

Vale um pequeno esforço, ainda nesta introdução, para tentar justificar o deslocamento temporal: formulada por Candido no final dos anos 1950, mesmo tempo em que foram editados dois outros ensaios de têmpera assemelhada (*Formação Econômica do Brasil*, de Celso Furtado, e *Os Donos do Poder: Formação do Patronato Político Brasileiro*, de Raymundo Faoro), a ideia de formação responde, como adiante vai-se discutir, a um contexto de alta do valor do nacional, relativamente ao tempo de agora (2011). Naquele momento, ainda que a conjuntura internacional estivesse empurrando as questões políticas e econômicas para um patamar supranacional, naquele âmbito conhecido como Guerra Fria, o nacional dispunha de um vigor apreciável, o que se poderá confirmar na cultura de massas (a primeira conquista de uma Copa do Mundo de futebol pelo Brasil, em 1958, e a segunda, em 1962, elevaram o orgulho nacional na imprensa, em geral) e, com espírito crítico, em setores da produção cultural exigente (filmes sobre o Brasil profundo, como os do Cinema Novo, canções populares voltadas para o debate das mazelas nacionais). Assim, será preciso manter em mente um contraste importante, entre o valor alto do nacional naquela conjuntura de lançamento da *Formação da Literatura Brasileira* e o valor baixo do nacional agora, contraste que, no limite, poderia configurar uma arguição do sentido deste artigo aqui: se tal valor se alterou tanto, que cabimento tem pensar sobre o conceito de formação, estando necessariamente implicada uma ideia construtiva do nacional, em nosso tempo, que rebaixou tal valor a níveis ineditamente baixos, desde a Independência.

Em palavras mais simples: tem algum sentido o conceito de formação na atualidade? Qual é ele, em caso positivo? Em parte, este é o esforço que o presente artigo fará nas páginas seguintes, sendo portanto um de seus sentidos responder a tais perguntas; mas em outra parte cabe uma tentativa de resposta liminar, aqui mesmo. Ela é assim: por mais que a noção de formação nacional esteja em questão agora, permanece firme e forte a validade do conceito de nação no Brasil, em particular talvez no âmbito literário, dado que apenas agora, pela primeira vez em nossa história, a escola, instituição profundamente nacionalizante no mundo moderno em geral, alcança virtualmente a totalidade dos brasileiros, que nela finalmente estão sendo apresentados à tradição nacional escrita, amplamente pela língua a que agora acedem, restritamente pela literatura produzida nessa língua. Assim, a começar por esse sentido difuso mas socialmente relevante de pertencimento nacional, a visada formativa cobra sentido e talvez mesmo ganhe força. Avaliar como e quanto atuará hoje a perspectiva de Antonio Candido, concebida e expressa nos anos 1940 e 1950, é um tema para debate; mas parece certo que ela respira bem, sem aparelhos, neste momento em que a cidadania escolar finalmente (ainda com inescondíveis precariedades) alcança a todos.

DOIS COMENTÁRIOS ATUAIS

Duas recentes publicações, oriundas de dois ambientes acadêmicos diversos e a partir de pressupostos igualmente distintos, ajudarão a avaliar o quanto, e como, ainda faz sentido frequentar essa palavra, esse conceito, ao mesmo tempo tão central na obra de Candido e, em parte, substantiva do melhor ensaio brasileiro do século XX, quanto passível de arguição. Estamos falando do ensaio "O Cânone como Formação: A Teoria da Literatura Brasileira de Antonio Candido"[3], de Abel Barros Baptista, e *A Passagem do Três ao Um*[4], de Leopoldo Waizbort. Baptista, professor de Literatura Brasileira em Portugal, tem sido o mais notável dos críticos do que ele considera, com interessantes razões, o nacionalismo de Antonio Candido, no contexto de pensar o ensino de literatura brasileira fora do Brasil contra os condicionantes nacionais imediatos; Waizbort é professor da área da Sociologia da USP, e em seu livro promove uma aproximação de grande alcance entre Candido (e Raymundo Faoro e Roberto Schwarz, figuras-chave na renovação do debate machadiano) e a tradição dos críticos e historiadores da chamada filologia alemã, especialmente Ernst Curtius e Erich Auerbach.

Vale retomar de modo ultrassintético o significado elementar da formação, isto é, a formação-conceito. Como se sabe, Candido propôs um conceito novo para pensar a literatura brasileira, em seu estudo *Formação da Literatura Brasileira*, concebido nos anos 1940, redigido entre 1945 e 1951, e publicado no final dos anos 1950. Segundo ele, em parte respondendo a um debate já antigo no Brasil de então, não interessava tanto definir quando a literatura brasileira *havia* supostamente *nascido*, mas sim especificar quando e como ela *se formava*, isto é, quando e como ela mostrava um processo que combinava, num mesmo sistema de forças, a internalização dos mecanismos de concepção e produção de literatura, em oposição à mera cópia de modelos já assentes, e a criação de uma tradição interna, em que autores, obras e público leitor circulassem continuamente no país.

3. Em *O Livro Agreste*, Campinas, Editora Unicamp, 2005.
4. São Paulo, Cosac Naify, 2007.

184   A CRÍTICA LITERÁRIA BRASILEIRA EM PERSPECTIVA

A fórmula é enxuta e corresponde a forças históricas verificáveis, mas, vista à distância, tem um quê de mecanicista, ao opor o nacional ao internacional sem muita reserva (evitando, por exemplo, dimensões problemáticas de ambos os lados dessa equação – o que é exatamente "nacional"? Literatura já traduzida faz qual papel nesse embate?) e atribuindo virtudes aparentemente excelsas à construção interna do sistema literário; posta em circunstância concreta, porém, a coisa muda: Candido pensa justamente em dois momentos da literatura no Brasil, o Arcadismo e o Romantismo, que são paralelos ao processo de Independência do país, com o que aquele aspecto mecanicista, se não desaparece de todo, ganha ao menos em concretude histórica, porque se tratava, para os escritores do tempo, de defrontar a literatura com as grandes tarefas de invenção da nacionalidade. Em muitos outros momentos da obra de Candido essas questões voltaram ao debate e ganharam matizamento, aqui num artigo ou capítulo de livro, ali numa conferência, mais adiante em uma entrevista, isso para não falar de comentários de variada inspiração e extensão, levados a efeito por discípulos como Roberto Schwarz (por exemplo, em "Os Sete Fôlegos de um Livro", em *Sequências Brasileiras*[5]) ou por antagonistas como Haroldo de Campos (por exemplo, em *O Sequestro do Barroco*[6]). Mas as linhas gerais de seu esquema conceitual aqui estão.

Quanto ao aparente mecanicismo, vale lembrar um artigo da mesma época, "O Escritor e o Público", de 1955, incluído em *Literatura e Sociedade*[7]; ali, Candido dirá, matizando este esquema:

> A literatura é pois um sistema vivo de obras, agindo umas sobre as outras e sobre os leitores; e só vive na medida em que estes a vivem, decifrando-a, aceitando-a, deformando-a. A obra não é produto fixo, unívoco ante qualquer público; nem este é passivo, homogêneo [...]. São dois termos que atuam um sobre o outro, e aos quais se junta o autor, termo inicial deste processo de circulação literária, para configurar a realidade da literatura atuando no tempo (p. 74).

Veja-se que aqui temos a consideração de um papel central da recepção na existência da literatura, ainda antes que Jauss apresentasse suas provocações à teoria literária a partir justamente da valorização do papel da leitura, na famosa conferência de 1967[8].

O esquema tem desdobramentos vários. Um deles, percebido por muitos e explicitado por Paulo Arantes, mostra que o sentimento de formação (que poderia-

---

5. São Paulo, Cia. das Letras, 1999.
6. Por extenso *O Sequestro do Barroco na Formação da Literatura Brasileira: O Caso Gregório de Mattos*, 2. ed., Salvador, Fundação Casa de Jorge Amado, 1989.
7. 5. ed., São Paulo, Nacional, 1976. [1ª ed.: 1965.]
8. Tradução brasileira: *A História da Literatura como Provocação à Teoria Literária*, trad. Sérgio Telaroli, São Paulo, Ática, 1994.

mos chamar de formação-ideologia, para diferenciar do conceito e do título da obra em exame) esteve presente em alguns dos melhores pensadores brasileiros do século xx: nos anos 30 e 40, floresceu em Sérgio Buarque de Holanda, Gilberto Freyre, Caio Prado Júnior; nos 50, ganhou novos contornos na geração mais jovem, a de Antonio Candido, Raymundo Faoro, Celso Furtado. Isso quer dizer que Candido de algum modo e com sua especificidade entrou numa conversa de largo fôlego, que ocupou gente da melhor qualidade, todos marcados por um viés renovador do pensamento: a ideia de formação, assim, foi um terreno comum para pensar o Brasil, da sociedade colonial ou imperial, quanto ao Estado ou à economia, sempre tendo como ponto de fuga e de convergência a atualidade brasileira, que tanto nos anos 1930/1940 quanto mais ainda nos 1950 mostrava seu aspecto de enigma — de um lado um intenso desenvolvimento, capaz de emparelhar o Brasil com o que de mais sofisticado havia no Ocidente, e de outro uma sociedade profundamente desigual, incapaz de prover o mínimo de integração aos de baixo, herdeiros da condição servil que atravessou nossa história. A ideia de formação, assim, é sempre empenhada, para usar também aqui uma ideia-força do mesmo Candido.

O tempo passa, Candido e sua ideia de formação ganham estatura (seguidores, detratores, leitores fracos que simplificam seu pensamento, críticos argutos, banalização, enciumados, diluição via livros didáticos, mas igualmente dissertações e teses criativas etc.); e neste novo século, já distantes daquelas conjunturas progressistas que deram fôlego aos pensadores formativos – primeiro a conjuntura pós-Revolução de 1930, de combate às oligarquias regionais, desenvolvimento da indústria, concessão de benefícios aos de baixo, e depois a conjuntura dos últimos anos 1950, já no clima da Guerra Fria, em que o imperialismo norte-americano era visível e se ensejavam ações de esquerda e/ou renovadoras, como a alfabetização de Paulo Freire, a construção de Brasília, a radicalização política pelas ditas "reformas de base", a criação da Bossa Nova –, passadas essas épocas, repito, como está a coisa? Verdade que, tudo considerado, nos últimos tempos de novo convivemos com alguma perspectiva progressista e renovadora: transferência direta de renda, etanol como uma saída para vários dos impasses centrais do mundo, petróleo no pré-sal, intensa encomenda interna de serviços para atender a isso tudo, etc. Mas verdade também, como apontamos antes, que em pelo menos uma dimensão central a tese formativa balança: a atual onda de mundialização dos mercados relativizou o valor do nacional.

Nesse quadro, Leopoldo Waizbort promove uma avaliação do trabalho de Candido por uma pauta de grande valor, que começa por colocar o debate num patamar inédito – trata-se de averiguar e medir as relações entre Candido e Auerbach. O estudo mostra que a noção de sistema em Candido é muito próxima da noção de sistema em Curtius; e mostra que Candido, ao discutir, em sua *Formação*, os "momentos decisivos", revela total afinidade com a ideia de Auerbach em seu clássico

Mimesis e com a de Curtius em seu igualmente clássico *Literatura Europeia e Idade Média Latina*: nos três, o que se busca é a história como totalidade, não como completude; a história orientada por um problema, não a história como o acúmulo linear de informações; uma história da literatura brasileira, ou ao menos o debate sobre tal história, pensada não mais como a busca de um essencial nacional (muito menos nacionalista), como costumavam ser as histórias de literatura nacional no século XIX e ainda no século XX, mas como a construção de uma interpretação autoconsciente. (Vale a nota de que Candido, neste último sentido, não esteve sozinho: como ele, operaram conscientemente no patamar conceitual da história literária Nelson Werneck Sodré e Afrânio Coutinho, tão diferentes entre si.)

Abel Baptista, vindo por outro lado em seu movimento mental, procura sublinhar a porção de nacionalismo inscrita na ideia de formação. Em leitura minuciosa e inteligente, de inspiração desconstrucionista, desenvolve um extenso comentário sobre o *continuum* histórico que começa no Romantismo, passa pelo Modernismo e alcança a criação da USP e a obra de Antonio Candido, *continuum* que sempre vincula a literatura feita no Brasil à tarefa de construir o Brasil, vínculo que Baptista acusa Candido de perpetuar e que teria como um desdobramento fatal o que chama de "sequestro nacionalista" de Machado de Assis, que só seria legível, segundo o Candido de Baptista, num curto-circuito que obrigaria Machado a ser apenas um nacional brasileiro. A crítica é interessante mas é injusta nos termos em que está feita: interessante porque desvela, com ar de escândalo, uma quantidade realmente existente de nacionalismo na ideia de formação (de minha parte, tenho discutido algo parecido, mas tendo em vista algo que está fora do horizonte de Baptista, a saber, a ideia de formação como parte da construção da hegemonia paulista no cenário intelectual brasileiro, tal que, entre outras coisas, restringe-se o alcance e o sentido da ideia de "modernismo" ao episódio paulistano e a Mário de Andrade, majoritariamente, em prejuízo de outros modernismos havidos no Brasil – adiante voltaremos ao ponto); mas injusta porque atribui a Candido um poder que ele não tem, já que ali onde Baptista divisa um ato de vontade crítica de Candido está não um ato de vontade ou uma fantasia mas uma construção histórica, justamente a construção da hegemonia do pensamento paulista/modernista, num país que, além disso, realmente tem algo de narcisismo e mesmo de autismo, em função talvez de sua riqueza ainda inesgotada, de sua extensão, de sua condição de único país de sua língua na vizinhança continental, da desproporção entre seu gigantismo e a relativa pequenez da antiga metrópole, tudo isso ainda organizado numa tradição de Estado centralista à moda latina, que vive de hegemonias excludentes no plano do pensamento e mesmo das artes – fatos esses que, repito, Baptista desconsidera, para atribuir a Candido e à ideia de formação a responsabilidade pelo nacionalismo que de fato há no Brasil.

FORMAÇÃO, HOJE – UMA HIPÓTESE ANALÍTICA, ALGUNS PONTOS CEGOS...   187

Vá quase sem dizer que há outro implícito em Candido, que Baptista não desentranha mas que pode ajudar a entender parte da força da ideia de formação, da formação-ideologia: é que até os anos 1950 a literatura, matéria de que se ocupa Candido numa geração cheia de pensadores formativos, ocupava papel de grande relevo na conformação mental do debate brasileiro, eis que fazia parte do alimento espiritual das elites cultas e servia de relevante palco para o debate e a reflexão sobre o país. Sirva de exemplo eloquente um romance contemporâneo exato da publicação da *Formação da Literatura Brasileira*, o clássico de nascença *Grande Sertão: Veredas*, saído à luz em 1956 e imediatamente percebido como elemento de alto relevo público entre os setores cultos do país, que intuíram ver ali uma figuração do passado mas também do presente e do futuro. Relevância que, de então para cá, nunca mais alcançou qualquer livro no Brasil; relevância que, no mundo dominado pela televisão, estabelecido nos anos 1960, só voltaria a alcançar ou a canção (Caetano Veloso e Chico Buarque nos anos 1960 e 1970) ou a telenovela (na mão de Dias Gomes, por exemplo em *Roque Santeiro* em 1985, ou de Gilberto Braga, em *Anos Dourados*, 1986, em *Vale Tudo*, 1988); mas aí o patamar da conversa já era outro, e nele o livro havia perdido força.

Valeria, a propósito, retomar um artigo secundário (mas precioso para o presente raciocínio) de Candido a este respeito. Refiro-me a "Uma Palavra Instável" (em *Vários Escritos*[9]). Texto escrito em 1984, ele faz um recorrido dos sentidos variados que a instável palavra "nacionalismo" experimentou, desde a meninice do autor, no começo do século XX. Conhecendo altos e baixos, prestígios à direita e à esquerda, o termo teve, nos anos 1930, que são os da formação acadêmica do autor, assim como nos anos pós-Segunda Guerra, que são os da produção de parte substantiva de sua obra (nomeadamente o livro aqui em causa, a *Formação da Literatura Brasileira*), uma positivação peculiar, todo um prestígio marcante. Evocando essas duas conjunturas, Candido dirá que, no decênio de 1930, quando foram finalmente organizadas faculdades de Filosofia, Letras e Humanidades no Brasil (como a USP, modelo do raciocínio aqui), firmou-se um pequeno paradoxo, que consistiu em desenvolver-se pensamento com um forte sentido nacional mas derivado da atuação de professores estrangeiros, isso tudo sendo uma espécie de desdobramento das teses modernistas, que, na figura de Mário de Andrade, se apresentaram dotadas dessa nova valorização do nacional, mas por instigação estrangeira; e no período seguinte, após 1945, houve, para o autor, "por parte das esquerdas, fusão da luta de classes com a afirmação nacional (através do anti-imperialismo)" (p. 223). Num e noutro momento, se pode constatar o valor positivo do nacional, do nacionalismo mesmo, na visão de Candido – positividade que,

---

9. 4. ed., revista pelo autor, Rio de Janeiro/São Paulo, Ouro sobre Azul/Duas Cidades, 2004.

em 1984, na luta pela redemocratização ainda em curso e nos momentos finais da Guerra Fria (mas ninguém sabia que o eram) ele repete, ao dizer: "Hoje, nacionalismo é pelo menos uma estratégia indispensável de defesa, porque é na escala da nação que temos de lutar contra a absorção econômica do imperialismo" (p. 224).

É preciso levar em conta essas três conjunturas, que correspondem a três momentos importantes da trajetória de Candido, para evitar um anacronismo agora em alta, a saber, o de fazer tábula rasa com *todo e qualquer* sentimento nacional ou mesmo nacionalista, considerando como uma besteira qualquer coisa que envolva tomar a nação positivamente: o caso é que, neste começo de século XXI, após o desmonte neoliberal do *welfare state* onde ele existia e da destruição das estratégias nacionais de desenvolvimento mais ou menos autônomas (como foi o caso do período getulista no Brasil e do Estado que ele engendrou, por exemplo), parece a muitos liberais que qualquer nacionalismo é igual a atraso; mas tal posição é também ela, claro, histórica, ainda que se pretenda acima da história, como de resto sempre ocorre com a ideologia do capital. Se não tomarmos tal historicidade em conta, realmente fica fácil acusar toda a ideia de formação como igual a nacionalismo e portanto como uma velharia, um conservadorismo, um retrocesso mental.

Fácil, fácil, na verdade apenas em momentos de euforia: a crise mundial de outubro de 2008, começada por uma questão financeira no mercado imobiliário norte-americano e logo espalhada mundo afora, comparável em vários graus com a quebra da Bolsa de 1929, fez os ardorosos defensores do Estado Mínimo – assim como, no plano mais ameno das Letras, os inimigos da ideia da formação – esquecerem o discurso antiestado e antinacional alegremente, para passarem o chapéu arrecadando em seu favor o dinheiro do mesmíssimo Estado. Outra dimensão dessa questão apareceu claramente no enfrentamento da crise de 2008 aqui no Brasil: o presidente Lula operou uma forte inflexão na política de investimentos oficiais, para dentro do mercado nacional e com volumes vultosos (encomendas de serviços para as fábricas aqui instaladas, financiamento para expansão de plantas em toda a parte, aprofundamento da política de transferência direta de renda para os setores pobres), e com isso, para surpresa apenas dos ultraliberais, não apenas reverteu a crise como ganhou projeção mundial por seu feito, que foi nacional, até mesmo nacionalista, na direção oposta ao receituário dos bancos e das instituições multilaterais de financiamento.

DUAS FASES NA REFLEXÃO SOBRE O NACIONAL

Candido, que como se vê tem realmente muito de nacional em seu pensamento e é sem dúvida um iluminista (como diz Abel Baptista, mas num tom quase de acusação) de esquerda, pensou a ideia de formação para a literatura e para o Brasil mas nunca intentando uma restrição de horizonte para os leitores brasileiros, naturalmente[10]. No entanto, vale um esforço a mais para discutir se e quanto essa visada informada pelo nacional restringe o alcance do debate sobre a formação da literatura brasileira. Arriscando uma generalização, digamos que a obra de Candido, tomada a régua dessa questão nacional como referência, tem duas fases distintas, fases que à medida que o tempo passa se tornam mais nítidas, creio. (Certo, qualquer divisão em etapas tem o vício de sugerir um abismo entre as partes, uma distinção total, como se de fato se tratasse de duas vidas em sucessão, sem uma comunicar-se com a outra – vício em que não pretendemos incorrer agora, mantendo como se deve uma perspectiva mais sutil, que considere as interpenetrações, as continuidades, as mudanças delicadas, marcas estas que certamente vão ser encontradas na obra vasta de Candido; ainda assim, para efeitos de argumentação vamos manter a postulação da divisão.)

A primeira fase, correspondente aos anos da maturação do autor (nascido em 1918), se estende até a virada de 1950 para 1960 e pode ser simbolizada sinteticamente na edição da *Formação*, mas envolve vários ensaios e livros, entre os quais, para os nossos fins, precisamos citar principalmente os escritos contidos em *Literatura e Sociedade*, em especial o já citado "O Escritor e o Público" (redigido em 1955) e "Literatura e Cultura de 1900 a 1945" (de 1950). A segunda fase é a que começa por volta de 1960, englobando os livros posteriores. Do ponto de vista biográfico, a primeira fase transcorre principalmente no ambiente da Segunda Guerra e do período democrático que se lhe segue, no Brasil, sendo marcada, na biografia de Candido, pelo curso de Ciências Sociais, pela tese de Sociologia *Parceiros do Rio Bonito* e pela tese sobre a obra de Sílvio Romero, num período em que o autor, crítico militante em revista e jornal, é professor de Sociologia; a segunda fase corresponde ao tempo em que Candido migra para o magistério de Literatura, primeiro em Assis e depois em São Paulo mesmo, num período que vai ser assinalado pelo golpe de 1964 e por seu recrudescimento em 1968. Se é certo que nos dois tempos Candido permanece um sujeito de esquerda, seja militando no PSB, seja ajudando a fundar o PT, também é certo que os ambientes dominantes serão muito distintos, quanto a liberdades públicas, para não ir muito longe, assim como quanto à vida na cidade de São Paulo, cuja população passa do pouco mais de milhão do começo dos anos 1930 para a massa que sobe à dezena de milhões nos anos 1990.

Por que essa divisão, se o que estamos averiguando é a dimensão do nacional em sua obra? A resposta sintética é assim: na primeira fase, Candido parece empenhar-se profundamente (e creio que quase sempre conscientemente) na va-

---

10. Um trabalho analítico de enorme interesse para debater esse ponto está na tese de doutoramento de Ian Alexander, *Formação Nacional e Cânone Ocidental: Literatura e Tradição no Novo Mundo* (UFRGS, 2010).

lidação do Modernismo, seja saudando as obras renovadoras oriundas daquele âmbito, seja interpretando e reinterpretando o passado da literatura e da cultura do Brasil pela lente polida nos anos 1920. Dizendo de modo mais direto e cru: a dita primeira fase da obra de Candido é sim marcada de nacionalismo – aquele que ele mesmo definiu como progressista nas conjunturas de 1930 e de final dos 1950, aquele que dava fôlego a projetos nacionais igualmente progressistas, que tinham em vista maior democracia formal, criação de riqueza e sua distribuição mais homogênea, oferta de escola de qualidade para todo mundo[11]. A segunda fase, em parte contrariando esta primeira, será menos marcada por tal empenho de validação do Modernismo – talvez porque o Modernismo, dos anos 1960 em diante, já havia conquistado posição canônica nas novas descrições da história da literatura, no ensino, no paradigma crítico e acadêmico em sentido amplo, e mesmo no campo da produção artística (quando menos, veja-se o papel central que certa parte das teses modernistas paulistas, bem como ao menos uma de suas figuras centrais, Oswald de Andrade, cumprirá na formulação do chamado Tropicalismo, tal como reconhecido por Caetano Veloso), e por isso não era mais o caso de tentar validá-lo, uma vez que, para dizer de modo um tanto bíblico, seu tempo havia chegado, e a assimilação do Modernismo foi possível. Assim, não é que a dimensão do nacional não tenha frequentado a preocupação de Candido; é que ela não era mais uma questão estruturante de seu pensamento.

Não é que Candido tenha feito apenas esse serviço, de ajudar na validação do Modernismo de feição paulista (paulistana, mais propriamente), na primeira fase de sua produção; mas me parece certo que isso ocorreu, como ele mesmo, em mais de um momento, afirmou. Veja-se o exemplo de uma entrevista de 1991: "Quando deixei a Sociologia, em 1957, e em 1958 fui ser professor de Literatura na faculdade de Assis, eu tinha duas preocupações. A primeira foi fazer análise de texto. A segunda, impor o Modernismo na cátedra. Consegui as duas coisas"[12]. Nos nossos termos, Candido entrou na segunda fase de sua produção fazendo triunfar o Modernismo na cátedra. E isso, é bem lembrar, não ocorreu por vontade dele, mas por mudança material da vida brasileira: foi nos 1960 que ganhou cabimento concreto nas classes informadas do país aquele sentido profundamente inquieto do Modernismo, sua volúpia por repensar o Brasil a partir de parâmetros urbanos

11. No citado ensaio, Roberto Schwarz descreve de modo mais extenso este período: "O nacionalismo desenvolvimentista, que tinha como adversários inevitáveis o latifúndio e o imperialismo, imprimia ao projeto de formação nacional uma dimensão dramática, de ruptura, que por momentos se avizinhava da ruptura de classes e da revolução socialista" (*op. cit.*, p. 56); eis aqui uma interpretação diretamente política do ânimo nacional dessa fase da obra de Candido.

12. "A literatura é um direito humano fundamental", entrevista para Luís Augusto Fischer, Flávio Azevedo e Flávio Loureiro Chaves, concedida em Porto Alegre para a revista *Porto & Vírgula*, n. 2, maio/junho de 1991 (publicação da Secretaria Municipal de Cultura da capital gaúcha).

FORMAÇÃO, HOJE – UMA HIPÓTESE ANALÍTICA, ALGUNS PONTOS CEGOS... ❧ 191

industriais, sua abertura para a experimentação formal, traços esses que, sem tirar nem pôr, serão rotinizados pela canção e alcançarão a classe média em todo o país, a partir dos festivais da canção transmitidos pela televisão.

Vejamos alguma demonstração dessa hipótese de divisão. Na primeira fase, Candido produz ensaios notáveis, como os dois que mencionamos acima, redigidos em 1950 e 1955, época em que estavam sendo concebidos e escritos os três grandes estudos, a *Formação*, a tese sociológica e o exame da obra de Sílvio Romero. Não é o caso de apreciar cada um dos ensaios em particular, mas creio que se pode dizer que atuava neles, como uma ideia-força a unificar o sentido do trabalho, aquela busca da validação do Modernismo, como dito antes, o que se verifica explicitamente no ensaio "Literatura e Cultura de 1900 a 1945"[13], por exemplo na seguinte passagem: "Na literatura brasileira, há dois momentos decisivos que mudam os rumos e vitalizam toda a inteligência: o Romantismo, no século XIX (1836- -1870) e o ainda chamado Modernismo, no presente século (1922-1945). Ambos representam fases culminantes de particularismo literário na dialética do local e do cosmopolita; ambos se inspiram, no entanto, no exemplo europeu" (p. 112). O leitor de Candido deve ter reconhecido a expressão "momentos decisivos" de outra fonte, justamente no subtítulo da *Formação da Literatura Brasileira*, sendo de registrar que nela os momentos são o Arcadismo e o Romantismo.

Sim, os três são decisivos, Arcadismo, Romantismo e Modernismo (avanço uma hipótese de que os três momentos, e não apenas os dois primeiros, estão presentes na concepção de *Formação da Literatura Brasileira*: os dois primeiros, Arcadismo e Romantismo, como tema, o terceiro, o Modernismo, como ponto de vista a partir do qual os dois outros são lidos, ainda que o autor afirme, na abertura ao livro, que assumiu o ponto de vista dos primeiros românticos. Adiante voltaremos ao ponto). Talvez pudéssemos dizer o mesmo de outros momentos, igualmente, como o Realismo (no final do século XIX, assim como na década de 1930, quando menos). O caso é que, mesmo havendo adjetivação diferenciada para tal decisividade (no ensaio se trata de dois momentos localistas, enquanto no livro se trata de um momento cosmopolita e outro localista, com atitudes estéticas opostas, ainda que ambos estejam ligados pela "vocação histórica" de fazer existir sistema literário entre nós), não se pode deixar de ver que há permanência de um valor fundante em tudo, a saber, o valor do nacional, seja como cenário social do sistema, seja como matéria-prima. Lendo-se o ensaio para mais adiante, vai-se verificar que a toda hora volta a vontade de marcar o Modernismo como vitorioso, com aplauso do autor (visto à distância, o movimento do espírito do autor dá a nítida sensação de estar imbuído da certeza revolucionária, neste caso a certeza modernista anti-

13. Em *Literatura e Sociedade, op. cit.*

192 ❧ A CRÍTICA LITERÁRIA BRASILEIRA EM PERSPECTIVA

parnasiana e antiacadêmica, o que lhe confere segurança e serenidade no exercício dos juízos, para além daquelas que derivam do temperamento e da qualidade pessoal do autor): a Semana de Arte Moderna é diagnosticada como catalisador dos anseios de libertação em relação à "literatura de permanência"; *Macunaíma* é dado como a obra central e mais característica do movimento, e esta última palavra é tomada em sentido amplo, fazendo equivaler "Modernismo" com "renovação"[14], ainda que nem sempre se explicitem os laços entre os modernistas paulistas e as várias renovações do período; a literatura renovadora é dada como fruto de desrecalque localista e assimilação da vanguarda europeia, ou seja, positivada pelos dois lados, o brasileiro e o internacional; a "libertinagem espiritual" do Modernismo é vista como uma contribuição para o confronto com o conservadorismo e a dita literatura de permanência. Assim por diante.

Candido não diz nunca, mas nós cá adiante podemos dizer, interpretando-o, que o Modernismo, visto em seu epicentro paulista e em seus (para Candido) desdobramentos por toda a parte (no romance realista de 1930, por exemplo), é a forma estética da aceleração do vibrante século XX, que se dá numa atmosfera leiga, não-católica e, fundamental, fora do Rio de Janeiro, a capital e a sede da literatura de permanência; é, em menos palavras ainda, a forma moderna leiga a que São Paulo dá forma, em sua disputa para tomar a hegemonia em mãos cariocas até então. (Mas isso são palavras e ideias minhas, não de Candido, que adiante retomo.)

Isso quanto à primeira fase. A segunda, como dito antes, se caracteriza na biografia do autor como a fase de sua profissionalização acadêmica na área de Letras, propriamente, e será acompanhada na história do país pelo Golpe Militar e seus desdobramentos terríveis, especialmente na área da inteligência, o que nos interessa aqui. Mais ainda, nesta segunda etapa de seu pensamento quanto ao tema do nacional, o que de mais significativo encontraremos como produção intelectual parece menos ligado a essa preocupação brasileira, e mais conectado com temas tópicos da literatura, brasileira ou não. De imediato, qualquer leitor de Candido vai lembrar alguns ensaios luminosos, como a "Dialética da Malandragem" e "Li-

---

14. No famoso ensaio-balanço de Mário de Andrade "O Movimento Modernista", resultado de conferência pronunciada em 1942, lemos argumentação muito parecida, quando não idêntica. "Quanto à conquista do direito permanente de pesquisa estética, creio não ser possível contradição: é a vitória grande do movimento no campo da arte" (p. 249), diz em um momento; e em outro arremata, generalizando de modo a estender a validade da etiqueta "modernismo" a tudo que se tenha produzido de válido no Brasil e assim fazendo equivaler "modernismo" e "renovação", na mesma linha de Candido: "Já um autor escreveu, numa conclusão condenatória, que 'a estética do Modernismo ficou indefinível'. Pois essa é a milhor razão-de-ser do Modernismo!" (p. 251). Ver *Aspectos da Literatura Brasileira* (4. ed., São Paulo/ Brasília, Martins/INL, 1972). É claro que nessa equivalência vai um juízo e um projeto, e não uma simples constatação, como quer fazer crer a frase.

teratura e Subdesenvolvimento", ambos publicados em 1970; "Os Primeiros Baudelairianos no Brasil", de 1973; "A Passagem do Dois ao Três", de 1974; uma série de artigos contendo análises particulares de obras, poemas, romances, brasileiros e estrangeiros, alguns reunidos num volume como *Na Sala de Aula* (São Paulo, Ática, 1985); isso ainda sem contar uma porção generosa de textos de combate à ditadura e apoio à redemocratização do país, temas abordados direta ou indiretamente, sempre com clareza e disposição[15].

De tal forma vai a coisa que temos, nesta fase, uma diminuição das preocupações de leitura sistêmica da literatura brasileira (sem prejuízo de haverem sido concebidas e escritas algumas visadas empenhadas na história, como é o caso especial de *Iniciação à Literatura Brasileira*[16]), ao lado de uma marcante preocupação com as discussões literárias de obras específicas ou de temas marcantes de determinada tradição ou linhagem, em ensaios que, pode-se dizer, ganham em matizamento e profundidade teóricas, como é o caso exemplar do artigo sobre as *Memórias de um Sargento de Milícias* (a mencionada "Dialética da Malandragem") e aquele sobre *O Cortiço* ("De Cortiço a Cortiço"), ou aquele sobre o romance *Os Malavoglia* ("O Mundo-provérbio")[17].

PONTOS CEGOS DA IDEIA DE FORMAÇÃO

No famoso ensaio "Literatura e Subdesenvolvimento", citado há pouco, podemos iniciar outro momento deste comentário sobre o vigor e a vigência da ideia de formação. Este texto, bastante conhecido, discutiu, no calor da pior hora da ditadura brasileira, algumas mazelas da vida nacional, mas agora em perspectiva latino-americana. Era o começo dos anos 1970, por sinal a mesma época em que o pensamento cepalino, desde sempre latino-americanista, se expressou pela última vez de modo forte, por parte de pensadores brasileiros envolvidos com aquela instituição, como Celso Furtado, que esteve ligado à célebre instituição desde seu começo, e como Fernando Henrique Cardoso; e aqui temos um sintoma da sincronia das preocupações: agora, também para Candido se tratava de pensar as coisas brasileiras num quadro mais amplo, ao menos subcontinental, vendo as marcas compartilhadas entre o Brasil e os demais países da região, muitos deles, de resto, mergulhados em ditaduras militares igualmente.

---

15. Para todas essas referências, é preciso mencionar o imprescindível trabalho de Vinícius Dantas em *Bibliografia de Antonio Candido* (São Paulo, Duas Cidades/Editora 34, 2002).
16. Trata-se de um panorama para estrangeiros, escrita em 1987 para obra coletiva que seria lançada como parte das comemorações do quinto centenário do descobrimento da América, e publicada em português, no Brasil, em 1997. Edição atual: 4. ed., revista pelo autor, Rio de Janeiro, Ouro sobre Azul, 2004.
17. Esses três ensaios estão editados no volume *O Discurso e a Cidade* (São Paulo, Duas Cidades, 1993).

Candido ancora suas considerações, neste caso, não nos momentos decisivos antes mencionados, mas sim num tema e em seu tratamento literário: o tema é a vida rural, e seu tratamento literário vem a ser aquilo que em geral aparece sob o rótulo de "regionalismo". Vai ver o ensaísta que há muitas realizações narrativas sobre essa matéria, algumas idealizadoras (durante o Romantismo), outras críticas (no âmbito do romance realista pós-1930), que seriam fruto de diferentes consciências sobre o atraso, a primeira "amena", a segunda "catastrófica", tudo isso alcançando um ponto novo na obra de Guimarães Rosa, que teria transfigurado a mesma matéria, agora alcançando algo da ordem do sublime (mas Candido não usa este termo: ele fala aliás na vinculação desse "superregionalismo", dessa sublimação do regionalismo em Rosa, como vinculado a uma "consciência dilacerada do subdesenvolvimento", dilaceração que me parece difícil de detectar na obra do autor de *Grande Sertão: Veredas*, autor que em parte celebra o mundo patriarcal rural ao mesmo tempo que faz o luto por sua ultrapassagem histórica). Essas observações, de grande alcance descritivo, vêm casadas com uma leitura sombria do presente e do futuro, eis que os de baixo, mercê da urbanização acelerada e do êxodo rural concomitantes, estavam passando de um estágio folclórico primitivo para outro igualmente folclórico urbano, com a mediação mais ou menos diabólica dos meios de comunicação massivos.

Os laços entre os termos presentes no título, literatura e subdesenvolvimento, vão sendo tramados para mostrar, por exemplo, que a permanência do segundo implica um rebaixamento do horizonte mental, a manutenção da "dependência cultural" (termo usado pelo autor, mas compartilhado por muitos naquele tempo), numa equação que no contexto dos anos 1970 tem sentido de combate à ditadura – que, é bom lembrar, negava que o Brasil fosse "subdesenvolvido", termo que a esquerda usava como uma acusação contra os militares, estes preferindo dizer que éramos um país "em desenvolvimento" – mas que, vista agora, padece de certo esquematismo, ao aproximar subdesenvolvimento, mundo rural, naturalismo e literatura regionalista ruim. É como se Candido estivesse fazendo, digo eu agora em síntese um tanto irreverente, o luto pelo fim do projeto iluminista, moderno, certamente francófilo, que ele identificava na construção do sistema literário no Brasil até então, do Arcadismo ao Modernismo, passando pelo Romantismo (os três "momentos decisivos" que apontei antes, acrescentando o Modernismo, como ponto de vista, aos outros dois, que são o tema) e pelo final do século XIX, por Machado de Assis em particular, que é ao mesmo tempo o ponto de chegada do argumento da *Formação da Literatura Brasileira* – Candido diz que com ele está formado o sistema – e sua mais ilustre ausência.

Aliás, este final do século XIX merece uma consideração aqui, para entender melhor os anunciados pontos cegos da *Formação da Literatura Brasileira*, assim como da formação-conceito. A vinculação feita por Candido entre subdesenvolvimento, naturalismo e tema rural (o "regionalismo") dá o que pensar. Por que não comparece em seu raciocínio, digamos, Aluísio Azevedo? Acaso sua notável literatura não é uma súmula de subdesenvolvimento e naturalismo, apenas que debruçado sobre matéria urbana? E, tomando nós o problema por um outro lado, por que Machado de Assis só aparece no ensaio como uma exceção total, e não como quem tivesse também lidado com aquilo que nos anos 1970 se chamava de subdesenvolvimento, eis que também sua obra lida com certas dimensões da dependência do Brasil em relação à Europa? Esta segunda pergunta é fácil de responder: Candido não alinhou Machado em seu ensaio que mostra os nexos entre literatura e subdesenvolvimento porque tal dimensão, em 1970, não era clara, ou não estava explicitada claramente. Justamente alguns anos depois deste ensaio de Candido é que virá a público um agudo diagnóstico sobre a consciência de Machado sobre os abismos entre Europa e Brasil, especialmente pela obra de um discípulo de Candido, Roberto Schwarz (e, mais uma vez procurando ser materialista no raciocínio até o limite, Schwarz só pôde diagnosticar tal consciência em Machado de Assis pelos desdobramentos concretos, ideológicos e sociais, que nos anos 1960 passaram a ser perceptíveis e que antes não o eram[18]). Mas e à primeira pergunta, sobre Aluísio Azevedo, como se pode responder? Por que motivos Candido não acolheu o autor de *O Cortiço* entre os casos fortes de literatura envolvida com subdesenvolvimento e vazada em linguagem e estrutura naturalista – e mais ainda sabendo nós que Candido aprecia muito este romance brasileiro? A resposta é difícil de encontrar, mas, uma vez encontrada, salvo engano, nos ajuda a entender os tais pontos cegos da ideia de formação.

Ocorre que, no ensaio de Candido que estamos apreciando, a ênfase toda começa pela ligação biunívoca entre subdesenvolvimento e mundo rural, o que deixa o mundo urbano fora do foco, que se concentra nas obras "regionalistas". Mas os "de baixo" que Azevedo enfoca, não são eles também algum índice do subdesenvolvimento? Não é o caso de vê-los talvez mesmo em linha com o atraso do mundo rural? Se não, por que não? Minha resposta para tais questões vai na direção de mostrar que Candido cultiva uma perspectiva urbanocêntrica, a partir do modernismo paulista, e por isso pensa as obras ligadas a temas urbanos como pertencendo a um mundo mais desenvolvido, que se rege pelas leis gerais da literatura sem adjetivo pátrio; por isso, ficam fora do debate sobre literatura e subdesenvolvimento Machado, Aluísio Azevedo e, poderíamos acrescentar, Lima Barreto e toda a dita "literatura de permanência" acima mencionada, para não falar dos

---

18. Tentei discutir um pouco esta diferença entre o trabalho de Roberto Schwarz e o de Candido acerca de Machado de Assis no livro *Machado e Borges: e Outros Ensaios Machadianos* (Porto Alegre, Arquipélago, 2008).

romancistas que frequentaram o tema urbano nos anos 1930 e 1940. É como se Candido tomasse em conta duas literaturas brasileiras, ou melhor, duas ordens de literatura brasileira: uma delas, que aparece no centro desse ensaio e já havia ganhado destaque na primeira fase de sua obra, é aquela que se vincula ao tema nacional, à busca de identidade, à tentativa de superação da dependência cultural, etc., quer dizer, é aquela que cabe bem no debate sobre construção do sistema nacional de literatura; a outra literatura brasileira é aquela que ele tomará como literatura, não como nacional, e tem seus exemplos mais subidos em casos como o de Aluísio Azevedo, Manuel Antônio de Almeida, Machado de Assis (ainda que este seja uma espécie de sombra na obra de Candido, muito mais do que objeto de sua análise explícita: Machado está no ponto de chegada da *Formação*, mas sem merecer abordagem detalhada nesse livro; Machado é objeto de uma conferência que virou artigo, mas ali sua obra é apresentada de modo panorâmico, sem ganhar iluminação analítica profunda; Machado está por tudo na obra de Candido, como o crítico que entendeu não ter cabimento a prisão nacionalista, como disse em seu famoso "Notícia da Atual Literatura Brasileira: Instinto de Nacionalidade", sem deixar de ler a tradição local, a ser superada por ele mesmo).

Assim, se for razoável esta proposição de que há na obra crítica de Candido essas duas literaturas brasileiras – uma ligada ao tema nacional, que o autor centraliza em sua obra anterior a 1960 e que em "Literatura e Subdesenvolvimento" mais uma vez ocupa o centro da cena como objeto e como limite, e a outra que escapa disso, que é simplesmente literatura, como Machado, o realismo-naturalismo e a "literatura de permanência", uma literatura não-nacional, cosmopolita –, podemos avançar um passo mais no rumo já traçado, de discernir o que me parece serem os pontos cegos na concepção de formação. Antes de mais, poderíamos dizer que Machado é um ponto cego: o esquema conceitual da *Formação* (aqui equivalendo à formação-conceito) ao mesmo tempo o coloca no centro de sua concepção e fora dela – no centro, porque ele é a evidência de um sistema formado, Machado sendo visto aqui como o crítico que entendeu as virtudes e as limitações da tradição local, e fora, porque ele não é alcançado pelas restrições do mesmo sistema, Machado sendo visto aqui como o ficcionista que superou os acanhados debates localistas emancipando-se das injunções nacionais. Em posição mais sutil estão outros pontos cegos: primeiro, uma certa naturalização da concepção do Brasil; segundo, uma certa naturalização (ou ao menos uma simplificação) da concepção de Europa; e terceiro, o menos relevante desta sequência para os fins de nossa análise, uma certa naturalização da concepção da sociedade de classes.

O terceiro caso pode ser sumariamente apresentado aqui na forma de evocar o tipo de análise feito por Pierre Bourdieu (mas poderíamos pensar também em Raymond Williams e no multiculturalismo, que compartilha muito com Bour-

FORMAÇÃO, HOJE – UMA HIPÓTESE ANALÍTICA, ALGUNS PONTOS CEGOS... 197

dieu), que, não sendo um crítico literário mas pura e duramente um sociólogo, mostra o caráter de classe dos hábitos culturais, entre os quais o apreço pela chamada alta cultura, tudo isso sendo analisado como contingente, como historicamente condicionado. Candido, ao contrário – e com ele todos os críticos literários e a maioria dos que se dedicam ao estudo da literatura, entre os quais também este comentador aqui –, naturaliza a excelência de certos livros, que em outro contexto são chamados de canônicos, e procura ver neles, em seus movimentos internos e em suas entranhas, mais do que nos contextos de origem, o modo como grandes artistas registraram, estilizaram, transmutaram a experiência vital, inclusive das classes sociais da sociedade em causa. Os grandes artistas, não os pequenos, os tentativos, não os que produziram obra dita menor. Repito que tal é a tendência histórica dos estudos literários, o que não pode nos impedir de ver aí uma espécie de naturalização (ou ao menos de um juízo cujos fundamentos nunca se explicitam), ainda mais quando temos hoje tantas visões alternativas produzindo interpretações relevantes, mesmo em termos estritamente literários, como é o caso de Franco Moretti, que aliás discute abertamente esta naturalização[19], para contrapor-se a ela (e ao estudo exclusivo dos canônicos).

Os outros dois pontos cegos são talvez de mais difícil enunciação em detalhe, mas, sabendo dos limites deste ensaiozinho aqui, vamos apresentá-los também brevemente. São duas naturalizações: a de Brasil e a de Europa. Como se pode vê-las? Quanto à Europa, está ainda por ser feita uma análise extensiva sobre a figuração que sobre ela Candido faz em sua obra, em vários momentos. Para mencionar apenas um, vale retomar o famoso prefácio da primeira edição da *Formação da Literatura Brasileira*, momento em que o autor propôs uma imagem que lhe trouxe bastante incomodação, ao afrontar suscetibilidades nacionalistas brasileiras (quando nomeou a literatura brasileira como "galho secundário da portuguesa, por sua vez arbusto de segunda ordem no jardim das Musas"[20]), momento que aqui pode ser mais uma vez invocado mas com outra finalidade, a de mostrar que Candido, a bem de salientar a precariedade da literatura de língua portuguesa, a feita em Portugal e a feita no Brasil, compara essas ralas tradições com as de outras línguas europeias (francês, italiano, inglês, alemão e, com certa restrição, russo e espanhol), em que a literatura é dada como maior, mais madura, por serem arbustos de primeira ordem naquele jardim metafórico e proverem seus leitores com tudo de que eles podem necessitar para "elaborar a visão das coisas, experi-

---

19. Veja-se, por exemplo, seu *Signos e Estilos da Modernidade: Ensaios sobre a Sociologia das Formas Literárias* (trad. Maria Beatriz Medina, Rio de Janeiro, Civilização Brasileira, 2007), a contar do primeiro ensaio, "A Alma e a Harpia: Reflexões sobre as Metas e os Métodos da Historiografia Literária".
20. *Op. cit.*, p. 9.

mentando as mais altas emoções literárias", numa sucessão argumentativa em que as comunidades de língua e de nação são niveladas, sem que sejam sempre coincidentes (o alemão é o exemplo mais eloquente no território europeu, por ser língua de mais de uma nação, e o inglês o mais forte para além das fronteiras nacionais). Dizendo de outro modo: por certo este suposto leitor que lê inglês como sua língua materna incorporaria a seu acervo potencial obras escritas em toda a parte, digamos Inglaterra, Irlanda, Escócia e mesmo Estados Unidos; e por que não seria assim para o leitor do português como língua materna entre as obras escritas em Portugal e no Brasil?[21] Quer dizer: na tensão Brasil-Portugal é preciso separar, mas nos casos alemão e inglês, sem ir mais longe, não seria. Por quê?

Certo, entre as nações de língua alemã não há a relação entre metrópole e colônia; mas no inglês há, mais ou menos como no português e no espanhol. Mas vejamos outro exemplo da naturalização da ideia de Europa, colhido em texto já mencionado, aquele ensaio "Literatura e Cultura 1900-1945"; nele, como em várias outras partes (talvez especialmente em textos do que chamei aqui de primeira fase de Candido), aparece a oposição simples entre o Brasil e a Europa, por exemplo assim: "O intelectual brasileiro, procurando identificar-se a esta civilização [americana, nova, tropical – LAF], se encontra todavia ante particularidades de meio, raça e história, nem sempre correspondentes aos padrões europeus que a educação lhe propõe"[22]. O leitor do começo do século XXI tem o direito de perguntar: qual padrão europeu? Quer dizer "francês", não? Por certo não se trata de um suposto padrão inglês, ou britânico, nem alemão, ou germânico, ou mesmo espanhol andaluz etc. E, bem, nem "francês" é bem isso, porque há a Bretanha, há o sul, há a fronteira com a Alemanha. É provável que ao dizer "padrão europeu" Candido estivesse dizendo, mais especificamente, o padrão parisiense, mais ou menos tal como filtrado pela intelectualidade lisboeta.

Candido – que viveu um tempo de formação pessoal na França, com a família, e é um leitor apaixonado de Proust, embora pouco o mencione em sua obra –, Candido mesmo diz, como se sabe, que nomeadamente na *Formação* tomou o ângulo dos românticos brasileiros como ponto de partida, como termo a partir do qual as coisas são observadas. Pode ser verdade; mas também pode ser, penso eu,

---

21. Outro exemplo, este diagnosticado por Ian Alexander, em debate: no citado ensaio "Literatura e Cultura de 1900 a 1945", Candido menciona "As terríveis ousadias de um Picasso, um Brancusi, um Max Jacob, um Tristan Tzara", europeus vanguardistas, como "mais coerentes com a nossa herança cultural do que com a deles" (*Literatura e Sociedade*, p. 121); o caso é que tais autores, consideradas as suas origens individuais, são na verdade menos europeus genéricos e mais europeus da periferia (um andaluz, um romeno, um bretão, mais um romeno), que acorreram a Paris, o centro, para fazer carreira e encontrar eco. Ver o ensaio de Ian Alexander, "Leituras Novo-Mundistas", em *Outra Travessia*, Revista de Literatura (UFSC). n. 6, pp. 7-30, 1º semestre de 2007.

22. *Op. cit.*, p. 110.

que nessa fusão entre o comentarista de literatura vivendo na metade do século XX e o escritor ou o intelectual romântico brasileiro de meados do século XIX vá um tanto de modernismo paulista – Candido pôde mover seu ponto de vista para aquela conjuntura nacionalista porque estava animado, cem anos depois, de um sentido construtivo também nacional[23], e também fundador (refundador), por certo não ufanista, sentido cuja força vem das teses e da leitura de mundo do Modernismo tal como concebido e praticado em São Paulo. Neste ponto minha coincidência com a visão de Abel Baptista é grande: realmente é palpável este *continuum* Independência-Romantismo-Modernismo-USP-Candido/Formação (e seria possível acrescentar, vistas as coisas em 2011, que há ainda o desdobramento deste *continuum* no plano político imediato, com a criação e a prática dos partidos modernos brasileiros, que se chamam PT e PSDB, à esquerda e à direita deste mesmíssimo *continuum*, para o bem e para o mal). Só que, deste ponto em diante, de minha parte é preciso marcar uma grande distância em relação às conclusões de Abel Baptista, que, por absolutizar a ideia de nacional, retirando-a da história – história em que o nacional é objeto de disputa a cada conjuntura, como o próprio Candido examinou, no artigo antes citado, "Uma Palavra Instável", em *Vários Escritos*, e portanto ostenta matizes de esquerda e de direita, progressistas e regressivos, conforme o caso –, como que condena a visão formativa, isto é, tanto a formação-ideologia quanto a formação-conceito, aos infernos do nacionalismo, que ele considera um simples e condenável conservadorismo, cujo desdobramento ele chama de "sequestro nacionalista" de Machado de Assis, autor que, não sendo de fato um nacionalista, Baptista considera que foi embretado, pela crítica brasileira, numa entalada brasileira exclusivista[24].

Na outra ponta, é preciso ver que, a meu juízo, Candido de fato naturaliza uma noção de Brasil, que aparece em sua obra empenhada no debate do nacional num patamar de generalidade parecido com aquele em que está a noção de Europa, como vimos acima, no aludido "padrão europeu" com que se media o intelectual brasileiro. E o faz a partir de um motor que se chama, implícita ou explicitamente conforme o texto que tomarmos em conta, Modernismo, motor que considero necessário qualificar como Modernismo paulista. Sérgio Miceli foi quem primeiro iluminou a questão, ao menos na minha leitura: em seu conhecido *Poder, Sexo e Letras na República Velha: Estudo Clínico dos Anatolianos*[25], ensaio publicado em 1977, já no primeiro parágrafo, a propósito de apresentar o termo

---

23. Na descrição de Schwarz, Candido "encara com simpatia o empenho patriótico e *formador* daquela geração" (*op. cit.*, p. 53), com grifo meu.
24. O argumento do autor está exposto de modo extenso em *A Formação do Nome: Duas Interrogações sobre Machado de Assis* (Campinas (SP), Editora Unicamp, 2003), especialmente na Parte I.
25. Edição atual: *Intelectuais à Brasileira*, São Paulo, Companhia das Letras, 2001.

"pré-modernismo", se lê: "A história literária adotou tal expressão com vistas a englobar um conjunto de letrados que, segundo os critérios impostos pela "ruptura" levada a cabo pelos modernistas, se colocariam fora da *linhagem estética que a vitória política do modernismo entronizou como dominante*", com itálico meu. Quer dizer: há uma dimensão vigorosamente política da criação da categoria "pré--modernismo", fruto de uma vitória, a vitória do Modernismo, especialmente no plano acadêmico, convertido em paradigma hegemônico de leitura da tradição literária – e quem diz vitória diz luta, naturalmente.

Luta pelo poder de nomear, neste caso no plano aparentemente inofensivo da história literária; e quem conquistou este poder de dar nome aos bois, às vacas e a todos os seres vivos da paisagem literária brasileira foi exatamente o Modernismo, e, acrescento eu, o Modernismo em sua versão paulista (bem, talvez haja sido o único modernismo, a única vanguarda no Brasil a merecer um nome assim, que agrega a noção de vanguarda heroica à de movimento consistente, a ponta de lança e a tropa comum, como aliás o mesmo Candido vai defender, com análise muito mais fina do que esta aqui, exemplarmente no citado artigo "Literatura e Cultura 1900-1945", texto que neste particular segue de perto o raciocínio de Mário de Andrade no conhecido ensaio "O Movimento Modernista", antes mencionado, em que, a título de fazer um balanço dos vinte anos da Semana de Arte, diz que toda a liberdade é Modernismo. A equação do ensaio é: Semana de Arte Moderna é igual a Modernismo, de um lado; de outro, a liberdade e a saudável indefinição de rumos é igual a Modernismo – faltou evidenciar a outra igualmente, o que me encarrego de fazer aqui: para Mário de Andrade, como creio que em parte para Candido, da Semana de Arte Moderna dependeu a liberdade que os escritores brasileiros passaram a desfrutar.

Que o Modernismo paulista teve méritos e expressou de maneira concentrada vontades dispersas de liberdade, é certo que sim. Mas daí à superestimação é um passo. Difícil de aceitar que tanta coisa, da vigorosa poesia à variada crítica passando pelo exuberante romance dos anos 1930 e 1940, tenha dependido da Semana de Arte Moderna e da militância modernista, em particular a de Mário de Andrade; mais justo é ver nessa equação um golpe retórico, golpe no sentido também político, tanto quanto é política a metáfora da vanguarda, a que se afeiçoa a visão modernistocêntrica. Golpe que se soma à dita naturalização da ideia de Brasil, presente no Candido que colabora decisivamente para entronizar o Modernismo como vitorioso naquela luta. Tal naturalização fica visível talvez em particular para quem, como este comentador aqui, observa o fenômeno da literatura brasileira a partir de uma formação regional (a gaúcha) que alia muito de reativo contra a visão nacional construída primeiro no Rio do Romantismo e depois na São Paulo do Modernismo, e sendo reativo há muito de conservador, com muito de legítimo pela organização interna de

FORMAÇÃO, HOJE – UMA HIPÓTESE ANALÍTICA, ALGUNS PONTOS CEGOS... 201

um genuíno sistema literário, com o funcionamento do célebre triângulo de autores-obras-público leitor e a consecução de uma tradição local. Essa circunstância sulina por certo não é a única que permite ver aquela naturalização, mas certamente é uma das mais favoráveis, eis que toma como ponto de partida e de observação um sistema local firmemente constituído que, ademais, e atipicamente em relação à experiência brasileira, compartilha temas e formas, assim como base econômica e paisagem, com sistemas literários não brasileiros, especificamente os platinos (se é que não se trata de apenas um sistema platino, a envolver o Uruguai e a Argentina, ou ao menos as províncias platinas da Argentina).

Para dar um exemplo concreto: vistas as coisas a partir do sistema gaúcho, a poesia modernista paulista, em qualquer das versões consagradas (Mário e Oswald em particular), obedece a um padrão reconhecível logo, porque toda ela se organiza estética e politicamente como um enfrentamento ao Parnasianismo, e isso fez sua fortuna, até hoje, como se lê em qualquer livro didático; ora, a poesia moderna no Sul teve nada que ver com o Parnasianismo, tendo sido mais que tudo um desdobramento ou uma superação do Simbolismo, estética experimentada intimamente pelos mais interessantes poetas gaúchos do período (Augusto Meyer, Athos Damasceno, Felippe de Oliveira, Ernani Fornari e mesmo Mario Quintana[26]); e esta diferença é o motivo suficiente para que tais poetas não sejam acolhidos no cânone modernista paulistocêntrico. (Claro que estamos aqui falando apenas da dimensão literária da coisa; valeria a pena um mergulho no patamar histórico mais decisivo para essas diferenças, que se marcariam na distinção entre a força da economia paulista, que experimentou um arranco incomparável em termos brasileiros, um solavanco de todo inegável, e a relativa normalidade do desenvolvimento da economia gaúcha no mesmo tempo, aliando uma arrancada industrial importante à base agropecuária, mas sem aquele salto paulista, em última análise justificador da afinidade modernista com a atitude vanguardista.)

Uma última palavra sobre a naturalização da ideia de Brasil, que gera o ponto cego que estamos a iluminar: no prefácio que Candido escreve para *Intelectuais e Classe Dirigente no Brasil (1920-1945)*, de Sérgio Miceli[27], lemos o enorme desconforto (que vem, porém, inscrito numa elegante aceitação da tarefa do prefaciador, que admite a força da análise que está apresentando) que nosso autor sente ao ver enunciada com toda a clareza a dimensão de luta política da ação modernista, empreendida por amigos seus, aliados seus. Candido abre o texto afirmando a inutilidade dos prefácios, inclusive o dele, elogia o pesquisador empenhado em

---

26. Escusada a autocitação, veja-se, para dados, meu ensaio *Literatura Gaúcha: História, Formação e Atualidade*, Porto Alegre, Leitura XXI, 2003.

27. *Op. cit.* Este ensaio teve sua primeira edição em 1979.

202   A CRÍTICA LITERÁRIA BRASILEIRA EM PERSPECTIVA

desvendar seu objeto e, a seguir, apresenta-se como solidário com os intelectuais que são analisados por Miceli, eis que todos, incluindo o autor do estudo, pertencem "ao que *um proustiano* poderia por extensão talvez indevida mas sugestiva chamar de 'a grande e lamentável família' dos intelectuais"[28]. Aquele "proustiano" foi italicizado por mim para marcar a adjetivação que parece saída das profundezas do prefaciador, que viu no estudo de Miceli muitos méritos mas também algo perturbador, que funciona, para Candido, como uma espécie de condenação das ações daqueles intelectuais modernistas – condenação que, a juízo deste leitor aqui, não existe, condenação que é na verdade um desvendamento de tipo sociológico, puro e duro, como se lê no corpo da análise, por exemplo quando Miceli analisa certos "instrumentos de luta" política da oligarquia paulista, derrotada em 1932, tais como a criação da Escola de Sociologia e Política e a Faculdade de Filosofia, Ciências e Letras, na USP, assim como a criação do Departamento Municipal de Cultura. Chamar de "instrumentos de luta"[29] política a criação da escola em que Candido estudou e o setor em que Mário de Andrade trabalhou talvez tenha parecido a Candido uma demasiada politização do debate. Aliás, igual desvendamento Miceli vai operar também quanto a outra dimensão do fenômeno, ao mostrar que a ação dos modernistas no campo amplo em que atuaram, para além da criação artística e alcançando a gestão cultural propriamente dita, foi uma permanência da "galomania de seus antecessores anatolianos"[30], observação que igualmente pode ter parecido um pequeno escárnio, a demonstrar uma intensa continuidade bem ali onde os modernistas queriam que se visse ruptura ou mesmo pura invenção[31].

São esses, enfim, alguns pontos cegos da ideia formativa de Candido, que se tornam visíveis quando olhados a partir de uma outra conjuntura histórica, este começo de século XXI, e de outra formação sistêmica, neste caso a sulina. (Poderia também alinhar outro ponto de onde parte esse olhar em busca de pontos cegos, seguindo aqui a observação de Schwarz no artigo citado já algumas vezes: diz este, em texto publicado em 1999, que "No momento, o sistema literário nacional parece um repositório de forças em desagregação"[32]. Pessoalmente tenho mais dúvidas do que certezas quanto a este diagnóstico. Será mesmo que se encontra em desagregação o sistema literário nacional? Ou será que de fato o que se encontra desagregado é o projeto modernista tal como concebido — e, importante lembrar, pro-

28. p. 71.
29. p. 101.
30. p. 186.
31. Eu mesmo tenho escrito sobre o tema algumas vezes. Seja-me permitido mencionar outro livro, *Literatura Brasileira: Modos de Usar*, Porto Alegre, L&PM, 2007.
32. *Op. cit.*, p. 58.

jeto levado a efeito completamente, do mais sofisticado debate acadêmico ao plano cotidiano das salas de aula, pelo território brasileiro afora —, estando o sistema literário empírico no Brasil [os autores, os livros, os leitores, a indústria editorial, o sistema escolar etc.], enquanto isso, desenvolvendo solidamente sua trajetória, ainda que num país sem projeto autônomo, ou melhor, sem a ilusão autonomista que nos anos 1950 dava fôlego para aquelas leituras formativas? O projeto modernista, quer dizer: o projeto unitarista do Modernismo de feição paulista, aquele que reinterpretou o passado contra a interpretação hegemônica centrada no Rio imperial, agora em favor de uma ideia que era ao mesmo tempo moderna, pela liberdade e pela visão leiga do mundo, que postulou e praticou, representando a força burguesa paulista daquele momento, e antiga, pelo centralismo de sua concepção, que perpetua a visão luso-brasileira, católica, de hegemonia excludente[33].)

Por isso, dadas essas condições de leitura, podemos concluir que Candido elide alguns aspectos que, de um ângulo sociológico igualmente materialista mas mais próximo do marxismo (Bourdieu, Miceli) e menos nacional (Abel Barros Baptista, além deste comentador aqui, em galhos diferentes), merecem reflexão: de fato, a ideia de formação em Candido não busca força em seu raciocínio na luta (ou na diferença) de classes, assim como não considera com ênfase a diversidade de forças, interesses, tensões e formações regionais existentes dentro do Brasil e cuja existência impõe problemas à ideia genérica de identidade nacional brasileira, e da mesma forma não leva em conta a diversidade que se encobre sob o rótulo genérico de Europa. E eis aqui três questões de amplo interesse para o debate literário, penso eu que especialmente aquele que queira honrar a mesmíssima tradição materialista de que Candido é um expoente brasileiro dos mais altos.

A FORÇA DA IDEIA DE FORMAÇÃO, HOJE

Feitas todas essas ressalvas críticas, que pretendem ser uma conversa dentro da tradição formativa com vistas a seu avanço epistemológico, é hora de encerrar esta reflexão evocando agora a força positiva da perspectiva da formação nos tempos de hoje. Encerramento que será sumário, como convém a um texto que já se estendeu demais e como cabe a um quadro histórico em que as coisas são menos claras do que já foram, especialmente no debate sobre história da literatura pelo

---

33. Está para ser feita uma releitura do vitorioso projeto modernista, em seus aspectos históricos, em sua luta pela institucionalização (incluindo o trabalho de Candido) e em sua vitória, a partir do debate proposto por Jorge Caldeira, que em seus ensaios (em particular em *História do Brasil com Empreendedores,* São Paulo, Mameluco, 2010) tem demonstrado, a meu juízo satisfatoriamente, a existência de *duas* grandes formações históricas no Brasil, uma que confluiu no Rio de Janeiro, outra que se expressou em São Paulo.

204 ❧ A CRÍTICA LITERÁRIA BRASILEIRA EM PERSPECTIVA

ângulo da tradição materialista. Certo que temos um repertório muito estimulante de trabalhos que tentam encontrar caminhos para quem, como é o caso deste que aqui escreve, quer manter em mente a visada formativa, não pelos motivos nacionalistas efusivos de tempos atrás, mas pelo que ela oferece de interpretação orgânica da história quando vista a partir de uma posição periférica, o Brasil, o sul do Brasil ou o Prata, por exemplo. É o caso dos trabalhos de Roberto Schwarz e de Franco Moretti, para ficar em dois grandes nomes, que entre si apresentam notáveis diferenças mas importantes convergências.

A força principal da noção de formação e de tudo que ela implica é esta: a capacidade de oferecer uma visada de conjunto sobre literaturas, autores, circuitos de leitura, e mesmo sobre outras instâncias e linguagens artísticas, como a canção[34] ou a escultura, o cinema ou o desenho, nascidas e desenvolvidas em países colonizados, e em particular para os que foram colonizados por países europeus em regiões sem cultura letrada desenvolvida anteriormente, o que significa dizer as Américas, a Oceania e partes da África subsaariana[35], talvez não mais do que isso (quer dizer, ficam fora desse horizonte, creio, países que passaram por períodos de colonização europeia mas dispunham de história cultural letrada anterior, como a Índia, o Oriente Médio, o Sudeste Asiático). Mas também não menos que isso: seja para pensar a arquitetura ou a pintura, a organização das instituições culturais ou a maneira de pensar-se no mundo, especialmente para discutir a literatura e as coisas a ela associadas, a noção de formação está viva porque é capaz de mostrar e descrever o esforço dos países e das regiões em verem-se no processo de conquista de autonomia, seja ela a política formal (como a Independência do Brasil pode ser um paradigma), seja ela ideológica mas não institucional (como é o caso do Rio Grande do Sul, talvez de Pernambuco, possivelmente de outros casos). Vale a propósito lembrar que Ángel Rama cogitou descrever a literatura das Américas a partir do que chamou de "comarcas", entidades ou supra ou infranacionais, sempre conectadas a um sentido formativo; Jorge Ruedas de La Serna estudou o caso mexicano pelo filtro formativo; no Brasil, inúmeros estudos demonstram a vitalidade da perspectiva formativa para descrever quadros específicos, como é o caso da arquitetura no trabalho de Otília Arantes, ou de uma visada de conjunto, como é o caso de alguns ensaios de Paulo Arantes[36]; Homero Araújo estendeu o raciocí-

---

34. Ver *Catulo, Donga, Sinhô e Noel: A Formação da Canção Popular Urbana no Brasil*, de Carlos Augusto Bonifácio Leite (trabalho de mestrado, UFRGS, 2011).

35. Este conjunto de países e regiões, Ian Alexander, no citado artigo, chama apropriadamente de Novo Mundo.

36. Veja-se, para os dois casos, *Sentido da Formação: Três Estudos sobre Antonio Candido, Gilda de Mello e Souza e Lúcio Costa*, Rio de Janeiro, Paz e Terra, 1997.

nio formativo a João Cabral[37]; o já citado Ian Alexander tem pensado a situação da literatura da Austrália em diálogo com a noção de formação[38]; desculpada a deselegância de mais uma autocitação, venho de publicar um estudo em que aproximo Machado e Jorge Luis Borges (e depois Poe) exatamente pelo viés formativo, que tanto um desempenhou no Brasil quanto o outro na Argentina (e o terceiro nos Estados Unidos)[39].

Em cada um desses casos, a lente formativa permite discernir uma construção objetiva ocorrida nas periferias do mundo ocidental, composta pelo desejo (mais e menos consciente por parte dos atores, conforme o caso) de obter expressividade formal e conquistar audiência para sua voz, que se nutre, como sempre ocorre, preponderantemente de materiais locais e formas não locais, com a mediação de uma voz e/ou um pensamento local[40]; expressividade e audiência que só se conseguem numa tensão entre repetir o já-feito e ousar fazer o nunca-feito; noutra tensão entre pertencer a um sistema não local e criar um sistema local; e, noutra ainda, entre proximidade e distância do criador e do público, cada um por sua vez, em relação tanto ao mundo local quanto ao mundo não local, como igualmente em relação às formas locais, que antes do processo formativo ou não existem ou não se evidenciaram ainda, e às formas não locais. De modo mais sintético: formação se cria num sistema de três tensões, que se combinam diversamente, entre centro e periferia (não necessariamente nacional, repitamos), entre criador e público, entre matéria e forma. Uma teia complexa de forças em confronto, que nunca vão dar como resultado uma coisa meramente óbvia e esperada, salvo se estivermos falando de arte trivial; teia complexa que, nos melhores casos, será enunciada por artistas e intelectuais no momento em que maturarem as relações intelectuais e sociais, permitindo o vislumbre da realidade local atravessada por aquelas tensões (foi o caso de Borges para a literatura argentina, ou de Noel Rosa na canção brasileira), e/ou, em casos talvez não muito regulares, no momento em que aparecer um gênio capaz de discernir essa rede de tensões ainda antes que ela esteja visível para muitos (Machado para o Brasil, Poe para os Estados Unidos).

E vale uma última nota histórica sobre o papel da ideia de formação no debate brasileiro. Cada vez que se olha para o quadro mental da cultura de nosso país nos anos entre, digamos, 1920 e 1950, mais se salienta o enorme valor das proposições

---

37. *O Poema no Sistema: A Peculiaridade do Antilírico João Cabral na Poesia Brasileira*, Porto Alegre, Editora da UFRGS, 1999.

38. Em seu doutorado na UFRGS, citado atrás.

39. *Machado e Borges,* citado atrás.

40. Essa síntese ultrabreve está no ensaio "Conjecturas sobre a Literatura Mundial", de Franco Moretti (no livro *Contracorrente: O Melhor da New Left Review em 2000*, organizado por Emir Sader, com tradução de Maria Alice Máximo e outros, Rio de Janeiro, Record, 2001).

de Antonio Candido, pelo contraste que fazem, agora menos do que antes no plano político, mas agora mais do que antes no plano científico: é que Candido, como a maior parte de seus companheiros de geração em São Paulo (embora um tanto mais velhos, como Paulo Emílio e Sérgio Buarque em particular), protagonizou não apenas o debate conceitual ilustrado, como se sabe que ele de fato protagonizou, mas também esteve à frente de uma atitude mental rara e preciosa, que era simultaneamente leiga – significando particularmente não católica, o que no contexto significa não espiritualista, pró-materialista, pró-empirista – e de esquerda não estalinista – quer dizer, sem as preocupações doutrinárias que desembocaram na defesa do realismo socialista, portanto longe da atitude que fazia da crítica literária uma mera sucursal do projeto político comunista naquela conjuntura. Não é pouca coisa o que essa duas virtudes trouxeram ao quadro do debate; para além do empenho conceitual derivado da ciência social que revolucionou a discussão sobre crítica e história da literatura, esses marcos do pensamento leigo e de esquerda democrática fizeram – fazem – uma diferença decisiva em favor da obra por eles gerada, pela mão do mestre Candido.

A DIMENSÃO POLÍTICA DA OBRA DE AFRÂNIO COUTINHO

Luis Alberto Alves

> *Para mim a melhor homenagem que se pode fazer a um artista é discutir-lhe as realizações, procurar penetrar nelas, e dizer francamente o que se pensa. Assim tua carta não me magoou, mas engrandeceu-me. Muito obrigado.*
> (Trecho de uma carta de Mário de Andrade a Manuel Bandeira.)

> *A nova crítica surgiu no Brasil como surgem as religiões e morreu como morrem as modas. Teve em Afrânio Coutinho o seu apóstolo, na* Teoria da Literatura *de Wellek e Warren a sua vulgata, na análise imanente o seu dogma, no* close reading *a sua liturgia e no impressionismo o seu diabo privativo.*
> José Paulo Paes

O nome de Afrânio Coutinho já não goza do prestígio de décadas atrás. É difícil encontrar, hoje, quem reivindique seu legado, embora ele tenha desenvolvido durante anos intensa atividade na imprensa e na academia. No auge de sua carreira, décadas de 1950 e 1960, encarnou o intelectual destemido que não media as palavras para defender com ardor e, não raro, agressividade suas posições, firmando-se como polemista e doutrinador. Em vida, acumulou reconhecimento de uma parcela do meio intelectual, obtendo diversos títulos honoríficos, além de ter escrito uma obra alentada que se destinou a larga audiência. Independente da maior ou menor aceitação de suas teses, o fato é que elas fizeram um barulho danado, principalmente as duras objeções que dirigiu aos críticos impressionistas, que jamais obtiveram dele o respeito pelo tanto que fizeram para a democratização do acesso à cultura letrada. Afrânio não se contentou com o papel de um mero expositor de ideias; reivindicou também a liderança do processo de renovação dos estudos literários. Não foi pouca coisa. A distância entre a notoriedade desse período e o ostracismo de hoje justifica, penso eu, um balanço de suas posições mais caras; posições que antes explicavam seu prestígio, mas que agora estão na base de seu desinteresse; posições que foram reproduzidas *ad infinitum* em seus livros – e é bom não esquecer que Afrânio escreveu, dirigiu e organizou dezenas de livros – alguns dos quais tiveram edições rapidamente esgotadas. Ora, se isso não assegura a qualidade dos mesmos, ao menos evidencia que uma parte importante do público se interessou em algum momento por aquilo que Afrânio pôs em circulação. Muita coisa mudou de lá para cá. Seu nome, quando pronunciado, vem acompanhado invariavelmente de ressalvas. Suas ideias morreram sozinhas ou o que mais morreu junto com elas? O objetivo do presente artigo é discutir a dimensão política da obra de Afrânio Coutinho, em especial *Correntes Cruzadas*, espécie de súmula teórica do autor. Com isso, abdico de expor segundo uma ordem cronológica estrita, obra por obra, pois acredito que suas ideias fundamentais se mantiveram, no geral, inalteradas ao longo de sua trajetória intelectual. Meu intento, em última análise, é discutir a filiação de classe de sua prosa. Aproveito para esclarecer que de modo algum desejo insinuar que essa seja a única forma possível de estudar sua produção. Na verdade, é uma dentre várias. Tampouco essa opção implica em deixar de lado suas ideias estéticas; ao contrário, trata-se de estabelecer os nexos destas com o movimento geral da sociedade brasileira. Tal procedimento certamente não contaria com a aprovação de Afrânio, para quem a dimensão estética deveria ser entendida como uma esfera autônoma em relação às demais. Na primeira parte, apresento, em linhas bem gerais, alguns momentos de sua trajetória a fim de reforçar o entendimento de que o seu maior legado está no conjunto de realizações no plano institucional. Adiante, tomo algumas passagens de *Correntes Cruzadas* com o intuito justamente de buscar as correspondências estruturais que Afrânio, à sua maneira, tratou de atenuar. Com base no levantamento dessas correlações, pretendo esboçar a dimensão política de sua obra.

A OBRA

Formado em medicina (1931), Afrânio Coutinho jamais chegou a exercer a profissão, preferindo antes o magistério e a carreira jornalística, por onde fez escoar seus primeiros escritos. A leitura da obra de Alceu Amoroso Lima, na década de 1930, foi decisiva para sua conversão à crítica. "Só mesmo os membros desta geração é que podem avaliar justamente o que representou para ela a sua palavra"[1], confessa emocionado no livro que dedicou ao "apóstolo e chefe inconteste da inteligência católica brasileira"[2]. A carreira docente foi o caminho natural para a realização de seu desejo. Em 1942, viajou para os Estados Unidos a fim de exercer a função de redator-secretário de *Seleções do Reader's Digest*, em

1. Afrânio Coutinho, *Tristão de Athayde, o Crítico*, p. 13.
2. *Idem*, 14.

Nova York. Foi quando tomou contato com o *new criticism*. Logo que retornou ao Brasil, em 1947, transferiu-se para o Rio de Janeiro, onde fixou residência. Afrânio costumava dizer que sua formação teórica incluía tanto a estilística espanhola quanto a alemã. Com isso, procurava se defender da acusação, feita por seus adversários, de que suas ideias não passavam de um simples capítulo de americanofilia. Por mais que dissesse que não era "um admirador cego e passivo dos Estados Unidos", seu nome desde então jamais se descolou dessa corrente de pensamento. Foi na então capital da República que criou a seção dominical "Correntes Cruzadas" no Suplemento Literário do *Diário de Notícias*. Os artigos publicados no jornal seriam aproveitados posteriomente em dois livros: o primeiro deles foi justamente *Correntes Cruzadas* (1953); o outro, *Da Crítica e da Nova Crítica* (1957). Graças ao impacto destes, ficou rapidamente conhecido. Dirigiu também *Literatura no Brasil*, obra coletiva cujos primeiros tomos começaram a ser publicados em 1955, se estendendo até 1959, obtendo imediato reconhecimento de público e de crítica. Nessa mesma época, foi contratado pelo Colégio Pedro II. Já no Instituto Lafayette[3], criou a disciplina Teoria e Técnica Literária, institucionalizando os preceitos teóricos pelos quais tanto batalhou em vida. Foi eleito, em 1962, para a Academia Brasileira de Letras. Com a aposentadoria, em 1963, de Alceu Amoroso Lima, passou a ocupar interinamente a cátedra da Faculdade Nacional, tornando-se vitalício logo depois. Com a Reforma Universitária de 1967, foi encarregado de implementar o curso de Letras, depois do desmembramento da Faculdade Nacional. Um ano depois, foi nomeado diretor da recém-criada Faculdade de Letras da UFRJ, permanecendo no posto até 1980, quando se afastou por força da compulsória. Ajudou a criar, em 1970, o programa de pós-graduação em Letras, coroando assim uma trajetória institucional. Se não bastasse, também dirigiu, ao lado do economista José Garrido Torres, a revista *Cadernos Brasileiros*, que circulou de 1959 a 1970, em cujas páginas muitos artistas e intelectuais, brasileiros e estrangeiros, deixaram registradas suas contribuições. Em meados da década de 1980, liderou um projeto ambicioso, que objetivava a catalogação de vários escritores. A Academia Brasileira de Letras, na gestão do Austregésilo de Athayde, incorporou esse material, que desde então passou a integrar o banco de dados da instituição, antes mesmo da voga dos computadores. O material encontra-se compendiado em sua *Enciclopédia de Literatura Brasileira* (1990).

---

3. Em 1950 a Faculdade de Filosofia do Instituto LaFayette foi incorporada à recém-inaugurada Universidade do Distrito Federal (UDF). Em seguida, passou a se chamar Universidade do Rio de Janeiro. Com a mudança da capital para Brasília, em 1960, a URJ foi rebatizada Universidade do Estado da Guanabara (UEG). Com a fusão da Guanabara com o antigo Estado do Rio de Janeiro, em 1975, virou Universidade do Estado do Rio de Janeiro (Uerj), nome que persiste até hoje.

210 ❧ A CRÍTICA LITERÁRIA BRASILEIRA EM PERSPECTIVA

Seu monumental acervo de mais de cem mil livros serviu de base para a criação da Oficina Literária Afrânio Coutinho (OLAC), que durante anos ofereceu cursos e disponibilizou ao grande público o acesso a obras que dificilmente chegariam às mãos dos leitores em decorrência da precariedade de nossas bibliotecas públicas. Sua temporada nos Estados Unidos, mencionada anteriormente, reforçou nele a convicção da importância das bibliotecas públicas. Vale lembrar que iniciou sua vida profissional justamente como bibliotecário. No final de sua vida, foi à TV Educativa manifestar sua preocupação diante do risco que seu acervo corria, caso não fosse acolhido por uma instituição pública. Recentemente, a UFRJ, por iniciativa de seu filho, o professor Eduardo Coutinho, adquiriu o acervo que, atualmente, compõe o Centro de Estudos Afrânio Coutinho (CEAC), integrado à biblioteca da Faculdade de Letras da UFRJ.

Por essa breve súmula[4], nota-se que Afrânio foi um intelectual versátil e com tino para os grandes projetos. Antes mesmo de ser um crítico, como de fato gostaria de ser conhecido, foi, fundamentalmente, um realizador, um empreendedor, movido a projetos e a desafios, em nome dos quais procurava contagiar a todos com quem trabalhava. Em depoimento recente, Eduardo Portella reforçou esse traço marcante da personalidade de Afrânio[5].

UMA VOCAÇÃO

Correntes Cruzados (1953) e *Da Crítica e da Nova Crítica* (1957) marcam o início do apostolado de Afrânio. Embora já tivesse escrito alguns livros e traduzido outros tantos, nada se compara ao impacto que estes dois livros tiveram. Postos lado a lado, não há praticamente nenhuma diferença entre um material e outro. Ao contrário, a impressão é de que os assuntos, a angulação e os adversários se repetem. É o próprio autor quem dá de bandeja o formato de seus livros: "as notas aqui compendiadas não são mais do que o desenvolvimento ou a repetição de muitas reflexões aparecidas em seu livro anterior, *Correntes Cruzadas*"[6]. Não fez durante a década outra coisa senão exorcizar os mesmos fantasmas que, de sua perspectiva, atormentavam a vida literária e rebaixavam a literatura. Nem mesmo os escritores escaparam de seu rígido escrutínio: "Ao invés de se propor uma obra

---

4. Essas informações estão disponíveis em boa parte de seus livros. Podem ser colhidas também no site http://www.biblio.com.br/defaultz.asp?link=http://www.biblio.com.br/conteudo/biografias/afranio-coutinho.htm . Acesso em 19.2.2010.

5. Palestra proferida pelo professor Eduardo Portella, em 2 de dezembro de 2010, na Faculdade de Letras da UFRJ, por ocasião do evento "40 anos de Pesquisa na UFRJ". Na ocasião, o ex-ministro discorreu sobre a criação do Programa de Letras e seus desdobramentos, salientando, entre outros pontos, a liderança de Afrânio Coutinho.

6. Afrânio Coutinho, *Da Crítica e da Nova Crítica*, p. IX.

de criação, o escritor brasileiro prefere viver literariamente. Dispersa a sua atividade, a sua capacidade, o seu gênio, nas rodas, nos corrilhos, nas disputas, nas intrigas"[7]. Afrânio tinha razão só parcialmente, pois os problemas de maior monta são de natureza estrutural, isto é, têm a ver com o estágio de formação da sociedade brasileira, que ergue obstáculos à profissionalização de artistas e intelectuais, que não contam com apoio ou instituições apropriadas para sua atuação. Por conta disso, estes são forçados a uma dupla jornada de trabalho: na maior parte do dia se dedicam à obtenção de sustento material como profissionais liberais ou como funcionários públicos; na outra parte do dia, podem, enfim, se entregar à atividade na qual se sentem de fato realizados. Nossos escritores, para ficar em casa, quase todos se submeteram ou se submetem a essa lógica (impessoal), que Afrânio só enxergava como resultado do mau desempenho ou do descompromisso dos artistas brasileiros, o que é um exagero.

A publicação de *A Literatura no Brasil* (1955), obra coletiva que ele dirigiu e para cuja realização convidou intelectuais das mais diversas procedências, marca, sem dúvida, um momento importante dos estudos literários no Brasil. Mostra também seu lado amistoso, ao reunir tanta gente em torno de um projeto. Não é exagero afirmar que a obra (menos homogênea do que Afrânio gostaria) sela o papel que a universidade passaria a desempenhar na formação de novas gerações de estudiosos, além de projetar um novo cenário aos estudos literários. Afrânio tomou o sucesso do livro como uma vitória pessoal por tudo o que vinha pensando e escrevendo, embora, seja dito de passagem, o cálculo do (seu) triunfo não deva ser tão superestimado assim. Vistas as coisas retrospectivamente, foi uma década bastante produtiva para nosso autor. Para avaliar suas ideias, nessa quadra, nada melhor do que tomar um longo trecho de *Correntes Cruzadas*, no qual se notam as linhas diretivas de seu programa de ação e também seu modo peculiar de expor suas ideias, que transcrevo a seguir para posterior análise:

> De modo geral, a coluna é uma seção livre, assinada por um livre-atirador, um isolado, um individualista, absolutamente sem compromissos nem com pessoas, nem com grupos, nem com partidos, nem com países. Só com a Literatura tem compromissos, e para o estudo do fato literário julga lícito e obrigatório utilizarem-se todas as contribuições, venham de onde vierem, de qualquer setor do mundo intelectual, sem distinção de nacionalidade, pois a literatura comparada lhe ensinou a encarar o fenômeno literário e artístico de uma perspectiva supranacional.
>
> É uma seção de debates de ideias literárias, e, mais que isso, de provocações a debates, no bom sentido. O seu autor acredita na fecundidade do debate e da controvérsia, infelizmente, entre nós, transformados em polêmica pessoal. Demais disso, cuida que é funda-

---

7. Afrânio Coutinho, *Correntes Cruzadas*, p. XVIII.

212 · A CRÍTICA LITERÁRIA BRASILEIRA EM PERSPECTIVA

mental o trabalho doutrinário e teórico, o desbravamento dos problemas de princípio e método, sem o que não lograremos, no Brasil, jamais sair da fase do empirismo e da improvisação. […] Há muito tempo com o espírito inteiramente voltado para o estudo e a meditação dos problemas gerais da Literatura, da crítica, de teoria literária, em uma palavra, de Filosofia da Literatura, acredita-se mais do que com o direito, com o dever de concorrer para a agitação e a divulgação de ideias e informações que foi acumulando em anos e anos de estudo e observação de nossas deficiências e virtudes, e também de anos de experiência no contacto vivido com grandes centros intelectuais e universitários norte-americanos.

[…]

Esse trabalho denota, primeiramente, um temperamento, uma vocação, uma dedicação, uma propensão especial de espírito. E, a quem o interprete com olhos de ver, traduz uma determinada formação e orientação intelectual, uma perspectiva estética, uma concepção católica e antinaturalista da vida e da Literatura que sublinham toda essa atividade. As *Correntes Cruzadas* são uma seção, pois, onde tem cabido tudo. Inclusive, às vezes, crítica. Mas não é de crítica militante de livros, seu autor não se sentindo com capacidade, nem julgando, já agora, possível, a crítica militante e jornalística de livros, nos moldes tradicionais entre nós.

A persistência com que vem aparecendo a seção Correntes Cruzadas só causa espécie aos que desconhecem as reservas de fé, vontade e entusiasmo de seu autor, sua capacidade de sustentar as ideias em que acredita. Sobretudo, sua fé na Literatura.

Essas ideias, elas, tem sustentado de maneira positiva, por vezes com desagrado de alguns. Mas tem-no feito sem dogmatismo, e, mormente, sem deliberada truculência ou provocação. Sua atitude é antes a de um afirmativo, de alguém que tem o hábito da cátedra e o gosto da função de ensinar, não a quem já sabe, porém aos que desejam aprender; e de quem há muito já se desvestiu das hesitações e dúvidas naturais à adolescência, e, sabendo onde está e o que pretende, abomina os trajetos ziguezagueantes e os vais-e-vens.

O tempo, cristalizando as características da seção, deu-lhe autoridade e ressonância. O debate, que inaugurou entre nós, em torno de algumas ideias fundamentais, debate que prosseguirá com a consciência da prestação de um serviço útil, foi estimulado pela persuasão de serem pertinentes os pontos de vista reivindicados.

[…]

A primeira ideia é a da necessidade de criação de uma consciência crítica para a nossa literatura, que venha corrigir a atitude acrítica e empírica, segundo a qual a literatura é um produto exclusivo das forças inconscientes, telúricas, selvagens, virgens, primitivas, expressão do gênio local, indisciplinado, original. Contra o mito do autoctonismo absoluto, da originalidade incondicional, apresentamos a noção da tradição válida, do passado útil, não com espírito de oposição ou de dilema, porém como corretivo, pois só da fusão dos dois – o gênio local e a tradição – é que é possível a produção de uma literatura madura e consciente, não simplesmente empírica.

[…]

O instrumento dessa reforma de conceitos e métodos de trabalho intelectual terá de ser o ensino superior de letras ministrado nas Faculdades de Filosofia e Letras. Criando melhores professores de letras e investigadores literários, estes, por sua vez, melhorarão o ensino de letras no curso secundário. Daí sairão melhores poetas, melhores romancistas, melhores críticos, melhores pesquisadores e trabalhadores intelectuais. Não serão mais diletantes, autodidatas os homens de letras. A questão fundamental brasileira é de método. Há um método, que aperfeiçoará nossa qualidade de trabalhadores, seja no terreno mecânico, seja no intelectual. [...]

A defesa da perspectiva estético-literário na apreciação da literatura contra o predomínio do método histórico. Isso não significa, todavia, o abandono das contribuições históricas, mas apenas a colocação do método histórico no seu devido lugar, que não é, na consideração da literatura, o primeiro. A crítica é, acima e antes de tudo, crítica poética, no sentido aristotélico, e a história só vale na medida em que é um auxiliar na compreensão da obra, um meio e não um fim, e um meio útil às vezes, por vezes perturbador, e nem sempre indispensável.

[...]

O alargamento das influências estrangeiras em nosso país, pondo-se termo ao monopólio e ao imperialismo cultural, e abrindo-se janelas para os vários quadrantes do horizonte. A cultura é supranacional, não pertence a este ou aquele país. E toda contribuição válida é útil e fecundante. Só assim, lograremos a maturidade e a autonomia intelectuais: pela exploração de todas as sementes que nos possam oferecer os povos ricos de experiência. O amor da cultura não implica o reconhecimento de superioridade ou primazias de povos. Mas a aceitação das correntes cruzadas supranacionais, que formam a unidade da cultura, essa nação acima das nações.

Quem conhece o autor deste sabe que ele não é um admirador cego e passivo dos Estados Unidos, sua opinião pessimista já tendo sido mais de uma vez exposta de público. Não se peja ele de sua formação sobretudo francesa e sua fidelidade à cultura católica, sorvida por intermédio do grande rio gaulês. [...] O preconceito antiamericano, em particular, é muito comum em certos intelectuais que, por maiores que sejam as provas, simplesmente não tomam conhecimento da América, a despeito de, no mínimo, ela ser hoje o mais sério e mais importante centro de estudos do mundo.

[...]

O grande mestre da crítica literária científica é Aristóteles, que deixou na Poética as normas para o assunto. O primeiro passo é a correta observação do fato literário, na sua intimidade, ou intrínseco do fato literário; a análise de seus elementos (com todos os recursos disponíveis), a descrição e classificação desses elementos, isolados ou combinados; o estudo de seus processos de produção e recepção, e, por último, o julgamento de seu valor. Sem julgamento não há crítica, e nisso a crítica distingue-se da ciência. Mas para julgar, o crítico necessita de um corpo de critérios ou padrões objetivos, o que faz que a crítica não possa ser verdadeiramente crítica enquanto permanecer no plano impressionista, incompatível com o juízo de valor, pois o impressionismo é subjetivista e relativista na sua fidelidade à impressão sensível, à emoção. Esse subjetivismo, é que deve ser afastado no exame do objeto, aplicando-se todas as técnicas e formas de conhecimento que possam pôr em relevo o que houver de significativo no fato.

A passagem anterior sintetiza a posição que Afrânio, praticamente sem modificação, defendeu ao longo de sua vida. A imagem de "livre-atirador", que escolheu para si, empresta à sua figura um ar de herói e de vítima ao mesmo tempo. Sua linha de raciocínio é relativamente simples e pode ser resumida sem grande dificuldade. É como se dissesse assim (em itálico):

> *[...] nosso atraso no campo da arte só poderá ser superado satisfatoriamente mediante utilização correta do instrumental teórico e de pesquisa, que vem sendo desenvolvido nos melhores centros de pesquisa do mundo que estão, hoje, localizados nos Estados Unidos. Para tal missão, me sinto totalmente capacitado, pois, afinal de contas, estive lá há pouco e assimilei os conceitos indispensáveis para iniciar a renovação total de métodos e de atitudes no campo literário em nosso país. A tarefa não será fácil, pois há muito preconceito contra o país de onde acabo de chegar, principalmente por parte desses críticos impressionistas que resistem a acatar a crítica científica. Esta de modo algum poderá ser feita nos jornais. Essa fase acabou. Agora, só nas revistas acadêmicas dirigidas por gente que conhece do assunto. Quem quiser fazer crítica literária deverá se inscrever em um curso de letras, para obter conhecimento especializado, que, hoje, só a universidade é capaz de transmitir. Aliás, não estou propondo nada que seja do desconhecimento geral, pois estamos assistindo no seio da sociedade brasileira, nesses anos de progresso, a um processo de transição importante, com a entrada em cena do especialista em vários setores, que, em breve, substituirão a figura tradicional do bacharel. Precisamos cada vez mais de técnicos. Precisamos formar uma elite consciente de seu papel. Com esta à frente de nossa modernização, deixaremos para trás a demagogia e os interesses escusos. Por isso, precisamos formar elites. É isso que eu estou propondo.*

As linhas que propus acima sintetizam o que entendo como constitutivo das posições de Afrânio. Correspondem, sem dúvida, a uma hipótese de leitura; mas, quero crer, a hipótese é bastante razoável. O formato que dava à sua intervenção lembra uma carta-compromisso através da qual se dirigia ao público em geral, mas principalmente àqueles com os quais poderia contar em sua cruzada, sem se esquecer naturalmente daqueles para os quais mandava um aviso. Também chama atenção a tenacidade das posições que assumia. Suas *"reservas de fé, vontade e entusiasmo"* expressam a imodéstia de quem se julga *"mais do que com o direito, com o dever de concorrer para a agitação e a divulgação de ideias e informações que foi acumulando em anos e anos"*. A *"fé na Literatura"* traz à tona a orientação moral que buscava imprimir em seus escritos, dando-lhes o tom de pregação que ele próprio admitia sem constrangimento. Trata-se, acima de tudo, de uma vocação, entendida esta à maneira de uma religião mesmo, uma vez que *"traduz uma determinada formação e orientação intelectual, uma perspectiva estética, uma concepção católica e antinaturalista da vida e da Literatura"*. A confiança com que vai expondo seus pontos de vista sugere um crítico não assaltado pela dúvida, tampouco propenso a cultivar a tolerância, embora afirme o contrário. É como se as ideias lhe tivessem ocorrido em um estado de revelação, ao qual não caberia pôr em dúvida. Por outro lado, a imagem de "livre-atirador" é reforçada pelo estilo franco, sem floreio, como se não desejasse ocultar nenhum interesse atrás de biombos. A autopromoção do isolamento o torna uma espécie de bandeirante da crítica: quem escreve é *"um isolado, um individualista, absolutamente sem compromissos nem com pessoas, nem com grupos, nem com partidos, nem com países"*.

Polemizando com todo aquele que descumpria as normas e preceitos que ele próprio estipulava, tomou os críticos de rodapés para Cristo. Atribuía-lhes a culpa pelo nosso atraso em relação aos métodos que estavam sendo desenvolvidos lá fora, sobretudo nas universidades americanas, que contavam com sua admiração incondicional (*"hoje o mais sério e mais importante centro de estudos do mundo"*). Ao longo da década de 1950, não pouparia quem quer que fosse que desafiasse seu rígido código de conduta. Seu empenho em dar dimensão nacional aos debates de método, que por sua própria natureza estão condenados a um círculo restrito de interessados, até hoje surpreende (*"A questão fundamental brasileira é de méto-do"*). Em meio à campanha de renovação Afrânio não escondia sua satisfação em anunciar o fim da crítica de rodapé e de seus "críticos enfezadinhos, cabeçudos, sem nenhuma base doutrinária", que embora infestassem os jornais, estavam com os dias contados. Só *"não compreendem os criticoides que ainda hoje confundem crítica com jornalismo de livros"*. Não passava por sua cabeça que os protocolos da boa convivência pudessem ficar comprometidos com o uso reiterado de expressões como "criticoides" e afins. O tom a um só tempo judicativo e professoral revela certa impaciência com as posições alheias ou, talvez, uma dificuldade em admitir o contraditório, a dissensão. Difícil imaginar que pudesse angariar simpatias com afirmações peremptórias como a seguinte: *"A crítica verdadeira, análise e julgamento das obras literárias do presente e do passado, mudou de local, transferindo-se para as revistas especializadas e profundas ou para as cátedras como objeto de ensino e interpretação"*. É como se estivesse, no final das contas, advogando em causa própria. E mais: como superar a crítica que tanto o incomodava se ele próprio fora incapaz de oferecer, concretamente, uma alternativa? Afinal, no que consistia mesmo essa malfadada crítica de rodapé que tanto o incomodava? Em linhas gerais, o crítico de rodapé era alguém dotado de formação geral capaz de emitir juízos breves sobre um romance, ou um livro de poesia, ou mesmo de política ou filosofia que mal acabara de sair, ou um clássico que merecia ser conhecido. O ambiente por excelência desse crítico era a redação dos jornais e seus artigos deveriam se adaptar ao espaço que estes destinavam no rodapé das páginas. Daí o nome. Objetivamente, o crítico era obrigado a sintetizar suas posições, concentrando-se no essencial, deixando de lado o acessório. Por conta disso, os bons críticos desenvolveram grande poder de síntese e até hoje podem ser lidos com proveito. O crítico impressionista seguia essa tradição iniciada no século XIX. Sua crítica, trivialmente falando, era calcada nas impressões que a obra lhe causava. Aos olhos de seu oponente (leia-se: Afrânio Coutinho), essa modalidade era insuficientemente científica, o que não correspondia exatamente à verdade. No auge da campanha contra essa modalidade de crítica, no Brasil, Antonio Candido manifestou seu apreço por ela, indagando se "esta sinuosa mobilidade do

216 ⚭ A CRÍTICA LITERÁRIA BRASILEIRA EM PERSPECTIVA

espírito não seria justamente o nervo da crítica"? Contra a nova maré cientificista da década de 1950 (herdeira sem o saber do velho determinismo), argumentava Candido: "a crítica nutrida de ponto de vista pessoal de um leitor inteligente – o malfadado 'impressionismo' – é a crítica por excelência e pode ser considerada [...] uma aventura do espírito entre livros"[8]. Lembrando que uma década antes, o então jovem Antonio Candido, em artigo dedicado a Álvaro Lins, deixara uma observação certeira sobre o crítico impressionista-mor: "Raros são os bons críticos. Raríssimos os de primeira ordem. E mais raros ainda aqueles que se dedicam apenas à crítica"[9]. Mal sabia o jovem crítico que esse entendimento valeria ainda mais na década de 1950. Não há nenhum exagero em forçar a comparação entre Afrânio Coutinho e Álvaro Lins. Em suma, nos raros momentos de assumida humildade, Afrânio era capaz de dizer: *"seu autor [ele próprio] não se sentindo com capacidade, nem julgando, já agora, possível, a crítica militante e jornalística de livros [...]"*. Ou seja, a crítica praticada na imprensa não lhe agradava, mas, por outro lado, ele não sabia bem como traduzir seus postulados na prática. O depoimento no final do prefácio de *Correntes Cruzadas* é revelador a esse respeito:

> Talvez haja lugar aqui para mais uma nota pessimista, ou ao menos de humildade: nossa incompetência para realizar-nos, para concretizar aquilo que idealizamos ou visualizamos. Falecem-nos as disciplinas, os recursos, mesmo quando não ignoramos onde estão. As gerações como a de quem aqui escreve, comprometidas por graves deficiências de formação e falta de orientação, agravados tais defeitos pelas circunstâncias locais, é natural que se vejam peadas no realizar a operação de passagem dos princípios básicos e dos planos teóricos para o campo da prática.

Todavia, Afrânio não se dava por vencido e logo reivindicava o posto de comando:

> [...] há que deixar espaço para a atividade – oportuna e necessária – dos que têm preferência pelas questões de princípio e método. É uma tarefa que se impõe no Brasil, e é justo que nela se especialize quem de vocação e gosto, numa divisão nacional de trabalhos. Não há mal nenhum em que alguém faça a crítica dos padrões vigentes e aponte novos caminhos, a outrem deixando a complementação do esforço na prática.
>
> Se nada mais fizer do que essa contribuição ao debate revisionista e clarificador de normas e rumos, confessa-se seu autor bem compensado com o papel de agente catalisador. Sua contribuição ficará como uma ponte para a imperiosa reforma de métodos críticos.

Na verdade, Afrânio procurava driblar a lacuna de sua formação, concentrando suas forças no plano mais abstrato do debate historiográfico. Até aí, tudo bem.

---

8. Antonio Candido, "Um Impressionismo Válido", em *Textos de Intervenção*, p. 46.

9. *Idem*, "Um Crítico", em Álvaro Lins, *Jornal da Crítica*, 5ª série, Rio de Janeiro, José Olympio, 1947.

Ocorre que as constantes alusões à crítica literária "científica" vinham acompanhadas de um pacote extenso de recomendações e de regras por ele canonizadas, mostrando sua disposição de ditar o ritmo da conversa. Por consequências que ele próprio não previu, a divisão do trabalho intelectual levaria a uma especialização tal que os papéis de crítico e de historiador ficariam definitivamente cindidos. Agora, basta olhar para os lados (estou falando dos dias de hoje) para logo se notar a presença marcante dos pesquisadores que *"têm preferência pelas questões de princípio e método"* e que nem um pouco se incomodam com isso. Pelo contrário, se sentem muito bem nesse espaço de atuação, não vendo necessidade de acrescentar a seu trabalho epistemológico a função de analista de textos literários.

Voltando ainda às explicações de Afrânio, *Correntes Cruzadas* constam "de provocações a debates" no plano das ideias. Ocorre que nem sempre pôde cumprir suas promessas. O papel de doutrinador, de "livre-atirador", certamente concorreu para que ele, em muitos casos, desviasse o foco para a polêmica pessoal e, não raro, lançasse mão de palavras que nem remotamente costumam frequentar conversas educadas. Com isso, "o trabalho doutrinário e teórico, o desbravamento dos problemas de princípio e método" ficavam contaminados pela paixão extremada com que ele costumava cobrir suas ideias. Se o estardalhaço de sua intervenção assegurou-lhe visibilidade na vida literária, multiplicou também, em curto espaço de tempo, o número de desafetos. Consciente disso, Afrânio se defendeu dizendo que não era "uma questão de pessoas, mas de sistema", isto é, suas objeções não se dirigiam "a esse ou aquele homem de letras, mas à "vida literária", essa "feira de vaidades e fuxicos". É pouco provável que a vida literária em sua abrangente complexidade possa ser reduzida à futrica, ao disse-me-disse e ao conchavo entre amigos. Em síntese, *Correntes Cruzadas* ilustra bem seu modo peculiar de conceber o debate de ideias, convertido via de regra em um fogo cruzado permanente, doutrina contra doutrina, para usar a fórmula do velho Sílvio Romero, no qual a paixão sem medida destrona a ponderação, o encurtamento da distância anula as mediações e a dureza do vocabulário denega a troca civilizada de ideias.

Pouco depois do lançamento de *Correntes Cruzadas*, o crítico Antônio Houaiss, em artigo cauteloso e cordato[10], notou alguns aspectos que inspiravam cuidados na exposição do colega. Conquanto concordasse com a necessidade de renovação da crítica literária brasileira, que estava apenas engatinhando, ponderava, por outro lado, que o problema não seria solucionado com os remédios prescritos por Afrânio, que insistia em restringir a discussão sobre o futuro da crítica à esfera estritamente literária, recuando, de resto, das questões de maior latitude. O caráter

---

10. Antônio Houaiss, "Correntes Cruzadas", http://www.pacc.ufrj.br/literaria/correntes.html Acesso em 19.2.2010.

fragmentário, episódico, que marcara até então a crítica praticada entre nós, independente se historicista, biográfica, impressionista ou de qualquer outra extração, dificilmente poderia ser superado, segundo estimava Houaiss, com o mero emprego de noções tradicionais como gozo estético e beleza, que Afrânio fora buscar na tradição clássica, mormente aristotélica, sem entrar em detalhe sobre o que entendia por cada um dos termos. Antônio Houaiss, com muita razão, apontou os limites da pregação do colega. "Supor uma crítica erguida em torno de valores 'literários', como se estes fossem valores em si, com sua própria finalidade, é dissociar o real em mil setores próprios e autônomos, sem enlace possível [...]". Enfim, seria condenar a crítica à irrelevância.

A propósito, gostaria de aproveitar esse ponto da exposição de Antônio Houaiss para aprofundar um pouco mais a questão, que me parece crucial. A afirmação de Afrânio segundo a qual a obra literária interessa por sua dimensão exclusivamente estética (técnica, língua e tema) é apenas parcialmente verdadeira. Mesmo quando uma obra literária se dobra sobre si mesma, aparentemente sem se reportar ao mundo exterior, nessa opção já vai um tanto de discernimento político. Diante da hostilidade do mundo, a não participação da literatura nas engrenagens de uma sociedade utilitária seria uma forma de protesto a ser considerada. Esta observação fazia parte da estratégia empregada por Adorno, a bem dizer na mesma década de 1950, para mostrar os limites da literatura engajada, ao mesmo tempo em que defendia, para arrepio de muitos, a arte hermética[11]. Entre parênteses, Afrânio também rejeitou o engajamento na literatura, mas por motivos bem distintos. Enquanto Adorno dizia que o elemento político estava internalizado na obra e, portanto, sua recuperação estava na dependência da análise da *forma* (no sentido consagrado pela tradição marxista, da qual Adorno fazia parte), sem necessidade de discussão prévia à maneira sartriana, com quem o mesmo Adorno polemizava; Afrânio, por seu turno, excluía esse debate em qualquer circunstância, considerando que o essencial já estava inscrito desde Aristóteles ("*O grande mestre da crítica literária científica é Aristóteles, que deixou na Poética as normas para o assunto*"[12]). Essa sua posição *normativa* pode ser caracterizada como um grande salto para trás. Afrânio, como se sabe, era dado a estabelecer normas (o que repugnava o pensador alemão), reservando, de resto, ao crítico a função de um legislador, daí a impressão que muitas vezes temos de que ele escrevia com o dedo em riste. Por mais que imaginasse defender a literatura, conservando-a

---

11. Theodor Adorno, *Notas sobre Literatura*, Madrid, Ediciones Akal, 2003, pp. 393-413. No mais, adaptei livremente suas considerações sobre a *forma* desenvolvidas em várias passagens de sua obra *Teoria Estética*. Também utilizei a edição em espanhol: *Teoría Estética*, Madrid, Ediciones Akal, 2004.

12. Afrânio Coutinho, *Correntes Cruzadas*, p. XI.

A DIMENSÃO POLÍTICA DA OBRA DE AFRÂNIO COUTINHO ❧ 219

dos elementos corruptores vindos "de fora", era a literatura quem sairia perdendo se os escritores de uma hora para outra resolvessem acatar suas recomendações. O limite dessa angulação foi notado por Houaiss em sua resenha: "embora [...] a pregação de Afrânio Coutinho possa parecer em favor da 'literatura', do Brasil, sua essência leva à castração da literatura e do... Brasil"[13]. Pegando carona nesta observação, penso que a literatura, segundo Afrânio, não tinha nada a dizer a respeito da sociedade contemporânea. Essa tarefa não lhe dizia respeito. Quem quisesse obter algo nessa direção deveria recorrer à filosofia, à sociologia, à economia, enfim às disciplinas nobres, que ele, como sabemos, renegava no âmbito da crítica literária como instrumentos possíveis de descoberta e interpretação a serem acionados pelo crítico. Embora, curiosamente, ao historiar nossa tradição afortunada (título revelador de uma de suas obras) lançasse mão seguidamente da explicação sociológica, psicológica, que ele mal acabara de condenar. Em síntese: de um lado, ele acata a hierarquização do conhecimento, reforçando, sem se dar conta disso, a tendência dominante que vinha do determinismo, de que ele fora um severo crítico; por outro lado, ao explicar o papel do barroco na formação de nossa nacionalidade, contrapondo-se a Antonio Candido, conforme veremos a seguir, ele lançava mão de uma explicação da mesma ordem, enxergando no período barroco o início propriamente de nossa nacionalidade, a partir do qual tudo o mais se ajustava e fazia sentido em nossa tradição afortunada. Uma posição, enfim, que consignara nos tempos de *Correntes Cruzadas*, quando sustentara "*a noção da tradição válida, do passado útil, não com espírito de oposição ou de dilema, porém como corretivo*". Ao insistir na criação de um ramo específico (a ciência da literatura ou filosofia da literatura) capaz de dar conta da obra literária em sua especificidade, Afrânio empenhava-se em seguir o exemplo de seus mestres à distância do *new criticism*. Todavia, o isolamento preventivo a que submeteu a literatura não foi acompanhado do compromisso em tomar as obras entre as mãos a fim de estudar os elementos intrínsecos de sua estrutura e linguagem próprias. Não há nenhum exagero em afirmar que ele caminhou no sentido contrário ao que de mais substantivo a melhor crítica literária do século xx produziu ou estava produzindo. Para esta, a literatura estava na vanguarda da explicação do mundo contemporâneo. Por uma questão de preferência, cito novamente Adorno, mas a lista poderia incluir Benjamin, por exemplo. Enfim, Afrânio pensava diferente.

Voltando ainda ao ponto anterior, a especificidade da arte não deve ser entendida como alheamento de tudo o que gira à sua volta, à nossa volta. Ora, do que é feito a arte senão de experiências múltiplas e complexas vividas diariamente por

---

13. Antônio Houaiss, "Correntes Cruzadas", http://www.pacc.ufrj.br/literaria/correntes.html Acesso em 19.2.2010.

220 ❧ A CRÍTICA LITERÁRIA BRASILEIRA EM PERSPECTIVA

todos nós? A arte se alimenta disso. Os materiais utilizados na obra de arte foram produzidos antes de tudo pelo processo social. No trabalho de configuração, no qual ficam registradas as digitais do artistas, *o externo se torna interno*, como disse tempos atrás um mestre da dialética. A experiência que se armazena nas obras não deixa de se reportar à vida social na qual o artista (e também o leitor) está inserido (goste ou não dela) e sobre a qual ele pensa e procura dar uma *forma*. Uma vez que o material a ser plasmado preexiste à criação artística, reflexão estética e reflexão social não são estranhas entre si, como imagina Afrânio; ao contrário, formam âmbitos interdependentes, um atuando sobre o outro. Mesmo um artista reticente ou avesso à participação política, certamente desenvolve uma visão do mundo, que de uma forma ou de outra vai participar de sua criação, admita ele publicamente ou não; tenha ele maior ou menor consciência disso. Nesse ponto, Afrânio se afasta, e muito, da tradição crítica atenta às mediações, ao insistir em conservar a literatura fora do contexto da sociedade moderna; um lugar fora da história, digamos assim.

Não pensem, todavia, que Afrânio excluísse ou desconsiderasse a experiência nacional. Na verdade, ele foi um nacionalista de tipo peculiar. Significativo, nesse ponto, é sua recepção de *Formação da Literatura Brasileira* logo após sua publicação. Afrânio investiu vigorosamente contra o método empregado por Candido, a seu ver, contrabandeado da sociologia. Apoiado na tese da obnubilação brasílica desenvolvida por Araripe Júnior, a qual ele transpõe de modo dogmático para o debate historiográfico, vai sustentar que o conceito de literatura enfeixado em *Formação* "não é estético mas histórico-sociológico". O leitor de *Formação* sabe perfeitamente que os momentos decisivos, aludidos no subtítulo da obra, se reportam ao Arcadismo, predominante no século XVIII, e ao Romantismo, no século XIX. A primeira etapa corresponderia à Colônia e a segunda etapa à Independência. Para Afrânio essas correspondências são impertinentes, pois deslocam o centro da discussão para uma esfera não estética. Se não bastasse, Candido teria ainda a má fama de acatar, sem resistência, a orientação dos historiadores românticos portugueses, entregando todo um patrimônio cultural (o barroco) aos nossos patrícios:

A literatura brasileira não começou no momento arcádico-romântico. Vem de antes, partiu do instante em que o primeiro homem europeu aqui pôs o pé, aqui se instalou, iniciando uma nova realidade histórica, criando novas vivências, que traduziu em cantos e contos populares, germinando uma nova literatura. Naquele instante, criou-se um homem novo, "obnubilando", como diria Araripe Júnior, o homem antigo, o europeu. Foi o homem brasileiro[14].

---

14. Afrânio Coutinho, *Conceito de Literatura Brasileira*, Rio de Janeiro/Brasília, Pallas/INL, 1976, p. 42.

Como se pode notar, a sociologia, a história e a psicologia só se justificariam para demarcar uma brasilidade de origem. Fora disso, não passavam de um capricho descartável. Com efeito, o europeu não se abrasileirou tão rapidamente assim. Esse percurso é bem mais longo e complexo do que prevê Afrânio. Seja como for, fica mais fácil entender o que Afrânio postulara (em *Correntes Cruzadas*) ao afirmar que a *"perspectiva estético-literário na apreciação da literatura contra o predomínio do método histórico [...] não significa, todavia, o abandono das contribuições históricas, mas apenas a colocação do método histórico no seu devido lugar"*.

Nunca é demais insistir que Candido não estava interessado em estipular uma origem (essa preocupação é de alguns de seus leitores), mas descrever o processo ao longo do qual foi se formando "o desejo do brasileiro de ter uma literatura". Esse processo foi tão problemático que Candido, cuidadoso e sem preconceito em relação à matéria, afirma que vai acompanhar, à distância, "o sentido e a validade histórica dessa velha concepção [romântica] cheia de equívocos"[15]. Para bom entendedor, portanto, o barroco nem de longe é o patinho feio da história. De um modo geral, a qualidade superior dos artistas barrocos, que em momento algum é negada em *Formação*, mas antes enfatizada, é bom dizer, não está em questão; o barroco funciona antes como uma espécie de presença em negativo, à luz da qual a qualidade da poesia praticada pelos neoclássicos é aferida em sua continuidade e descontinuidade, visíveis ou não[16].

Voltando ao ponto inicial, Afrânio vai sustentar que o problema (que ele vê no livro de Candido) poderia ser facilmente contornado com a adoção de um critério que levasse em conta a periodização dos estilos, ou seja, um determinado período se caracterizaria pela predominância de "um sistema de normas literárias expressas num estilo"[17]. Por mais que se esforçasse em ponderar a noção de estilo ("os sistemas de normas que se substituem em dois períodos jamais começam e acabam em momentos precisos [...] as novas normas substituem as antigas progressivamente"[18]), enfim, apesar de toda ponderação ele mantinha certa rigidez no manejo das noções e, na prática, a dificuldade em entender os momentos em tensão dialética não era superada. Sua tentativa de *estudar a literatura literariamente* o levava a incorrer em um preconceito contra o papel da história para a apreensão do processo literário, preconceito que, de resto, sejamos francos, persiste até hoje. Ao mesmo tempo em que recusa o (mal) nacionalismo de Candido

---

15. Antonio Candido, *Formação da Literatura Brasileira*, vol. I, p. 25.
16. Uma primeira tentativa de aproximação está esboçada em um estudo que dediquei ao assunto: Luis Alberto Alves, "Caminhos Cruzados. Notas sobre o Método de Antonio Candido à Luz de seus Estudos sobre Sérgio Buarque de Holanda", Letras/UFPR, Curitiba, n. 74, pp. 27-43, jan-abr. 2008.
17. Afrânio Coutinho, *Introdução à Literatura no Brasil*, p. 22.
18. *Idem*, pp. 21-22.

222 ✤ A CRÍTICA LITERÁRIA BRASILEIRA EM PERSPECTIVA

(que supostamente entregou o barroco de bandeja aos portugueses), surpreende ao reintroduzir o tema, como diz João Hernesto Weber, "pela porta dos fundos de sua obra". O diagnóstico é perfeito e convém reproduzi-lo na íntegra:

> Ao descartar o nacionalismo literário como critério fundante e organizador de sua história, ele [Afrânio] o coloca, no entanto, como inerente ao próprio fazer literário. Dito de outra forma, Afrânio Coutinho realiza uma operação em que o literário, como forma, estilo etc., passa a fundar a própria nacionalidade, imprimindo-lhe existência concreta através dos "estilos de época", que, se universais, enformam o particular da literatura no Brasil e, consequentemente, a própria nacionalidade do literário. São os estilos de época, o Barroco de início, com suas inflexões particulares, que dão razão à existência da literatura *brasileira*, em suma, pela especificidade estilística que apresentam. Essa é a tese. Com ela, abre-se o espaço à discussão da nacionalidade literária como campo específico, aparentemente desvinculado da contaminação pelo político[19].

Por esse prisma, Afrânio optava por um caminho "positivo" de estudo da *"noção da tradição válida, do passado útil, não com espírito de oposição ou de dilema, porém como corretivo"*, como lembrado atrás. Essa orientação se tornava possível mediante o concurso da *"literatura comparada* [que] *lhe ensinou a encarar o fenômeno literário e artístico de uma perspectiva supra-nacional"*. Assim sendo, a questão nacional, tão em voga naquele período, só fazia sentido como critério de definição de um "campo específico, aparentemente desvinculado da contaminação pelo político", com tão bem notou João Weber. Por isso mesmo, Afrânio se apressava em construir de maneira afirmativa (ou ingênua?) uma noção de comparatismo que, arrancada de seu contexto de origem, não tinha como não gerar um efeito negativo ao ser posta em operação na periferia do sistema. Leitores inteligentes como Machado de Assis, Mário de Andrade, Sérgio Buarque de Holanda e Antonio Candido constaram o fenômeno e a partir daí procuraram tirar as devidas consequências em suas respectivas obras. Caminho diverso adotou Afrânio, para quem *"a cultura é supranacional, não pertence a este ou aquele país. E toda contribuição válida é útil e fecundante"*. Será tão simples assim? Para Afrânio somente por preconceito ideológico é que alguém abriria mão de usufruir *"de todas as sementes que nos possam oferecer os povos ricos de experiência"*. É claro que nossa cultura sempre se apoiou na tradição ocidental. Mas isso não torna menos interessante a reflexão sobre a acumulação interna que, em certos casos, pode levar à relativização de noções como original e cópia. Esta nem sempre é inexpressiva, nem aquela é sempre superior. Antonio Candido tratou dessa questão ao estudar *O Cortiço* e o sucesso de sua análise decorre precisamente de sua independência em tratar dessa matéria[20].

---

19. João Hernesto Weber, *A Nação e o Paraíso*, p. 95.
20. Antonio Candido, "De Cortiço a Cortiço", *O Discurso e a Cidade*, São Paulo, Duas Cidades, 1993.

No fundo, por mais paradoxal que seja, Afrânio é menos ingênuo do que parece à primeira vista. Ele sabia perfeitamente as consequências do que escrevia. Não cabia o questionamento da condição colonial, periférica, como queria Antônio Houaiss, para continuar com o pingue-pongue, pois a modernização reclamada em seus textos derivava de sua posição política (isso mesmo!), segundo a qual por trás do interesse pelas histórias nacionais costumam se abrigar também interesses ideológicos. Não que ele não os tivesse, seja dito. Na realidade, sua posição é coerente com a visão de uma fração das elites conservadoras, que defendeu o reordenamento da burocracia do Estado, sobretudo depois de 1945. A esse respeito, valeria a pena introduzir uma derradeira observação, com a qual encerro esse assunto.

Na verdade, Afrânio foi particularmente hábil em adaptar ao debate estético uma discussão que começara na década de 1930 e se acentuara no pós-45 acerca da eficiência do funcionamento do Estado. Segundo a tese corrente, os políticos formavam uma classe que colocava seus interesses à frente do compromisso público, ao passo que os administradores ou técnicos formavam um corpo burocrático desvinculado de interesses que não fossem essencialmente públicos. Nesse contexto, os políticos são mais suscetíveis à corrupção; em contrapartida, os técnicos, que começavam a entrar em campo naquele período, se preservariam, por força de sua formação *técnica*, daqueles deslizes tão condenáveis, atuando com neutralidade e competência no aparelho de Estado. Como lembrou oportunamente uma estudiosa do assunto, "se nosso mal é político, sua solução reside, com frequência, na criação de uma administração que resolva problemas basicamente socioeconômicos, o que requer um 'saber técnico', definido ao mesmo tempo e de forma interativa como um saber especializado e despolitizado"[21].

Afrânio tinha clareza acerca dessa situação. Notou que a sombra do político se projetava sobre a figura do crítico impressionista, ao passo que o crítico de formação acadêmica era movido por um saber técnico e, portanto, imune a esses arranjos. O problema é que o aproveitamento da fórmula se revela parcial e maniqueísta. Aos impressionistas reservava palavras pouco abonadoras, enquanto a importância dos especialistas era superestimada; a presença daqueles era vista como uma espécie de contramarcha do progresso; ao passo que os especialistas eram retratados quase como heróis de uma epopeia. O crítico especialista de formação zelaria pela técnica, pelo estilo, pelo tema preservando-se dos arranjos comuns à vida literária. Ora, o que os bons críticos impressionistas tinham de positivo era justamente a capacidade de circular com liberdade em torno de um poema,

---

21. Ângela de Castro Gomes, "Novas Elites Burocráticas", em Ângela de Castro Gomes *et. al.*, *Engenheiros e Economistas: Novas Elites Burocráticas*, pp. 1-2.

de um romance ou de qualquer outra obra de natureza não artística, comentando, especulando e arriscando juízos, por mais que eventualmente se equivocassem. Nada disso, porém, justifica a condenação prévia das impressões, das sensações, das intuições, sob pena de se matar um elemento indispensável do trabalho do crítico: a manifestação da subjetividade no momento em que ela própria corria o risco de dissolução. O que se deve exigir do crítico antes de tudo é abertura para se entender a obra literária em sua peculiaridade formal, evitando-se os juízos preconcebidos, venham de onde vierem. Ao colocar demasiada ênfase no debate abstrato sobre o método (com ou sem aspas), Afrânio deixava de lado a análise formal das obras, que, no final das contas, é o que se deve exigir de um crítico. Afrânio, nunca é demais insistir, jamais deixou provas materiais (da superioridade) do seu método, limitando-se quando muito a enquadrar as obras no cânone em relação ao qual ele funcionava como uma espécie de jurista, *"de alguém que tem o hábito da cátedra"*, conforme gostava de dizer.

ENFIM, UMA POSIÇÃO DE CLASSE

Voltando aos dois livros mencionados anteriormente, é preciso não perder de vista que o pano de fundo dos mesmos era a luta contra o subdesenvolvimento, cada livro correspondendo a um determinado ciclo histórico. *Correntes Cruzadas* vieram a lume em meio à crise que levaria, um ano depois, Getúlio Vargas ao suicídio. *No Hospital das Letras*, publicado na antevéspera do golpe de 1964, repercutia o debate em torno do projeto de Reforma de Bases proposto pelo presidente João Goulart e a articulação dos setores conservadores rumo ao golpe. Do lado da esquerda, o clima beligerante que marcara até então a conversa, tirante o interlúdio juscelinista, de relativa calmaria, não impedia o clima de otimismo que contagiava alguns de seus líderes, que chegaram a vislumbrar a possibilidade de transpor a porta entreaberta da divisão internacional do trabalho, atrás da qual ou além da qual estaria uma sociedade nacional, livre do imperialismo, enfim emancipada. As posições estavam à vista de todos. Quais são seus efeitos sobre o debate estético? Uma vez mais gostaria de retomar o mencionado artigo de Antônio Houaiss, de 1954. Nele, o crítico se ressentia precisamente da falta de articulação do debate estético proposto por Afrânio com o clima de reformas do governo Vargas, sugerindo os limites do diagnóstico do colega. Como era possível pensar a literatura e a crítica literária, como queria Afrânio, praticamente ignorando o que ocorria debaixo das barbas de todo mundo? Basta consultar os jornais da época para entender os motivos que levaram Houaiss a olhar de banda o alheamento de Afrânio em relação às discussões mais candentes do período, que colocavam em campos opostos, por exemplo, monetaristas e desenvolvimentistas, em permanente disputa pela liderança do campo político. Ora, o que Afrânio discutira em *Correntes Cruzadas* nada mais era do que a ideia de progresso em crítica, sem entretanto se reportar a esse imbróglio todo. Surpreende, portanto, que Afrânio tenha preferido jogar o jogo dentro de um campo limitado, estreito, sustentando que o tal progresso em crítica (lembrando que ele não usava exatamente essa expressão) só poderia ser obtido mediante aceitação da autonomia absoluta da esfera literária. Avançando um pouco, com a renúncia de Jânio Quadros e a tumultuada posse de Jango, o Brasil entrava em outro ciclo das lutas sociais. É nesse clima de grande agitação, com os grupos disputando o poder, que vem a lume, em 1963, o panfleto *No Hospital das Letras*. Tanto no primeiro livro (*Correntes Cruzadas*) quanto agora no segundo, o argumento de Afrânio, por mais que ele diga o contrário, toma partido por um dos lados do conflito. Sua opção fica patente no uso reiterado de expressões e imagens, como vimos atrás, que frequentavam o repertório linguístico e o estilo discursivo dos setores mais à direita. Se no primeiro livro ainda é capaz de dizer que pretende debater suas ideias *"sem dogmatismo, e, mormente, sem deliberada truculência ou provocação"*, embora raramente chegasse de fato a cumprir a promessa, no livro de 1963 esse compromisso é simplesmente ignorado e a agressividade, que é incomum, toma à frente. É essa sua atitude que, a meu juízo, faculta a correspondência de sua prosa com a prática e o discurso dos conservadores daquele período. Nesse sentido, não há nada de irrelevante em discutir a filiação de classe de sua *posição estética*. E mais: seu empenho em desideologizar é tão somente a forma que a ideologização do debate estético assume naquele período. Penso que a questão pode ser explorada tanto na crítica quanto na literatura propriamente dita[22]. Se no decênio de 1950 Afrânio ainda podia afiançar que "só com a literatura tem compromissos", na década seguinte, sobretudo em seus primeiros e agitados anos, a situação o forçava a adotar uma nova estratégia de argumentação, radicalizando suas críticas aos adversários. Essa atitude já não deixa dúvidas sobre o alcance político de suas ideias. Nesse particular, o livro *No Hospital das Letras* é sintomático dessa nova etapa de sua evolução. Neste livro, estão documentadas suas divergências com o crítico Álvaro Lins. O pano de fundo do destempero agora é o acirramento da luta de classes no início da década de 1960. Publicados na antevéspera do golpe, os escritos de Afrânio absorvem esse clima de pré-golpe que estava no ar, como fica sugerido na explicação que dá para o título de sua obra: "Agora, vem a lume este panfleto, pois a vida literária é mal que só merece mesmo o panfleto [...] O 'hospital das letras' [...] é, na minha versão, a vida lite-

---

22. Desenvolvi esse argumento em um estudo especialmente dedicado aos livros que Rubem Fonseca publicou na década de 1960. Luis Alberto Alves, "Compromisso Secreto com a Ordem: Os Primeiros Passos de Rubem Fonseca", em *Terceira Margem*, n. 21, pp. 37-63, ago.-dez. 2009.

rária, hospital de todos os vícios e deformações de uma atividade profissional"[23]. E também pelo uso reiterado de termos como "parasita" e "impostor" para atacar duramente Álvaro Lins, alcunhado de "criticastro". Na página final reserva ainda outras expressões pouco edificantes, tais como "farsante", "intrujão" e "cactus de caruaru" (Álvaro Lins era pernambucano) e "póstumo de si mesmo". Não há como não notar que nesses torneios ressoam certo moralismo udenista, que fazia do ressentimento importante arma política para desautorizar os adversários, tomados, de resto, como corruptos, velhacos e pusilânimes. Nessa época, o jornalista Carlos Lacerda encarnou como ninguém o político preocupado em denunciar o "mar de lama" da vida pública (expressão que desde então não parou de ser repetida). Em suma, a estratégia e o vocabulário empregados não estavam muito longe do que os setores conservadores da direita brasileira pensavam e diziam de Jango na imprensa e no parlamento. A correspondência é flagrante. Ao que parece, Jango estava encarnado na figura de Álvaro Lins. Não há exagero na comparação. Lembro que os *Cadernos Brasileiros*, dirigidos por Afrânio Coutinho e por José Garrido Torres, não cansaram de publicar matérias ofensivas ao governo Jango, antes e depois do golpe. As teses do Instituto de Pesquisa e Estudos Sociais, o famigerado IPES, cujo papel fundamental no golpe está fartamente documentado[24], circulavam livremente nos *Cadernos* e contavam com a simpatia dos editorialistas. Basta lembrar que no editorial "Direito à Heresia"[25], escrito logo após o golpe de 1964, os excessos cometidos pelo regime recém-implantado, como prisões de professores e apreensões de livros, são lamentados. Todavia, o apoio ao novo regime é, de resto, endossado. Garrido Torres, que dividia a direção da revista com Afrânio, foi um dos fundadores e líderes do IPES.

Há, por certo, quem torça o nariz para essas correlações. Aliás, uma reação dessa natureza seria comum também a Afrânio, que, à maneira positivista, gostava de fatiar a conversa: aqui, está o fato literário; fora disso, estão outros fatos que não interessam ao estudo da literatura, pois dizem respeito a outras disciplinas. Isso está consignado em praticamente todos os seus livros. Não é difícil encontrar quem ainda hoje advogue a separação das áreas do conhecimento em nome da ciência. Tal postulação "epistemológica" prova apenas que as questões levantadas naqueles longínquos anos por Afrânio sobrevivem nas correntes teóricas moderníssimas, que se reservam o direito de ser a última palavra sobre o assunto.

Afrânio Coutinho tinha consciência de sua importância e lamentava ter sido objeto de tanta incompreensão. "Para minha satisfação íntima, com a minha cam-

---

23. Afrânio Coutinho, *No Hospital das Letras*, Rio de Janeiro, Tempo Brasileiro, 1963, p. 25.
24. René Dreifuss, *1964: A Conquista do Estado*, 4. ed., Petrópolis (RJ), Vozes, 1986.
25. Consultar: *Cadernos Brasileiros*, Rio de Janeiro, ano VI, n. 3, p. 4, mai.-jun., 1964.

panha decidida e intimorata, consegui que aquele tipo de atividade [a crítica impressionista] fosse desacreditado e mesmo praticamente terminado. Infelizmente, essas coisas passam despercebidas até mesmo aos que procuram historiar a nossa cultura"[26]. Aí está o recado. Não obstante, considero bem mais produtivo discordar dessa orientação. Na realidade, a sua industriosa e diversificada realização no plano prático contrasta com o acervo mais modesto de ideias que sustentou com pouca variação ao longo dos anos. Não seria injusto dizer que sua alentada produção girou em torno de poucos temas, dando a impressão de que, independente da matéria, escreveu e reescreveu o mesmo livro. Afrânio, em algumas oportunidades, deu provas de que tinha consciência disso. No encerramento do prefácio de *Conceito de Literatura Brasileira*, é possível ler: "escritos em épocas diversas sobre um assunto comum, é natural que apresentem repetições. Não importa, a repetição ainda é a melhor figura de retórica"[27]. Sua tese do "retorno ao texto, à obra, em vez das circunstâncias que a cerca"[28], postula na verdade uma estrutura sem história. Aliás, uma tendência que a voga estruturalista da década de 1970 reforçará. A visão a-histórica da estrutura literária nada mais é do que uma posição historicamente determinada, com alcance político, não se reduzindo, portanto, a uma mera postulação "teórica", como ele costumava sugerir.

Seu êxito como grande realizador, que de fato foi, decorre de sua competência profissional, sua incansável disciplina e seu desprendimento para tocar projetos coletivos. Ao lado disso, contou sempre com uma importante rede de relações, sem a qual dificilmente poderia obter os recursos materiais indispensáveis, embora ele preferisse atenuar esse aspecto. A capacidade de negociação – que não encontramos em seus textos – está toda ela reunida na figura do administrador, do empreendedor. Em suma, uma avaliação justa de seu legado deve levar em conta sua *obra* como um todo, entendendo por esta não só os livros que escreveu, organizou e dirigiu, mas principalmente um conjunto amplo de ações a que só um homem que tinha verdadeira devoção pelo trabalho poderia se entregar de corpo e alma.

No momento de sua morte (5 de agosto de 2000), sua capacidade de influenciar o debate estava razoavelmente reduzida. Formulador de cursos e currículos; organizador de obras coletivas, manuais, antologias, fortunas críticas, acervos e bibliotecas; orientador de teses, catedrático, diretor, conselheiro e, finalmente, imortal da Academia Brasileira de Letras. Para quem condenara tanto a vida literária, é curioso que tenha ingressado em uma instituição que, historicamente, ajuda a

---

26. Consultar: http://www.pacc.ufrj.br/literaria/mimmesmo.html. Acesso em 19.2.2010.
27. Afrânio Coutinho, *Conceito de Literatura Brasileira*, Rio de Janeiro/Brasília, Pallas/INL, 1976.
28. *Idem*, "Crítica de Mim Mesmo (1968-1984)", http://www.pacc.ufrj.br/literaria/afranioart.html. Acesso em 19.2.2010.

produzir e reproduzir certa sociabilidade intelectual, que em muitos pontos não está muito longe daquilo que ele tanto condenava nos adversários. Por mais consagradora que tenha sido sua trajetória do ponto de vista institucional, suas realizações no plano da "crítica da crítica", como gostava de dizer, não foram reivindicadas por eventuais discípulos interessados em dar continuidade a suas ideias.

Na seção solene em sua memória promovida pela Academia Brasileira de Letras[29], o poeta e acadêmico Ledo Ivo, certamente em um sentido diverso do que procurei sugerir, lembrou que Afrânio Coutinho "não foi um José Veríssimo, nem talvez um Araripe Júnior; foi mais um Sílvio Romero". E arremata: "Considero Afrânio Coutinho o Sílvio Romero brasileiro do século XX, assim como o Sílvio Romero foi o Afrânio Coutinho do século XIX". O elogio, no caso, se deve talvez ao pesquisador incansável e ao escritor destemido. Não obstante, a comparação pode perfeitamente produzir o efeito inverso, deixando à mostra a fragilidade das posições que ele martelou durante a vida.

Seus escritos, arrisco dizer, simplesmente caducaram. Mas, pensando bem, ignorá-los, como vem ocorrendo, também não faz justiça ao que Afrânio representou como uma das vozes marcantes da vida intelectual brasileira. A maçaroca de textos que deixou, repetindo posições, elegendo adversários e propondo cruzadas, dificilmente conquistará o leitor de hoje, para quem nada disso faz o menor sentido. No entanto, a mania de enquadrar em escaninhos escolas literárias e autores, de chancelar as teorias politicamente corretas continuam sendo práticas correntes, que não estão muito longe do que Afrânio uma vez concebeu como a fina flor da ciência da literatura. Nesse caso, o conhecimento de sua obra (pensando bem de novo) não é tão irrelevante assim. Talvez nos ajude a desconfiar das certezas que atravessam a cada temporada o Atlântico (ou desçam da parte de cima do continente) para se esterilizarem mais adiante. Não se trata de ignorar ou desmerecer os avanços do conhecimento vindos de outros centros. Ao contrário, é preciso reconhecer que toda e qualquer tentativa de renovação é bem-vinda e, portanto, deve ser encorajada em qualquer lugar (na crítica literária, nem se fala). Outra coisa bem diferente é achar que a teoria do momento desautoriza os esforços anteriores. A tendência, ontem e hoje, de lançar ao mar os adversários aos quais se reserva o título pouco lisonjeiro de *datados* é apenas um sintoma do pouco apreço que se tem com os interlocutores, o que, em última instância, não deixa de ser uma forma de rebaixar o debate público de ideias. Podemos, sim, aprender com Afrânio; mas o aprendizado será certamente *crítico e negativo*. Suas certezas inabaláveis levaram-no a se chocar com moinhos de vento. Afinal, existe mesmo

---

29. Consultar: http://www.academia.org.br/abl/cgi/cgilua.exe/sys/start.htm?infoid=3733&sid=531&tpl=pri nterview. Acesso em 21.3.2010.

uma classe de iluminados que tem a prerrogativa de dizer o que é boa ciência e a qual não restaria outra alternativa senão aderir? Com a democratização recente da sociedade brasileira, não há como endossar impunemente uma visão elitista das elites, como sustentou Afrânio. Como não temos feito outra coisa, aqui, senão crítica, nada melhor para encerrar este artigo do que dizer, em memória de Mário de Andrade[30], que a melhor homenagem que se pode fazer a um crítico é tomar suas ideias para discussão, mesmo não as aprovando, mesmo as rejeitando. José Paulo Paes disse, certa vez, que a qualidade da aplicação dos métodos "está na razão direta da qualidade do aplicador"[31], raciocínio que, cá entre nós, continua valendo. O presente artigo deve ser lido como uma variação do que Mário de Andrade e José Paulo Paes tão bem sintetizaram nas duas passagens que tomei para epígrafe deste estudo.

REFERÊNCIAS BIBLIOGRÁFICAS

ADORNO, Theodor. *Notas sobre Literatura.* Madrid, Ediciones Akal, 2003.

_____. *Teoría Estética.* Madrid, Ediciones Akal, 2004.

ALVES, Luis Alberto. "Caminhos Cruzados. Notas sobre o Método de Antonio Candido à Luz de seus Estudos sobre Sérgio Buarque de Holanda." *Letras/UFPR*, Curitiba, n. 74, pp. 27-43, jan-abr. 2008.

_____. "Compromisso Secreto com a Ordem: Os Primeiros Passos de Rubem Fonseca." *Terceira Margem*, n. 21, pp. 37-63, ago-dez. 2009.

ANDRADE, Mário de. *Correspondência Mário de Andrade & Manuel Bandeira.* 2. ed. Intr. e notas Marco Antonio de Moraes. São Paulo, Edusp, 2001.

CANDIDO, Antonio. "Um Crítico". *In*: LINS, Álvaro. *Jornal de Crítica.* 5ª série. Rio de Janeiro, José Olympio, 1947.

_____. "Um Impressionismo Válido." *In*: DANTAS, Vinícius (org.). *Textos de Intervenção.* São Paulo, Duas Cidades/Editora 34, 2002.

COUTINHO, Afrânio. *Correntes Cruzadas.* Rio de Janeiro, A Noite, 1953.

_____. *Da Crítica e da Nova Crítica.* Rio de Janeiro, Civilização Brasileira, 1957.

_____. *Introdução à Literatura no Brasil.* Rio de Janeiro, Livraria São José, 1959.

_____. *O Conceito de Literatura Brasileira.* Rio de Janeiro, Livraria Acadêmica, 1960.

_____. *No Hospital das Letras.* Rio de Janeiro, Tempo Brasileiro, 1963.

_____. *A Tradição Afortunada*: O Espírito da Nacionalidade na Crítica Brasileira. Rio de Janeiro, José Olympio, 1968.

---

30. Mário Andrade, *Correspondência Mário de Andrade & Manuel Bandeira*, p. 72.

31. José Paulo Paes, "Dos Ponteiros do Relógio até seu Mecanismo", *Folha de S. Paulo*, 27.10.1996. http://www1.folha.uol.com.br/fsp/1996/10/27/mais!/26.html

_____. *Universidade, Instituição Crítica*. Rio de Janeiro, Civilização Brasileira, 1977.

GOMES, Ângela de Castro. *Engenheiros e Economistas*: *Novas Elites Burocráticas*. Rio de Janeiro, Ed. da Fundação Getúlio Vargas, 1994.

LINS, Álvaro. *Jornal de Crítica*. 5ª série. Rio de Janeiro, José Olympio, 1947.

PAES, José Paulo. "Dos Ponteiros do Relógio até seu Mecanismo", *Folha de S. Paulo*, 27.10.1996. http://www1.folha.uol.com.br/fsp/1996/10/27/mais!/26.html. Acesso em 19.2.2010.

BENEDITO NUNES E A INTERPRETAÇÃO CRÍTICA DE GUIMARÃES ROSA

Sílvio Augusto de Oliveira Holanda

> *Quanto mais a literatura, como objeto teórico, obriga--nos a pensar os domínios interligados da Linguística, da Antropologia e da Psicanálise, mais se acentua a preocupação metodológica da crítica. Mas não se trata só do trabalho de estabelecimento dos novos métodos. A crítica de hoje está empenhada em discutir o alcance epistemológico desses métodos, à medida que os vai elaborando.*
>
> BENEDITO NUNES

Apoiado em um sentido humanístico de formação acadêmica, aberta e sem fronteiras rígidas, o ensaísmo de Benedito Nunes contribuiu para a elucidação crítica de nomes importantes da cultura brasileira, como Farias Brito, João Cabral de Melo Neto, Clarice Lispector, Oswald de Andrade, etc. Em relação a Guimarães Rosa, o professor paraense também trouxe uma interpretação original, cujos contornos se desenham entre a dimensão imagético-poética e o nível conceitual das especulações filosóficas, planos esses articulados por uma constante interpelação da própria linguagem, à luz de pensadores como Heidegger e Sartre. Não se trata de erigir uma filosofia da arte, mas de, respeitando a autonomia e a dimensão cognitiva da poesia, pensar imageticamente a obra de arte, cuja linguagem se enraíza no solo de que brota a interrogação do ser, do conhecimento, do agir humano e de tantas inquietações da filosofia ocidental.

Clarice Lispector, em entrevista publicada em *De Corpo Inteiro*, indagou o professor Benedito Nunes quanto a um possível novo tipo de relacionamento entre a literatura e a filosofia. A resposta é a que segue:

> A literatura pertence cada vez mais ao domínio do pensamento. Há uma *poiesis* comum, que se reparte entre ela e a filosofia. [...] A literatura tornou-se então um meio de contrastação dos nossos valores fáusticos, uma fortaleza reflexiva, uma dimensão da intersubjetividade, um ponto de refluxo do "pensamento selvagem". O "prazer do texto" tornou-se uma fruição de conhecimento. E para o verdadeiro escritor o ato de escrever vale por uma *maiêutica* e por uma ética do comportamento verbal, do uso que faz da língua, do destino que confere à linguagem (Lispector, 1975, pp. 184-185).

A literatura, assim, nos termos de Benedito Nunes, articula prazer estético e "fruição de conhecimento" e, como dimensão da intersubjetividade, ressalta aspectos que se podem vincular à hermenêutica e a aspectos da reflexão de Hans Robert Jauss sobre o processo de recepção e de apreensão de sentido (compreensão).

Se admitirmos que a obra literária não existe exclusivamente *per se*, destinada essencialmente ao leitor, sem cuja participação aquela não existiria, poderemos compreender diversos problemas da crítica literária sob uma ótica diversa. O sentido, assim, não proviria apenas das relações internas dos componentes de uma dada obra, numa concepção que radica o estudo literário exclusivamente na linguagem, deixando de lado relações outras.

Pode-se, abandonando a perspectiva estruturalista, tentar redefinir o problema da leitura e da experiência estética com base numa perspectiva tridimensional (compreender, interpretar e aplicar) que, sem subestimar a linguagem, nos permita pensar a obra em sua incompletude fundamental, em seu nexo com o leitor que a anima pela interpretação. Tome-se a ideia de leitor como categoria de análise, sujeito hermenêutico, que é, ao mesmo tempo, produtor e lugar de manifestação de sentido.

No caso de obras extremamente complexas, tem-se reduzido o estudo crítico a um atomizante exame de partes da obra, fonemas ou sequências fonêmicas, certas estruturas frasais, escolhas lexicais. Tais operações analíticas, ainda que dotadas de algum valor, ressentem-se, no plano de uma compreensão global da obra, de uma incapacidade de ver como um todo, totalidade essa que não decorre apenas de uma soma ou justaposição de blocos de texto ou é tão somente expressão direta de uma vontade autoral.

Para a compreensão global de dada obra, nenhum dado deve ser descartado liminarmente. Contudo, é necessário eleger sentidos, dentre tantos possíveis, alguns vindos de longa tradição. Pense-se, por exemplo, em como interpretar a obra baudelairiana, pelo recurso à mera justaposição de pontos de vista, como prova desta ou daquela teoria sobre a modernidade ou sobre a alegoria. Como obras tão complexas e inovadoras não ficam interditas à compreensão do leitor? Por meio de que recursos literários a obra transgride aquilo que busca circunscrever a percepção humana ao óbvio?

Buscar a hermenêutica para compreender a obra literária conduz-nos a perceber distinções fundamentais, tais como entre livro e mundo, objeto interpretado e sujeito interpretante. Há diversas possibilidades e concepções de hermenêutica, sendo necessário circunscrever o seu alcance. Nesse sentido, este trabalho se funda na teoria hermenêutica postulada por Jauss, que, em muitos aspectos, remonta às teses básicas de Gadamer. Ao buscar a formulação teórica desta, o pensador de Konstanz, sem abandonar a defesa de uma reformulação teórica da história literária, acresce novos temas à sua reflexão inicial, o que lhe permitirá não só elaborar um conceito novo de leitor, mas também problematizar a experiência estético-literária sob a perspectiva tripartida de *aisthesis*, *poiesis* e *katharsis* (Jauss,

2002). Sem esgotar a discussão, vale referir que o pensamento jaussiano, no plano hermenêutico, não se limita a um desdobramento parcial, um epigonismo teórico, já que se estabelecem algumas discordâncias em relação ao autor de *Verdade e Método*. Tais discordâncias derivam, fundamentalmente, do diverso entendimento quanto à relação entre obra e tradição nos dois pensadores. Jauss, postulando que o sentido literário está sempre em renovação, não admite, como Gadamer, uma plenitude de sentido advinda da tradição em que se funda a obra literária, postura que não historiciza a experiência estética.

Esclarecido o horizonte teórico em que se situa este texto, passemos ao exame da produção bibliográfica nunesiana sobre João Guimarães Rosa. Esta conta com, aproximadamente, vinte e seis artigos e dez livros ou capítulos de livros. Os textos publicados em jornais e revistas datam do período que vai de 1957 a 2007, perfazendo cinco décadas de uma produção ensaística relevante para os estudos rosianos no Brasil e no exterior. Publicados em revistas brasileiras e estrangeiras ou nos mais importantes suplementos literários nacionais, tais textos abordam, sob diversas perspectivas, temas como a tradução, o menino, o amor, a viagem, etc., com base no estudo interpretativo de diversas obras rosianas como *Sagarana*, *Grande Sertão: Veredas*, *Corpo de Baile*, *Tutameia*, entre outras.

Sintetizar tais textos, cuja dimensão material supera, em muito, o artigo dos nossos dias, levando em consideração sua base teórico-crítica, é uma tarefa que aqui não é possível. Contudo, salientemos suas linhas de força, centradas em temas fundamentais como a concepção erótica da vida e as relações entre poesia e filosofia. No ensaio "O Amor na Obra de Guimarães Rosa" (1964), republicado em *O Dorso do Tigre*, considerando as obras *Grande Sertão: Veredas*, *Corpo de Baile* e *Primeiras Estórias*, o crítico postularia a tese da centralidade do amor, no que diz respeito à cosmovisão rosiana:

> O tema do amor ocupa, na obra essencialmente poética de Guimarães Rosa, uma posição privilegiada. Em *Grande Sertão: Veredas*, onde aparece entrelaçado com o problema da existência do Demônio e da natureza do Mal, atinge extrema complexidade e envolve diversos aspectos que compõem toda uma ideia erótica da vida (Nunes, 1976, p. 143).

As três espécies de amor existentes na obra rosiana poderiam ser representadas por Otacília (o enlevo), Diadorim (a dúbia paixão pelo amigo) e Nhorinhá (volúpia). Embora os tipos de amor sejam qualitativamente diversos, ocorre uma interpenetração entre eles. Sem recorrer à interpretação alegorizante dos trabalhos de Heloísa Araujo, o professor paraense buscará mostrar que a tematização do amor, na obra rosiana, remonta ao platonismo, porém numa perspectiva mística heterodoxa, "que se harmoniza com a tradição hermética e alquímica, fonte de toda uma rica simbologia amorosa, que exprime, em linguagem mítico-poética,

234 ❧ A CRÍTICA LITERÁRIA BRASILEIRA EM PERSPECTIVA

situada no extremo limite do profano com o sagrado, a conversão do amor humano em amor divino, do erótico em místico" (Nunes, 1976, p. 145).

A visão erótica da vida, em Guimarães Rosa, assim, segundo Benedito Nunes, permitiria a aproximação entre o profano e o sagrado. Assim, de Nhorinhá a
Otacília, há como que uma ascensão, partindo da explosão erótica de Nhorinhá à
imagem angelical de Otacília, objeto ideal, à semelhança do mundo inteligível de
Platão. Dessa forma, o platonismo está subjacente a essa ideia de amor, uma vez
que se pode falar numa espécie de conversão do carnal em espiritual. Em Guimarães Rosa, o amor carnal gera o espiritual e nele se transforma. Tal transformação
vincula-se a um misticismo de teor platônico, próximo da teologia cristã, sendo o
amor concebido, simultaneamente, como força ascendente e descendente.

Assim, o amor espiritual se apresenta como uma transfiguração do amor físico, transfiguração essa operada pela força impessoal e universal de *Eros*. Dessa
maneira, pode-se ler os textos de *Corpo de Baile* e o *Grande Sertão: Veredas* à luz
da concepção erótica rosiana, destacando-se a energia corporal não pecaminosa e
a "ausência de degradação e de malícia nas prostitutas, que nem sempre são figuras
secundárias, circunstanciais" (Nunes, 1976, p. 148). A mulher, nesse contexto, independentemente de sua idade, mobiliza um fogo, capaz de perdurar até a velhice.
Para exemplificar essa ideia, o crítico se vale de "A Estória de Lélio e Lina".

Benedito Nunes ocupar-se-ia da tradução francesa de Guimarães Rosa em
artigo publicado no suplemento literário de *O Estado de São Paulo*, em 14 de
setembro de 1963. Lembrando a tradução de fragmentos do *Finnegans Wake* pelos
irmãos Campos, define o ato tradutório como interpretativo:

> Desse ponto de vista, a tradução é um ato interpretativo, ao mesmo tempo crítico e
> inventivo, que se processa orientado pelo *parti pris* estilístico da obra. Não importa que
> termos e expressões determinados sejam inconvertíveis, desde que se respeite o fluxo de
> sentido, a propensão da forma, a direção da linguagem. Se o tradutor passa à categoria de
> intérprete e, superada a preocupação com a literalidade, resta-lhe o caminho da versão li-
> vre, sua liberdade para inventar, não podendo transgredir a ordem infusa do original, nem
> os limites que a sua própria língua lhe impõe, será, como toda liberdade, consciência da
> necessidade (Nunes, 1976, p. 200).

Com base nessa concepção de tradução, o crítico faz diversos reparos à versão
de Villard, publicada em 1960, pelas Éditions du Seuil, a quem repreende pela falta
de força poética dos textos, o que lhes impõe, "na forma de uma prosa bem urdida,
um ponto de vista estilístico estranho ao autor, que não corresponde à concepção-
-do-mundo que é a dele" (Nunes, 1976, pp. 200-201).

Em 1967, ao se ocupar de "Cara-de-bronze" em "A Viagem do Grivo", o estudioso, retomando aspectos já evidenciados em trabalhos anteriores, define este

conto como uma síntese da poética rosiana: "Tematização do motivo da viagem, estrutura polimórfica, horizonte mítico-lendário são, pois, os aspectos marcantes que fazem desse conto uma composição exemplar, verdadeira síntese da *concepção-do-mundo* de Guimarães Rosa" (Nunes, 1976, p. 201).

Em outros trabalhos, dedicar-se-ia o ensaísta a outras obras como *Tutameia* e às implicações filosóficas de *Grande Sertão: Veredas*. Sobre esse último aspecto, em *A Matéria Vertente* (1983), ponderou:

> Uma abordagem filosófica de *Grande Sertão: Veredas*, como a que tentamos fazer aqui, recai dentro do problema mais geral das relações entre filosofia e literatura.
> O que pode a filosofia conhecer da literatura? Tudo quanto interessa à elucidação do poético, inerente à linguagem, e portanto, tudo quanto se refere à simbolização do real nesse domínio. Essa resposta, num trabalho anterior, baseou-se na ideia de que não há um método filosófico específico para a análise literária, em concorrência com os da Teoria da Literatura, que assentam, contudo, em pressupostos filosóficos, quaisquer que sejam os campos científicos de que se originam (Nunes, 1983, p. 9).

Grande parte dos trabalhos aqui referidos foi republicada em livros organizados pelo autor ou por outrem: *O Dorso do Tigre* (1969 e 1976), *Teoria da Literatura em suas Fontes* (2. ed., 1983), *Seminário de Ficção Mineira II* (1983), *O Livro do Seminário* (1983), *Guimarães Rosa* (1991), *Crivo de Papel* (1998), *Veredas no Sertão Rosiano* (2007). Como se trata de livros muito conhecidos e debatidos pela crítica especializada, propõe-se uma breve referência ao primeiro texto rosiano escrito por professor Benedito Nunes em 1957: "Primeira notícia sobre *Grande Sertão: Veredas*", estampado no *Jornal do Brasil*, de 10 de fevereiro de 1957.

Buscando-se uma iluminação recíproca entre filosofia e poesia, para além das tensões e diferenças fundamentais, aquela deixa de ser uma instância última de validação da poesia. O romance, gênero onívoro por excelência, pode ser o lugar de uma eclosão nova, que vai da poesia à filosofia. No caso particular do romance rosiano – que não é, apesar de certos críticos, a versão romanceada da *Suma Teológica*, para não falar da tradição heterodoxa, a particular dicção romanesca de Guimarães Rosa permite-nos pensar as relações entre a filosofia e a poesia, com base em espaço comum: a condição humana.

Por vezes, a tradição hermenêutica que se tem formado em torno de Guimarães Rosa recorre a uma "hiperalegorização" metafísica. Obviamente, a pergunta pelo ser de Deus é uma questão metafísica, porém as respostas que Riobaldo dá a ela são, antes de mais nada, poéticas, inserem-se na busca de um sentido para o agir humano. As leituras que enfatizam tal aspecto só são legítimas se consideram a distância entre a *Metafísica* de Aristóteles e o contar riobaldiano. A legitimidade hermenêutica de tais leituras, se se quer fugir a uma visão reducionista, funda-se em não admitir que uma chave – ocultismo, Plotino, Sexto Empírico, hermetismo, Platão – possa abrir o portal do *Grande Sertão*. O texto, pretensamente aberto, decifrado, guarda ainda, em meio ao que deixa ver, sentidos irredutíveis a análises lineares.

As leituras hiperalegorizantes de *Grande Sertão: Veredas*, no seu afã de nos dar a verdadeira via de acesso ao sentido do texto, depositado em alguma camada oculta deste, à espera da perquirição crítica de iniciados, radicam em uma busca de símbolos, de remissões a Plotino ou a outros filósofos, de chaves ocultistas e míticas, ainda que, em alguns casos, bem orientada e sem pretensões totalizantes, como no caso de Consuelo Albergaria, possa contribuir para a iluminação de alguns aspectos da obra.

Evitando cair nos equívocos da hiperalegorização, o artigo de Benedito Nunes, de 1957, lido em confronto com a tradição crítica que se formou em torno de Guimarães Rosa na última década, põe em foco o vínculo entre Guimarães Rosa e Mário de Andrade. Além disso, discutem-se a linguagem, o processo narrativo, o problema do gênero, entre outros aspectos.

Para estabelecer a peculiaridade da linguagem rosiana, Benedito Nunes cita um trecho de Euclides da Cunha:

> Estiram-se então planuras vastas. Galgando-as pelos taludes, que as soerguem dando-lhes a aparência exata de tabuleiros suspensos, topam-se, a centenas de metros, extensas áreas ampliando-se, boleadas, pelos quadrantes, numa prolongação indefinida, de mares. É a paragem formosíssima dos campos gerais, expandida em chapadões ondulantes – grandes tablados onde campeia a sociedade rude dos vaqueiros... (Cunha, 1986, p. 34).

O texto rosiano apresenta-se-nos em uma "narração inteiriça" e oscila, abandonando-se a língua culta, entre dialeto regional e criação arbitrária. A inovação introduzida pelo autor mineiro se justifica esteticamente pela "necessidade irrecorrível, exigida pela natureza do próprio romance, cuja trama, situações e personagens demandavam forma especial de tratamento" (Nunes, 1957).

No que diz respeito à técnica narrativa, Benedito Nunes apoia-se no conceito de discurso livre para explicar a autonomia do narrador em relação ao romancista:

> Ele não é, entretanto, o narrador controlado pelo romancista que, em geral, quando adota este recurso de fazer com que o personagem exponha os acontecimentos ou as próprias ideias, não desaparece atrás de sua criação e com ela não se confunde. Mas, nesse romance, o autor quis se enredar num problema dificílimo de técnica. Como permitir que Riobaldo falasse, num *discurso livre,* ele mesmo contando a sua história, sem desfigurar-se a condição humana do sertanejo, inculto, mas extremamente sensível, ligado ao mundo pelo constante pelejar, com um código moral diferente do nosso, sem dúvida e, ainda, com seu linguajar próprio, limitado, regional? (Nunes, 1957).

A relação Mário de Andrade *vs*. Guimarães Rosa – depois retomada por Mary Daniel e outros intérpretes – é um dos eixos do artigo de 1957. O linguajar do sertão transforma-se em linguagem artística, em estilo, resolvendo o problema do regionalismo, debatido desde a recepção crítica primeira de *Sagarana*:

> Sob esse aspecto, o processo de Guimarães Rosa não é novo. Mário de Andrade em *Macunaíma* fez, guardadas as proporções, o mesmo, forjando uma língua que reuniu várias modalidades linguísticas existentes no país; entrosou os termos de origem indígena aos de origem africana, alterou a sintaxe, deu vigor literário às expressões familiares e de gíria (Nunes, 1957).

Vale lembrar que um dos mais importantes intérpretes de *Sagarana*, Álvaro Lins já concebia o regionalismo desta obra como um processo de estilização, opondo-se à ideia de que a narrativa de Guimarães Rosa limitava-se a uma versão sofisticada, mais "literária", de Valdomiro Silveira, como pensava Wilson Martins:

> [O] valor dessa obra provém principalmente da circunstância de não ter o autor ficado prisioneiro do regionalismo, que o teria conduzido ao convencional regionalismo literário, à estreita literatura das reproduções fotográficas, ao elementar caipirismo do pitoresco exterior e do simplesmente descritivo. Apresenta ele o mundo regional com um espírito universal de autor que tem a experiência da cultura altamente requintada e intelectualizada, transfigurando o material da memória com as potências criadoras e artísticas da imaginação, trabalhando com um luxuriante, recheado, abundoso instrumento de estilo. Em *Sagarana* temos assim regionalismo como um processo de estilização (Lins, 1963, p. 260).

Da leitura do trecho citado, pode-se depreender que Álvaro Lins recebeu *Sagarana* como livro regionalista, embora apontando elementos que, na obra em questão, fogem ao regionalismo meramente mimético à realidade. O crítico pernambucano liga o estilo ao regionalismo, lançando um tipo de leitura que será muito explorado na recepção de Guimarães Rosa.

Assim, o autor mineiro relaciona, de modo original, a linguagem ao tema, às situações e aos personagens, fazendo desta "instrumento psicológico", cuja intensidade garante a unidade da obra e o seu "poder expressivo que confina com a poesia" (1957).

Não se limitando a uma gesta do sertão, *Grande Sertão: Veredas* ultrapassa o âmbito regional, pois no drama do sertanejo ou do jagunço, "irrompem os grandes problemas humanos – seja a luta do homem contra natureza que o estimula e o abate ao mesmo tempo, seja o ímpeto do jagunço que se põe em armas para defender uma causa indefinível, adota a lei da guerra menos pela rudeza de seu espírito do que pela necessidade de viver e de realizar o seu destino" (Nunes, 1957).

238 ❧ A CRÍTICA LITERÁRIA BRASILEIRA EM PERSPECTIVA

Antecipando tanto leituras sociológicas quanto esotéricas da obra-prima rosiana, Benedito Nunes postula uma interpretação "espiritual" da terra e do povo que nela vive. Os fatores mesológicos, sociais e históricos, na mesma linha do conceito de reversibilidade de Antonio Candido, tomam a forma de um problema mais amplo (O Diabo existe ou não? O que leva o homem à crueldade e à violência?). Ademais, o crítico refere a presença, no texto, de "expressões acordes com a tradição do misticismo – tanto no oriente como no ocidente". Entre essas, cite-se: "Tem horas em que penso que a gente carecia, de repente, de acordar de alguma espécie de encanto. As pessoas, e as coisas não são de verdade" (Rosa, 1956, p. 84, § 146).

No prefácio que escreveu para o livro de Consuelo Albergaria, *Bruxo da Linguagem no Grande Sertão*, o crítico paraense retomaria alguns aspectos vinculados ao nível alegórico da narrativa rosiana:

> Sem jamais alterar o jogo romanesco, Guimarães Rosa terá investido elementos ocultistas, para ele metafísicos e com o valor de reagentes ou de catalisadores espirituais de sua concepção do mundo, na liga alquímica da narrativa, por dois modos diversos e complementares: ou transferiu o padrão dos ritos iniciáticos à própria ação, colocados personagens e situações no plano da simbologia mística, ou cifrou mensagens da tradição sagrada nos nomes de lugares, coisas e pessoas (Nunes, 1977, p. 15).

Em consonância com a crítica estilística, dominante na década de 1950, o estudioso aponta a saturação de elementos pitorescos na linguagem de *Grande Sertão: Veredas*, a fim de defender um estilo afim do poético, dada a sua peculiar configuração rítmica, algo que Oswaldino Marques já fizera quanto à obra até então publicada por Guimarães Rosa:

> Mas quase sempre o estilo é extremamente poético. A prosa tem ritmo: é célere ou lenta conforme a situação exige. [...] Mas raras são as mudanças do léxico e da sintaxe que não correspondam a uma contorsão necessária, para dilatar o poder expressivo da linguagem. E assim, carregada de expressividade, essa linguagem é de um modo geral eficiente. Ela serve de veículo emocional. Transmite-nos o conteúdo de uma vida diferente da nossa, põe-nos em contato com a substância humana de outros indivíduos, afetados por condições que não conhecemos. Mas devido mesmo à comunicação emotiva que se estabelece, participamos de seus problemas, de suas lutas, alegrias e aflições (Nunes, 1957).

Ao lado das deficiências, entre elas o abuso de desarticulações sintáticas, contrações e elipses, o crítico salienta, no *livro tumultuoso e imenso*, episódios hoje consagrados pela crítica brasileira e estrangeira: o amor de Riobaldo por Diadorim, a morte dos cavalos assassinados pelos cangaceiros, o encontro da tropa de jagunços com os catrumanos, as lembranças tumultuosas de Riobaldo, os últimos combates entre os dois bandos que dividiam o domínio dos "gerais" e a descoberta de que Diadorim é mulher e não homem.

Como se viu, o artigo de 1957, lançado às páginas do *Jornal do Brasil*, onde já atuava Mário Faustino, embora datado e ligado a circunstâncias diversas, insere-se na tradição crítica rosiana, tanto pelas vias que abriu, como a aproximação estabelecida com Mário de Andrade, quanto pela retomada de perspectivas já em consolidação, como a via da crítica estilística de um Oswaldino Marques e de um Cavalcanti Proença. A esse primeiro trabalho, viria somar-se um conjunto de textos que, malgrado a modéstia do crítico paraense, mudaram, definitivamente, a leitura crítica do maior romancista brasileiro do século XX.

REFERÊNCIAS BIBLIOGRÁFICAS

ALBERGARIA, Consuelo. *Bruxo da Linguagem no Grande Sertão: Leitura dos Elementos Esotéricos na Obra de Guimarães Rosa*. Rio de Janeiro, Tempo Brasileiro, 1977. 154 p.

CUNHA, Euclides da. *Os Sertões*. Ed. crítica. São Paulo, Brasiliense, 1985. 728 p.

JAUSS, Hans Robert. "O Prazer Estético e as Experiências Fundamentais da *Poiesis, Aisthesis* e *Katharsis*." *In*: COSTA LIMA, Luiz (org.). *A Literatura e o Leitor*. 2. ed. Rio de Janeiro, Paz e Terra, 2002, pp. 85-103.

LINS, Álvaro. "Uma Grande Estreia." *Os Mortos de Sobrecasaca*. Rio de Janeiro, Civilização Brasileira, 1963, pp. 258-264.

LISPECTOR, Clarice. "Benedito Nunes (Entrevista)." *De Corpo Inteiro*. Rio de Janeiro, Artenova, 1975, pp. 177-186.

NUNES, Benedito. "Primeira notícia sobre 'Grande Sertão: Veredas'". *Jornal do Brasil*, 10 fev. 1957.

_____. *O Dorso do Tigre*. 2. ed. São Paulo, Perspectiva, 1976, 279 p.

_____. "Prefácio." *In*: ALBERGARIA, Consuelo. *Bruxo da Linguagem no Grande Sertão*. Rio de Janeiro, Tempo Brasileiro, 1977, pp. 13-15.

_____. "A Matéria Vertente." *Seminário de Ficção Mineira II*. Belo Horizonte, Cons. Est. de Cultura, 1983, pp. 9-39.

ANEXO I. Bibliografia nunesiana sobre Guimarães Rosa

Artigos

1. NUNES, Benedito. "Primeira Notícia sobre 'Grande Sertão: Veredas'". *Jornal do Brasil*, 10 fev. 1957.

2. _____. "Guimarães Rosa e Tradução". *O Estado de S. Paulo*. Suplemento Literário, São Paulo, 14 set. 1963.

240 ❧ A CRÍTICA LITERÁRIA BRASILEIRA EM PERSPECTIVA

3. _____. "O Menino". *O Estado de S. Paulo*. Suplemento Literário, São Paulo, vol. 7, n. 316, 2 fev. 1963, p. 4.

4. _____. "O Amor na Obra de Guimarães Rosa". *Revista do Livro*, Rio de Janeiro, vol. 7, n. 26, set. 1964, pp. 39-62.

5. _____. "Guimarães Rosa e Tradução". *Leitura*, Rio de Janeiro, vol. 24, n. 94-95, maio-jun. 1965, pp. 40-42.

6. _____. "O Amor na Obra de Guimarães Rosa". *O Estado de S. Paulo*. Suplemento Literário, São Paulo, vol. 9, 27 de mar. 1965, pp. 2-3.

7. _____. "A Viagem". *O Estado de S. Paulo*. Suplemento Literário, São Paulo, vol. 10, n. 509, 24 dez. 1966, p. 6.

8. _____. "A Viagem do Grivo". *O Estado de S. Paulo*. Suplemento Literário, São Paulo, 10 de jun. 1967, p. 3.

9. _____. "A Viagem do Grivo". *O Estado de S. Paulo*. Suplemento Literário, São Paulo, 17 de jun. 1967, p. 5.

10. _____. "O Amor na Obra de Guimarães Rosa". *Minas Gerais*. Suplemento Literário, Belo Horizonte, vol. 2, n. 65, 25 nov. 1967, p. 7.

11. _____. "Interpretação de *Tutameia*". *O Estado de S. Paulo*. Suplemento Literário, vol. 11, n. 543, 2 set. 1967.

12. _____. "Guimarães Rosa em Novembro". *Minas Gerais*. Suplemento Literário, Belo Horizonte, vol. 3, n. 117, 23 nov. 1968, p. 1.

13. _____. "A Rosa o que é de Rosa". *O Estado de S. Paulo*. Suplemento Literário, vol. 13, n. 619, 22 mar. 1969, p. 6.

14. _____. "Aspetti della prosa brasiliana contemporanea". *Aut Aut*, Milano, n. 109--110, Gennaio-Marzo 1969, pp. 116-123.

15. _____. "Gênese e Estrutura". *O Estado de S. Paulo*. Suplemento Literário, São Paulo, vol. 13, n. 642, 20 nov. 1971.

16. _____. "A Viagem do Grivo". *Minas Gerais*. Suplemento Literário, Belo Horizonte, vol. 9, n. 398, 6 abr. 1974, pp. 4-5.

17. _____. "Literatura – Filosofia: Análise de *Grande Sertão: Veredas*, de João Guimarães Rosa". *Cadernos/PUC*, Rio de Janeiro, n. 28, 1976, pp. 7-24.

18. _____. "*Grande Sertão: Veredas*: Uma Abordagem Filosófica". *Bulletin des études portugaises et brésiliennes*, Paris, ADPF, n. 44-45, 1985, pp. 389-404.

19. _____. "Ensaio Revela Lado Esotérico de Rosa". *Jornal do Brasil*, Rio de Janeiro, 3 set. 1994.

20. _____. "Leitura Filosófica de Guimarães Rosa". *Arquivo Suplemento Literário de Minas Gerais* – SEC, n. 19, nov. 1996, pp. 20-22.

21. _____. "Leitura Filosófica de Guimarães Rosa". *Minas Gerais*, Suplemento Literário, Belo Horizonte, nov. 1996, pp. 20-22.

22. _____. "O Mito em *Grande Sertão: Veredas*". *Scripta*, Belo Horizonte, vol. 1, n. 1, 1997, pp. 33-40.

23. _____. "O Mito em *Grande Sertão: Veredas*". *Scripta,* Belo Horizonte, vol. 2, n. 3, 2º sem. 1998, pp. 33-40.

24. _____. "O Mito em *Grande Sertão: Veredas*". *Moara*. Belém, n. 14, jul.-dez. 2000, pp. 9-19.

25. _____. "O Autor Quase de Cor: Rememorações Filosóficas e Literárias". *Cadernos de Literatura Brasileira*. São Paulo, n. 20-21, dez. 2006, pp. 236-244.

26. _____. "O Amor na Obra de Guimarães Rosa". *Asas da Palavra*, Belém, vol. 10, n. 22, 2007, pp. 71-85.

Livros ou capítulos de livros

1. NUNES, Benedito. *O Dorso do Tigre*. São Paulo, Perspectiva, 1969, 278 p.

2. _____. *O Dorso do Tigre*. 2. ed. São Paulo, Perspectiva, 1976, 279 p.

3. _____. "Prefácio". *In*: ALBERGARIA, Consuelo. *Bruxo da Linguagem no Grande Sertão*: *Leitura dos Elementos Esotéricos na Obra de Guimarães Rosa*. Rio de Janeiro, Tempo Brasileiro, 1977, pp. 13-15.

4. _____. "Literatura e Filosofia". *In*: LIMA, Luiz Costa. *Teoria da Literatura em suas Fontes*. 2. ed. Rio de Janeiro, Francisco Alves, 1983. vol. 1, pp. 188-207.

5. _____. "A Matéria Vertente". *In*: *Seminário de Ficção Mineira II*. Belo Horizonte, Conselho Estadual de Cultura, 1983, pp. 9-39.

6. _____. "Reflexões sobre o Moderno Romance Brasileiro". *In*: *O Livro do Seminário*; Bienal Nestlé de Literatura Brasileira. São Paulo, LR Editores, 1983, pp. 43-69.

7. _____. "O Amor na Obra de Guimarães Rosa". *In*: COUTINHO, Eduardo (org.). *Guimarães Rosa*. 2. ed. Rio de Janeiro, Civilização Brasileira, 1991, pp. 144-169.

8. _____. "O Amor na Obra de Guimarães Rosa". *In*: ROSA, João Guimarães. *Ficção Completa*. Rio de Janeiro, Nova Aguilar, 1994, vol. 1, pp. 112-141.

9. _____. "De *Sagarana* a *Grande Sertão: Veredas*". *Crivo de Papel*. São Paulo, Ática, 1998, pp. 247-262.

10. _____. "Bichos, Plantas e Malucos no Sertão Rosiano." *In*: SECCHIN, Antônio Carlos *et al. Veredas no Sertão Rosiano*. Rio de Janeiro, 7 Letras, 2007, pp. 19-28.

ANEXO II. NUNES, Benedito. "Primeira Notícia sobre 'Grande Sertão: Veredas'". *Jornal do Brasil*, 10 de fevereiro de 1957.

Não sei se a experiência que o Sr. João Guimarães Rosa acaba de realizar, com a publicação de *Grande Sertão: Veredas* (Rio, José Olympio, 1956), é capaz de imprimir um novo rumo à ficção no Brasil. Nem será possível dizer desde já o lugar dessa obra no panorama de nossa literatura, antes que fiquem sedimentadas as primeiras impressões favoráveis e possamos enxergar melhor as deficiências apenas vislumbradas. O romance se desenvolve em seiscentas páginas, constituindo uma narração inteiriça,

242   A CRÍTICA LITERÁRIA BRASILEIRA EM PERSPECTIVA

sem pausas capitulares, desafiando não só a técnica, mas também a valentia do leitor mais persistente. Além dessa barreira física, questão de volume, o autor preparou-nos outra, abandonando a língua culta, estabilizada, para revolver a semântica e a sintaxe. Adota uma linguagem que não é, a rigor, nem dialeto regional nem criação arbitrária. A princípio, esse segundo obstáculo arrefece o entusiasmo de quem deseja penetrar o livro. Pouco e pouco, entretanto, a fala empregada vai se tornando familiar, e chegamos à conclusão de que Guimarães Rosa não se dispôs a usá-la por capricho ou desejo de inovar, e seguiu uma necessidade irrecorrível, exigida pela natureza do próprio romance, cuja trama, situações e personagens demandavam forma especial de tratamento.

O romance é, na sucessão de seus episódios, a história dos bandos de jagunços que, sob a chefia de "brabos" valorosos, pisaram a região dos "gerais", terra sertaneja entre Minas, Bahia e Goiás, que Euclides da Cunha, em poucas palavras descreveu, como formada de vastas planuras, paragem formosíssima, "expandida em chapadões ondulantes – grandes tablados onde campeia a sociedade rude dos vaqueiros". Uns desses jagunços, Riobaldo, antigo bandoleiro, condutor de homens através do sertão agreste, conta ao moço da cidade, na calma de uma fazenda, à qual se recolhera para viver mansamente depois de tantos empreendimentos, a sua história, que é a trama do livro. Ele não é, entretanto, o narrador controlado pelo romancista que, em geral, quando adota este recurso de fazer com que o personagem exponha os acontecimentos ou as próprias ideias, não desaparece atrás de sua criação e com ela não se confunde. Mas, nesse romance, o autor quis se enredar num problema dificílimo de técnica. Como permitir que Riobaldo falasse, num discurso livre, ele mesmo contando a sua história, sem desfigurar-se a condição humana do sertanejo, inculto, mas extremamente sensível, ligado ao mundo pelo constante pelejar, com um código moral diferente do nosso, sem dúvida e, ainda, com seu linguajar próprio, limitado, regional? Fazê-lo proferir sábios discursos em português castiço seria de um ridículo acabado. Mas também, o linguajar do sertão, a ser utilizado quer nos diálogos, quer na própria narrativa, poderia condenar o romance a um insucesso retumbante, como obra literária, para alcançar, no máximo, uma significação regionalista, como documento humano. Eis o dilema. A solução foi surpreendente. O romancista deu a palavra a Riobaldo, sob a forma do discurso livre, entrecortado, muitas vezes desconexo, vazado numa prosa que se desenvolve ao sabor das recordações do jagunço, e que adota a sua linguagem característica. Esta não é, porém, um mero registro de modismos, de invenções sintáticas, de mudanças léxicas bastante pronunciadas, segundo o uso da região. Torna-se a linguagem artística, transforma-se, em estilo. Sob esse aspecto, o processo de Guimarães Rosa não é novo. Mário de Andrade em *Macunaíma* fez, guardadas as proporções, o mesmo, forjando uma língua que reuniu várias modalidades linguísticas existentes no país; entrosou os termos de origem indígena aos de origem africana, alterou a sintaxe, deu vigor literário às expressões familiares e de gíria. *Macunaíma* é, porém, uma obra inclassificável. E foi a primeira tentativa para coordenar um grande numero de tradições, legendas e mitos, conservando tanto quanto possível, o substrato linguístico que está na base desses elementos todos. No romance *Amar, Verbo Intransitivo*, o mesmo Mário de Andrade, que captou as virtudes do nosso idioma, e enriqueceu o português falado no Brasil como até agora nenhuma legião de gramáticos foi capaz de fazê-lo, emprega expressões de uso corrente ou familiar, naquele seu estilo inimitável, cheio de graça e vivacidade, em função de uma história sentimental, satírica, urbana e inspirada na alta burguesia paulista.

Em *Macunaíma* não se pode saber exatamente até onde vai o trabalho do folclorista e onde começa o trabalho do artista. Mas tanto nessa obra como na de Guimarães Rosa, a linguagem desarvorada, rebelde aos cânones preestabelecidos, corresponde a uma necessidade de expressão. Naquela, o gênio buliçoso de Macunaíma encarna o espírito anárquico, manhoso, irreverente, piegas, sensual, inventivo, lírico, contraditório do brasileiro. É o mito caricatural das virtudes e dos defeitos nacionais, do caldeamento étnico e da formação social do nosso povo. Para se concretizar literariamente exigia um vocabulário mais amplo e uma construção maleável que arrecadasse as peculiaridades de cada região e conservasse, na língua, o toque do índio e do negro incidindo sobre o idioma luso. No livro de Guimarães Rosa, a linguagem está em função do tema, das situações e dos personagens. Recolhe a emotividade do sertanejo, desce até à raiz de seus sentimentos e pensamentos, de sua maneira de ver o mundo, de reagir ao meio em que vive. É o instrumento psicológico que dá o relevo emocional necessário para manter o ritmo dramático de uma longa e acidentada história, em que as divagações se casam às cenas de batalhas, pilhagens, amores e quadros da natureza. Daí por que ela foi para o autor o meio expressivo adequado, tanto na parte narrativa como na dos diálogos. Em uma como em outra, é Riobaldo quem fala. Colocando-o como narrador, Guimarães Rosa usou um processo de construção difícil, ousado mesmo, que poderia tornar o romance tedioso e monótono. Mas é a intensidade da linguagem que garante a unidade da obra e o seu poder expressivo que confina com a poesia.

Grande Sertão: Veredas ultrapassa o âmbito regional. No drama do sertanejo ou do jagunço, irrompem os grandes problemas humanos – seja a luta do homem contra a natureza que o estimula e o abate ao mesmo tempo, seja o ímpeto do jagunço que se põe em armas para defender uma causa indefinível, adota a lei da guerra menos pela rudeza de seu espírito do que pela necessidade de viver e de realizar o seu destino. Riobaldo que teve algumas letras, possui o senso inato da poesia. Mas é um temperamento místico, cuja ideia era fundar, nos "gerais", uma grande cidade religiosa, onde se irmanassem todos os homens, para viver em paz, resguardados do mal. Na Idade Média seria cavaleiro andante; nos "gerais", foi jagunço.

Mas esse romance não constitui apenas a gesta do sertão. É – se podemos dizer – uma interpretação espiritual da terra e do povo que nela vive. Os fatores mesológicos, sociais, históricos assumem a forma de um problema mais amplo e vago, universal e de sentido místico. O Diabo existe ou não? O que leva o homem à crueldade, à violência não é uma força estranha, superior às nossas forças e que nos domina? Era essa a preocupação do jagunço que havia dominado os "gerais" com o seu bando de homens decididos. O fio de toda a história é a desconfiança de que um dia houvesse pactuado com o demônio em uma encruzilhada. E para resolver essa questão contou ao moço da cidade (que se mantém à sombra, quase fora da narrativa) as peripécias e os seus amores. "O senhor…" diz Riobaldo, "Mire veja: o mais importante e bonito, do mundo, é isto: que as pessoas não estão sempre iguais, ainda não foram terminadas – mas que elas vão sempre mudando. Afinam ou desafinam. Verdade maior. É o que a vida me ensinou. Isso que me alegra, montão. E, outra coisa: o diabo, é às brutas; mas Deus é traiçoeiro. Ah, uma beleza de traiçoeiro – dá gosto! A força dele quando quer – moço! – me dá o medo pavor. Deus vem vindo: ninguém não vê. Ele faz é na lei do mansinho – assim é o milagre. E Deus ataca bonito, se divertindo, se economiza."

Quando da boca do jagunço saem certas expressões acordes com a tradição do misticismo – tanto no oriente como no ocidente – imaginamos como ficariam pedantes, ditas na língua culta. Mas escritas como foram, num tom simplório, desatado, despretensioso, são compatíveis, perfeitamente, com a estatura humana dos personagens e o meio em que elas se movimentam. "Tem horas em que penso que a gente carecia, de repente, de acordar de alguma espécie de encanto. As pessoas, e as coisas não são de verdade." Outras passagens revelam melhor essa afinidade do pensamento de Riobaldo com a doutrina dos místicos, assimilada ao espírito sertanejo e traduzindo a sua profunda humanidade. Nesta, por exemplo: "Tenho saquinho de relíquias. Sou um homem ignorante. Gosto de ser. Não é só no escuro que a gente percebe a luzinha dividida? Eu quero essas águas, a lume de lua".

O estilo, muitas vezes, satura-se de expressões pitorescas que o tornam mais colorido, mais vivo, sem enriquecer propriamente a narrativa, como se fossem notações marginais, que não afetam o essencial da trama. "O Sertão é isso: o senhor sabe: tudo incerto, tudo certo. Dia da lua. O luar que põe a noite inchada" (p. 56). – "Mas o sarro do pensamento alterava a lembrança…" (p. 234) – "Aquelas aranhas teciam de árvore para árvore velhices de teias" (p. 227). Mas quase sempre o estilo é extremamente poético. A prosa tem ritmo: é célere ou lenta conforme a situação exige. Em certos trechos, chega a nivelar-se com a construção ordinária, para logo depois retomar a sua desenvoltura peculiar, ora usando palavras contraídas ou alteradas – por exemplo, miúcias por minúcias, cômpito por cômputo – ou alteradas em seu significado corrente, por exemplo – estatuto por estado ou posição do corpo, sucinto por firme, filosofar por reagir etc. Só podemos aquilatar o valor dessas alterações no contexto; assim isoladamente, parece que o romancista foi extremamente caprichoso. Mas raras são as mudanças do léxico e da sintaxe que não correspondam a uma contorção necessária, para dilatar o poder expressivo da linguagem. E assim, carregada de expressividade, essa linguagem é de um modo geral eficiente. Ela serve de veículo emocional. Transmite-nos o conteúdo de uma vida diferente da nossa, põe-nos em contato com a substância humana dos outros indivíduos, afetados por condições que não conhecemos. Mas devido mesmo à comunicação emotiva que se estabelece, participamos de seus problemas, de suas lutas, alegrias e aflições.

Há grandes belezas nesse livro tumultuoso e imenso: o amor de Riobaldo por Diadorim, a morte dos cavalos assassinados pelos cangaceiros (p. 235), o encontro da tropa de jagunços, com uns miseráveis lavradores, groteiros do sertão (p. 377), as lembranças tumultuosas de Riobaldo (p. 305), as hesitações deste quando, pela sua honra de chefe deve matar um homem e acaba, por piedade, matando a mula em cujo lombo a vítima se encarapitava (p. 464), os últimos combates entre os dois bandos que dividiam o domínio dos "gerais" (p. 534), a descoberta de que Diadorim é mulher e não homem (p. 585).

A trama é complexa. E a narração, confiada ao jagunço que participou dos acontecimentos relatados e que os revive, só aos poucos vai compondo e unindo os diferentes episódios, seja pelo retrospecto de uns, seja pela antecipação de outros.

Os trechos onde a linguagem decai, perdendo a sua eficiência expressiva, revelam os defeitos da técnica que o romancista preferiu adotar para ser fiel às situações vividas pelo personagem. Alguns desses defeitos são cacoetes estilísticos decorrentes do uso, tantas vezes abusivo das desarticulações sintáticas, contrações e elipses que, praticadas mecanicamente, não possuem mais valor expressivo. Mas, quaisquer que sejam as deficiências, *Grande Sertão*: *Veredas* é um romance extraordinário, escrito em "linhas tortas".

TENSÕES E TRANSFORMAÇÕES EM LUIZ COSTA LIMA

Dau Bastos

Há muito o professor universitário brasileiro deixou de ser apenas reprodutor de conhecimento, para se desdobrar em docente, pesquisador, autor e editor (ou, pelo menos, organizador de publicações coletivas). As próprias tabelas de pontuação curricular dos concursos para o magistério superior levam em conta essas diversas frentes. Evidentemente o rendimento em cada atividade depende de inclinação, gosto e outras características individuais, mas a cobrança de bom desempenho global se estende a todos.

No momento em que surge um livro como *Luiz Costa Lima: Uma Obra em Questão* (2010), composto de dezoito entrevistas realizadas por professores de instituições nacionais e estrangeiras, parece oportuno tomar a ideia de problematização – tão presente na vida e na obra do entrevistado – como fio de análise de sua atuação multifacetada. A proposta não é incensar e, em nome da honestidade intelectual, inevitavelmente resultará na exposição de alguns aspectos controversos da personalidade de Costa Lima. No entanto, nasceu da admiração por um percurso de mais de meio século altamente produtivo, cujo enfoque não visa ao oferecimento de modelo, mas talvez lance alguma luz sobre a carreira de muitos de nós, com menos estrada.

Em prol da sistematização da abordagem, dividirei a exposição em quatro tópicos: docência propriamente dita, pesquisa desenvolvida ao longo do tempo, organização de livros de caráter coletivo e obra particular. A grande quantidade de acontecimentos relativos a cada uma das funções inviabiliza qualquer tentativa de inventário, mas espero que os fatos comentados ofereçam uma síntese fidedigna do crítico. Oxalá eu consiga também demonstrar a pertinência de usar várias vias de acercamento de um trabalho que, por mais plural que se mostre, alimenta-se monoliticamente das diferentes faces que o constituem.

PEDAGOGIA DO ENFRENTAMENTO

Sabemos do esforço desenvolvido pelos professores da Licenciatura no sentido de estimular os futuros docentes a serem compreensivos e didáticos. A matéria deve ser transmitida em crescendo de profundidade, com toda a clareza possível e respeitando-se o estágio em que os estudantes se encontram. Para tanto, aconselha-se o uso de quadro negro, transparência e o que mais existir em termos de tecnologias de educação.

Em suas aulas, Costa Lima desrespeita tão frontalmente essas recomendações que parece objetivar o contrário do aprendizado. A reflexão obedece a um roteiro prévio, mas, em vez de partir de uma introdução bem mastigada e desenvolver-se segundo uma linha de aprofundamento paulatino, desencadeia-se a partir de pontos raramente familiares aos alunos, segue em movimento espiralado aberto a nexos por vezes inusitados e incorpora as intuições surgidas durante a própria fala.

Como está sempre com um livro em andamento, Costa Lima costuma aproveitar os cursos dirigidos a mestrandos e doutorandos para testar as hipóteses nele levantadas. Os estudantes são convidados a pensar e opinar livremente sobre elas, para revisão daquelas que se mostrarem inconsistentes. As polêmicas são muito bem-vistas pelo professor, que as estimula repetidamente, despreocupado com a hierarquia e a polidez.

Só não se pode negar que a maioria dos alunos treme só de pensar em colocar em xeque as impressões de alguém que, além de muito tarimbado, é conhecido pela argúcia, a inteligência e, não menos importante nesse tipo de situação, a falta de papas na língua. O desafio aumenta devido à mobilização de uma bibliografia multilíngue e vasta, frequentemente desconhecida da maioria dos inscritos.

Na verdade, a estranha sensação experimentada por um percentual razoável dos alunos de Costa Lima de graduação e mesmo de pós-graduação é de não compreender o discurso de alguém que se expressa em seu idioma e discorre sobre sua área de estudos. Assim se explica a fama de hermético do docente – que reforça essa imagem ao fazer palestras com formato semelhante em simpósios e mesmo para o dito grande público.

Para dificultar ainda mais a relação com o conteúdo, as manifestações desastrosas dos ouvintes de dentro e de fora da universidade costumam ser rebatidas sem rodeios, por vezes com impaciência. Apenas os poucos que leram o que Costa Lima escreveu sobre o ensino das humanidades em nosso país – portanto, sabem de sua visão apocalíptica da matéria – percebem que o azedume decorre da percepção de que pouco se fez até hoje para melhorar o quadro deplorável em que sempre estivemos imersos.

Seja como for, suas *performances* como professor e conferencista contribuem para criar uma *persona* que o senso comum de nosso pequeno mundo associa a pedantismo e irascibilidade. É o que boa parte de nossos corpos discente e docente precisa para se negar a ouvi-lo ou lê-lo.

Quanto àqueles que insistem em conhecer seu trabalho, o enfrentamento da complexidade costuma ser encarado como experiência fascinante, além de exercício para a abordagem desse objeto fugidio chamado literatura. Já a falta de panos quentes é superada pela consolidação de laços que pouco dependem da decantada cordialidade brasileira, já que se fundamentam no respeito intelectual mútuo.

A INCOMPREENSÃO COMO ESTÍMULO À PESQUISA

Aos 21 anos, Costa Lima passava férias em São Luís, em cuja Biblioteca do Estado descobriu *O Novo Éden*, de Sousândrade. O fato de não entender os versos não o fez esquecer o maranhense, ao contrário: ao voltar a Recife procurou seus outros livros, entre os quais *O Guesa*, que levou tempos depois para Madri, onde o releu em companhia de João Cabral de Melo Neto. Acabou participando do processo de resgate do poeta oitocentista capitaneado pelos irmãos Augusto e Haroldo de Campos.

Essa conduta é reveladora de sua postura como pesquisador: em vez de trilhar caminhos conhecidos e fáceis, enfrenta reiteradamente o que não compreende de imediato. Constata-se isso em investigações tão distintas quanto a releitura da ficção de Cornélio Penna, a dedicação à mímesis até comprová-la produtiva e um esquadrinhamento tal do controle do imaginário que conseguiu inseri-lo definitivamente na pauta dos estudos literários.

Associar seus estudos a paixão e ousadia não seria lisonja descabida. Mais que isso, ajuda a pensar que a fidelidade a certos temas resultou em descobertas originais que, acumuladas, fazem de alguns de seus livros verdadeiras obras de referência. Por sua vez, o arrojo com que empreendeu vaivéns entre a Grécia antiga e a contemporaneidade é um grande estímulo a que não nos amedrontemos diante da produção mental do Velho Mundo, cujo conhecimento é fundamental ao entendimento de uma parcela considerável da literatura brasileira.

Como este texto pretende apontar também aqueles pontos de tensão capazes de ajudar a pensar a relação de Costa Lima com nossa comunidade, cabe mencionar que essa grande carga de leitura – necessária à argumentação desenvolvida em seus livros – pode ter igualmente consequências desagradáveis. Da mesma maneira que o crítico se agasta diante da pobreza bibliográfica de seus interlocutores, muitos estudantes e professores de Letras tratam sua erudição com chacotas as mais variadas, como aquela que faz do contato continuado com escritos estrangeiros o responsável pelo seu estilo "alemão", "truncado" e assim por diante.

A título de ilustração, beiro a inconfidência e conto que, ao chegar a Belo Horizonte para o congresso de que resultou este livro, encontrei um colega do Rio de Janeiro que, ao conhecer o tema de minha comunicação, começou a tecer críticas acerbas ao texto de Costa Lima. Confesso que gostei de sua sinceridade e até o imaginei ferido por algum agravo feito pelo detratado – que nordestinamente me permito associar ao mandacaru.

Todavia, ao perguntar que livros do comentado meu conhecido lera, ouvi que apenas *Por que Literatura*, de 1966... Lembrei que este título de estreia foi sucedido por vinte outros, muitos dos quais muito bem escritos, a exemplo de *Mímesis e Modernidade* (1980), com o qual o próprio Costa Lima disse ter inaugurado uma nova fase de sua produção textual. De minha parte, tampouco hesitaria em colocar entre os melhores ensaios publicados no país as seguintes obras: *Trilogia do Controle* (1984-8), *Pensando nos Trópicos* (1991), *Limites da Voz I e II* (1993), *Vida e Mímesis* (1995), *Mímesis: Desafio ao Pensamento* (2000), *O Redemunho do Horror* (2003), *História. Ficção. Literatura* (2006).

A conversa acima sintetizada se assemelha a outras que tive em diferentes universidades brasileiras, suscitadas pela minha condição de ex-orientando e organizador do referido livro de entrevistas. Sem que considere Costa Lima uma pessoa fácil, jamais encontrei alguém capaz de me convencer de que ele escreve mal. Na verdade, os difamadores de seu texto com quem falei até o presente me parecem imbuídos de má-fé, vitimados pela confusão entre *persona* e produção ou carentes de condições de entendê-lo.

Ainda não se inventou remédio para a desonestidade, mas sobre as duas outras razões posso dizer, por experiência própria, que são perfeitamente enfrentáveis. Ao ingressar no mestrado, em 1990, vivi dois ou três rápidos desencontros públicos com Costa Lima; entretanto percebi que, apesar de eu já ter trinta anos e mais de uma década de contas pagas com serviços de texto, nunca havia encontrado alguém que me enriquecesse intelectualmente daquela maneira: suas aulas eram de queimar a mufa, porém faziam os olhos de muitos de nós brilharem intensamente.

À época seus ensaios também me pareciam extremamente áridos. Vinte anos depois, por ocasião do fechamento do livro de entrevistas, tive a alegria de perceber que, como agora entendia o conteúdo, podia apreciar a forma, desde a arquitetura de cada título até a escolha vocabular, passando pela harmonização entre os diferentes segmentos.

O último livro publicado até o presente, *O Controle do Imaginário & A Afirmação do Romance* (2009), excele de tal maneira na combinação de densidade e fluência que parece prova cabal do aprimoramento da escrita. Agora, da mesma forma que qualquer um de nós encontraria uma série de obstáculos para se fazer compreender por uma plateia de estudantes de ciências exatas, os textos de Costa Lima demandam receptores com alguma proximidade em relação a seus objetos de pesquisa, bibliografia utilizada e caminhos de reflexão. O crítico encontra esses companheiros de viagem sobretudo entre alguns analistas de literatura de sua geração – como João Adolfo Hansen –, assim como entre os orientandos e orientados que, sem necessariamente demonstrar seu grau de obsessão nem atingir seu nível de produtividade, lutam para levar uma vida acadêmica norteada pelo mesmo espírito investigativo.

EDIÇÃO ESTRATÉGICA

Ao se mudar para o Rio, Costa Lima contou com a ajuda de um frade que, sabendo-o com problemas financeiros decorrentes da perseguição pela ditadura, contratava-o para preparar originais da Editora Vozes. Talvez por conta de seu afã de escrever, porém, o ex-revisor não tem paciência para reler os próprios textos uma vez diagramados. A consequência mais palpável é que livros como *A Metamorfose do Silêncio* e *Lira e Antilira* estão coalhados de erros tipográficos.

A distância em relação à realidade interior das editoras é igualmente responsável pela parcialidade com que Costa Lima vê a indústria livreira. O crítico aponta acertadamente o amadorismo da produção e da distribuição dos livros em território nacional; contudo, ecoando uma opinião generalizada entre autores que desconhecem a dura batalha travada pela maioria das casas publicadoras para evitar a falência, às vezes esquece que, para além das limitações intelectuais e da malandragem de certos editores, o maior problema é a falta de leitores. Se o encalhe atinge até mesmo o gênero literário mais popular, o romance, que esperar da venda de volumes de ensaios?

Costa Lima mantém o pé atrás também em relação à grande quantidade de publicações acadêmicas, a seu ver estimuladoras da propagação da mediocridade. Ainda que isso seja um efeito bastante conhecido, mostra-se colateral se levarmos em conta os muitos benefícios do aumento significativo do rol de periódicos, como a difusão dos achados feitos no *campus* e a facilitação da estreia de novos ensaístas.

As diferenças de opinião acima expostas não poderiam deixar de aparecer, sob pena de este texto se mostrar meramente publicitário. É de acrescentar, no entanto, a dedicação de Costa Lima a obras coletivas essenciais, a exemplo dos dois volumes de *Teoria da Literatura em suas Fontes* (1975) e de *A Literatura e o*

Leitor (1979). Em ambos os casos, empenhou-se em buscar editora, contatar os autores e traduzir vários textos. Assim, contribuiu consideravelmente para que o Brasil se atualizasse em relação a regiões do globo com mais tradição na lida com a poesia e a prosa.

Sua relação com esse tipo de iniciativa é amadora, mas não por ser canhestra. Ao contrário: tomada por um entusiasmo que os profissionais do ramo não costumam ter, não se pauta pelo interesse financeiro e resulta de motivos que só têm sentido para os estudiosos que realmente levam a sério o que fazem.

É o que se pode dizer da tradução do verbete *A Ficção*, escrito de aproximadamente setenta laudas produzido por Karlheinz Stierle para uma enciclopédia alemã. O fato de publicá-la na nada comercial série "Novos Cadernos do Mestrado" (UERJ) já comprova desapego pecuniário. Acrescente-se o fato de o trabalho de verter o texto para nossa língua haver sido estimulado pela vontade de explicitar determinadas discordâncias em relação ao teórico da Estética da Recepção.

AUTORIA TORRENCIAL

Com os parágrafos anteriores espero ter realçado a singularidade e a coerência com que Costa Lima age como docente, pesquisador e organizador de coletâneas. Mesmo que se possam contestar alguns de seus posicionamentos e condenar a rispidez com que enfrenta determinadas situações, não se lhe pode negar a disposição de levar às últimas consequências a defesa de seus pontos de vista, tampouco a transparência com que busca aprofundar as discussões.

Nas três frentes detectam-se facilmente tensões e transformações: as aulas se deixam marcar por críticas a outros autores e também autocríticas quanto a alguns de seus *insights*; os objetos de estudo compõem uma constelação coesa, mas variam de acordo com os novos achados, muitos dos quais responsáveis por mudanças radicais; as publicações resultantes de tradução visam ao estabelecimento de bases teóricas para o debate em solo pátrio, ao mesmo tempo que sinalizam modificações ocorridas na própria visão que o organizador tem dos frutos da imaginação.

Ao pavimentar o acesso à produção inegavelmente mais importante, que é a autoral, tentei chamar a atenção para alguns traços da imagem de Costa Lima que, a exemplo do que ocorreu a Oswald de Andrade, interferem negativamente na recepção de sua obra. O mesmo sucede a seus escritos, dados a um debate aberto a ponto de frequentemente resvalar para o embate. Em vista da retumbância dos confrontos travados pelos jornais, vou me restringir a alguns textos veiculados em livro – suporte convidativo à moderação e, por isso mesmo, ainda mais revelador da maneira impetuosa como o autor abre caminho.

Essa audácia se deixa ver já em 1966, quando, aos 29 anos, Costa Lima estreou com um livro em que adaptou a perene pergunta sobre o que é literatura ao momento de exceção que se vivia no país. *Por que Literatura* combate o utilitarismo que então impregnava a visão da ficção e da poesia verde-amarelas: parte do resgate do estatuto da ficção para demonstrar o valor de *São Bernardo*, *Grande Sertão: Veredas* e *A Paixão segundo* GH – que enriquecem duradouramente nossas letras por resultarem de um esforço de escrita que pode até fazer pensar no que Machado de Assis chamou de instinto de nacionalidade, mas não se rende às circunstâncias.

À peleja travada em prol da liberdade de criação Costa Lima somou um movimento não menos tensionante: a apropriação restritiva das ideias de Georg Lukács e Jean-Paul Sartre. Em plena ditadura, depreciar o realismo crítico do pensador húngaro ao chamá-lo de "realismo lógico" era uma verdadeira heresia aos olhos da esquerda. Da mesma forma, afirmar que, diferentemente do que pensava o filósofo francês, o imaginário não é capaz de anular mas apenas suspender o real não se mostrou menos afrontoso; afinal o autor de *As Palavras* configurava um exemplo consumado de intelectual engajado.

Dois anos depois Costa Lima publicou *Lira e Antilira*, dedicado aos cinco grandes poetas brasileiros do século XX, mas não repetiu o movimento mais corriqueiro dos manuais de literatura – aparar arestas para harmonizar os autores –, ao contrário, mostrou-os divididos em duas linhas francamente divergentes: à poesia ainda dada a efusões de Manuel Bandeira e Mário de Andrade contrapôs os versos entregues à ironia e à corrosão de Oswald de Andrade, Carlos Drummond de Andrade e João Cabral de Melo Neto.

Na reedição do livro, em 1995, Costa Lima reconheceu que a ideia de humanismo ativo, atribuído a Cabral, é de um "primarismo chocante". A confissão é um dos muitos indícios de sua aposta na importância de se exercer a crítica sem limites, ou seja, sobre a produção alheia e sua própria. Se o gesto pode passar por estratégia para tratar à vontade os objetos de análise, nem por isso é menos legitimador de sua determinação de questionar tudo.

Acontece que a eficácia do exercício do senso crítico depende da solidez de sua base de sustentação. É o que Costa Lima parece ter buscado com a tese de doutoramento, *Estruturalismo e Teoria da Literatura* (1973), na qual empreende sua primeira grande navegação até a Grécia, para arrolar as várias tentativas de se dar conta do fenômeno literário. Platão, Aristóteles, Kant, Hegel, os formalistas russos, o Círculo Linguístico de Praga, muitos são os autores cuja análise possibilita ao crítico firmar posição como alguém decidido a fomentar o espírito propriamente teórico entre nós.

Em consonância com a aposta, fez anteceder a seção analítica de vários de seus livros de uma parte teórica. Além disso, dedicou volumes inteiros a uma ou mais questões, a exemplo de *A Aguarrás do Tempo* (1989), que trata exclusivamente da narrativa, e *História. Ficção. Literatura* (2006), destinado a deslindar os três termos do título. Numa nação em que mesmo uma parte do meio acadêmico cultiva a crítica impressionista, infelizmente títulos dessa natureza têm mais prestígio que público.

Como este artigo tem nos atritos um de seus fios condutores, impõe-se lembrar um incidente que abalou nosso meio: em *Pensando nos Trópicos* (1991), Costa Lima lastimou que em *Formação da Literatura Brasileira* Antonio Candido tenha privilegiado a descrição em detrimento da reflexão. É de acrescentar tão somente que teve o cuidado de cercar tal comentário de elogios ao ex-orientador – que qualquer um de nós apontaria como a mais merecida das unanimidades.

Uma das maneiras de contornar a pobreza do disse-me-disse que o comentário desencadeou é vê-lo como lamento pelo fato de até hoje pouco se teorizar entre nós. A crítica nacional não acompanhou um movimento vivido em outras latitudes a partir do início do século XX, quando a busca de ultrapassagem da análise impressionista reforçou a história da literatura – prestigiosa já nos Oitocentos –, mas sobretudo possibilitou o desenvolvimento da teoria da literatura.

Diferentemente do respeito demonstrado ao censurar Antonio Candido, Costa Lima investe duramente contra deslizes conceituais e outras barbeiragens cometidas por outros confrades. Às vezes a mágoa dos atingidos tem razão de ser, pois o crítico realmente é virulento. Só não se pode negar que aja com sinceridade e que quase sempre tenha razão. Sem que se possa dizer que a situação já foi melhor, os suplementos literários continuam cheios de resenhas desastrosas, resultantes da ignorância e da falta de coragem de estudar.

Mesmo nossas aulas se nutrem de certas visões que parecem incontestes apenas devido à repetição. Contra algumas delas se insurge Costa Lima, para incômodo do próprio corpo de que faz parte. Afirmar, por exemplo, que Augusto de Campos é o maior poeta brasileiro vivo significa destronar Ferreira Gullar. Da mesma forma, dizer, em *Terra Ignota* (1997), que Euclides da Cunha fez uso meramente ornamental da literatura – e, o que é pior, em reforço ao dogmatismo evolucionista – equivale a colocar-se contrariamente ao que estamos habituados a alardear.

De volta à tese, vemos que o próprio fato de seu título se iniciar por *Estruturalismo* demonstra o grande apreço que Costa Lima sentia pelo pensamento lévi-straussiano, no qual encontrava respaldo para pensar a literatura como produção menos idiossincrática do que balizada por certas constantes associadas ao mito. Essa visão sofreu uma reviravolta em 1980, quando *Mímesis e Modernidade* abriu o caminho para uma alentada trilogia devotada à defesa da arte não como *imitatio*, e sim como *poiesis*.

Essa e outras guinadas comprovam que, da mesma maneira que aponta aquilo que considera sem sentido nos outros, Costa Lima não se peja de revisar ou mesmo repudiar o que até então considerava válido em seu próprio trabalho. Ainda em 2000 lançou *Mímesis: Desafio ao Pensamento*, no qual não negou as descobertas de duas décadas antes, mas condenou o fato de haver se aproximado dos desconstrucionistas, cujo apagamento do sujeito criador levaria à devolução do crítico à condição autoritária e pré-romântica de juiz de arte.

O afastamento em relação à corrente inaugurada por Derrida se fez acompanhar do resgate da referência, não como dado reproduzido, e sim como real inevitavelmente transformado cujas marcas, no entanto, se mantêm no relato. Assim, Costa Lima pôde, com *O Redemunho do Horror* (2003), privilegiar o conteúdo na abordagem de um *corpus* híbrido de ficção e história.

Esse livro equivale ao segmento analítico de *Mímesis: Desafio ao Pensamento*, portanto teve sua elaboração alicerçada por reflexões comprobatórias de que a necessária atenção ao significante não precisa implicar o descarte do significado. No entanto, já em *Trilogia do Controle* (1984-8), publicada na década de 1980 e acrescida de *O Controle do Imaginário & A Afirmação do Romance* (2009), Costa Lima ampliou o foco para tratar das injunções religiosas, políticas e comerciais sofridas pela ficção.

A problemática do controle não o conduziu a reviravoltas, tampouco o colocou em choque tão direto com pares brasileiros e estrangeiros quanto à tematização da mímesis. Entretanto, o acúmulo de dados e reflexões lhe permite reclamar que o assunto ainda não receba a devida atenção no âmbito dos estudos literários.

E assim chega ao final este curto escrito, a que se justapõe um panorama completo da produção do crítico na apresentação e nos lides das entrevistas de *Luiz Costa Lima: Uma Obra em Questão* (2010). Para redigir esses textos, mantive em mente os 21 livros, que têm o respeitável peso de 19,5 kg, conforme verifiquei no Aeroporto Internacional do Galeão, ao embarcar com eles para uma estada de releitura em Alagoas.

Se pensamos na qualidade da reflexão que os perpassa, enxergamos claramente aquele que os assina ao lado de outros brasileiros que também mereceram comunicações no congresso que originou este livro, como José Veríssimo, Sérgio Buarque de Holanda, Antonio Candido, Haroldo de Campos e Roberto Schwarz. Se cada um deles tem um perfil inconfundível, o de Costa Lima talvez encontre uma das chaves de explicação em *Limites da Voz I* e *II*, que demonstram a importância de a criticidade ser exercida sem qualquer constrangimento. É o que o próprio autor faz desde que surgiu no mundo das letras, em movimento cada vez mais compreendido, portanto com crescente capacidade de fecundar nosso campo.

REFERÊNCIAS BIBLIOGRÁFICAS

Bastos, Dau (org.). *Luiz Costa Lima: Uma Obra em Questão*. Rio de Janeiro, Garamond, 2010.

Costa Lima, Luiz. *Por que Literatura*. Petrópolis, Vozes, 1966.

_____. *Lira e Antilira: Mário, Drummond, Cabral*. Rio de Janeiro, Civilização Brasileira, 1968; 2. edição revista e modificada: Rio de Janeiro, Topbooks, 1995.

_____. *Estruturalismo e Teoria da Literatura*. Petrópolis, Vozes, 1973.

_____. *A Metamorfose do Silêncio*. Rio de Janeiro, Eldorado, 1974.

_____. *A Perversão do Trapezista: O Romance em Cornélio Penna*. Rio de Janeiro, Imago, 1976; 2. edição revista, com novo prefácio e intitulada *O Romance em Cornélio Penna*. Belo Horizonte, Editora da UFMG, 2005.

_____. *Mímesis e Modernidade (Formas das Sombras)*. Rio de Janeiro. Graal, 1980; 2. edição atualizada, Rio de Janeiro, Graal, 2003.

_____. *Dispersa Demanda*. Rio de Janeiro, Francisco Alves, 1981.

_____. *O Controle do Imaginário. Razão e Imaginação nos Tempos Modernos*. São Paulo. Brasiliense, 1984; 2. edição revista, Rio de Janeiro, Forense Universitária, 1989. Ver *Trilogia do Controle*. Rio de Janeiro, Topbooks, 2007.

_____. *Sociedade e Discurso Ficcional*. Rio de Janeiro, Guanabara, 1986. Ver *Trilogia do Controle*. Rio de Janeiro, Topbooks, 2007.

_____. *O Fingidor e o Censor*. Rio de Janeiro, Forense Universitária, 1988. Ver *Trilogia do Controle*. Rio de Janeiro, Topbooks, 2007.

_____. *A Aguarrás do Tempo: Estudos sobre a Narrativa*. Rio de Janeiro, Rocco, 1989.

_____. *Pensando nos Trópicos*. Rio de Janeiro, Rocco, 1991.

_____. *Limites da Voz (Montaigne, Schlegel, Kafka)*. 2 vols. Rio de Janeiro, Rocco, 1993; 2. edição revista, Rio de Janeiro, Topbooks, 2005.

_____. *Vida e Mímesis*. Rio de Janeiro, Editora 34, 1995.

_____. *Terra Ignota. A Construção de* Os Sertões. Rio de Janeiro, Civilização Brasileira, 1997.

_____. *Mímesis: Desafio ao Pensamento*. Rio de Janeiro, Civilização Brasileira, 2000.

_____. *Intervenções*. São Paulo, Edusp, 2002.

_____. *O Redemunho do Horror. As Margens do Ocidente*. São Paulo, Planeta, 2003.

_____. *História. Ficção. Literatura*. São Paulo, Companhia das Letras, 2006.

_____. *O Controle do Imaginário & A Afirmação do Romance*. São Paulo, Companhia das Letras, 2009.

_____. (org.). *Teoria da Literatura em suas Fontes*. Rio de Janeiro, Civilização Brasileira, 1975.

_____. (org.). *A Literatura e o Leitor*. Rio de Janeiro, Paz e Terra, 1979.

Stierle, Karlheinz. *A Ficção*. Trad. Luiz Costa Lima. *Novos Cadernos do Mestrado*, vol. 1. Rio de Janeiro, UERJ, 2006.

CRÍTICA E POÉTICA PLURAIS: HAROLDO DE CAMPOS

Lino Machado

> KRINO, *fazer a sua própria seleção, escolher.*
> *É isto o que a palavra significa.*
> EZRA POUND, *Abc da Literatura.*

1. INTRODUÇÃO

Em termos de publicação de livros, a produtiva carreira literária de Haroldo de Campos começa em 1950, com os poemas reunidos em *Auto do Possesso*, e não cessa no ano da sua morte (2003), pois ao menos *Éden* e *Entremilênios* já saíram em edições póstumas (2004 e 2009, respectivamente), dentre o material que o autor deixou inédito. Se tal carreira extravasou assim os limites cronológicos de uma existência, ela também rompeu as fronteiras da modalidade artística fundamental de Haroldo de Campos, a poesia, estendendo-se a outras práticas de escrita. Este segundo aspecto "exorbitante" é o que pretendemos aqui discutir, mobilizando para tanto as categorias com as quais Ezra Pound classificava as espécies de crítica.

Em "Linha de Demarcação", Pound propôs que criticar um texto é tarefa que se efetua de cinco maneiras: (1) pela discussão, (2) pela tradução, (3) pelo exercício no estilo de uma época, (4) por meio da música, (5) por meio de uma nova composição. Haroldo de Campos praticou quase todos esses modos (a exceção foi o quarto, embora não por completo), como veremos adiante. Desde logo frisemos algo, entretanto: se o termo *poética* pode ser utilizado para o estudo minucioso quer da literatura, quer da estética em geral, então o mesmo se revelará mais do que oportuno para lidarmos com a produção variada do escritor paulista.

2. POÉTICA DE UMA NOVA PRÁXIS LITERÁRIA E POÉTICA DE NATUREZA MAIS AVALIATIVA

Em primeiro lugar, como o próprio Pound, o nosso autor foi o que, na Modernidade, ficou conhecido como *poeta-crítico*: um exemplo de poeta que, sem deixar de sê-lo essencialmente, se mostrava capaz de discutir questões literárias e culturais, produzindo trabalhos que se tornariam referências decisivas na área teórica. Haroldo de Campos atuou aqui não apenas através da redação de textos extensos (como, para dar um exemplo, *Morfologia do Macunaíma*), mas ainda por meio da apresentação de escritos mais curtos, reunidos em livros seus ou publicados em obras alheias, em formato de ensaios, prefácios, quartas capas, "orelhas" e, mesmo, poemas (com certo teor analítico na sua tessitura estética) em catálogos de exposição de artistas plásticos. Nessa modalidade, não podemos deixar de ressaltar, também, a autoria de alguns dos manifestos da época polêmica da proposição da poesia concreta, quando ele trabalhou, sobretudo, com Augusto de Campos e Décio Pignatari, os seus companheiros do grupo Noigandres, nas décadas de 50 e 60 do século passado. Tais manifestos não traziam tão só a proclamação de princípios provocativos, mas por igual exibiam uma argumentação cerrada de ideias, de conceitos até então, em boa parte, inéditos na nossa paisagem intelectual: a *poética de uma nova práxis literária* (aliada, aliás, a um concretismo plástico que apresentava evidentes afinidades com o que na poesia concreta era uma meditação ativa acerca da *visualidade* da época, para não mencionar o colóquio com a música mais experimental daqueles anos). A densidade argumentativa dessas formulações em defesa do movimento justificou que a sua reunião em livro, assinado pelos três componentes de Noigandres, fosse intitulada, com justiça, *Teoria da Poesia Concreta*.

Por essa poética polêmica foi que Haroldo de Campos iniciou a sua carreira; todavia, em termos de "crítica pela discussão", ele também produziu uma quantidade considerável de páginas que se enquadram no que poderíamos chamar de *poética de natureza mais avaliativa* (ou mais próxima da tradição crítica), dedicada à discussão de obras alheias, como o romance de Mário de Andrade, no já citado *Morfologia do Macunaíma*, estudo ao qual vários outros poderiam ser somados com facilidade.

3. POÉTICA DA TRADUÇÃO

No concretismo, o necessário diálogo entre manifestos e poemas teve um desdobramento, com natureza prática e teorética: da consideração de textos diversos da literatura mundial, impulsionadores da produção do grupo, passou-se à sua tradução efetiva para o português do Brasil, o que nos coloca no âmbito da segunda modalidade crítica de Pound, pois, se traduzir, conforme queria o poeta norte-americano, é já um modo de criticar, pelo que implica de *seleção*, em Haroldo de Campos o processo intensificou-se, uma vez que ele desenvolveu uma teorização bastante extensa (e hoje com repercussão internacional) a respeito do assunto, em reflexão iniciada nos anos 1960 e só interrompida pela sua morte. Eis-nos, agora, diante de outra manifestação do que seja *poética*: no caso, uma *da tradução*. Desnecessário lembrar que o conjunto de trabalhos vertidos pelo autor de *A Máquina do Mundo Repensada* e os demais membros de Noigandres enriquece o *corpus* textual da própria literatura brasileira, ao menos de dois modos: obriga-a a confrontar-se com algumas das produções mais ousadas da literatura de outros lugares do planeta e, ao mesmo tempo, leva-a a considerar a possibilidade de retomar, de maneira criativa, uma série de procedimentos que, até então, pareciam "enclausurados" (palavra cujo radical era da preferência do escritor paulista) nos idiomas em que certas obras desses lugares foram plasmadas.

4. POÉTICA SINCRÔNICA

A terceira espécie de crítica imaginada por Pound, o "exercício no estilo de uma época", também teve guarida em Haroldo de Campos. A propósito, vejamos um pequeno exemplo e, depois, um maior, que foram manifestações disso. O exemplo menor: em 1985, o poeta publicou a bela "Baladeta à Moda Toscana", que toma como modelo uma célebre balada de Guido Cavalcanti: "Perqu'i' no spero di tornar giammai,/ ballatetta, in Toscana", a qual, ademais, o próprio Haroldo transpôs para o nosso idioma. O exemplo de maior impacto no interior da produção haroldiana: é conhecida não a paixão fugaz, mas o amor de "longa duração" do autor pela poética barroca, o qual teve repercussão em mais de um setor da sua prática. (Voltando por um momento ao tópico da "crítica pela discussão", basta lembrar as páginas do livro *O Sequestro do Barroco na Formação da Literatura Brasileira* (1989), onde ele trava uma séria discussão, ao mesmo tempo elegante e polêmica, motivada pela releitura do legado colonial do barroquismo, com o modelo teórico-historiográfico proposto por Antonio Candido para o estudo da nossa nacionalidade literária.) Em termos, porém, de estrita criatividade literária, recordemos uma boa manifestação de "exercício no estilo de uma época": o poema longo *Finismundo: A Última Viagem* (1990), no qual a crítica dos suplementos e periódicos percebeu, com precisão imediata, *ecos maneiristas e barrocos*. Quanto a estes últimos, é melhor falarmos em "neobarroquismo", seja porque a retomada de um estilo de um tempo ido

260 　 A CRÍTICA LITERÁRIA BRASILEIRA EM PERSPECTIVA

se efetua, inevitavelmente, *a partir dos valores do horizonte contemporâneo em que a mesma ocorre* (o que Haroldo de Campos, valendo-se de Roman Jakobson, chamava de *poética sincrônica*), seja porque a expressão em causa teve uso relevante em certos setores da modernidade do século xx, sobretudo na área latino-americana (o que permitiu ao nosso autor dialogar, sem "ruídos de comunicação", com intelectuais como Severo Sarduy). Há aqui, digamos, também uma *poética da reapropriação*, ousadamente antecipada pela Antropofagia de Oswald de Andrade (para a reavaliação de cuja obra, nos anos de 1960, revelou-se decisiva a "crítica pela discussão" empreendida por Haroldo de Campos, visível nos longos textos com que prefaciou a reedição de alguns livros do modernista até então subestimado).

5. POÉTICA DA INTERSEMIOSE (QUE HAROLDO DE CAMPOS NÃO PRATICOU, MAS DA QUAL FOI "ALVO")

Já na "crítica por meio da música" (quarta modalidade) são parcialmente abertas as fronteiras semióticas entre sistemas de signos dessemelhantes, como os da arte musical e os da poesia. Para tanto, atenuam-se as diferenças entre as duas práticas estéticas, graças, dentre outros, ao elemento *sonoridade*, comum a ambas. A supramencionada "Baladeta à Moda Toscana" traz, como subtítulo, a seguinte "recomendação": "para arrabil e voz, e para ser musicada por Péricles Cavalcanti". Esse músico viria mesmo a aceitar o convite, pondo em melodia os versos do poeta. Não devemos deixar de mencionar aqui, a propósito, que Caetano Veloso transformou em canção um dos trechos da prosa-poesia das *Galáxias* de Haroldo: "Circuladô de fulô". Claro, trata-se de casos de *coautoria*, que acarretam também uma *poética da intersemiose* (ou de diálogo entre artes diversas).

6. POÉTICA DO DESAFIO

Quanto à "composição de um novo trabalho" (sempre a partir de um antigo), esta conduz a algo mais do que uma reativação do passado (implicada já, é óbvio, na "crítica pelo exercício no estilo de uma época"), pois a busca da novidade obriga o sucessor a tentar ultrapassar os limites da produção do antecessor que o motiva, num processo por vezes delicado, doloroso, que Harold Bloom batizou como "angústia da influência": o combate do candidato a artista com o seu "pai" (ou os seus "pais") no terreno estético. O caráter de inovação, implícito em tal busca, é que nos leva a não incluir aqui a "Baladeta à Moda Toscana", visto que o poeta, com ela, procurou mais exercitar a sua "maestria" na adaptação do modelo fornecido por Guido Cavalcanti do que se desviar muito deste, inventivamente. Um caso mais apropriado para a presente situação envolve um poema da fase concretista ortodoxa de Haroldo de Campos ("Nascemorre") e comentários de Hans Arp sobre um dos poemas de Wassily Kandinsky (entre os quais um em especial, escrito em alemão, intitulado apenas "S"). De fato, "Nascemorre" teve a sua inspiração nos comentários do escultor, pintor e também poeta Hans Arp, a respeito de trabalhos do pintor e ainda poeta Wassily Kandinsky, que, todavia, não eram quadros, mas composições literárias do volume *Klänge* (*Sons*): especificamente falando, o estímulo de Haroldo de Campos veio das observações de Arp a propósito do que este último já chamava de "*konkrete Dichtung*" ("poesia concreta") de Kandinsky. Do pintor russo, o autor paulista traduziu "S" (de novo, a "crítica pela tradução"). E "S", vertido como "R", acabou por igualmente induzir o autor a escrever "Nascemorre", através da mediação de Arp. Sem dúvida, uma complexa questão de "fontes" poéticas... Levando em conta a classificação proposta por Pound, o que, contudo, foi criticado no processo englobando "S", a sua tradução como "R" e "Nascemorre"? A discursividade, que, embora rarefeita, continua a manifestar-se no texto de Kandinsky, e não mais no de Haroldo. Encontramo-nos agora perante uma *poética do desafio*, pois o seu praticante almeja *afastar-se* do que mais o incita a escrever.

Toda a atividade acima resumida, abarcando o nosso autor e dois pintores-poetas, aponta para um tipo especial da crítica demandando "nova composição": o do diálogo com produções oriundas das artes plásticas, por sua vez inseridas na questão dos contatos dos signos verbais com os visuais. Não são poucos os trabalhos criativos de Haroldo de Campos que tomam como referentes ou obras de artistas plásticos ou processos destes ou procedimentos gerais de um período estético cujo teor é a visualidade. Fato, por si mesmo, não surpreendente, devido à participação do autor num movimento como o concretismo, tão marcado pela prática da espacialização dos textos na superfície em branco das páginas (ou dos cartazes em que os mesmos vieram a ser efetivamente expostos). Mas o que talvez surpreenda é a quantidade de vezes nas quais Haroldo de Campos efetuou o diálogo intersemiótico em debate.

Ora ele nos remete a um ou mais trabalhos plásticos determinados, ora ao universo mais amplo de um artista, ora a um recurso de origem não verbal que, de maneira mais ou menos sutil, parece haver sido internalizado no fluxo linguístico das suas próprias composições. Fique isto aqui apenas assinalado, já que uma demonstração mais detalhada da questão exigiria uma quantidade considerável de papel.

Para encerrar o tópico da crítica que redunda em "nova composição", abordemos, ainda que de maneira sintética, duas obras extensas do autor: *Galáxias* (1984) e *A Máquina do Mundo Repensada* (2000).

Dentre as muitas produções alheias que impulsionaram a redação das cinquenta "páginas móveis" de *Galáxias*, ao menos três podem ser privilegiadas. Nelas há elementos que foram incorporados, de modo não servil, ao ambicioso trabalho de Haroldo de Campos: 1) o inacabado *Livre* de Mallarmé, em virtude do caráter permutatório das suas páginas; 2) o *Finnegans Wake* de Joyce, por causa do intenso labor com as palavras, microscopicamente exploradas, e pela sobrecarga enciclopédica das referências presentes na obra; 3) os *Cantos* de Pound, também em razão do acúmulo de um referencial múltiplo e, ainda, da apresentação não linear (baseada no processo de justaposição do ideograma chinês) do material, o que descartava, de saída, o desenvolvimento unidirecional de algum enredo. E por mais que se quisesse, resultaria em perda de tempo querer ver no trabalho enfim efetuado por Haroldo de Campos uma simples retomada, sem originalidade, das complexas produções dos seus predecessores.

No que concerne ao seu último volume poético publicado em vida, recordemos que, do ponto de vista literário (para não mencionar o cosmológico-científico), *A Máquina do Mundo Repensada* é, sobretudo, um diálogo com Dante, Camões e Carlos Drummond de Andrade. O poeta italiano fora já, aliás, objeto de duas grandes operações de "crítica pela tradução": em *Dante: Seis Cantos do Paraíso* (1976) e *Pedra e Luz na Poesia de Dante* (1998), deixando-se de lado o que existe de "crítica pela discussão" em tal par de realizações.

Supomos que o conjunto de modalidades de crítica estabelecido por Pound sirva como um operador de leitura da(s) poética(s) de Haroldo de Campos. Por que, entretanto, esse jogo entre singular e plural agora? Por uma multiplicidade de razões, que não redunda, todavia, num agrupamento de fatores dispersivos: em primeiro lugar, temos uma produção que porta uma única assinatura, tão só um signo autoral; em segundo, tal assinatura não nos obriga, contudo, a unificar o conjunto sob uma rubrica pontual, indicadora de uma unidade que homogeneizasse o todo considerado, simplificando-o; em terceiro, percebemos que cada item crítico proposto nos induz a estabelecer conexões fortes com outros, permitindo-nos idas e vindas produtivas na obra em causa.

Com certeza, as categorias utilizadas podem ser articuladas a conceitos privilegiados no ensaísmo do próprio Haroldo de Campos, ainda que não da sua inventiva. Apontemos alguns, explicitados ou não no trabalho presente: as noções, hauridas em Roman Jakobson, de "poética sincrônica" (diálogo com o passado a partir de uma perspectiva crítica fincada no presente, não numa pretensa "neutralidade" de reconstituição histórico-filológica), "função poética" (ênfase na materialidade dos signos) e "função metalinguística" (atenção ao dobrar-se da literatura sobre si mesma, em exercício lúdico de autoproblematização); o "dialogismo" de Mikhail Bakhtin, rebatizado como "intertextualidade" por Julia Kristeva (a remessa infindável que os discursos fazem uns aos outros); a consideração do "texto" (herdada quer das práticas da vanguarda, quer da teorização literária dos anos 1960) como algo em que as fronteiras entre poesia e prosa tendem a diluir-se; as várias contribuições da semiótica (em especial a de Peirce), com a sua ênfase na diversidade das espécies de signos...

Enfim, se, num autor criativo, o vocábulo *poética* pressupõe intensa ligação entre teorização e práxis literária, é fácil reconhecer em Haroldo de Campos um exemplar representante desse gênero de indivíduo. O fato de, no seu caso, um tal reconhecimento fazer-se óbvio não significa que se encontrem, com facilidade, personalidades que se assemelhem à sua.

REFERÊNCIAS BIBLIOGRÁFICAS

BLOOM, Harold. *A Angústia da Influência: Uma Teoria da Poesia*. Trad. e apres. Arthur Nestrovski. Rio de Janeiro, Imago, 1991.

CAMPOS, Haroldo de. *A Educação dos Cinco Sentidos*. São Paulo, Brasiliense, 1985.

_____. *A Máquina do Mundo Repensada*. Cotia (SP), Ateliê Editorial, 2000.

_____. *Dante: Seis Cantos do Paraíso*. Rio de Janeiro/São Paulo, Fontana/Istituto Italiano di Cultura, 1978.

_____. *Éden*. São Paulo, Perspectiva, 2004.

_____. *Entremilênios*. São Paulo, Perspectiva, 2009.

_____. *Finismundo: A Última Viagem*. Ouro Preto (MG), Tipografia do Fundo de Ouro Preto, 1990.

_____. *Galáxias*. 2. ed. rev., org. Trajano Vieira. (Inclui o CD *Isto não É um Livro de Viagem*.) São Paulo. Ed. 34, 2004.

_____. *Morfologia do Macunaíma*. São Paulo, Perspectiva, 1973.

_____. *O Sequestro do Barroco na Formação da Literatura Brasileira: O Caso Gregório de Matos*. Salvador, Fundação Casa de Jorge Amado, 1989.

_____. *Os Melhores Poemas de Haroldo de Campos*. Sel. Inês Oseki Dépré. São Paulo, Global, 1992.

_____. *Pedra e Luz na Poesia de Dante*. Rio de Janeiro, Imago, 1998.

_____; CAMPOS, Augusto de & PIGNATARI, Décio. *Teoria da Poesia Concreta*. 2. ed. São Paulo, Duas Cidades, 1975 (Publicado pela Ateliê Editorial em 2006).

_____. *Xadrez de Estrelas: Percurso Textual, 1949-1974*. São Paulo, Perspectiva, 1976.

JAKOBSON, Roman. *Linguística e Comunicação*. Trad. Izidoro Blikstein e José Paulo Paes. 8. ed. São Paulo, Cultrix, 1975.

POUND, Ezra. *Abc da Literatura*. Trad. Augusto de Campos e José Paulo Paes. 2. ed. São Paulo, Cultrix, 1973.

_____. *A Arte da Poesia: Ensaios Escolhidos*. Trad. Heloysa de Lima Dantas e José Paulo Paes. São Paulo, Cultrix/Edusp, 1976, pp. 85-86.

CD:

Campos, Haroldo de. *Isto não É um Livro de Viagem*. cd-laser, com dezesseis fragmentos de *Galáxias*, oralizados pelo autor, com a participação do citarista Alberto Marsicano e a supervisão técnica do poeta e compositor Arnaldo Antunes. Rio de Janeiro, 34 Letras, 1992.

Site:

Campos, Haroldo de. www.uol.com.br/haroldodecampos

FORMAS TRABALHANDO FORMAS: A CRÍTICA LITERÁRIA SEGUNDO ROBERTO SCHWARZ

Maria Elisa Cevasco

O modo como Roberto Schwarz lê literatura redefine a prática da crítica literária entre nós. Certamente essa prática se filia a uma linhagem da crítica dialética a que Antonio Candido dá início e impulso no Brasil. No âmbito internacional, sua obra se coloca como continuação do legado dos pensadores do marxismo ocidental, em especial do que o próprio Roberto chama de "a tradição – contraditória – de Lukács, Benjamin, Brecht e Adorno"[1]. No dizer de Franco Moretti, em avaliação de 2006, a obra crítica de Roberto tem a capacidade de demonstrar que a forma literária se configura como uma abstração das relações sociais efetivamente existentes. Esse tipo de análise permite verificar que a forma artística é uma síntese que nos possibilita uma compreensão intuitiva do todo social, dando-nos assim os elementos necessários para julgá-lo. Ainda segundo Moretti, uma combinatória similar de conteúdo de verdade, estilização e crítica aparece nas análises de Benjamin da obra de Baudelaire, de Dolf Oehler sobre Heine e Flaubert, de Adorno sobre Schönberg, e de T. J. Clark sobre Manet[2].

A marca de família entre esses críticos de tradições nacionais diferentes e de objetos de estudo também distintos é justamente esse tratamento da forma artística. Leitores de Marx, tiram as consequências estéticas da descrição que ele apresenta do mundo social como historicamente formado. Na contramão dos ditames da crítica cultural hegemônica, para quem a forma na arte é criação genial do artista

---

1. "Devo uma nota especial a Antonio Candido, de cujos livros e pontos de vista me impregnei muito, o que as notas de pé de página não têm como refletir. Meu trabalho seria impensável igualmente sem a tradição – contraditória – formada por Lukács, Benjamin, Brecht e Adorno" (Roberto Schwarz, *Um Mestre na Periferia do Capitalismo*, São Paulo, Duas Cidades, 1990, p. 13).

2. Franco Moretti, "The End of the Beginning", *New Left Review*, Sept/Oct 2006, p. 85.

e deve ser estudada em si mesma, eles seguem a tradição codificada, entre outros, por Schiller que, em carta de 1793, diz: "Estou convencido de que a beleza estética é apenas a forma de uma forma, e o que é chamamos normalmente de conteúdo deve necessariamente ser pensado como um conteúdo já em si mesmo formado".

Mas essa concepção dialética da interconstituição de forma estética e conteúdo social não foi a que prevaleceu na crítica literária. Durante sua era de maior visibilidade acadêmica, o século XX, este debate normalmente colocava em lados opostos os partidários da forma e os partidários do conteúdo. Estes últimos, para quem se reserva a pecha de serem antes sociólogos que críticos culturais, costumam olhar a arte como reflexo de uma realidade, cujos esquemas históricos ou políticos são previamente conhecidos. Desse ângulo a arte não traria nenhum conhecimento novo, apenas ilustraria, de modo mais ou menos fidedigno, o que já sabíamos sobre o curso do mundo. O outro lado, o que venceu o debate, reconhece que a forma é o elemento crucial da arte, o que a eleva acima da vida social, para uma esfera fora das injunções da história. O preço dessa visão formalista é cerrar as relações entre arte e sociedade. Ao invés de procurar ver a obra na sociedade e a sociedade na obra, os modos de ler preconizados pelas diferentes escolas críticas buscavam isolar o texto literário do contexto que lhe dá sentido: assim foi com o formalismo russo com sua ênfase nas técnicas de composição nos anos 1920, e com o *close reading*, com sua atenção restrita às palavras dispostas sobre a página. Esta leitura puramente intrínseca da literatura, partindo da Inglaterra nos anos 1930 e dominando a academia norte-americana sob o nome de *new criticism* a partir dos anos 1950, tornou-se, como sabemos, a maneira "natural" de ler um texto[3]. A moda seguinte de ler, o estruturalismo, mantém essa atenção na obra isolada da sociedade, e se concentra na evolução sistêmica da literatura como uma atividade autônoma e nas interações complexas entre estratégias e procedimentos formais. Esta ênfase no texto autotélico permanece em tendências contemporâneas como o desconstrutivismo com sua concepção textual da realidade: nas palavras bem conhecidas de Derrida, principal nome dessa tendência, "não há nada exterior a um texto" e o trabalho crítico passa por desmontar as oposições binárias que constituem a linguagem e buscar a "*différance*", o que não se encaixa, o excesso linguístico. Essa predominância formalista, se, por um lado, significou um ganho com suas análises detalhadas de procedimentos técnicos e de seus efeitos, fez, por outro, com que se criasse uma "mentalidade disjuntiva"[4]: ou se estudava o texto como um todo autônomo cuja estrutura formal era o único objeto digno de atenção, ou se estudava a literatura como fato da cultura.

---

3. Ver a esse respeito Terry Eagleton, *Theory of Literature*, Oxford, Blackwell Publishers, 1983.
4. Ver a este respeito Antonio Candido, *Literatura e Sociedade*, São Paulo, T. A. Queiroz Editor, 1965.

A intervenção dessa tradição a que se filia a obra de Roberto Schwarz vem alterar radicalmente os termos do debate. Com os formalistas, considera que a forma é central na arte, mas está longe de subestimá-la como ornamento ou acidente de percurso criativo. Para usar uma formulação de Adorno, forma para esta tradição é conteúdo sócio-histórico sedimentado. Essa ideia complexa e enriquecedora de forma começou a se firmar em diferentes tradições críticas nacionais a partir dos anos 1940 e tem sua primeira codificação entre nós na obra de Antonio Candido. Falando do mestre, e com observações que se aplicam a toda a tradição, Roberto esclarece as possibilidades abertas por essa concepção de forma:

> Do ângulo dos estudos literários, o forte dessa noção está no complexo heterogêneo de relações histórico-sociais que a forma sempre articula, e que faz da historicidade, a ser decifrada pela crítica, a substância mesma das obras. A vantagem ressalta no confronto com os diferentes formalismos – termo confuso que pensa designar pejorativamente a superestimação teórica do papel da forma, quando talvez se trate, pelo contrário, de uma subestimação. Com efeito, os formalistas costumam confinar a forma, enxergar nela um traço distintivo e privativo, privilégio da arte, aquilo que no campo extra-artístico não existe, razão por que a celebram como uma estrutura sem referência[5].

Essa concepção de uma forma objetiva embasa uma prática distinta e abre um enorme horizonte de relevância para a crítica cultural. A prática de análise não para na descrição, mas busca decifrar os liames entre as formas da arte e a história que elas concretizam. Para esta tradição, a obra de arte tem um grande potencial cognitivo, na medida em que materializam formas sociais veladas pela aparência empírica. Deste ponto de vista, arte não é um mero ornamento de um espírito imortal, mas a historiografia inconsciente do nosso tempo, para continuar falando como Adorno. Nesse movimento, a tradição evidencia em que sentido as escolas formalistas subestimam a forma e com ela a tarefa da crítica literária, condenada, na tradição hegemônica, a repetir fórmulas ou generalidades, sem objeto efetivo. Todos nos lembramos das conclusões decepcionantes das intrincadas descrições formais do *new criticism* que nos diziam, depois de interessantes observações sobre as palavras na página, que o central no poema era demonstrar a "a ambiguidade da linguagem", ou "a complexidade do significado", ou ainda, como querem os desconstrutivistas, que a linguagem nunca diz tudo. Demasiado e admirável esforço, pena que seja para arrombar uma porta aberta e nos contar, exatamente como fazem os conteudistas, algo que já sabíamos muito antes de ler a obra.

---

5. Roberto Schwarz, "Adequação Nacional e Originalidade Crítica", *Sequências Brasileiras*, São Paulo, Companhia das Letras, 1999, p. 31.

268 ›✿ A CRÍTICA LITERÁRIA BRASILEIRA EM PERSPECTIVA

A intervenção decisiva que a obra de Roberto faz nesse debate é uma das marcas da sua relevância para o campo cultural contemporâneo. Ao longo de sua obra, e sem fazer quase nenhuma discussão explicitamente teórica, vai especificando os modos de configuração dessa forma objetiva que é preciso estudar caso a caso. Como seu campo de estudo é a produção cultural brasileira, ele vai acrescentar a esta tradição a singularidade e a potência crítica do ponto de vista periférico. Para exemplificar essa intervenção, eu podia falar de seus celebrados estudos sobre Machado de Assis e de como seu esforço crítico resgatou o grande escritor da recepção beletrista que lhe havia dedicado a crítica, embasbacada pelo uso culto da linguagem do escritor, ou por sua familiaridade com os clássicos e com a literatura estrangeira. Os vários estudos que ele dedica a Machado vão demonstrando que ele é efetivamente um grande escritor, provavelmente o maior entre nós. A parte fundamental de sua grandeza está em sua maestria no uso da forma literária. Nos romances de sua segunda fase, inaugurada com a publicação de *Memórias Póstumas de Brás Cubas*, ele foi capaz de cifrar em sua obra a particularidade do funcionamento local das concepções ditas universais que embasam o conjunto de ideias que regem as noções de civilização e modernidade. Submetidas ao crivo da experiência periférica, essas ideias giram em falso e nos permitem enxergar seus efetivos pressupostos tanto lá como cá. Este é um dos fundamentos do significado histórico mundial do nosso primeiro grande escritor.

Reconheço, como de resto faz a recepção crítica entusiasta da obra de Roberto, que seus estudos sobre Machado são um marco. Mas acredito que, para demonstrar o que me interessa aqui, a forma da sua intervenção decisiva no debate crítico, seu livro *Duas Meninas* é mais adequado na medida em que está mais evidente lá a radicalidade dessa intervenção e suas consequências para a prática da crítica literária.

O livro foi publicado em 1997, em plena era neoliberal quando sofríamos mais um de nossos surtos periódicos de "desta vez vamos": parecia que apenas um pequeno ajuste consertaria nossa fratura estruturante de ex-colônia, que seguia repetindo seu movimento constante de repor o atraso a cada pequeno salto de modernização. Este é o pano de fundo imediato para um exame detalhado e esclarecedor da província por excelência da crítica cultural nacional, onde se constitui o que o próprio Roberto chama de "a matéria brasileira", ou seja, o exame das especificidades do sistema de relações sociais, de visões de mundo e de formas para dizê-las que foi engendrado pela história de nosso país e está presente em suas obras de interesse. Não se trata de estreitamento do ângulo do exame quando a era da globalização, que então se firmava, questiona a pertinência do tema nacional, embora as nações e suas desigualdades continuem existindo. Quem se lembra da história intelectual do país vai se recordar que a geração de Roberto é responsável por uma

FORMAS TRABALHANDO FORMAS: A CRÍTICA LITERÁRIA SEGUNDO ROBERTO SCHWARZ   269

"intuição nova" do Brasil: para além dos debates entre os diferentes méritos do nacional e do internacional que se coloca como parâmetro do progresso, essa geração de pensadores de diferentes disciplinas insiste no fato de que o Brasil funciona em um "espaço diverso mas não alheio" à ordem internacional hegemônica. O espaço é diferente porque as metrópoles não criavam sociedades à sua imagem e semelhança nas colônias e a divisão internacional do trabalho que permaneceu após a independência tampouco gera igualdade. Mas é, para continuar falando como Roberto, "um espaço da mesma ordem, porque também ele é comandado pela dinâmica abrangente do capital, cujos desdobramentos lhe dão a regra e definem a pauta"[6]. Não se trata de pensar o nacional em oposição, para o bem ou para o mal, ao internacional, mas de ver a parte de um no outro. Vale lembrar que o conjunto de relações que compõe a matéria brasileira começa a se formar na época colonial e, embora, ou talvez por isso mesmo, seja incompatível com o padrão de nação moderna, é ao mesmo tempo "um resultado consistente, e revelador, da evolução do mundo moderno a que serve de espelho ora desconfortável, ora grotesco, ora utópico, nos momentos de euforia"[7]. Esse movimento vai estruturar, como não podia deixar de ser, a representação artística da nossa realidade.

O próprio Roberto, em ensaio[8] escrito em 1998, explica qual é a nota específica da nossa produção cultural: a particularidade nacional reside nos modos com que o país se insere nesse sistema de funcionamentos anômalos. Esses modos estão ligados tanto ao nosso passado, às especificidades de nossa inserção na ordem capitalista mundial através da colonização, quanto aos resultados de um presente desigual, onde se interpenetram progresso e atraso. Em *Um Mestre na Periferia do Capitalismo*, Roberto resume como se estrutura esse funcionamento social anômalo: "a matriz prática se havia formado com a Independência, quando se articularam perversamente as finalidades de um estado moderno, ligado ao progresso mundial, e a permanência de uma estrutura social engendrada na Colônia. Entre esta configuração e a das nações capitalistas adiantadas havia uma diferença de fundo"[9]. Essa diferença é o fundamento da dificuldade de se aplicarem à nossa realidade as categorias prestigiadas da experiência moderna como as de progresso tanto social quanto individual, de igualdade pelo menos perante a lei, de liberdade, pelo menos a de ser explorado como força de trabalho, de universalidade dos princípios, e demais apanágios e anseios da civilização. É claro que esse mau

---

6. Roberto Schwarz, "Um Seminário de Marx", *Sequências Brasileiras*, São Paulo, Companhia das Letras, 1999, p. 95.

7. *Idem*, "Duas Meninas na Periferia do Capitalismo: Entrevista Concedida a Fernando de Barros e Silva", *Folha de S. Paulo*, 1 de junho de 1997, p. 4.

8. *Idem*, "A Nota Específica", *Sequências Brasileiras*, pp. 151-154.

9. *Idem, Um Mestre na Periferia do Capitalismo*, p. 223.

270 ✤ A CRÍTICA LITERÁRIA BRASILEIRA EM PERSPECTIVA

funcionamento local submete as categorias à crítica. Como lembra nosso Autor, a possibilidade de convivência entre essas ideias e a prática nacional que atesta seu contrário contribui para que estas noções deixem de enganar. Este é um pedaço específico de esclarecimento que cabe à periferia. Assim como as categorias, as formas literárias que procuram materializar as relações sociais também têm que se conformar ao crivo da especificidade das formas que definem as linhas da realidade nacional. A menos que queiram flanar acima do real e falar de generalidades, esta é a matéria que se impõe a nossos melhores escritores:

> No plano literário talvez se possa dizer que as obras que consciente ou inconscientemente deram forma ao problema e se situaram com profundidade a respeito, suspendendo a redoma nacional e sentindo que ali estava em jogo o mundo contemporâneo tenham sido as decisivas da cultura brasileira[10].

Em *Duas Meninas*, Roberto estuda lado a lado duas obras que cumprem com alto grau de sucesso essa função. O livro é composto de dois estudos complementares. O primeiro, "A Poesia Envenenada de Dom Casmurro", é um ensaio condensado de apenas 32 páginas que mostra como a estruturação da narrativa e a prosa do narrador vão configurando um retrato dos modos e possibilidades do nosso funcionamento social. O que emerge é uma crítica corrosiva ao privilégio social que embasa as arbitrariedades de proprietário que, por sua vez, autorizam as ações e mandonismos do Casmurro. Um aspecto crucial para este resultado crítico é uma escolha formal: como se sabe, o narrador é o próprio Bento que vai aos poucos se expondo, na medida mesma em que vai rememorando, com sua linguagem fina de cavalheiro bem-pensante, sua vida e a suposta traição de sua mulher. Roberto mostra que essa escolha do narrador não fidedigno serve a propósitos complementares. De saída, a voz central, a do Dr. Bento Santiago, vai aproximando o leitor, induzindo-o a enxergar o mundo narrado sob sua ótica. Aos poucos, essa voz vai construindo uma "ratoeira expositiva" para capturar o leitor. Um exemplo dessa ratoeira, nos lembra Roberto, é a famosa frase do Casmurro, "O resto, é saber se a Capitu da praia da Glória já estava dentro da de Matacavalos ou se esta foi mudada naquela por efeito de algum incidente". A aparente sobriedade da fala, do homem que medita sobre o tempo da perfídia, abre espaço para que o leitor se solidarize com o senhor maduro em dúvida sobre a pureza do primeiro amor, mas assegura que ninguém vá pensar na possibilidade de que Capitu seja inocente.

E tem mais. A fala do Casmurro, com sua mistura da dicção de marido traído e de patriarca prepotente, com sua postura de representante das Luzes que faz ci-

---

10. *Idem*, "A Nota Específica", *Sequências Brasileiras*, p. 154.

tações eruditas para justificar como universais suas idiossincrasias, vai aos poucos compondo os meandros do tipo de subjetividade que viceja em países como o nosso, onde as normas de civilidade e racionalidade, apanágios da modernidade burguesa, convivem com os desmandos das relações sociais de classe que têm existência efetiva no centro, mas que têm seus efeitos potencializados na periferia. É essa estrutura sócio-histórica que torna possível o veneno da prosa do Casmurro que não deixa nada intocado, das convenções literárias às pretensões da civilização contemporânea:

> O narrador capcioso, que sai da regra e sujeita a convenção literária às suas prerrogativas de classe responde aos dois momentos. Por um lado, expressa e desnuda o arbítrio, o enlouquecimento do proprietário em face de seus dependentes; por outro, faz descrer do padrão universal que, além de não impedir nada, ajuda o narrador, patriarca e proprietário, a esconder eficazmente seus interesses impublicáveis[11].

A este desmascaramento do Casmurro e demonstração do substrato social de suas arbitrariedades e do que elas nos revelam da elasticidade interesseira das normas da civilização, feitos de nosso maior escritor, vem se juntar um estudo de… uma vida de menina. O segundo ensaio do livro, "Outra Capitu", enfoca o diário de Helena Morley, pseudônimo de Alice Dayrell Caldeira Brant, com entradas que cobrem os acontecimentos da vida quotidiana da menina e sua família em Diamantina entre os anos de 1893 e 1895, quando Helena tinha entre 13 e 15 anos. A ideia é mostrar que o livro, escrito sem intenção de arte, suporta uma leitura cerrada e dá notícia da potência estruturadora das formas sociais. Embora não faça nenhuma observação metodológica ou declaração de princípios, o ensaio não deixa pedra sobre pedra nos estudos literários correntes e representa uma verdadeira demonstração de um programa crítico que leve em conta a historicidade da forma e sua capacidade de revelação do funcionamento da sociedade. Trata-se de uma demonstração da potencialidade de uma leitura imanente. E isso tudo em apenas 99 páginas, divididas em seis partes já anunciadas nessa primeira onde o crítico avisa que vai desmontar a recepção do livro como apenas engraçadinho e demonstrar que, percebida a "correspondência entre os apontamentos do diário", nos vemos diante de um universo denso, "capaz de autênticas revelações", tudo veiculado por uma prosa "avessa ao pretensioso" que serve o assunto com "a propriedade de grande literatura". A naturalidade da prosa demanda explicação de que fazem parte as "circunstâncias complexas e irrepetíveis" em que foi escrito. Sua originalidade requer que se detalhe um contraste com "o contorcionismo estilístico"das letras da época, contraste que, como veremos, está entre os pontos altos do ensaio.

---

11. *Idem, Duas Meninas*, São Paulo, Companhia das Letras, 1997, p. 41. Como farei muitas citações deste livro, a partir de agora apenas indicarei as páginas no corpo do texto.

A vida social retratada pela menina nos põe em contato com o universo "estranho aos formalismos, sem reverência pelo Estado e pela Europa", que adiante, se o livro não foi reescrito na data da publicação, 1942, ia deslumbrar o Modernismo, que via nas diferenças do modo de vida da ex-colônia uma forma de escapar ao "figurino burguês" (pp. 47-48). Mas não há nada de estetizante ou de edificante na prosa da menina que descreve, com espírito sagaz mas desarmado, uma sociedade em funcionamento. Aí, seu grande trunfo, o de nos colocar "em contato com o movimento e com a lógica de uma formação social, o desiderato moderno da literatura realista". O estudo de Roberto sobre Helena Morley vai abordar, sempre sem alardes metodológicos, as implicações desses achados de leitura para alguns dos conceitos-chave da crítica, como os do que é literatura, o que é grande arte, o que é realismo, tradição e cânone literários e, crucialmente, o que liga a palavra ao mundo e o conhecimento novo que esta ligação engendra. Seu ensaio lembra a movimentação de um prisma: o exame de cada faceta elucida e refrata novas questões que exigem investigação e cujas conclusões obrigam a repensar os modos de avaliação da crítica literária. Trata-se de uma demonstração da produtividade de uma leitura imanente. Vou seguir os movimentos do ensaio para tentar explicar como se constrói o diferencial dessa modalidade de crítica.

De saída, chama a atenção a ousadia de colocar lado a lado duas obras tão díspares. E a intenção é mesmo de comparação, como indica o título, *Duas Meninas*. Assim, depois de contar o encanto que a obra de Helena vem provocando desde sua publicação, com admiradores que vão de gente graúda como Guimarães Rosa, Alexandre Eulálio e a poetisa americana Elizabeth Bishop, que o traduziu para o inglês, a milhares de leitores que transformaram o livro em presente ideal para mocinhas promissoras, Roberto já coloca sua posição polêmica: "Sem favor, *Minha Vida de Menina* é um dos livros bons da literatura brasileira, e não há quase nada à sua altura em nosso século XIX se deixarmos de lado Machado de Assis" (p. 47).

Claro que o primeiro desafio que tal assertiva coloca para o ensaio é a de provar que ela está correta, ainda que, ou talvez exatamente por que, colida frontalmente com as avaliações correntes na crítica literária hegemônica. A questão aí não passa por considerar a prosa da menina como documento sociológico de interesse. Citando Alexandre Eulálio, Roberto assinala que o diário provavelmente não tenha "intenção de arte". Nos termos desarmados de preconceitos do ensaio, essa constatação não traz embutido um juízo de valor: nem se trata de aclamar a obra por adesão a certa birra regressiva que muitos nutrem contra o esforço de elaboração formal que caracteriza a arte, nem se procuram traços de gênio que se teriam introduzido na obra à revelia da consciência da menina. O livro será examinado à luz da leitura do crítico interessado pela "prosa amiga da inteligência, limpa de ranço literário e

FORMAS TRABALHANDO FORMAS: A CRÍTICA LITERÁRIA SEGUNDO ROBERTO SCHWARZ ❧ 273

ideológico, vivamente voltada para os assuntos que trata, os quais domina sem hesitação e com a economia de traço da familiaridade consumada". O modo de narrar de Helena constitui "verdadeiras maestrias, com virtualidade artística evidente, mas em estado por assim dizer cidadão (por oposição a estético) ao qual devem a poesia especial: existem dentro da vida civil, a par de se refletirem no livro. Uma espécie de prova robusta de que a beleza é deste mundo" (p. 49).

Já se vê, nessa primeira avaliação, que a leitura informada, mas sem juízos prévios da obra, leva a conclusões pouco comuns que têm abrangência mais ampla do que a explicação do livro de Helena: o literário pode ter seu ranço na medida exata em que partilha do ideológico; há possibilidade de arte fora do âmbito restrito das concepções correntes do que seria o estético, e, talvez a mais chocante para as sensibilidades estabelecidas, a beleza, esta qualidade inefável que muitos de nós afirmam ser âmbito exclusivo da criação do gênio artístico, "é deste mundo". E mais um susto: o fato do livro provar que a beleza é desse mundo é visto como positivo. De fato, a repetição, que parece ser programática, de palavras como "beleza" e "poesia", para se referir ao diário, indica que um dos móveis da sua investigação é justamente capturar essas qualidades onde a crítica hegemônica as desdenha. Descobri-las como características fundamentais de um diário de menina na província é um achado do ensaio que eleva a arte ao nível da vida, uma operação certamente inaceitável para os parâmetros da prática crítica cujo pressuposto mais estimado reza justamente que a arte alça os materiais a uma esfera mais alta, onde ganham valor estético na medida mesma em que são esvaziadas de um significado social mundano. O ensaio afirma o contrário. Logo nessa primeira parte, explicita: "A beleza do livro, bem superior à empostação colegial dos assuntos, por engraçada que esta seja, deve-se à eficácia irrefletida e disciplinadora, coesiva a seu modo, de uma sociedade em funcionamento" (p. 50). Mais uma razão por que a beleza é deste mundo.

A segunda parte do ensaio coloca-se a tarefa de demonstrar como se dá essa potência estruturante de uma sociedade em funcionamento. O procedimento é totalmente imanente: Roberto apresenta aí uma leitura cerrada das quatro primeiras entradas do diário que enfocam episódios aparentemente desconexos da vida cotidiana da menina e sua família. No primeiro, Helena descreve um dia idílico no campo e exalta os prazeres do esforço físico e do trabalho/diversão em conjunto: ela, a mãe, os irmãos e um agregado, figura tão central na organização social brasileira, desempenham, de forma relativamente indistinta, uma série de tarefas: lavam roupa, pescam, catam lenha. A menina se encanta com os prazeres da atividade física e do trabalho sem supervisão ou mando. Moleca, ela gosta de fazer força e nem liga para os apelos da mãe, que quer evitar que ela vire "menino homem". Seu evidente prazer de trabalhar e fazer força confronta a aversão, comum em uma sociedade recém-saída da escravidão, ao trabalho físico. Nos termos do ensaio, esse ponto de vista relativamente desarmado não é marca de excepcionalidade inexplicável de menina, mas se compõe da uma situação específica, que o ensaio esmiúça: filha de um inglês protestante que trabalha com muito pouco sucesso na lavra e de uma católica de família influente de Diamantina, ela observa o mundo a sua volta dessa situação dupla, dentro e fora dos ditames dominantes. Além disso, Helena exerce seus notáveis poderes de observação em um momento histórico em que, em especial no isolamento da província, se abre um espaço de possibilidades entre o fim da ordem escravista do ciclo da mineração e da nova ordem que ainda não se impôs. Aliados à sua inteligência luminosa, esses fatores contribuem para que ela vá constituindo um ponto de vista afastado dos enquadramentos ideológicos vigentes, os quais ela logo descarta como "enjoamento", algo com que ela não quer perder tempo. Sua "curiosidade ativa e desprevenida pelas zonas depreciadas da vida" (p. 68), possibilitada por essas circunstâncias específicas, já lhe permite, logo nessa primeira cena, desativar e abrir para novas explorações certas marcas do patriarcalismo escravista, como o "confinamento feminino e a estigmatização do trabalho escravo" (p. 52). Roberto mostra como o olhar de Helena, desprovido dos preconceitos que sustentam as divisões de classe, permite reavaliar "as segregações clássicas entre atividade braçal e intelectual, utilidade e beleza, trabalho e diversão, limpeza e sujeira etc. que se fluidificam, passíveis de arranjos novos, em que se demora a fantasia de Helena, explorando sem alarde as virtualidades vertiginosas e desalienadoras da avaliação materialista" (p. 54). As atividades rotineiras, mas que são muito especiais, dão notícia de um caminho que poderia ter sido seguido na sociedade pós-abolicionista, onde há condições, pelo menos em teoria, para uma vida mais igualitária. Não se trata então de mera descrição pitoresca de um dia idílico no campo, mas de uma reavaliação, possibilitada pelas formas do relato, sem alarde ou catequese, de significados e valores consagrados.

Na segunda entrada do diário vemos a família Morley, que no primeiro gozava sem divisão de classe as benesses da natureza, em seu papel de gente fina, recebendo a pobre Benvinda, que lhes vem participar o casamento com um moço que tem uma perna só. À pergunta interessada da mãe de Helena de como vão viver, Benvinda responde: "Não pensei ainda não. Mas viver a gente *veve* de qualquer jeito. Deus é que ajuda". A essa observação seguem-se uma série grande de "Coitados" com que Carolina, a mãe de Helena, tenta lidar com a situação. Essa repetição leva Roberto a observar que se, por um lado, isso mostra a compaixão cristã por tudo o que sofre, por outro revela um comportamento social: "a expressão é também o que há de mais convencional. A cor brasileira se firma ao acaso dos encontros periódicos com o desvalimento de tipo colonial, aquele sem garantia civil nenhuma. Aos poucos, atrás da mistura de familiaridade e distância despontam o nada-que-fazer, a curiosidade, a culpa, o temor, o esquecimento etc. com que os brasileiros esclarecidos, mesmo hoje, encaramos o destino da massa pobre do país"(p. 59). Vê-se por aí como a organização social, com suas distinções de classe, inflete a linguagem e como esta revela uma situação objetiva cujos efeitos nos acompanham até o presente. Narrar sem afetação ou arranjo evidente os episódios do dia a dia faz com que estes vão adquirindo substância e significado, para além do interesse e da comicidade do que se narra. Vale dizer que o relato de Helena, como com o dia de trabalho na fazenda, troca os sinais sociais e dá uma certa grandeza à confiança e desprendimento implícitos no "Deus é que ajuda" de Benvinda. De novo, em outro enquadramento social, complementar da igualdade que reinava no dia no campo, uma diversidade reveladora de pontos de vista e de avaliações das situações narradas. Essa diversidade contribui para acender o interesse da leitura.

No terceiro episódio há outra inversão de posição social: os Morley, sempre necessitados, vão visitar um vizinho, interessados agora em receber as frutas e legumes com que estes sempre os presenteiam enquanto matam as saudades de uma sobrinha ausente que eles acham parecida com a irmã de Helena. O foco aí é mais uma das situações sociais específicas de nosso modo de vida com o "movimento bem brasileiro da extensão fantasiosa do compadrio, segundo conveniências as mais diversas" (p. 61). Na chegada da sobrinha, os Morley entornam o caldo ao rirem da falta de semelhança – com isso perdem a chance de ganhar mais frutas, mas se livram do quiproquó moral em que as relações senhoriais e de favor, marcas da matéria brasileira, nos colocam sem cessar: o que é mais certo, aproveitar das frutas e concordar com o absurdo de dizer que as meninas são parecidas ou recusar conceder a semelhança inexistente e salvaguardar os interesses? A risada dos Morley é um escape, não uma solução. O relato de Helena, desabusado e franco, exclui sempre a solução edificante, a pregação moral que é uma das tentações mais frequentes ao narrar os impasses insolúveis de uma vida social pautada por um sistema de desigualdades e sem muitas das garantias civis. Com isso a prosa da menina deixa ver, sem fazer alarde, mas com forte poder de revelação, o custo humano que este sistema impõe. Na leitura de Roberto, este é um dos milagres operados pelo livrinho despretensioso que "não se afasta do dia a dia da província e entretanto não resvala para o anódino" (p. 64).

O quarto e último episódio a ser analisado nesta parte do ensaio envolve um aspecto mais claramente mercantil: as crianças estão brincando no barro da lavra do tio de Helena, e Arminda, uma garota muito pobre, acha um diamante. O tio de Helena o compra da garota que entrega o dinheiro ao pai. Este avisa que o vai usar não para melhorar a miséria em que vivem, mas para buscar mais diamantes. O pai de Helena, que é sempre muito bondoso, tem uma reação áspera que entristece a menina, mas lhe dá um exemplo, claro para os leitores, de mais um dos muitos episódios da "maldade burguesa ligada à propriedade".

276 ❧ A CRÍTICA LITERÁRIA BRASILEIRA EM PERSPECTIVA

Vão-se assim delineando, já nas primeiras dez páginas do diário de menina, algumas das especificidades da matéria brasileira: Helena participa das diferentes formas de produção disponíveis na vida econômica relativamente desorganizada da província, indo da coleta do que a natureza oferece aos obséquios que caracterizam a dependência e as dificuldades do favor e chegando à mineração, que, como atividade de peso voltada para o comércio internacional, "galvaniza a propriedade, o comércio e a influência política, o contrato, o trabalho assalariado" (p. 67). Os reflexos dessas formas no modo de vida e a avaliação desarmada das questões e dilemas que elas colocam são a substância da narrativa da menina e nos mostram os "desdobramentos internos de um sistema de desigualdade" (p. 63). Roberto chama a atenção para o fato de que o choque entre como se narra e o que se narra é parte essencial do poder de revelação do diário: "a prosa clara, objetiva, de recorte raciocinante, orientada pelo interesse pessoal", ou seja, a prosa engendrada pelas Luzes e pela ordem social burguesa em que elas se firmaram, colide com o material da narrativa de Helena: a religiosidade tradicional, as imensas parentelas, as classes sociais excluídas da propriedade, a massa de bens que só ocasionalmente tem forma mercantil. Esse choque, ensina o crítico, cria um material com teor histórico alto que coloca em xeque tanto os pressupostos da vida burguesa em vias de se firmar em definitivo quanto a das formas tradicionais que aquela vem reordenar.

O relato desses episódios engendra relações e revela modos de vida em contraste. Por isso é necessário pesquisar qual o substrato que o organiza. A pergunta que se impõe nessa altura da exposição é: como podem entradas de um diário de menina conseguir configurar os elementos distintos que desenham a topografia social da vida na província, estabelecer relações entre eles, e avaliar seus méritos relativos? É certo que a disposição para raciocinar em seus próprios termos, marcas de uma criança inteligente, tem sua parte, assim como sua posição familiar dentro e fora das classes dominantes e de seus valores. Entretanto, e aí mais uma razão para o crítico se interessar pelo livro, o fato de que a interposição dos relatos das atividades cotidianas da menina possibilite ao leitor atento estabelecer os nexos estruturais entre essas atividades e ver surgir, do conjunto dessas anotações, um sistema de relações sociais é um exemplo claro de como funciona de maneira concreta a forma objetiva: é porque essas matrizes relacionais estão na vida prática que sua sistematização pelas anotações de Helena sustenta a "arquitetura oculta do livro" e confere a densidade de literatura "ao movimento disciplinado e infinitamente interessante de uma ordem real" (p. 58). A operação crítica de vencer os preconceitos das práticas vigentes e dedicar a um livro sem intenção de arte a leitura atenta que se dedica às obras consagradas, permite demonstrar, logo nessa segunda parte do ensaio, a densidade do diário e, de quebra, dar dignidade de literatura ao corriqueiro e ao despretensioso.

Como na abordagem crítica de Roberto não sobra espaço para explicações metafísicas da beleza encontrada no livro, é preciso achar seu fundamento real. Assim, a terceira parte do ensaio vai examinar as condições de possibilidade da prosa de Helena, e especificar o chão histórico em que se apoiam as peculiaridades que fazem o encanto e engendram o valor estético do livro. Aí o movimento do ensaio vai do exame do contexto à sua força estruturante no texto. No âmbito mais geral, a hora e o lugar da escrita abrem possibilidades. Roberto lembra que o historiador Luiz Felipe de Alencastro descreve o Rio de Janeiro dos anos 1850, com suas distintas relações de trabalho posteriores à descompressão causada pela abolição do tráfego, como um dos "grandes laboratórios sociais do mundo" (p. 71). Algo semelhante é flagrado pela menina na vida cotidiana da Diamantina de fim de século, onde o esgotamento do ciclo da mineração afrouxa os laços com o mercado mundial, o que pode ser interpretado como regressão ou como possibilidade de novos arranjos econômicos. No mundo retratado por Helena, uma das consequências desse interregno é a variedade de posições sociais que ele permite. Roberto mostrou um exemplo dessa variedade que era o suporte das ligações estruturais entre os quatro primeiros episódios do diário onde convivem atividades ligadas à coleta, a economia de subsistência, o trabalho doméstico, a troca entre vizinhos, e a produção voltada para os mercados. Essa variação tem parte com a constituição de um ponto de vista mais abrangente, que favorece o senso do relativo a que Helena submete as certezas simplistas da ideologia comum. Uma das primeiras vítimas desse processo de relativização é a ideia, tão pouco contestada até hoje, de progresso. O prazer de uma vida em cooperação é parte do toque idílico do livro mas também de sua força crítica, na medida mesma em que essas contribuem para desabsolutizar "o fetiche da riqueza" e desbloquear, para a imaginação, o "pedaço de paraíso disponível". Some-se a isso o modo peculiar como a menina revira certezas:

> Volta e meia Helena se ultrapassa e sai por completo do caminho batido, quando estende o movimento da crítica aos próprios resultados desta, preferindo o espírito à letra, ou melhor, reconhecendo a freqüente parte de obscurantismo na superação do obscurantismo, ou ainda a parte da repressão e da opressão de classe na conduta dos ilustrados. Esta virada estupenda, que desautoriza a adesão ao progresso e aponta a brecha entre razão e avanços da civilização, está no centro da independência de espírito que dá beleza ao livro (p. 77).

Essa independência do espírito também livra o livro do apologético: Helena não se abstém de criticar o atraso e confinamento da vida na província, e tampouco de invejar as engenhocas do progresso – como o sorvete, o telégrafo, a maquininha de fazer energia elétrica. Mas, no mesmo passo que as inveja, logo reconhece a parte de opressão embutida na atitude dos tios ricos que usam os bens materiais para embasbacar e humilhar os parentes mais pobres. Pouco escapa ao senso do relativo da menina e sua independência não só nos surpreende e diverte como nos dá a medida da pequenez reinante nas ideias rígidas que engessam a vida social que ela observa.

Roberto detalha os conteúdos que compõem essa independência de espírito e que permitem que as observações da menina vão configurando uma visão crítica e esclarecedora da matéria narrada. Vimos que ele nos mostra que essa capacidade crítica tem parte com a hora e o lugar histórico e também com a posição social da família de Helena, que alia um certo deslocamento de classe às tradições distintas e conflitantes do protestantismo estrangeiro e da carolice católica local. A isso se deve somar a inteligência da menina ainda não cooptada pelas verdades gerais que norteiam a vida adulta aliada à falta de alinhamento automático com a vigente característica da adolescência. Como nós leitores vemos esse mundo refratado nas anotações pessoais que compõem o diário, temos acesso a um ponto de vista que, mesmo inocente como convém a uma menina, dá mostras de como seria uma atitude literária verdadeiramente esclarecida, sem alinhamento automático de classe e capaz de ver vantagens e desvantagens da ordem senhorial antiga e da nova ordem que logo vai eliminar possibilidades, inclusive, como ele vai demonstrar adiante, do exercício da inteligência na produção cultural brasileira. Para frisar este aspecto fundante da beleza e poesia que persistem até nossos dias, Roberto esclarece: "para avaliar o alcance desta distribuição de acentos, em que as Luzes não funcionam como preconceito de classe, digamos que ela não deixa que se forme o antagonismo entre Civilização e Barbárie que na época imbecilizava os atos, o pensamento e a prosa de muitos de nossos compatriotas ilustres" (p. 79). É assim na obra da menina que se pode encontrar o que falta em quase toda a produção da época: a avaliação crítica dos diferentes posições e avaliações disponíveis nesse seu momento histórico. O choque entre diferentes pontos de vista, que convivem em um contexto social que os especifica mutuamente, confere ao livro a "multilateralidade abundante e diferenciada que distingue o grande romance realista" (p. 87).

Essa característica abre espaço para que se explicite a comparação que o estudo vem armando entre o que agora podemos chamar de duas obras do realismo brasileiro. Primeiro, os termos da comparação: a situação de Helena tem paralelos claros com a de outra menina também ela pobre e inteligente, Capitu. Ambas lutam para seguir suas concepções adiantadas em um pedaço de mundo em que o conjunto de ideias modernas que as apoiariam convive com uma ordem social muito diferenciada, onde se mesclam, como sabemos, as marcas do fim da escravatura, a nova ordem burguesa que muda os problemas, mas não os soluciona, e a camisa de força do catolicismo. O fato de que ambos os livros expõem esse "conjunto peculiar de posições e de relacionamentos" que formam a matéria brasileira é mais um dos fundamentos da comparação. A semelhança entre os dois livros dá também notícia de algo que a crítica hegemônica costuma deixar de lado, ou seja, como o trabalho com a forma se dá dentro e fora do âmbito da fatura artística. Machado chegou à sua exposição esclarecedora e complexa da vida nacional através de extensa pesquisa de modos de narrar: ele sabia que os modelos de narrativa importados não davam conta de descrever as peculiaridades da mistura de ordens que é o Brasil. Era preciso engendrar uma forma capaz de expor essa mistura e as contradições peculiares que ela gera, como, no caso de Capitu e Helena, a de personagens com a independência de espírito que proporciona o campo das Luzes enredadas em ligações de dependência e atraso. Machado buscava construir esse modo de narrar enquanto que ele se oferece à observação arguta e desarmada da menina que mistura os assuntos porque eles se lhe afiguram misturados na vida que ela narra.

Roberto nota que a primeira parte do *Dom Casmurro*, a que enfoca, como se há de recordar, o triunfo da menina contra os preconceitos da ordem social obscurantista onde reina a sogra carola e mandona, ecoa a vida de Helena, ela também uma vencedora, se considerarmos que ascender socialmente em uma sociedade de classes é uma vitória. Nesse aspecto, a primeira parte das rememorações de Bento Santiago e a vida da menina de Diamantina compartilham de uma visão otimista da possibilidade de acesso em uma sociedade "desigual mas maleável, aberta à solicitação do mérito" evidente nas duas meninas. Essa semelhança demonstra como, em tempos que pretendiam liquidar a velha ordem escravista, pode estar em aberto a luta pela caracterização positiva ou negativa das condutas. Como Capitu, Helena também sofre com a difamação de parentes tão conformistas e conservadores como a D. Glória, objeto da descrição fulminante e imbatível de Capitu "– Beata! carola! papa-missas!" No mesmo espírito, "Helena brilha ao reivindicar sua naturalidade e ao apontar a hipocrisia dos detratores, na mesma linha combativa e esclarecida que faz a dignidade de Capitu" e, eventualmente, a do próprio leitor, que se permite pesar as avaliações desabusadas de Helena e encontrar os nexos sociais que as sustentam na mesma medida em que se livra, "a golpes de inconformismo crítico da conversa tendenciosa" do nosso cavalheiro narrador (p. 100). Ponto, então, para o ideário moderno que sustenta até nossos dias o encanto das duas meninas.

A segunda parte de *Dom Casmurro* marca uma separação entre as duas obras. A parte estimável do Brasil que anima a trajetória das duas meninas é interrompida pela constatação de seu reverso complementar, a latitude sem limites que nossa situação permite às elites, sem que haja quebra do decoro verbal que marca a conversa dita civilizada e mascara a verdade das relações reais. A segunda parte altera a leitura da primeira e evidencia a visão arguta de Machado sobre os verdadeiros rumos da História nacional. Como vimos, sobra veneno na prosa do nosso guia no universo narrativo, o Casmurro, para contaminar a avaliação do cavalheiro tão ilustrado quanto retrógrado, que dá vazão a seus desmandos de proprietário. O escritor logra encontrar a forma literária que possa representar essa sua reflexão sobre o Brasil. Na avaliação estruturada no romance ecoa uma verdade histórica: a nossa gente de bem não ia abrir mão de suas prerrogativas incivis, complementares da escravidão que não as levava com ela e nem o progresso da sociedade que se instaurava ia forçar essa classe a reparar a fratura social que é uma das sustentações de seus privilégios. Mais do que a possibilidade de uma vitória de personagens esclarecidas, como Capitu, ou Helena, o curso da História apontava para a continuação em outros moldes da desigualdade malsã que caracteriza o país. É nesse sentido que a forma encontrada por Machado imita o curso da história e confere significado histórico mundial a um relato ostensivamente sobre o ciúme. O fato de que essa vitória do desmando seja conduzida pela voz ilustrada do narrador, um homem versado em tudo que a civilização moderna lhe franqueia, dá notícia do pedaço de barbárie do progresso ocidental. Vale a pena citar por extenso o tipo de conclusões a que a abordagem da forma nesse tipo de leitura permite chegar:

> Ao confiar a Dom Casmurro a palavra "definitiva", tão culta quanto especiosa depois de lhe haver dado também o poder de decisão unilateral, Machado montava um dispositivo de enredo deliberadamente desequilibrado, contrário à justiça em geral e à justiça poética em particular, com substância de classe intolerável – que imitava o curso da história. Depois de uma primeira situação, onde a relação entre dependentes e proprietários parecera desigual mas equilibrável, risonha e aberta a emendas, vem a segunda, conclusiva, quando a propriedade se desobriga de tudo, marcando a inicial como ilusão. As qualidades desenvolvidas pelos pobres no esforço de se educarem e de civilizarem os protetores que os deviam civilizar – um processo cuja riqueza a figura de Capitu e o mundo de Helena e a própria pessoa de Machado de Assis dão prova intangível – seriam em vão. O alcance nacional deste invento dramatúrgico dispensa comentários. Não custa acrescentar que a fusão tão verdadeira de traços patriarcais arcaicos e aspectos do decadentismo da virada do século fazem do doutor Santiago uma figura não só do atraso do país, como também do progresso do Ocidente, visto o significado que tem para o mundo contemporâneo a compatibilidade das aparências modernas com a permanência do substrato bárbaro (p. 97).

Diante de tal envergadura, como fica a comparação entre as duas obras? Ainda aí Roberto nos reserva outra surpresa: claro que o alcance da invenção de Machado faz ver mais longe, mas há inegáveis semelhanças entre a matéria dos dois relatos. O crítico elenca desde as maledicências dos primos e demais parentes de Helena que a tentam intrigar com sua protetora, a avó proprietária, quanto a utilização bem machadiana que a garota faz da adoção do ponto de vista dos ini-

FORMAS TRABALHANDO FORMAS: A CRÍTICA LITERÁRIA SEGUNDO ROBERTO SCHWARZ 281

migos para deixá-los que se enforquem com a própria corda. As especificidades da matéria brasileira estão nos dois livros: a rivalidade entre os dependentes e o tráfico de favores que nossa realidade impõe, os desmandos dos filhos-família, a quem tudo é permitido em uma sociedade sem noção forte de cidadania, as negociatas com santos protetores. O fato de Helena terminar bem – seu pai arranja um emprego em uma firma inglesa – não anula o caráter confinante e oposto à liberdade da nossa organização social. Como ressalta Roberto, os obstáculos que derrotam Capitu e são superados, em parte, se levarmos em conta a transformação da menina curiosa em moça interesseira, por Helena continuam postos, "a espera da próxima vítima" (p. 101).

Esses achados analíticos têm consequências teóricas que o ensaio não trata por extenso. Vimos que a primeira delas é reafirmar o funcionamento da forma objetiva, que molda tanto a composição elaborada e requintada de um grande escritor quanto os apontamentos bem observados da menina. Seu funcionamento nas duas obras demonstra um dos postulados-chave da tradição teórica a que se filia Roberto: as formas não são exclusivas da arte, e se encontram também na realidade extra-artística. E mesmo a "inventividade ultrarrequintada de Dom Casmurro" tem a medida desse requinte no fato de que "logiciza e desenvolve os nexos da vida real" (p. 103). Nessa passagem entre formas da realidade e formas artísticas se configura o poder de revelação das obras. Tendo dito isso, o próximo nó a desatar é o das concepções de Realismo onde é possível verificar as consequências das diferentes escolas críticas e suas ideias sobre as relações arte/vida.

A leitura de Roberto de duas obras tão díspares e, ao mesmo tempo, tão comparáveis bate de frente com as concepções vigentes de realismo, na medida mesma em que postulam um real empírico cujas formas trabalham e são trabalhadas pelos dois relatos e são o que abre a possibilidade de comparação. Nada mais distante da ideia corrente na crítica contemporânea de que a prosa de ficção realista apresenta de fato apenas um efeito do real, um conjunto de detalhes supérfluos destinados a dar ao leitor a ilusão da realidade. A expressão "efeito do real", nos lembra Roberto, é de um celebrado ensaio de Roland Barthes, cuja primeira publicação é de 1968. Este ensaio é um dos pontos de chegada da tradição da crítica hegemônica de desatar as ligações entre literatura e realidade. Para o ensaísta francês, desmanchar o real na linguagem é uma das tarefas da literatura. Nosso crítico materialista não se contém e afirma: "lembrada a audácia formal e crítica das boas obras realistas, bem como sua antena para as feições mudadas do mundo, a pobreza da definição [de realismo como a criação do tal efeito do real] que transforma em defeito uma das conquistas da vida moderna, deixa perplexo"(p. 104). É como se deleitar-se com artimanhas que dão a ilusão de vida, de resto só efetiva nos leitores ingênuos, fosse mais relevante do que contemplar o movimento da sociedade como configurado pelos grandes realistas, que são grandes na medida mesma em que fazem o que a menina alcança com sua acuidade de observadora e Machado com sua arte apuradíssima: capturar em forma o movimento da História. Os modos dessa captação constroem o valor estético, a beleza e a poesia dessas obras.

Eu disse que o estudo de Roberto sobre Helena Morley lembra a movimentação de um prisma em que o exame de cada faceta elucida e refrata novas questões que exigem investigação. Assim, tendo começado com uma avaliação tão inequívoca como polêmica de que no nosso século XIX não havia nada que se igualasse a *Minha Vida de Menina*, com exceção de Machado, Roberto arma seu ensaio para substanciar essa avaliação e elucidar os problemas específicos que cada questão levanta, problemas esses que são, é claro, parte das razões por que o livro tem essa avaliação. Até aqui vimos que Roberto demonstra que os apontamentos da menina suportam uma leitura cerrada, aquela mesma que a vertente formalista transformou na maneira "natural" de ler obras literárias. A leitura evidencia as relações entre as entradas aleatórias e mostra como essas relações, que se dão na vida observada, vão configurando a estrutura do livro. Examinou o chão histórico que dá substância à prosa da inglesinha cuja posição social também lhe facilita a relativização dos pontos de vista que fazem a diversidade e riqueza da narrativa. Mostrou como essa conjugação de fatores permitiu à menina configurar a matéria brasileira e comparou a ressonância de assuntos e tratamento com *Dom Casmurro*. Tanto a obra maior de Machado quanto as anotações da menina cumprem o desiderato da obra realista, e desmentem as avaliações correntes do Realismo. A questão agora é mostrar como o diário da menina apresenta uma via que não foi seguida por literatos prestigiados, demonstrando os limites das obras canônicas e as possibilidades, que não se confirmaram, de uma literatura sem as marcas terríveis da ideologia brasileira. Esta faceta vai ser examinada na parte V do ensaio.

É aí que o modo de ler de Roberto expõe a amplitude e o rendimento de uma análise imanente que procura dar conta dos determinantes sociais da prosa literária e de como esta constitui uma posição sobre a vida narrada, posição esta que interroga as outras expressas em obras do período e demanda a reconsideração de avaliações correntes na constituição do cânone literário. Um primeiro passo no exame desses determinantes é mostrar do que a situação especial da menina lhe permite escapar. Esse exame se dá através da comparação do seu livro com a produção literária de seus contemporâneos. Como a sua leitura modifica a avaliação consagrada dos escritores canônicos do período? A comparação é inevitável para um ensaio que demonstra a qualidade literária nos apontamentos da menina, mas o mais surpreendente é como essa comparação com o grosso da literatura nacional lhe resulta favorável, ou, como diz sem hesitação o crítico, "resulta desfavorável a esta última" (p. 107). De novo, a superioridade do diário não é atribuída a nenhum lance inexplicável de gênio, mas a conjunções que é tarefa da crítica explicar. O primeiro passo nessa explicação é mostrar uma das armadilhas históricas de que se livra Helena – uma vez que não tem intenção de arte, a sua obra não tem que pagar tributo à missão edificante das artes nacionais, e nem se render "ao liberalismo retórico, ao casticismo, à linguagem ornamental, à invenção de antigas grandezas, ao ranço católico e tampouco à meia ciência triunfante – com sua terminologia 'difícil' e os chavões doutos sobre o trópico e a raça" (p. 105).

Esta lista mapeia os equívocos que marcam a produção canônica da época em obras como as de Euclides da Cunha, Raul Pompeia, Olavo Bilac e o próprio Aluísio de Azevedo. A menina, que escreve para a família, não tem parte com o impulso civilizador da arte do país em formação e nem tem que se enredar na prosa elevada e deslumbrada de cunho cientificista que buscava nas concepções europeias sobre o clima ou a raça uma forma de naturalizar nossas condições históricas específicas, e de criar uma cortina de fumaça para não ter que enfrentar essas mesmas condições. Mas estas voltam implacáveis na medida mesma em que, como revela a leitura de Roberto, elas moldam a prosa e o tratamento do real na obra desses escritores. Nesse sentido, os equívocos são também eles reveladores das feições da sociedade brasileira e das opções que ela oferece a quem pretenda formalizá-las em obras literárias. A opção pelo discurso científico inclui mais do que um embasbacamento caipira diante do palavrório difícil. Ela também atesta uma adesão a um modo de encarar a realidade que tem seus preços e consequências. Como diz Roberto, "as teses fantasiosas nem sempre extrapolíticas sobre os fundamentos do atraso social engrenavam à perfeição com as novas desigualdades do Brasil oligárquico" (p. 114). Nessa operação, muito da literatura do período ajuda a justificar as formas regressivas de dominação que marcam o desenvolvimento social do Brasil. Como explicita nosso Autor:

A fisionomia desastrada da prosa cientificista entre nós se prendia a esse núcleo regressivo, em que a disposição ultracrítica inclui uma parte de deslumbramento complexado e autoritário, além do fatalismo. Embora nem todos vejam assim, não há como desconhecer o funcionamento obscurantista da terminologia técnico-arrevezada. O uso do vocabulário esotérico, impregnado de pseudociência, preconceito corrente e dogma à antiga, a que não falta a nota parnasiana, credenciava o escritor como sócio da elite mundial dos sabedores, e o incluía também na classe dos homens que devem mandar no Brasil, se não fossem as injustiças de sempre. Ao passo que os pobres objetos dessa conceituação naturalista ficavam colocados a uma distância que não dá margem à réplica (p. 115).

Eis aí uma descrição acurada do preço estético que se paga por aderir ao que há de menos estimável na realidade brasileira. Mais do que a expressão de uma sub-

284 ≫ A CRÍTICA LITERÁRIA BRASILEIRA EM PERSPECTIVA

jetividade, o estilo é uma forma de ver o mundo. A prosa da menina vai na direção contrária e se prende a um núcleo também ele distinto: Helena não tem, é claro, acesso a este modo de ver o mundo narrado e nesse sentido seu livro mostra um caminho possível, mas não trilhado, pelo grosso da produção nacional. Como descreve o que observa, em linguagem clara, e, principalmente, sem distinções nem de classe nem de ornamento linguístico, ela nos permite ver o funcionamento contraditório e variado da vida objetiva em que conviviam os diferentes subsistemas de vida social, ainda não totalmente subsumidos pela forma mercantil que logo se tornaria hegemônica. Penso que aqui se pode entender com mais clareza o argumento de Roberto de como os modos da "sondagem da experiência específica"[12] que nos coube é parte importante do valor das obras literárias. Segundo ele, a dicção da prosa familiar de Helena lhe permite enxergar e avaliar, de sua ótica despretensiosa, a inter-relação dos diferentes aspectos e modos de vida que se compõem para formar a totalidade integrada, ainda que contraditória, da vida cotidiana. Por sua vez, os doutos do período primam pela dissociação. Essa dissociação é um dos reflexos formais da especificidade de nosso desenvolvimento histórico que se deu sem integração social e com referencial externo. A visão de progresso com referencial externo tolda a visão que estes escritores veiculam da matéria narrada: eles trocam o que sabem por "experiência própria ou alheia" (p. 114) do funcionamento do país por uma pseudossuperioridade científica cujas explicações excluem ou condenam o país real. Essa operação causa uma descontinuidade mental que é o reflexo, no campo do pensamento e da organização dos materiais narrados, da fratura social que nos define. Claro que estas são escolhas de visão da matéria narrada postas pelo momento histórico. Outros contemporâneos de Helena, e Roberto lembra, além de Machado de Assis, Lima Barreto e Joaquim Nabuco, fazem outras escolhas e "buscam educar seu viés na figuração e análise de relações sociais (em oposição a naturais)" (p. 115). A contrapelo de parte da tradição consagrada, Helena vai legar à literatura brasileira um outro modo de ver o país.

A prosa referencial da menina faz contraste com o tal obscurantismo da linguagem deliberadamente difícil de seus contemporâneos consagrados. Se este se prende à distinção douta que repõe, no estilo, as segmentações que dizem o Brasil, "a simplicidade complexa" da escrita de Helena não dá vez às hierarquias vigentes e cria uma certa equivalência entre os fatos narrados que relativiza as diferenças e deixa ver as relações entre ordenações sociais – como as estruturas do Brasil colonial e depois escravocrata e a ordem burguesa – e entre as pessoas que moldam e são moldadas por estas ordens. Um dos primeiros mitos a cair é o do abismo intransponível entre as classes. Nesse particular, o filtro familista, o ponto de vista

---

12. Roberto Schwarz, "A Nota Específica", *Sequências Brasileiras*, p. 154.

que rege as observações da menina, ajuda, na medida em que pressupõe um certo parentesco geral, ou, como lembra Roberto citando Drummond, lhe permite pelo menos ver que "Aqui ao menos a gente sabe que é tudo uma canalha só" (p. 112). Assim, ao invés de tentar explicar a conduta dos de baixo por preconceito travestido de teoria e desmentido pela observação, ela busca entender, explicar e, se possível, tirar proveito das condutas que no mais das vezes são descartadas como evidências de barbárie que caberia à modernização erradicar – só que o vai fazer, como sabemos, incluindo sua própria dose de barbárie. Repito um dos exemplos citados por Roberto para esclarecer como isso se dá. Em uma das entradas do diário, Helena escreve que:

> Emídio é um crioulo preguiçoso e esquisito. Ele mete o dedo no azeite da lamparina e bebe como se fosse melado. Outro dia ele estava com muita dor de dente, pegou em um espeto e pôs no fogo até ficar vermelho, depois pôs no dente que vi o chiar da carne e fiquei horrorizada. Não se queixou mais de dor de dente depois disso[13].

A linguagem sem ornamento e de conteúdo referencial, o andamento ligeiro e corriqueiro das sentenças, a ausência de comentário, tudo contribui para a vivacidade do quadro que não tem nada de idealizado ou de mitificado. Para avaliar do que escapa Helena, basta imaginar, diz Roberto, o mesmo episódio narrado pela prosa cientificista brasileira do período que teria que dar uma explicação do fato. A listagem corrosiva dessas explicações dá a medida do disparate a que essa filtragem do real conhecido pela pseudociência pouco elaborada dá ensejo: "em última instância teriam que ser ligados a alguma tara racial, ao clima africano, a uma sucessão de etapas geológicas, ao atavismo religioso, etc." (p.113). As consequências dessa predileção pelo palavrório são logo elencadas: pouco se falaria de propriedade da terra, parentesco, relações de trabalho e mando, ou da escravidão recém-abolida. Em outras palavras, as explicações apelariam para as leis naturais remotas a anos-luz dos conflitos sociais do dia a dia. Esses conflitos atingem maior amplitude e interesse dada a situação peculiar do relato de Helena. Na análise de Roberto, essa situação se apreende, em toda sua complexidade e capacidade de revelação do movimento da História, na prosa de Helena. Ela apresenta a "propriedade vocabular sem deslize" (p. 122), que se apoia no uso comum da linguagem, que veicula uma espécie de saber coletivo sobre a experiência social, um timbre característico da vida provinciana, onde muitos são analfabetos e têm que se ater à concretude da percepção visual. Como muitos em sua família e a própria menina têm instrução formal, ela combina este uso ao da linguagem do raciocínio

---

13. Helena Morley, *Minha Vida de Menina*, São Paulo, Companhia das Letras, 1998, p. 104.

286   A CRÍTICA LITERÁRIA BRASILEIRA EM PERSPECTIVA

individual e da atitude esclarecida. Mas nessa combinação nenhuma forma tem precedência e uma relativiza a outra: "a inquietação esclarecida – e também individualista e interesseira – ao ser modelada pela fala familiar-patriarcal, e através desta por formas de autoridade, bem como de vida popular, tornadas irreversíveis pela informalidade, acerta com um registro de grande rendimento, no qual volta e meia a razão troca de lado, ora ficando no campo dos senhores ora no outro" (p. 122). A particularidade histórica que permite essa combinação já foi assinalada por Roberto ao comentar como o fim da abolição criou um interregno que abria novas perspectivas em diferentes lugares. Certamente, lembra o ensaísta, a direção social atípica em país autoritário como o nosso não se confirmou, mas a configuração de outra possibilidade histórica no livro da menina tem a "capacidade duradoura de nos falar à imaginação" (p. 123).

Os assuntos veiculados por essa prosa também obedecem a essa reversibilidade e equivalência que vão construindo a maneira *sui generis* de tratar a matéria brasileira e que fazem o encanto, o interesse e a potência crítica do livro. Como no caso da prosa, de que não se separam, os assuntos da menina vão estabelecendo um choque entre a vida corriqueira do interior de Minas e seus encontros e desencontros com a normalidade burguesa que se postula mas que não se concretiza. Diz Roberto: "Mesmo em Diamantina, tão fim de mundo e tão no centro de tudo, a colegial esclarecida fazia no seu íntimo a experiência das defasagens do mundo contemporâneo. Ainda que secundariamente, a realidade imediata destoa sobre o pano de fundo progressista e normativo da atualidade, entretanto pouco apoiado nas coisas, o qual por sua vez faz figura bárbara se a norma estiver sendo dada pela realidade próxima" (p. 124).

Aí estamos diante do tema que os estudos de Roberto sobre o funcionamento cultural do Brasil colocam no centro das discussões. Como se sabe, seu ensaio seminal de 1973, "As Ideias fora do Lugar", parte da intuição que todos temos do caráter postiço das ideias no Brasil e examina como isso se organiza no século XIX como um dos resultados do choque entre as ideias normativas (mas não seguidas nem mesmo lá) do liberalismo europeu – a liberdade do trabalho, o indivíduo livre, a igualdade perante a lei – e a vida real do nosso país baseada no escravismo. Esta discrepância estrutural é formadora da comédia ideológica que caracteriza o Brasil e nos incomoda a todos, progressistas e conservadores, nacionalistas e imitadores de ideias de fora, armando arapucas ideológicas de que poucos escapam. Roberto busca o fundamento desta disparidade exatamente no que a causa, ou seja, nas relações de produção e como estas mostram exatamente a interdependência econômica do fora e do dentro, o que as oposições entre metrópole e colônia, países atrasados e adiantados, centro e periferia, como se diria mais tarde, e isso sem mencionar civilização e barbárie, progresso e atraso, moderno e antigo, têm como tarefa ideológica esconder. Para dar um exemplo da época da escrita de *Helena* e de Machado, "o escravismo, abominação nacional, era uma iniciativa do capitalismo internacional, uma abominação internacional"[14]. No ensaio, Roberto examina como essas relações de produção determinam a estrutura social. No Brasil de antes da abolição, mas com consequências que se prolongam além de 1888, havia três classes, a dos proprietários, a dos escravos e a dos homens ditos livres que dependiam dos proprietários, fazendo com que as relações de favor dominassem a vida social. Claro que relações de favor, mesmo as mediadas pelos laços familiares como as que definem a vida dos Morley, não sustenta nem um minuto a ideologia da igualdade entre os homens. Na esfera da cultura, essa situação de interdependência se traduz, entre outras coisas, nesse desajuste entre os critérios de avaliação e nossa realidade. Além de causar o mal-estar de não poder se medir com os únicos critérios disponíveis, o choque entre as ideias importadas e a realidade local faz com que aqui essas ideias girem em falso e possam, portanto, deixar de mistificar. No ponto de chegada, o ensaio demonstra como a boa – e hedionda – convivência dos opostos do liberalismo e do escravismo deu em obra-prima literária no Brasil, em um compasso comparável ao que se deu na Rússia, confirmando a hipótese de que "fora do seu lugar" as ideias adquirem nova potência de revelação, a qual é parte importante de sua relevância geral. Para dar conta de seu material, os romancistas de países fora dos centros irradiadores de cultura e de ideologia têm que lidar com o funcionamento peculiar dos significados e valores deslocados. Esse contexto faz com que as obras, sob pena de ignorar o que define o movimento da sociedade que as molda, caso, como se viu, de alguns dos escritores contemporâneos de *Helena*, tenham que se construir na interação do mundo particular que desenham e das conexões inescapáveis com o geral que definem seu universo.

E ainda aí, na construção das consequências específicas da interação entre local e universal em cada caso, *Helena* brilha. Ela mostra que sabe que há padrões de fora e de dentro, e que os de fora tendem a desqualificar os de dentro. Mas seu espírito rebelde e independente a faz reagir com outros argumentos que mostram outras possibilidades, diferentes tanto do atraso, do qual ela é bem consciente, quanto do progresso de cujas polarizações ela também duvida. O mesmo senso do relativo que dá o ritmo de sua prosa embasa seus julgamentos do fora e do dentro cujos méritos podem variar. Assim, quando a parentada tacanha recomenda que as meninas diamantinenses não deem bola para rapazes cariocas que são bicheiros no Rio, a mocinha retruca que as classificações de lá não servem para cá, e conclui, no exemplo de Roberto, com a máxima que traduz para o cotidiano e inverte os termos do embate entre ideias que marca nossa vida mental: "O que é nosso não

---

14. Roberto Schwarz, "As Ideias fora do Lugar", *Ao Vencedor as Batatas*, São Paulo, Duas Cidades, 1977, p. 13.

presta, só o de outras terras é que é bom. Eu mesma pensava isso. Não vou mais pensar assim. O que é bom há de ser mau de agora em diante" (p. 25).

E antes que pensemos que isso é coisa de menina do contra, Roberto mostra como há momentos em que vale a regra de fora, como quando o pai de Helena insiste para que os filhos trabalhem pois só em país escravocrata o trabalho é considerado desonroso. Mais do que arbitrar entre os valores de fora e de dentro, o que interessa especificar é como o senso do relativo e da multilateralidade que domina o relato de Helena faz sua parte em construir um dos feitos do livro, o de encontrar uma forma adequada de tratar a peculiaridade da situação nacional sem absolutizá-la, seja para efeitos de exaltação, de denúncia indignada ou de rotulação de acordo com alguma lei que não se aplica a nosso caso. O acerto se compõe pela ênfase "na anedota interessante, de intenção esclarecida, onde primam os atos, os nexos, e as apreciações espirituosas cria uma espécie de distância sóbria, em que o pitoresco imediato e as avaliações convencionais não desaparecem mas passam a secundar o principal, que inclui uma pontada de crítica. Talvez se possa dizer que a localidade com a qual a prosa sintoniza se compõe de relações por oposição ao localismo elementarista, amarrado em signos fixos" (p. 127).

Roberto explica que o tratamento relacional dado à matéria narrada aliado a essa distância sóbria criada pelo esforço de Helena de entender e ser entendida resolve uma dos conflitos mais constantes na formação da literatura nacional que se arma "entre o senso apurado e apaixonado de uma feição especial de vida", combustível do localismo, e a "civilidade esclarecida", que pede análise e distância e organização. Sabemos por experiência de leitura que este senso apurado e apaixonado do local, combinado com os "melindres da província e do atraso nacional" (p. 128), muitas vezes resulta num localismo exaltatório e isolacionista, à prova de crítica. Deixar de lado o local, que ancora a ficção no solo histórico que lhe dá lastro, tampouco é solução. Ainda uma vez, a menina tem sucesso onde tantos fracassaram: para Roberto ela cumpre o famoso programa machadiano para essa situação, a do sentimento íntimo do país em oposição à matéria nacional explícita e emblemática. E o faz de maneira excepcional "Como a obra de Machado, os escritos de Helena parecem imunizados contra a grosseria corrente, ou seja, contra a confirmação mental das separações, dos estigmas ligados à persistência – ou à modernização – da matriz colonial. A humanidade perfeita no trato com os espezinhados da vida brasileira deixa boquiaberto o leitor de hoje" (p. 128).

Essa apresentação da matéria brasileira sem rebaixá-la, mas também sem ignorar suas especificidades, faz com que Roberto estabeleça uma comparação entre a obra e o cânone futuro, que, dado o tempo que separa a escrita – anos 1893-1895 – e a publicação dos cadernos em 1942 acaba sendo seu contemporâneo. Também os modernistas apresentaram sua solução aos impasses da re-

FORMAS TRABALHANDO FORMAS: A CRÍTICA LITERÁRIA SEGUNDO ROBERTO SCHWARZ ❧ 289

presentação da matéria brasileira: sabemos que era parte dessa solução a troca de sinal: nosso localismo e seu descompasso com a norma burguesa poderiam se transformar em um trunfo que facilitaria nossa inserção em um futuro pós--burguês. Ao longo desta parte V do ensaio, Roberto vai assinalando algumas convergências: *Minha Vida de Menina* cumpriria a função, tão de agrado dos modernistas, de ser mais um achado – Roberto, sempre superconsciente do peso de cada palavra, usa o termo *objets trouvés*, provavelmente para indicar os liames entre o de fora e o autenticamente pau-brasil – achado este que demonstraria que havia interesse na herança cultural do país, em especial a que tratava do corriqueiro, da singeleza familiar. Em outro momento do argumento, Roberto assinala que a mesma nota soa no Manifesto da Poesia Pau-Brasil onde nosso "déficit em civilização" trocava de sinal (p. 116). No livro de Helena, assim como na literatura de Oswald, o atraso não é visto de maneira esterilizante. A afinidade moderna entre a menina do interior e o modernismo cosmopolita se dá também pela maneira com que esta narra, com claridade e com atenção ao concreto, ao que vê. Um exemplo: seu relato é cheio de vivacidade e no entanto ela pouco faz uso de descrições, modo de contar que faria, na expressão mais uma vez certeira de Roberto, "proliferar a palha ideológica"(p. 117). Mas, analisado o livro da menina e constatadas as implicações da visão da realidade que se materializa aí, a comparação com os modernistas ressalta sua superioridade em equidade com o trato da matéria; uma vez que nos artistas modernistas a valorização do popular e do arcaico no cotidiano brasileiro passava por uma superioridade implícita: seu humor depende da distância que separa, em um "país de broncos", os antenados com a moda internacional, que valorizava o primitivismo dos primitivos assim valorizados. No caso de Helena, "há, no atrito com o atraso, a seriedade e singeleza das questões cotidianas trazidas à reflexão, na sua figura comum e em vista da prática" (p. 129) – mais um ponto para a menina.

A seriedade na atenção para o cotidiano faz, lembra Roberto, com que seu relato se aproxime das conquistas do realismo como teorizado por Erich Auerbach em *Mimesis*. Como se deve lembrar, Auerbach estuda as formas de representação da realidade alcançadas em diferentes tempos históricos. As leituras de obras-chave dos diferentes momentos vão demonstrando como o cotidiano ganha visibilidade e interesse ao longo da história da narrativa, de *Ulisses* à *Viagem ao Farol* de Virginia Wolf. Trata-se de uma democratização dos assuntos, correlata de democratização da sociedade ocidental e de um desmonte das estruturas hierárquicas das sentenças, a que corresponde a transposição da linguagem popular para a escrita, e, também, por via complementar, de uma generalização do interesse dos relatos. Como diz Auerbach, "ao colocar o acento sobre o acontecimento, e não aproveitá-lo a serviço de um contexto planejado da ação, mas

290   A CRÍTICA LITERÁRIA BRASILEIRA EM PERSPECTIVA

em si mesmo, [...] [torna-se visível] algo totalmente novo e elementar: precisamente a pletora de realidade e a profundidade vital de qualquer instante a que nos entreguemos desintencionadamente"[15]. Essa importância advém do fato de que, por mais que os acontecimentos tenham a ver com pessoas específicas que o vivem, têm a ver também com o mais elementar e comum a todos em geral, na medida mesma em que ocorrem por baixo das paixões e julgamentos pelos quais os seres humanos lutam e se desesperam. A valorização do cotidiano enfatiza o lado comum de nossa existência e, nesse sentido, contribui para o sentido de comunidade. É possível que seja por horror à ideia de comunidade, anátema em uma sociedade individualista como a nossa, que poucos críticos se detiveram no realismo da menina.

Com se sabe, foi a sociedade burguesa que colocou a vida cotidiana como o interesse central da narrativa fazendo do romance o gênero em que se formalizam os significados e os valores que moldam esse tipo de sociedade através do exame da trajetória de um indivíduo entre pessoas comuns. Com a crise dessa sociedade e da noção de quem se qualificaria como pessoa comum se coloca também uma crise para a narrativa. Sabemos que foi no embate com essa crise que Flaubert teve que buscar a linguagem que não se contaminasse com a mentira burguesa de uma sociedade em comum. A partir daí, escrever sem consciência dessa crise equivale a escrever sem consciência da realidade sócio-histórica. Este deve ser o fundamento do próximo passo da análise de Roberto, onde, sem, como diz ele, "forçar comparações descabidas", ele mostra as vias de escape dessa situação em dois realistas, Flaubert e Helena Morley, e suas implicações. Mais uma vez vale a pena citar na íntegra para se verificar o diferencial da crítica literária segundo Roberto Schwarz:

> A literatura moderna nos acostumou a ver suas conquistas sob o signo do esforço, da disciplina, da renúncia etc. A correspondência de Flaubert dá notícia da trabalheira e do senso de responsabilidade envolvidos na busca da *palavra certa*. Analogamente, *a prosa desconvencionalizada* depende da luta contra o prestígio e os automatismos da retórica, assim como a *figura clara* só se alcança ao cabo de árdua depuração. Em todos os casos se trata de recusar a mentira – sobretudo burguesa – sedimentada nas relações sociais, em nós mesmos, na linguagem e na tradição artística. Ora, sem forçar comparações descabidas, observe-se a qualidade paramoderna da prosa de Helena, mais satisfatória do que muitas sob todos os aspectos mencionados, mas decorrendo de uma constelação histórica diferente. A expressão exata no seu caso não é conquistada contra, mas a favor do uso comum. Este parece encerrar mais verdade que mentira, pois o seu opositor é a linguagem elevada, e de modo geral, a ocultação do cotidiano trabalhoso e trivial, assim como o seu

---

15. Erich Auerbach, *Mimesis*, São Paulo, Perspectiva, 1971, pp. 484-485.

FORMAS TRABALHANDO FORMAS: A CRÍTICA LITERÁRIA SEGUNDO ROBERTO SCHWARZ 291

depositário é a oralidade com lastro popular, em circunstância de beletrismo a serviço da distinção de classe (pp. 131-132)

De saída se destaca nesse parágrafo a recusa da pauta usual da crítica literária: o olhar do nosso crítico não se restringe à alta literatura e nem se estreita na manutenção automática dos preceitos da tradição seletiva que sustenta essa prática. E nem por isso faz o gesto populista de elevar a prosa da menina sobre a de Flaubert: a questão, como no caso dos contemporâneos consagrados da menina, é determinar do que escapam. É desse escape que vem parte importante da força de ambas, motor do interesse continuado por estas prosas de ordem diferente, mas correlatas em sua recusa da ordem vigente, isso é, da mentira burguesa, que impregna tudo, não menos "nós mesmos, nossa linguagem, e (aí o anátema para nós, críticos, guardiões profissionais da arte literária) a própria tradição artística". É disso que conseguem escapar tanto Flaubert, produto da cisão da consciência burguesa e do anseio de transcendê-la, quanto a menina, que retém ainda a capacidade da limpidez por estar fora da ordem estabelecida, por idade e por situação, imersa na Diamantina a meio caminho entre a economia de extrativismo e a ordem moderna. Note-se que a palavra justa de Flaubert é descrita como dando uma "trabalheira", termo que aproxima o esforço do mestre francês do universo cotidiano da menina. De fato, só os mais explicitamente obnubilados diriam que o mundo de um não tem nada a ver com o mundo do outro.

Nessa enumeração, sem fazer alarde, Roberto Schwarz operacionaliza uma série de procedimentos: contra a tradição idealista, que postula as letras se formando em um hipotético reino do espírito, afirma a literatura como coisa deste mundo – isso, é claro, implica em reconhecer sua parte de veículo da ideologia. Vale lembrar que um das primeiras qualidades do livro de Helena é justamente demonstrar que a beleza é deste mundo. Explica, como vimos ao resenhar esta parte V do ensaio, o estilo em detalhes, mas não como criação autônoma de um toque de gênio, e sim como necessidade histórica. O reconhecimento dessa necessidade é que ancora o estilo no tempo e dá lastro à elaboração artística. Ignorar essa necessidade condena muitos escritores ao formalismo vazio, o gás do beletrismo. A prosa de Helena vai a contrapelo do que vicia este último, o "prestígio e os automatismos da retórica". Vale repetir o inusitado da junção "prestígio e automatismo", dando notícia do tanto de conformismo e irreflexão que lastreia o prestígio entre os letrados. O pé na realidade dos dois escritores autoriza a comparação que não almeja a igualdade ("ora, sem forçar comparações descabidas", repito), mas mostra que a prosa da menina não abdica, como tantas de escritores tidos e havidos como grandes na literatura canônica, da "inteligência das coisas depositada na linguagem comum" (p. 113). Parte da beleza que toca na prosa de Helena vem justamente dessa utilização da linguagem de uso corriqueiro. Antes que os de sempre comecem a brandir os estandartes de populismo ingênuo, a volta do parafuso: "este parece encerrar mais verdade do que mentira", também porque este uso é coletivo e se coloca contra o engodo e preconceito embutidos no beletrismo. Na nossa situação, este não só não se ocupa da vida real da gente comum, assunto de Helena, como está "a serviço da distinção de classe".

Claro que o desenvolvimento histórico não levou à expansão das possibilidades de organização social mais brandas embutidas no relato de Helena. O progresso com "referência local" que dá o tom igualitário da vida vista pela menina foi irremediavelmente, até segunda ordem, substituído pelo progresso do modo capitalista de vida, aquele que só pode ser o do aumento das oportunidades de vida para um grupo seleto de pessoas. Mas o feito de Helena, se não foi confirmado pelo curso da vida, continua "disponível para o pensamento" (p. 132).

A última parte do ensaio trata de inserir *Minha Vida de Menina* na tradição da literatura brasileira e mostrar com que obras e com que visão da nossa sociedade ela dialoga. Para isso, ele recorda a reorganização do cânone brasileiro a que obriga o ensaio de Antonio Candido publicado em 1970, "Dialética da Malandragem". Retomando os argumentos que desenvolveu em seu ensaio de 1979, "Pressupostos salvo engano de 'Dialética da Malandragem' ", Roberto lembra que Antonio Candido descobre aí um eixo até então oculto da nossa literatura ao tratar, exatamente como faz Roberto em *Duas Meninas*, com seriedade crítica, um livro despretensioso, *Memórias de um Sargento de Milícias*. No ensaio, Antonio Candido mostra como o livro atina com o dinamismo central da sociedade brasileira, onde convivem lado a lado os polos opostos da ordem e da desordem, desmentindo a ideologia da nação recém-formada, que "timbrava em separar e opor como o bem e o mal". Nesse movimento o romance, como lido por Candido, concretiza uma visão parcial (na medida em que exclui tanto as elites quanto sua forma básica de produção) real e simpaticíssima do país.

Um dos feitos do ensaio de Antonio Candido, clara e declarada inspiração para o de Roberto, é o de ter dado "padrão crítico e acadêmico a aspirações de longo prazo das letras brasileiras", a saber, "o desejo de se obter reconhecimento para aspectos da vida nacional julgados estimáveis" (p. 134) e mitigar a fratura social que nos caracteriza. Esta uma linha do pensamento sobre o Brasil que, embora muito sujeita a idealizações, não deve ser jogada fora, uma vez que "alargam a noção do presente". O mesmo desejo, sempre pago a preço de exclusão de parte significativa da realidade, embala a visão da escravidão pelo conservador Gilberto Freyre (como se recordará, a proximidade afetiva e sexual entre senhor e escravos dependia do foco na escravidão doméstica) e do insuspeito Joaquim Nabuco que lamenta a substituição das relações entre senhor e escravo nas propriedades antigas do Nordeste pelas mercantis. Seguindo esse fio, Roberto chega ao modernismo

FORMAS TRABALHANDO FORMAS: A CRÍTICA LITERÁRIA SEGUNDO ROBERTO SCHWARZ ❧ 293

e estuda a colocação pronominal de Mário de Andrade como índice formal desse desejo de reatar as pontas sociais que nosso processo de modernização com reposição do atraso teima em desatar. Como se recordará, Mário programaticamente usava a colocação pronominal popular, como forma de conferir dignidade à linguagem popular e livrá-la do "estigma e confinamento" a que ficava relegada. Não resta dúvida de que se trata de projeto cheio de boas intenções, mas que, de fato, ainda aparece tingido do paternalismo à brasileira:

> Digamos então que se tratava de reunir e abraçar no jeito erudito-informal da prosa o conjunto drasticamente desnivelado das regiões, culturas e classes do país, a força de pesquisa, de liberdade artística moderna e de uma expansão programática das obrigações por assim dizer devidas à família, que de extensa passava a nacional. Os melhores sentimentos de que seria capaz o paternalismo levado ao limite dele mesmo, desvinculado de seus interesses materiais, mas cheio, ainda assim, dos cuidados correspondentes, ampliavam-se em escala amazônica, até as fronteiras do território e além. Haveria um desbloqueio do indivíduo moderno – aqui a nota vanguardista – que alentado por certo padrão ideal do familismo brasileiro saberia lhe tornar revolucionária a natureza flexível, extensível e propensa à acomodação no coletivo, superando o emparedamento egoísta. Alheios à rigidez do Direito, estes laços seriam capazes de inspirar uma ordem que, ao desenvenenar as separações do Brasil antigo, estivesse à altura também da crítica modernista às *alienações da moderna civilização burguesa,* as quais havia que evitar (p. 140).

O descompasso entre esse plano fantasioso – e que deixa de lado os horrores tanto da ordem pré-burguesa quanto certos avanços que a ordem burguesa ainda não trouxera ao Brasil – e o que de fato se desenhava no horizonte histórico contemporâneo de Mário – a revolução de 1930 e o surto de industrialização é evidente em retrospecto. A justaposição entre essa avaliação de um dos grandes do modernismo brasileiro e os apontamentos da menina faz o leitor do ensaio completar por conta própria o que o ensaio apenas sugere: o que seria mais fantasioso, esse plano idealista de nivelação de um país desigual pela cultura e pela extensão do patriarcalismo, por definição gerador de desigualdade, ou o relato das possibilidades reais de ver o mundo sem hierarquia demonstradas pela menina? Mário, embora tenha composto, na avaliação do próprio Roberto, "um instrumento literário poderoso e estranho, profundamente ancorado nas realidades brasileiras, bem como na atualidade, capaz como quase nenhum outro de formular a experiência do país" (p. 142), não escapa das armadilhas de que se salva Helena: o tom do mestre modernista é edificante e na direção errada – como outros contemporâneos, Mário, assim como Oswald, achava que modernizar o país em faixa própria, outra ilusão, passava por elevar os condicionamentos constrangedores da vida brasileira. Nosso Autor lista, entre esses constrangimentos, "os bairrismos, os entusiasmos colegiais, parentescos intrincados, defi-

294 ❧ A CRÍTICA LITERÁRIA BRASILEIRA EM PERSPECTIVA

ciências de província, visões maleitosas, idiotismos populares, insubordinações filiais etc." A ideias era apresentá-los *como trunfos do pensamento adiantado, para não dizer subversivo.*" A isso Roberto acrescenta a observação fulminante: "É como se um rio subisse a encosta do morro..." (p. 141).

Nem mesmo o maior entre nossos escritores, prossegue Roberto, escapou da tentação edificante: nos primeiros romances de Machado de Assis, permanece o propósito "conformista no essencial, de civilizar e tornar menos arbitrário o paternalismo de nossos proprietários" (p. 143). O salto de sua envergadura como escritor se dá partir do momento em que se convence de que

[...] a elite brasileira não ia assumir a responsabilidade histórica de consertar o estrago herdado. Pelo contrário, os ricos aproveitavam-se deste na medida do possível, e quanto ao mais, atrelavam-se ao padrão de consumo dos países adiantados, desentendendo o resto, ou ainda, fixando a feição moderna do desconjuntamento colonial. Daí em diante o romancista ia esquadrinhar os meandros de autojustificação e deformidade espiritual que acompanharam este mau passo de nossa gente civilizada, cujo sentimento de modernidade adquiria algo caricato. Ao perceber que a verdade do movimento histórico era esta e ao fazer dela a pauta de sua composição romanesca, Machado alcançava a sua altitude de grande escritor, com ponto de vista certeiro sobre uma problemática local, de alcance contemporâneo: a comédia do progresso que nada soluciona encaixava-se brilhantemente na ordem geral da atualidade, que através dele mostrava afinidades retrógradas, pouco admitidas e iníquas por sua vez. Onde os companheiros de ofício, anteriores e posteriores, buscavam superações nacionais, Machado refletia sobre as ilusões correspondentes e a dinâmica e o significado escarninho da continuidade no impasse (p. 143).

Nesse campo, a menina não faz má figura. A visão da matéria brasileira que estrutura seu diário se prende a um momento histórico específico em que se pode vislumbrar, sem deixar de lado aspectos evidentes da realidade, como fizeram tantos, um progresso de outra ordem "da ordem da reacomodação interna, de cuja humanidade e beleza o livro fala e dá prova" (p.144). Esta talvez uma das maiores razões para a empreitada do crítico de resgatar o livro da sua recepção como mera curiosidade local e demonstrar a asserção com que, como vimos, abre o ensaio: "*Minha Vida de Menina* é um dos livros bons da literatura brasileira, e não há quase nada à sua altura em nosso século XIX, se deixarmos de lado Machado de Assis" (p. 47).

O ensaio de Roberto demonstra como a crítica literária bem feita altera o quadro geral da história da literatura e da prática crítica. Vimos como seu andamento interroga as questões centrais da crítica, pondo em xeque noções estabelecidas e arraigadas, como a de criação literária, de valor estético, de forma artística e de suas concretizações na obra literária. Seu ensaio coloca à disposição do presente dinamismos específicos de uma parte significativa da experiência brasileira estruturados no livro de Helena que o tratamento usual da crítica obscurecia. No âmbito das possibilidades da figuração do Brasil, fica o lado idílico de uma organização social por momentos a salvo do brutalismo tanto do nosso velho regime colonial quanto do capitalismo periférico, um modo de vida que pode produzir sujeitos encantadores como a menina que vai estruturando em seu relato uma alternativa ao que é. No âmbito do desenvolvimento histórico real, a promessa de emancipação em Helena, assim como em Capitu, outra personagem encantadora, será soterrada pela permanência do paternalismo autoritário que vence o embate. Mas fica em ambas o retrato de um lado direito do possível no conjunto de avessos que marca a vida à moda brasileira. Poucos são os ensaios críticos que operam reviravoltas dessa magnitude.

Em "O Ensaio como Forma", Adorno lembra que "A lei mais profunda do ensaio é a heresia" e isso não por um elogio vazio ao escândalo de chocar as opiniões estabelecidas, ainda que isso preste um bom serviço em uma sociedade iníqua como a atual, onde essas opiniões têm parte com o que deve ser combatido. O elogio da heresia no ensaio tem a ver com seu potencial de revelação uma vez que "apenas a infração à ortodoxia de pensamento torna visível, no objeto, aquilo que a finalidade objetiva da ortodoxia procurava, secretamente, manter invisível"[16].

Claro que este esforço de invisibilidade tem a ver também com o presente. Roberto tem um livro de ensaios que se chama *Que Horas São?* Esta pergunta remete à necessidade de uma crítica de inspiração marxista de se situar diante da ordem de questões que propõe seu momento histórico e sugere a pergunta, "Por que agora?" O que permite ao crítico a se interessar, para além da admiração de leitor informado e versado na matéria brasileira, por este livro nessa hora histórica? No campo restrito da crítica literária, parte das condições de possibilidade de tratar com seriedade crítica um livro que não se apresenta como uma construção artística, caso do diário, tem a ver com o destino da experimentação formal após seu momento alto no modernismo e nas vanguardas. Em uma entrevista concedida a Fernando Barros e Silva por ocasião da publicação de *Duas Meninas* em 1997, Roberto explica como a crise das formas abre espaço para outras considerações:

> Observe a mudança atmosférica em volta da revolução formal. No período explosivo, das vanguardas, esta sugeria modos de vida mais complexos e universais, que, de um modo ou de outro, estariam para além das pautas burguesas. Hoje, a pesquisa e o cálculo dos funcionamentos da forma, seja qual for, viraram rotina da publicidade, sem oposição ao

---

16. Theodor Adorno, "O Ensaio como Forma", *Notas de Literatura I*, trad. Jorge de Almeida, São Paulo, Duas Cidades/Editora 34, 2003, p. 45.

296 ❧ A CRÍTICA LITERÁRIA BRASILEIRA EM PERSPECTIVA

efeito mercantil… Será que me engano imaginando que o nosso interesse é tonificado pelo caráter real dos apontamentos e de tal forma tácita que não é teleguiada pelo mercado? E se o nexo de realidade for um ingrediente estético peculiar? A pesquisa artística dos segredos da forma, da linguagem e da ficção foi levada ao impasse pela sua colonização mercantil, à qual seus achados aproveitam. É claro que não são os apontamentos de Helena Morley que vão apontar a saída. Mas a textura relacional potencialmente infinita dos apontamentos, desprovida de propósitos, mas dotada de âncora real, além de favorecer à inteligência e ao espírito crítico, marca uma posição estética (que seria ridículo imitar). Como no fundo, já não acreditamos em intenções individuais que prestem, uma forma em que estas fiquem em suspenso passa a ter apelo[17].

Duas Meninas apresenta, ainda, um comentário sobre a situação política do momento em que é publicado. Em 1997, estávamos em pleno governo Fernando Henrique Cardoso, um governo, nas palavras de Roberto, "de atualização capitalista. Apesar do progressismo ostensivo, a ênfase que resulta é intelectualmente conservadora. Ela concentra o foco na diferença que nos separa dos países ricos, o que os transforma em padrão de excelência, aceito de maneira acrítica. Todo leitor de jornal, entretanto, sabe que eles estão em dificuldades, em parte parecidas com as nossas"[18].

É nesse contexto que o tema da relativização do progresso, parte estruturante do livro de Helena, adquire maior significado. No interregno econômico entre duas ordens, o tempo, como vimos, da narrativa da menina, há um arranjo social bastante simpático que vai se desfazer, sabemos, assim que o progresso chegar. Está lançado aí "o tema do progresso que não traz progresso e que não só não se resolve como também agrava muita coisa. É um tema geral da história brasileira de sempre que se reapresentou em 1964 e que, em certa medida, está provavelmente sendo reeditado neste momento… Trata-se do tema da modernização sem compromisso com a integração nacional. Um aspecto surpreendente do livro de Helena Morley é que você sente uma espécie de progresso social e de 'humanização' que, por vezes, pode acompanhar a falta de progresso e mesmo a regressão econômica. Tendemos a uma noção muito economicista de progresso, segundo a qual as coisas só podem melhorar quando há progresso material. O interessante, o sugestivo nas memórias de Helena Morley é que vemos uma clara involução econômica permitindo que a sociedade se acomode de maneira bem mais aceitável. Isso é interessante não como receita, mas por relativizar a proeminência absoluta do progresso econômico"[19].

---

17. Roberto Schwarz, *Duas Meninas na Periferia do Capitalismo*, entrevista concedida a Fernando de Barros e Silva, *Folha de S. Paulo*, 1 de junho de 1997, p. 4.
18. *Idem*, p. 7.
19. *Idem*, "Conversa sobre Duas Meninas", *Sequências Brasileiras*, p. 235.

Quase desnecessário acrescentar que esta crítica da visão economicista de progresso é ainda mais válida em nossos dias de mercantilização exacerbada, onde a ideologia nos leva a considerar que vale a pena pagar todos os preços sociais para poder adquirir mais quinquilharias, estas sim transformadas em ícones do progresso. Nesse sentido, a leitura de Roberto evidencia o potencial e interesse da forma ensaio como definida por Adorno e realiza, com um âmbito inédito na produção contemporânea, o programa da crítica cultural materialista. A mistura deliberada de um clássico da literatura brasileira – como gosta de dizer a crítica hegemônica, nosso autor universal – com as anotações do dia a dia de uma menina no interior de Minas é demonstração da "reversibilidade própria aos estudos literários que permite chegar a uma visão aprofundada da realidade a partir da forma estética e vice-versa", ilustrando de vez como se dá a tão discutida relação entre a literatura e a sociedade.

A CRÍTICA COMO PAPEL DE BALA[1]

Flora Süssekind

Reações de ressentimento nostálgico e certo proselitismo agressivamente conservador dominaram (até agora, salvo engano, sem maior ressonância) os necrológios de Wilson Martins, desde o anúncio de sua morte em 30 de janeiro de 2010. Mais do que avaliações de fato da trajetória e da prolífica contribuição documental do colunista e pesquisador, ou do que figurações autoelogiosas minimamente convincentes (mediadas pela do morto) para o crítico enquanto herói solitário e combativo, o que essas manifestações, vindas de segmentos diversos do campo literário, parecem evidenciar, ao contrário, é o apequenamento e a perda de conteúdo significativo da discussão crítica, assim como da dimensão social da literatura no país nas últimas décadas.

Ao lado dessa retração, e em relação direta com ela, manifesta-se fenômeno curioso, espécie de negativo da situação – comentada à época por Roberto Schwarz – de dominância de uma cultura de esquerda durante os primeiros anos de ditadura militar no Brasil dos anos 1960. Agora há um conservadorismo que é francamente hegemônico. E envolve desde o retorno às figuras todo-poderosas do especialista monotemático, do agenciador com capacidade de trânsito interinstitucional e do colecionador de miudezas, às interlocuções preferencialmente de baixa densidade dos minicursos e palestras-espetáculo, do universo das regras técnicas e das normas genéricas e subgenéricas, fixadas acriticamente em oficinas de adestramento, à glamorização midiática de instituições autocomplacentes como a

---

1. Este texto foi publicado originalmente no caderno "Prosa e Verso" do jornal *O Globo*, em 24 de abril de 2010. Sua primeira versão foi apresentada em Belo Horizonte, em 25 de março do mesmo ano, na conferência de encerramento do seminário "A Crítica Literária Brasileira", organizado pelo Núcleo de Estudos de Literatura Brasileira (Libra), da Faculdade de Letras da UFMG.

300 ❧ A CRÍTICA LITERÁRIA BRASILEIRA EM PERSPECTIVA

Academia Brasileira de Letras e correlatas, a formas variadas de culto a personalidades literárias, em geral mortas (e Clarice Lispector, Paulo Leminski, Ana Cristina Cesar têm sido objeto preferencial de dramaturgias miméticas, curadorias acríticas, ficções e comentários "à maneira de"). Mas, também em vida, veem-se autores, mal lançados em livro, se converterem em máscaras que, com frequência, os aprisionam em marcas registradas mercadológicas de difícil descarte. Como se tornaram, a meu ver, as trajetórias tão distintas de Marcelo Mirisola e Patrícia Melo, para ficar em dois exemplos de escritores cuja produção poderia ir bem além do exercício automimético em que se converteu.

A idealização de Wilson Martins como *imago* exemplar do crítico, nesse contexto, não chega propriamente a espantar. Talvez a virulência com que ela tem sido feita nos elogios fúnebres, isto sim seja curioso. Uma virulência que supõe um conflito no entanto invisível, apenas virtual. Mas que se exerce, surdamente, quando o que está em pauta são postos, publicações, prêmios e benesses acadêmicas. Nada que se possa explicar, entretanto, apenas via compadrios ou clichês cordiais. Pois não há lugar para cordialidade alguma num campo cuja retração e desimportância amesquinham e tornam ainda mais cruenta a disputa por posições, pelos mínimos sinais de prestígio e por quaisquer possibilidades de *autorreferendum*. Daí a truculência preventiva, propositadamente categórica, emocionalizada, nada especulativa. Espantosa talvez seja a falta de reação mesmo por parte daqueles cuja formação ou experiência crítica seria de molde a articular formas potenciais de dissensão. E que, ao contrário, recebem o autoapequenamento da crítica e do espaço para o debate público com passividade, resignação, quase desinteresse, incapazes de encontrar um campo ativo, mesmo minúsculo, de resistência ou interferência.

Talvez caiba, então, observação mais detida desses necrológios que figuram o colunista como um injustiçado, como uma espécie de herói solitário na pontualidade de suas resenhas semanais, em moldes idênticos, ao longo de cerca de seis décadas. Pois, se podem ser lidos como particularmente sintomáticos de uma redução do potencial de dissenso das intervenções no calor da hora, esses lamentos sinalizam, por outro lado, com singular acuidade, a perda de lugar social da crítica. O que os faz adotarem tom crescentemente exacerbado, agressivo, à medida que se percebem disfuncionais e dispensáveis, mesmo em meio a um fluxo crescente de lançamentos, no que se refere à divulgação e à afirmação de nomes e obras. Por vezes ainda lhes cabe o espaço de cerca de quarenta linhas de uma orelha ou de alguma declaração sobre a importância da obra. Ou o lugar meio envergonhado de um posfácio ou nota introdutória. Não muito mais do que isso ou as duas ou três laudas de uma resenha. Qual o interesse de um comentário crítico quando se pode obter muito mais visibilidade para escritores e lançamentos por meio de entrevistas, notas em colunas sociais e participações em eventos de todo tipo?

Fabricam-se nomes e títulos vendáveis, mas vende-se, sobretudo o nome das editoras, e sua capacidade de descobrir "novos talentos" semestralmente, ao sabor das feiras literárias. E, nesse sentido, formas dissentâneas de percepção, como a crítica, se mostram particularmente incômodas. Formas personalistas e estabilizadoras, ao contrário, se esvaziadas, parecem continuar bem-vindas. Se adotado o perfil do colunista que "sabe ficar no seu lugar", que funciona, com voz opiniática, e sem maiores tensões, como moldura quase invisível, inconsequente, para o que o mercado editorial ou o próprio veículo quiser referendar. Se desse lugar sem qualquer ressonância não houver condições reais de intervenção, formulação de questões relevantes e expansão do mínimo espaço público talvez ainda disponível para um exercício crítico que não se confunda inteiramente com busca de prestígio ou com um guia de consumo.

Talvez seja necessário, então, na discussão de um espaço ainda crítico para a crítica, matar mais uma vez Wilson Martins. Já que a sua transformação em *imago* exemplar parece expor inequívoca vontade de retorno a algo próximo à tradição das belas-letras, a um regime estável e hierarquizado de vozes e gêneros, a regras fixas de apreciação e prática textual, a um apagamento de novos espaços de legibilidade, espaços ainda não demarcados ou nomeados, e sugeridos por formas de compreensão expansivas e não exclusivas do campo da literatura. Um desejo de re-hierarquização e pureza, no âmbito letrado, que não parece sem sintonia com o temor de um universo sociopolítico menos hierarquizado, com a expansão meio informe de uma classe média cujo imaginário não parece ultrapassar uma coleção inesgotável de bens de consumo. E com uma extraordinária expansão das práticas digitais de escrita, acompanhada, paradoxalmente, no entanto, de uma quase invisibilidade coletiva dessas manifestações, de um encolhimento quase ao absurdo da esfera pública.

Destaco, então, a título de exemplo, dentre os textos sobre a morte de Wilson Martins que parecem operar de modo reativo um fechamento autoafirmativo do campo literário, os de Alcir Pécora, professor da Unicamp, publicado no suplemento "Mais!" da *Folha de S. Paulo*[2]; do escritor Miguel Sanches Neto, divulgado em publicação de circulação menor e orientação orgulhosamente conservadora, o jornal curitibano *Rascunho*[3]; e, por último, um *post* incluído no blogue de Sérgio Rodrigues no portal de notícias da *Veja*[4].

---

2. Alcir Pécora, "Erudito Dissonante", *Folha de S. Paulo*, 7 de fevereiro de 2010, Caderno "Mais!".
3. Miguel Sanches Neto, "Wilson Martins (1921-2010)", *Rascunho*, março de 2010.
4. Sérgio Rodrigues, "Wilson Martins: Concordando em Discordar", blogue *Todoprosa*, 15 de março de 2010, http://veja.abril.com.br/blog/todoprosa/sem-categoria/wilson-martins-concordando-em-discordar/ – Acesso em 20 de março de 2010.

302 ❧ A CRÍTICA LITERÁRIA BRASILEIRA EM PERSPECTIVA

Apesar de assemelhar-se aos demais no elogio fúnebre, em que a um velho modelo de crítica – como afirmação personalista do gosto – corresponde um território embelezado do literário, este último é o menos enfático dos três, sublinhando, mais de uma vez, meio a medo, o fato de "quase nunca concordar" com Martins. Sem que, no entanto, tal discordância potencial se defina substantivamente, e fuja ao terreno da impressão pessoal. Desvinculando-se, pois, de maiores filiações, aponta simultaneamente, no entanto, "uma concordância maior", ligada a certa capacidade demarcatória, pois Martins seria alguém "que ousava falar de literatura de dentro", seria um comentarista que parecia habitar o campo letrado, posicionando-se na contramão das "verdades importadas de campos fora das letras". O que interessa a ele parece ser a estabilidade identitária, e certa garantia de intransitividade para o campo literário, o que a leitura de Wilson Martins invariavelmente oferecia, como uma ilha intemporal, propositadamente cega, sem lugar para a dúvida, em meio ao movimento relacional, autoinstabilizador da parte mais significativa do exercício crítico da segunda metade do século xx.

Ecos de uma vontade de retorno a um literário-apenas-literário se notam, igualmente, nas outras duas notas fúnebres. A de Miguel Sanches Neto não à toa fala de Martins como "o crítico", aquele que seria uma mistura de "bibliotecário" extremamente abrangente, voraz, pois o seu interesse seria por "toda a produção nacional", e de "leitor seletivo", cujo território independente, personalista, estaria, a seu ver, imune a influências, compadrios, regionalismos.

Uma espécie de "posição sem posição" que, se já passível de discussão pela simples inserção num veículo comercial, pelo exame do conjunto de resenhas produzidas por ele ao longo dos anos, não apontaria, na verdade, para atributo propriamente invejável no que se refere à experiência analítica. Nesta, ao contrário, são a capacidade de elucidação da própria cadeia argumentativa, e das condições de constituição do sentido e de formulação do juízo, ao lado da articulação de relações críticas significativas com a hora histórica alguns dos fatores preponderantes. E não uma sonhada disponibilidade sem limites ou uma capacidade de exaustiva amostragem e arquivamento da produção editorial.

O texto de Alcir Pécora opera exemplarização semelhante da figura do crítico, a começar pelo elogio duplo contido no título do artigo publicado na *Folha*: "Erudito Dissonante". Uma erudição que contrasta com as áreas que lhe parecem dominantes nos departamentos de Letras – os estudos teóricos e os estudos culturalistas – e que figuram como oponentes surdos em sua reavaliação do trabalho de Wilson Martins. A vontade de afirmação da importância do crítico morto leva-o, nessa linha, a comparar o seu trabalho aos de Robert Darnton e Roger Chartier, apontando papel antecipador em seu interesse pela cultura material e pela história do livro e da leitura. Uma coisa, porém, é compilar material que poderá se tornar relevante segundo outra perspectiva de leitura, outra bem diversa é constituir conscientemente um objeto de estudo, um ponto de vista analítico, uma operação crítica, ou a avaliação de um campo disciplinar.

Se não é possível ver crítica ou cronologicamente em Wilson Martins um precursor do trabalho de Henri-Jean Martin e Lucien Febvre[5] ou da teoria das materialidades da comunicação[6], há outra ordem de atributos que levam Pécora a destacá-lo. Uma não-cordialidade propositada (aspecto talvez discutível, apenas aparente, se observamos com cuidado quem são os não violentamente criticáveis por ele e o que se resguarda, no seu caso, via antagonização); a truculência verbal (também não exclusiva, bastando observar, nesse sentido, alguns dos colunistas mais populares e longevos em diversas áreas e meios de comunicação); o orgulho de estar sozinho (quando, ao contrário, desde os anos de estabilização democrática, no país, são figuras marcadas exatamente por um conservadorismo ativo que têm se mostrado legião e emprestado a respeitabilidade de nomes já feitos às páginas de entretenimento e opinião dos jornais).

Quando os tempos políticos se mostram outros, e uma homogeneização impositiva parece barrar as cisões necessárias à experiência crítica do próprio tempo, quando já não se constituem, com facilidade, margens articuladas de resistência e situações definidas e consequentes de conflito, talvez seja mais fácil converter a crítica em operação reativa, disfuncional, mas virulenta, cujo motivo condutor passa a ser o retorno autocongratulatório a um passado de glórias, no qual os textos de intervenção podiam ainda provocar controvérsia, e o prestígio das belas--letras enobrecia igualmente críticos e escritores.

O que parece, no entanto, nostálgico, reativo, talvez não aponte exclusivamente para um período anterior à formação da crítica moderna no Brasil, mas para uma reprodução esvaziada de sentido, e desligada de vínculos efetivos com a experiência histórica, de comportamentos, práticas de escrita e certo culto à autodivulgação e à vida literária que parecem se expandir (em prêmios, concursos, revistas, blogues, antologias, bolsas de criação) em movimento inverso ao da restrição que se opera no campo da produção e da compreensão da literatura, ao da quase total desimportância de livros e mais livros que se acumulam sem maior potencial de instabilização, sem provocar qualquer desconforto, sem fazer pensar. Uma restrição que talvez indique uma incapacidade não só da crítica, mas do campo literário, de modo geral, de reinventar a sua sociabilidade, de produzir condições outras para a própria prática.

---

5. Lucien Febvre & Henri-Jean Martin, *L'Apparition du livre*, Paris, Albin Michel, 1971. Ed. brasileira: *O Aparecimento do Livro*, São Paulo, Unesp/Hucitec, 1992.
6. Hans Ulrich Gumbrecht & K. Ludwig Pfeiffer (orgs.), *The Materialities of Communication*, Stanford, Stanford University Press, 1994.

304 ❧ A CRÍTICA LITERÁRIA BRASILEIRA EM PERSPECTIVA

Lembro, nesse sentido, a resposta de Jacques Rancière quando indagado, em entrevista recente, a respeito de uma série de escritores contemporâneos. Sem desqualificá-los, comentaria, no entanto, distinguindo a atual da ficção de até meados do século xx: "Penso simplesmente que a literatura não inventa hoje categorias de decifração da experiência comum". Comentando obras como as de Toni Morrison, Don DeLillo ou Lobo Antunes, assinalaria que, se os dois primeiros apresentam interesse evidente para a compreensão das consequências dos anos de escravidão ou do ativismo dos anos 1960 na história americana, e o romancista português para o registro da decomposição de uma antiga potência imperial, por outro lado, não parecem, em sua opinião, capazes de inventar configurações ou de apontar para uma nova política da literatura. E concluiria essas observações sobre a produção ficcional contemporânea numa espécie desdramatizada de beco sem saída: "As formas de narratividade, de expressividade, de inteligibilidade que ela inventou foram apropriadas por outros discursos ou outras artes, ou banalizadas pelas formas de comunicação"[7].

Para além do quadro local, o que Rancière sublinha, em perspectiva mundial, é a aparente interrupção de um período de vigorosa contribuição dos estudos literários às ciências humanas (como ocorreu ao longo do século passado), e de poder significativo de interferência e transformação do literário sobre outras práticas artísticas. O que – não apenas no Brasil, é claro – parece encontrar resposta compensatória à sua desnecessidade, e a uma fraca ressonância, em premiações, incentivos, edições de luxo. E numa ficcionalização autotélica de uma espécie de território exclusivo para o literário e sua crítica, de lugar sem condicionamentos ou ecos, que, hipoteticamente sem interferência de outras artes e disciplinas, se mostra, por isso mesmo, incapaz de se repensar e de estabelecer ligações mais consequentes com o próprio tempo.

Curiosamente, como já demonstraram há alguns anos George Kornis e Fábio Sá Earp[8], e mais recentemente Jaime Mendes[9], em estudos sobre a economia do livro, se, em termos de oferta, de número de exemplares, o mercado literário vem apresentando um crescimento de mais de 30% desde 2004, isso não se tem feito acompanhar, todavia, nem do aumento de alcance dessa produção, nem de faturamento por parte das editoras, nem de capacidade de absorção por parte de

---

7. Jacques Rancière, "Politique de la littérature. Entretien avec Lionel Ruffel", *Vox Poetica*, 20 de setembro de 2007, disponível em http://www.vox-poetica.org/entretiens/intRanciere.html, acesso em 15 de março de 2010.

8. Fábio Sá Earp & George Kornis, *A Economia da Cadeia Produtiva do Livro*, Rio de Janeiro, BNDES, 2005.

9. Ver, por exemplo, Jaime Mendes, "Mercado do Livro no Brasil", blogue *Livros, Livrarias e Livreiros*, 29 de outubro de 2009, http://livroslivrariaselivreiros.blogspot.com/2009/10/mercado-do-livro-no-brasil.html – acesso em 20 de março de 2010.

consumidores e bibliotecas. E é como volta a um jogo entre iguais, a um território mais restrito, homogêneo e regulado, de relevância previamente estabelecida, como volta às belas-letras que se pode compreender a virulenta ressurreição de Wilson Martins, o desejo de Sérgio Rodrigues de um campo puro do literário, a ideia de uma amostragem irrestrita como a de Miguel Sanches Neto (pois previamente demarcada por gêneros, dicções, territorializações diversas), o sonho com um tempo em que "a literatura e o crítico não pareciam ter que sair de cena", para voltar ao texto melancólico e, a meu ver, equivocado, de Pécora.

E, no entanto, talvez seja exatamente desse "lugar estreito demais", e pouco público, desse ponto cego que talvez não se veja em jornais e nas manifestações mais concorridas da vida literária, que caiba à crítica e à literatura definir outros espaços de atuação e trânsito, lugares não demarcados (retroativamente) pelo beletrismo redivivo, nem pelas identidades estáveis do resenhista, do prefaciador, do professor judicativo, do ficcionista automimético. Mas em movimentos de deslocamento nos quais a literatura e a crítica se vejam forçadas, como observa Giorgio Agamben ao pensar sobre o contemporâneo, a mergulharem "a pena nas trevas do presente"[10]. E a saírem de si no sentido da figuração de novas formas de visualização e de radicalidade. À maneira do que faz Carlito Azevedo ao reinventar a própria dicção em meio à tensão entre o poema como narrativa e percurso e a sua dramatização interna em estações imagéticas instáveis[11]. À maneira do que fizeram Bia Lessa e Maria Borba, em bela operação crítica, ao amputarem cenicamente, em *Formas Breves*, a obra de Tchekhov, Kafka, Thomas Bernhard, Sérgio e André Sant'Anna, Pedro Almodóvar e mais e mais[12]. À maneira da concepção musical de Rodolfo Caesar, na qual a reflexão em livro sobre a composição *Círculos Ceifados* funciona como fator de variação operatória, como obra suplementar por meio da qual escrita e escuta se desdobram e interferem, sem coincidência, potencializando o campo de tensões em que se investiga a experiência composicional[13]. Ou, para ficar em mais um exemplo apenas, como no enfrentamento quase de estrangeiro de Nuno Ramos diante da matéria verbal que, em livros como *Cujo*[14] e *Ó*[15], adquire um nível singular de presença, parecendo intensificar-se exatamente pelo lugar de fora em que se processam essas intervenções.

---

10. Giorgio Agamben, *O que é o Contemporâneo e Outros Ensaios*, Chapecó (sc), Argos, 2009, p. 63.
11. Carlito Azevedo, *Monodrama*, Rio de Janeiro, 7 Letras, 2009.
12. *Exercício N. 2. Formas Breves*, espetáculo de Bia Lessa e Maria Borba, 2009.
13. Rodolfo Caesar, *Círculos Ceifados*, Rio de Janeiro, 7 Letras, 2008.
14. Nuno Ramos, *Cujo*, São Paulo, Ed. 34, 1993.
15. *Idem, Ó*, São Paulo, Iluminuras, 2008.

ENTREVISTA COM ALFREDO BOSI SOBRE CRÍTICA LITERÁRIA

Pergunta 1. *Antonio Candido considera Sílvio Romero melhor historiador do que crítico literário. Como o senhor é autor de um dos livros de história literária mais lidos e consultados no Brasil e se dedicou a pensar teoricamente a disciplina, gostaria que falasse um pouco sobre a sua própria experiência. As atividades como crítico e como historiador da literatura podem ser separadas ou, em sua opinião, elas se complementam?*

A apreciação de Antonio Candido é pertinente além de insuspeita, pois ele escreveu uma tese universitária sobre o método crítico de Sílvio Romero a quem sempre reservou palavras elogiosas. Sílvio Romero foi um historiador de fôlego coerente com a sua visão da Literatura como o conjunto de escritos de uma nação. Era a concepção germânica e enciclopédica de Literatura que acabava abraçando todo tipo de obras, fossem ficcionais ou históricas, científicas, filosóficas etc. Essa acepção há muito que não vigora, na medida em que por *literatura* se entende uma atividade simbólica diferente das ciências, cujo compromisso com a experiência objetiva desenvolve uma lógica própria, que não é a da fantasia e do sentimento, fundamentais na construção ficcional e poética. Sílvio Romero, porém, acreditava no ideal de uma poesia científica (que ele próprio tentou sem êxito) e juntou, na sua monumental *História da Literatura Brasileira* (1888) alhos e bugalhos, ficção e ciência. Como repertório da cultura brasileira, a sua obra é ainda proveitosa. Mas como crítica, é, em geral, desastrosa, e serve para nos alertar a respeito da inadequação do seu método. Basta lembrar o que Sílvio Romero escreveu sobre Castro Alves, que ele considerava inferior a Tobias Barreto, e as suas diatribes contra Machado de Assis, cuja obra maltratou em um livro cheio de preconceitos nacionalistas.

Pergunta 2. *Em sua* História Concisa da Literatura Brasileira *seria possível destacar alguns momentos em que o exercício da crítica literária ajudou a determinar a sua visão dos pontos significativos de nossa história literária?*

A pergunta aprofunda a anterior. A questão é saber se é possível separar a atividade historiográfica da atividade crítica. Sim, em um nível muito superficial. Não, em um nível profundo. O historiador que se limitar a redigir didaticamente o resultado das suas pesquisas, sem arvorar-se em intérprete ou juiz dos textos que encontrou, não deixa de ser útil à história cultural. O seu trabalho pode desentranhar da massa de obras desconhecidas alguns textos que poderão subsidiar a crítica literária e mudar o perfil de um determinado período ou autor, mostrando aspectos até então descurados. Esse mérito é ainda maior se o pesquisador tiver dotes filológicos e for capaz de editar com escrúpulo a sua descoberta. Nesse nível, a tarefa do historiador não se antecipa à da crítica, mas serve como sua disciplina ancilar. Mas, considerando um nível mais profundo, não é possível separar nitidamente o historiador do crítico literário, quando o primeiro vai além do elenco de obras, autores e datas, e exerce um julgamento sobre a matéria da sua pesquisa. A historiografia que escolhe certos autores e pretere outros, estima algumas obras e deprecia outras já está agindo como crítica literária, acionando os seus valores ideológicos e estéticos. Nesse plano, a partir da própria seleção operada pelo historiador, a sua concepção de literatura e de arte condicionará os juízos de valor.

No caso da *História Concisa da Literatura Brasileira*, creio que já estava latente em meu espírito a ideia da literatura como resistência e contraideologia. Esses valores iriam encontrar uma formulação explícita em um livro posterior, *O Ser e o Tempo da Poesia*, mas suponho que me guiaram no relevo que dei a autores radicalmente inconformistas com o *status quo* de seu tempo, Raul Pompeia, Cruz e Sousa, Euclides da Cunha e Lima Barreto, por exemplo. Creio também que a decidida relevância com que apresentei o romance de 1930, vendo-o não em simples continuidade com o modernismo paulista, mas, em certos aspectos, como superação na linha de um conhecimento mais dramático e mais empenhado de nossa realidade, demonstra minha posição crítica. Penso no romance de Graciliano, de José Lins do Rego, de Dyonelio Machado e de Érico Veríssimo, no *Romanceiro* de Cecília Meireles e na poesia madura de Jorge de Lima e Murilo Mendes, não obstante suas vinculações juvenis com o modernismo. De passagem, apesar de paulistano, nunca partilhei o fetichismo em relação à Semana de 22...

Pergunta 3. *Em seu último livro,* Ideologia e Contraideologia, *o senhor faz incursões pelos campos da história, da sociologia, da filosofia e da economia. Como a crítica literária se insere nesse campo de forças?*

ENTREVISTA COM ALFREDO BOSI SOBRE CRÍTICA LITERÁRIA ❧ 309

Ideologia e Contraideologia nasceu de uma necessidade de repensar conceitos que minha geração tem usado largamente, e que eu próprio sentia que devia aclarar para mim mesmo antes de expressá-los. Daí se explica o corte transversal que precisei operar ao rever o conceito de ideologia como justificação das relações sociais de dominação, e de contraideologia como sua crítica. O livro assumiu então a forma de uma história das ideias e não de um ensaio de crítica literária. Mas, terminado o roteiro que me propus seguir e que desembocava na crítica da religião da produtividade, agraciada tantas vezes com o nome sedutor de desenvolvimento, pareceu-me que minha trajetória de crítico literário exigia um momento de reflexão sobre as relações entre ideologia, contraideologia e literatura. O capítulo final, que trata do *nó ideológico* peculiar à narrativa de Machado de Assis, procurou contemplar essas relações.

Pergunta 4. *Por influência dos chamados Estudos Culturais, a crítica literária contemporânea vem dotando o debate literário de forte teor ideológico, com discussões sobre questões de gênero, étnicas, constrangimentos políticos de várias ordens etc. Que contribuições essa crítica pode trazer e quais seriam os seus impasses ou limites?*

É possível considerar a voga dos Estudos Culturais como uma reação vigorosa à predominância do formalismo e, sobretudo, do estruturalismo na crítica literária vigente nos decênios de 1960 e 1970. O clima de alienação que o estruturalismo propiciou em alguns centros universitários, encerrando o texto em si próprio, sem janelas para o contexto e para o sujeito, merecia uma resposta, que afinal sobreveio com ênfase e radicalismos simétricos e opostos. Nos últimos vinte ou trinta anos, os ventos que sopram das universidades norte-americanas dão prioridade a temas de identidade étnica, particularmente das minorias que sofrem discriminação (negros, mestiços, imigrantes "latinos", índios...), ou se voltam para o universo do "gênero" (literatura sexista, feminista, homossexual...). A tentação de fazer um novo e às vezes tosco sociologismo, ou aventurar-se em um biografismo selvagem, meio psicanalítico, meio descarado, tem sido forte e, estimulada pelo mercado "cultural", parece que ainda vai longe. Ai da nossa Clarice Lispector! Que outros atentados sofrerá a sua memória? Um subproduto dessa tendência é a desconsideração do caráter literário dos textos ficcionais e poéticos que são equiparados sem maior critério a textos puramente remissivos, cujo interesse será social ou psicológico, mas não estético. Aliás, a palavra e o significado próprio do termo "estético" têm sido banidos arbitrariamente das discussões sobre a natureza e o papel da literatura na teia da cultura. Creio, porém, que uma releitura atenta dos grandes clássicos (incluindo românticos e modernos) poderá reconstituir no espírito dos leitores de hoje o caráter inconfundível da verdadeira poesia e da ver-

310 ❧ A CRÍTICA LITERÁRIA BRASILEIRA EM PERSPECTIVA

dadeira ficção. Essas considerações não devem, de todo modo, obliterar o valor de alguns estudos que têm valorizado formas de cultura não hegemônicas no cânon literário ocidental. Esperemos a peneira do tempo.

Pergunta 5. *A equidistância da razão crítica é possível? É necessário buscar o seu exercício desimpedido? Ou é desejável a "crítica ideológica"?*

O cuidado no uso das palavras nunca é demasiado. Veja a expressão "crítica ideológica". O adjetivo pode simplesmente ser atribuído ao substantivo, de modo a desqualificá-lo: a crítica seria "ideológica" na medida em que deixasse de ser objetiva e imanente ao texto, projetando os preconceitos do crítico. Mas se a expressão puder ser entendida como "crítica *da ideologia*", supõe-se que o leitor crítico esteja examinando (e, conforme o caso, desmistificando) os valores pseudouniversais veiculados no texto. Este último é o significado desejável da expressão "crítica ideológica", pois implica uma tensão contraideológica no ato de ler. Diria que a matriz filosófica dessa posição vem da dialética hegeliano-marxista, sempre aberta ao momento da negatividade e ao momento da superação inerentes ao trabalho do espírito humano.

Pergunta 6. *Olhando a história da crítica literária no Brasil em perspectiva, quais seriam, para o senhor, os principais momentos de inflexão e de salto qualitativo?*

Pergunta 7. *Como o senhor vê a contribuição dos críticos literários de sua geração?*

A abordagem crítica de José Veríssimo, não só na *História da Literatura Brasileira*, que é de 1916, mas na sua série de estudos sobre literatura brasileira e estrangeira, significa a primeira inflexão importante na história da nossa crítica. Veríssimo contesta o biossociologismo de Romero e os seus critérios, ora racistas, ora nacionalistas, de avaliação das obras do século XIX. É preciso reler a "Introdução" à *História* de José Veríssimo para entender como se formulou entre nós, talvez pela primeira vez de modo nítido e convincente, a ideia de que a literatura é uma arte, e não uma tradução das correntes filosóficas e ideológicas do seu tempo. No século XX, alguns textos iluminadores de Mário de Andrade, Augusto Meyer, Álvaro Lins, Otto Maria Carpeaux e Antonio Candido foram, sem dúvida, marcos indeléveis de nossa historiografia e crítica literária. Prefiro não mencionar meus contemporâneos de geração, pois poderia cometer omissões, algumas involuntárias, outras voluntárias.

Pergunta 8. *Dentre os críticos literários de sua geração, Roberto Schwarz parece ser aquele com quem o senhor mais debateu teoricamente. Quais os pontos de convergência e de divergência que o senhor identifica entre o seu trabalho e o dele?*

ENTREVISTA COM ALFREDO BOSI SOBRE CRÍTICA LITERÁRIA ❧ 311

Leio e aprecio os ensaios literários de Roberto Schwarz, um dos críticos mais respeitáveis e influentes de minha geração. Compartilho com ele o cuidado de aproximar a forma literária das tensões sociais que a atravessam. Temos igualmente em comum uma desconfiança constante das abordagens puramente formais, que ignoram o papel dos vetores sociais e culturais na organização da obra literária.

Quanto às divergências, creio que a principal diz respeito à situação das ideias na dinâmica da cultura brasileira. Desde as pesquisas históricas que me levaram a escrever o ensaio "A Escravidão entre Dois Liberalismos", um capítulo da *Dialética da Colonização*, ficou claro para mim que as ideias, transformadas em ideologias pela classe dominante, exercem um papel efetivo na vida econômica e política de qualquer nação, não excluído, naturalmente, o nosso Brasil. A rigor, não há "ideias fora de lugar", pois o seu lugar social próprio é a classe ou grupo político dominante que delas se vale para legitimar o exercício do seu poder. A nossa burguesia agrário--mercantil, que fez a Independência e sustentou o Império, não poderia deixar de ser liberal, como eram todas as burguesias europeias e americanas, pelo simples fato de que *liberalismo* significava mercado livre, comércio aberto a todas as nações e um sistema político excludente baseado no voto censitário, isto é, só votava e era votado quem dispusesse de uma determinada renda. Esse liberalismo excludente reproduzia no Brasil as praxes europeias, originadas na Inglaterra e na França; praxes que restringiram drasticamente em toda parte o direito à cidadania a partir do triunfo burguês pós-revolucionário. Assim, é um equívoco falar de "comédia" ou "farsa ideológica brasileira", quando a França, matriz dos códigos civis ditos liberais, restaurou a escravidão nas suas colônias antilhanas em 1802, e, fiel a um decreto napoleônico, manteve o regime escravo até 1848. A Inglaterra, tão zelosa em perseguir o tráfico desde o começo do século XIX, conservou até o final dos anos 1930 a escravidão em todas as suas colônias, e só a aboliu pagando farta indenização aos proprietários, prática imitada pela França. Os Estados Unidos, modelo do liberalismo capitalista moderno, mantiveram no Sul a escravidão até 1861, e só a derrogaram por força de uma guerra civil que custou quatro milhões de mortos, começando por Lincoln! Em toda parte liberalismo e exclusão política, liberalismo e escravidão, estiveram organicamente unidos, não havendo por que isolar o Brasil como o único país do mundo em que o liberalismo seria disparatado.

Voltei ao tema em obras sobre Machado de Assis, cujo liberalismo abolicionista e democrático (expresso diretamente na juventude e obliquamente nas obras maduras) se contrapôs ao liberalismo excludente e conservador. Joaquim Nabuco cunhou a expressão "novo liberalismo" ao combater o liberalismo escravista ainda hegemônico nos meados do século XIX. Essa dualidade de liberalismos, que não é considerada nos textos de Schwarz, mostra quanto as ideologias ocupam os seus lugares e se contrapõem dialeticamente no curso da história política e cultural de

312 ❧ A CRÍTICA LITERÁRIA BRASILEIRA EM PERSPECTIVA

uma nação. Como uma entrevista não comporta detalhes, remeto o leitor interessado às notas constantes em *Brás Cubas em Três Versões. Estudos Machadianos,* São Paulo, Companhia das Letras, 2006, pp. 132-135 e 138-142. Argumentação semelhante encontra-se no ensaio *O Nó Ideológico,* a que me referi acima.

Pergunta 9. *O senhor acredita que há hoje, na crítica literária brasileira, seja na imprensa em geral ou no âmbito universitário, uma tentativa de continuidade das linhas de pensamento estabelecidas por sua própria geração? Ou poderíamos dizer que já ocorreu uma mudança de paradigmas críticos?*

Responder a essa questão implicaria uma pesquisa que eu não teria condições de fazer. De todo modo, a pergunta abre duas frentes: a crítica literária feita na imprensa e a crítica universitária. A resposta é um tanto impressionista e aproximativa, mas espero que espelhe algum aspecto da realidade. Crítica literária de jornais e revistas de grande público praticamente inexiste: há resenhas quase sempre superficiais inflacionadas de meras opiniões pessoais sem provas nem critérios explícitos. Todos deploramos o fim dos excelentes Suplementos Literários dos anos 1940 aos 1960, mas as tentativas de ressuscitá-los têm sido frustrantes. Os estudiosos competentes de Literatura não estão, em geral, nos jornais, mas nas universidades: são professores que raramente se engajam na rotina da imprensa, pois é outro o seu estilo e outro o seu horizonte profissional.

Resta a segunda frente da pergunta: a crítica universitária. A rigor, menos do que crítica judicativa, a tese universitária costuma ser um exercício de análise e interpretação de autores e obras. Como caracterizá-la se o seu nome é *legião* (qualquer semelhança com o sentido bíblico de multidão de demônios é mera coincidência)? São, literalmente, milhares de estudos específicos que esmiúçam textos antigos ou recentes, percorrendo trilhas díspares abertas por abordagens igualmente diversas. Na Universidade de São Paulo, por exemplo, tanto o estruturalismo de estreita observância como os métodos atuais dos Estudos Culturais tiveram e têm os seus seguidores, mas não constituíram a estrada real dos estudos literários, em geral devedores da Teoria Crítica, da Psicanálise ou de um enfoque temático mais ou menos vinculado à História Cultural e à Sociologia. Mas talvez se trate de uma ilha no arquipélago nacional, que seguiu anos a fio o estruturalismo francês e tem-se voltado nos últimos anos para os Estudos Culturais de filiação norte-americana. De todo modo, não convém forçar oposições, porque não é impossível que as coisas estejam mudando.

Pergunta 10. *Em linhas gerais, como o senhor poderia caracterizar as especificidades de sua produção como crítico literário, ou seja, o que define o estilo de seu pensamento e de seu texto?*

ENTREVISTA COM ALFREDO BOSI SOBRE CRÍTICA LITERÁRIA ❧ 313

A pergunta exige uma resposta paradoxalmente longa e miúda. Há alguns anos esbocei os traços de meu itinerário como leitor de poesia e os alinhei no prefácio a *Leitura de Poesia* (Ed. Ática, 1996), livro que dediquei à memória de um colega, João Luiz Lafetá, que a morte colheu precocemente, privando-nos de um dos críticos mais agudos e promissores que passaram pela USP desde a sua fundação. Naquele prefácio contei o que aprendi dentro e fora da universidade e certamente misturei dados pessoais com os de meus contemporâneos, como é o destino de toda autobiografia intelectual.

A pergunta fala em "estilo de pensamento", o que pode pressupor a vigência de um modo de pensar singular, ambição que nunca alimentei, pois me pareceria uma presunção sem tamanho. O que deve ter ocorrido, ao longo de uma trajetória intelectual de mais de meio século, será uma interpenetração de correntes filosóficas, estéticas e políticas. E também a formação de um gosto literário provavelmente afim a certas tendências de personalidade que não podem ser suprimidas no exercício da crítica literária. Confesso que nutri, desde a adolescência, uma verdadeira paixão por leituras filosóficas. Na hora de escolher um curso superior, hesitei entre Letras e Filosofia. O existencialismo – tanto o agnóstico como o cristão – me atraiu, e ainda me atrai, como inquieta reflexão sobre o que realmente importa, o sentido da vida e da morte, o destino, a imanência, a transcendência, o amor, o medo, o nada, a esperança. Ainda hoje não me pejo de falar em problemas existenciais, que incluem instâncias psíquicas e sociais e as assumem em um nível próprio, que é o da *pessoa*, termo-chave do existencialismo cristão, e que contracena, na interpretação narrativa, com o termo sociológico, *tipo*. Ao estudar a narrativa machadiana, em *O Enigma do Olhar*, recorri à polaridade pessoa-tipo, que me pareceu pertinente para entender diferenças internas na construção das personagens.

Quando terminei o curso de Letras Neolatinas na USP, recebi uma bolsa de estudos e fui para Florença. Minha bagagem filosófica, além do existencialismo das leituras espontâneas, se devia então aos conselhos que me dera o prof. Bettarello, docente de Literatura Italiana na USP: ler todo Croce, a começar naturalmente pela Estética, e, na sua esteira, conhecer os seus inspiradores maiores, Vico e Hegel, mestres do historicismo idealista ocidental. Segui religiosamente essas indicações, mas logo me dei conta de que, na universidade italiana dos anos 1960, estava acontecendo uma conversão filosófico-política: de Hegel se passava a Marx, de Croce a Gramsci. A superação exigia de mim um verdadeiro enfrentamento dialético, pois a admissão dos novos paradigmas, que me pareciam politicamente justos, não extinguia (como não extinguiu) a luz que vinha daqueles poderosos focos de pensamento. Até hoje, todo o determinismo inerente ao materialismo histórico não abalou minha certeza de que há uma fértil margem de liberdade nas mais belas atividades do espírito, tão diversas se não contrastantes entre si, a poesia, a mística, a procura da verdade pela ciência.

Voltando ao Brasil, em 1962, pude participar de um dos momentos mais esperançosos de nossa vida política: a união estratégica de todas as forças progressistas (socialistas, comunistas, trabalhistas, cristãs de esquerda, democratas radicais) em torno de um projeto histórico, a luta pelas reformas de base, que se estendeu até março de 1964, quando o golpe udeno-militar desbaratou os militantes e inaugurou a ditadura. Paradoxalmente, esse clima intensamente politizado, que expulsou da nossa universidade os mestres mais engajados (cito o nome de Florestan Fernandes, que vale por todos), foi quase imediatamente substituído pela onda universitária do estruturalismo linguístico, muito pouco sensível aos dramas de nossa história política, e da história em geral... Quando me pus a trabalhar em historiografia literária brasileira, de que resultou a redação da *História Concisa*, entre 1967 e 1970, como não se refletiriam em meu pensamento crítico os embates do tempo? Não fiz, porém, crítica sociológica, ao menos no senso estrito da expressão: nesse ponto Croce e Gramsci, um no centro hegeliano, outro à sua esquerda, não cessavam de me lembrar que arte é arte, política é política, uma representa e exprime o mundo, a outra quer mudá-lo ou conservá-lo. Uma é intuição e expressão, a outra é vontade e ação. São águas que podem misturar-se nos textos literários, mas cada uma conserva seu peso e densidade própria.

Essas considerações foram aqui formuladas de modo sumário, mas bastam para entender por que fui motivado, a partir dos anos 1970, a ler e admirar textos de marxistas abertos e verdadeiramente dialéticos, Benjamin e Adorno, que tão profunda influência continuam exercendo em nosso pensamento progressista. Creio que, lembrando sempre a constante presença das obras de Otto Maria Carpeaux, deixei esboçadas, linhas acima, algumas das componentes principais do que seria o "estilo de pensamento" que permeia meus escritos.

Enfim, se me perguntassem como eu gostaria de escrever, diria que meus modelos nunca alcançados são a prosa ao mesmo tempo amena e grave de Alain, a expressão luminosa e veemente de Simone Weil, e, entre nós, o estilo imaginoso e penetrante de Augusto Meyer. Acima deles, os pensamentos de Pascal, mas são um milagre único na História.

Cotia (SP), fevereiro de 2011.

BIOBIBLIOGRAFIA

Alfredo Bosi é graduado e doutor em Letras pela USP, onde é professor emérito da Faculdade de Filosofia, Letras e Ciências Humanas. Publicou: *História Concisa da Literatura Brasileira* (1970), *O Ser e o Tempo da Poesia* (1977), *Céu, Inferno* (1988), *Dialética da Colonização* (1996), *Machado de Assis: O Enigma do Olhar* (1999), *Literatura e Resistência* (2002), *Brás Cubas em Três Versões* (2006), *Ideologia e Contraideologia* (2010); e, como organizador: *Cultura Brasileira. Temas e Situações* (1987), *Padre Antonio Vieira. Essencial* (2011), entre vários outros.

Andréa Sirihal Werkema é licenciada pela UFMG, onde também fez seu doutorado em literatura brasileira. Atualmente é professora de literatura brasileira na UERJ. Publicou: *Macário, ou do Drama Romântico em Álvares de Azevedo* (2012) e *Literatura Brasileira 1930* (org.) (2012).

Claudia Campos Soares é doutora pela USP e professora de literatura brasileira na UFMG. Atualmente faz pós-doutorado sobre a obra de Guimarães Rosa e tem publicado trabalhos sobre o assunto em periódicos e livros especializados.

Dau Bastos é formado em Psicologia pela USU e doutor em Letras pela UERJ. Professor de literatura brasileira na UFRJ, publicou: *Céline e a Ruína do Velho Mundo* (2003), *Machado de Assis: Num Recanto, um Mundo Inteiro* (2008) e organizou *Luiz Costa Lima: Uma Obra em Questão* (2010).

Eduardo Vieira Martins formou-se na Unicamp, onde também se doutorou em teoria e história literária. Atualmente é professor do Departamento de Teoria Literária e Literatura Comparada da USP. Publicou, entre outros títulos: *A Fonte Subterrânea. José de Alencar e a Retórica Oitocentista* (2005), e organizou *Cartas a Cincinato*, de Franklin Távora (2011).

316 ❧ A CRÍTICA LITERÁRIA BRASILEIRA EM PERSPECTIVA

Flora Süssekind é graduada e doutora em Letras pela PUCRJ; atua como professora na UNIRIO e como pesquisadora na Fundação Casa de Rui Barbosa; publicou, como autora ou organizadora: *Tal Brasil, Qual Romance?* (1984), *Cinematógrafo de Letras: Literatura, Técnica e Modernização no Brasil* (1987), *O Brasil não é Longe Daqui: O Narrador, a Viagem* (1990), *Papéis Colados* (1993) e *Historiografia Literária e as Técnicas de Escrita* (2004).

João Cezar de Castro Rocha é professor de literatura comparada da UERJ. Realizou seus estudos de pós-graduação no Brasil (UERJ), nos EUA (Doutor em Literatura Comparada pela Universidade de Stanford) e na Alemanha (Pós-Doutorado – Alexander von Humboldt-Stiftung/FU Berlin). Publicou, entre outros: *Literatura e Cordialidade. O Público e o Privado na Cultura Brasileira* (1998), *Crítica Literária: Em Busca do Tempo Perdido?* (2011) e, como organizador, *À Roda de Machado de Assis: Ficção, Crônica e Crítica* (2006).

José Luís Jobim é doutor em Letras pela UFRJ e professor titular de teoria da literatura na UERJ. Autor de: *A Poética do Fundamento: Ensaios de Teoria e História da Literatura* (1996), *Formas da Teoria: Sentidos, Conceitos, Políticas e Campos de Força nos Estudos Literários* (2003), *A Crítica Literária e os Críticos criadores no Brasil* (2012); organizou: *A Biblioteca de Machado de Assis* (2001).

Letícia Malard é licenciada em Letras e doutora em literatura brasileira pela UFMG, instituição na qual é professora emérita. É autora de: *Ensaio de Literatura Brasileira: Ideologia e Realidade em Graciliano Ramos* (1976), *Hoje Tem Espetáculo: Avelino Fóscolo e seu Romance* (1987), *Um Amor Literário* (2005) e *Literatura e Dissidência Política* (2006), entre outros.

Lino Machado é formado em Letras pela UFRJ, onde se doutorou em Literatura Portuguesa. Atua como professor de teoria literária e literatura brasileira na UFES; com pesquisas nas áreas de intersemiose, intertextualidade e a relação entre literatura e artes visuais. Publicou: *As Palavras e as Cores: Guernica (e mais) na Caligrafia de Carlos de Oliveira* (1999), *Sob Uma Capa* (2010) e organizou *Pessoa, Persona, Personagem* (2009).

Luis Alberto Nogueira Alves é formado em Letras pela UERJ e doutor pela UFRJ, onde atua como professor na área de Ciência da Literatura. Seus trabalhos de pesquisa estão voltados para a literatura brasileira contemporânea, especialmente o período da ditadura, e para a formação da tradição crítica no Brasil. Organizou, juntamente com Danielle Corpas e Eleonora Camenietzki, *40 Anos de Formação da Literatura Brasileira* (2000).

Luís Augusto Fischer é graduado em Letras pela UFRGS, onde também se doutorou e é professor de literatura brasileira. Entre seus trabalhos, encontram-se: *Literatura Brasileira: Modos de Usar* (2007), *Machado e Borges e Outros Ensaios sobre Machado de Assis* (2008), *Inteligência com Dor: Nelson Rodrigues Ensaísta* (2009).

Luís Bueno é doutor pela Universidade Estadual de Campinas e professor da Universidade Federal do Paraná. Entre seus trabalhos publicados, destaca-se: *Uma História do Romance de 30* (2006) e a coorganização de *A Confederação dos Tamoios* – Edição fac-similar seguida da polêmica sobre o poema (2007).

Luiz Roncari é doutor pela USP, onde é professor titular de literatura brasileira. É livre-docente pela mesma universidade. Entre seus trabalhos publicados destacam-se: *Literatura Brasileira: Dos Primeiros Cronistas aos Últimos Românticos* (1995), *O Brasil de Rosa: O Amor e o Poder* (2004), e *O Cão do Sertão* (2007).

Marcus Vinicius de Freitas é Ph.D. em Portuguese and Brazilian Studies pela Brown University. É professor titular de teoria da literatura na UFMG. Entre seus trabalhos publicados destacam-se: *Charles Frederick Hartt, um Naturalista no Império de Pedro II* (2002), *Hartt: Expedições pelo Brasil Imperial (1865-78)* (2001), o romance *Peixe-morto* (2008) e o livro de poemas *No Verso Dessa Canoa* (2005).

Maria Cecília Bruzzi Boechat é graduada em Letras e doutora em literatura comparada pela UFMG, onde é professora de literatura brasileira. Entre seus trabalhos publicados, destaca-se: *Paraísos Artificiais: O Romantismo de José de Alencar e sua Recepção Crítica* (2003). Como coeditora, publicou ainda: *Capítulos de História da Literatura Brasileira e Outros Estudos*, de Joaquim Norberto (2001) e *Sermão do Mandato*, de Eusébio de Matos (1999).

Maria Elisa Cevasco é graduada e doutora em Letras pela USP, instituição na qual é professora titular de literatura inglesa. É autora de: *Para ler Raymond Williams* (2001) e *Dez Lições de Estudos Culturais* (2003); organizou, com Milton Ohata, *Um Crítico na Periferia do Capitalismo: Reflexões sobre a Obra de Roberto Schwarz* (2007), e com Marcos Soares, *Crítica Cultural Materialista* (2008).

Maria Eunice Moreira graduou-se em Letras pela Urcamp e pós-graduou-se em Linguística e Letras na PUCRS, onde é professora titular, atuando nas áreas de teoria literária, literatura brasileira (e rio-grandense) e história da literatura. Publicou e/ou organizou, entre muitos outros títulos, *Gonçalves Dias e a Crítica Portuguesa no Século XIX* (2010), e *Histórias da Literatura: Teorias e Perspectivas* (2010).

Roberto Acízelo de Souza é licenciado pela UERJ, onde é professor titular de literatura brasileira, tendo também lecionado na UFF. Doutor pela UFRJ, entre seus trabalhos publicados figuram: *Teoria da Literatura* (1986), *Formação da Teoria da Literatura* (1987), *O Império da Eloquência* (1999), *Iniciação aos Estudos Literários* (2006), *Introdução à Historiografia da Literatura Brasileira* (2007), *Uma Ideia Moderna de Literatura* (2011).

Robert Wegner é graduado em Ciências Sociais pela UFPR e doutor em Sociologia pelo IUPERJ. Atualmente é pesquisador adjunto na Fundação Oswaldo Cruz. Entre suas publicações, destaca-se: *A Conquista do Oeste: A Fronteira na Obra de Sérgio Buarque de Holanda* (2000).

Rogério Cordeiro é formado em História, mestre e doutor em literatura brasileira pela UFRJ. Atualmente é professor de literatura brasileira na UFMG e desenvolve pesquisas nas áreas de literatura, crítica e história social, com trabalhos sobre Machado de Assis, Euclides da Cunha e a crítica literária brasileira.

Sérgio Alcides Pereira do Amaral é professor da Faculdade de Letras da UFMG. Doutor em história social pela USP, é autor de *Estes Penhascos. Cláudio Manuel da Costa e a Paisagem das Minas* (2003). Organizou e prefaciou edições de *Eu e Outras Poesias*, de Augusto dos Anjos (2005), e *Luz Mediterrânea*, de Raul de Leoni (2001).

Sílvio Augusto de Oliveira Holanda é licenciado em Letras pela UFPA e doutor em teoria literária e literatura comparada pela USP. É professor na UFPA, onde atua em temas relacionados a Guimarães Rosa, literatura brasileira, literatura da Amazônia. Publicou *Contistas Paraenses: Roteiros de Leitura* (2011) e foi um dos organizadores de *Narrativa e Recepção: Séculos XIX e XX* (2009) e *Crítica e Literatura* (2011).

Título	A Crítica Literária Brasileira em Perspectiva
Organizadores	Rogério Cordeiro
	Andréa Sirihal Werkema
	Claudia Campos Soares
	Sérgio Alcides Pereira do Amaral
Editor	Plinio Martins Filho
Produção Editorial	Aline Sato
Capa	Fabiana Soares Vieira (projeto)
	Billy Alexander, site sxc.hu (foto)
Revisão	Geraldo Gerson de Sousa
Editoração Eletrônica	Fabiana Soares Vieira
Formato	16 x 23 cm
Tipologia	Minion Pro
Papel	Cartão Supremo 250 g/m^2 (capa)
	Pólen Soft 80 g/m^2 (miolo)
Número de Páginas	320
Impressão e Acabamento	Cromosete Gráfica e Editora